ŒUVRES COMPLÈTES

VI

ÉLÉMENTS D'IDÉOLOGIE

DEUXIÈME SECTION

TRAITÉ DE LA VOLONTÉ ET DE SES EFFETS

DU MÊME AUTEUR

À LA MÊME LIBRAIRIE

De l'amour, texte original en langue française, introduction, édition et notes par Claude Jolly, préface de Jean Tulard, « Bibliothèque des Textes Philosophiques – Poche », 128 pages, 2006.

Œuvres complètes, éditées par Claude Jolly, « Bibliothèque des Textes Philosophiques », 8 volumes :

I. *Premiers écrits. Sur l'éducation et l'instruction publique*, 256 pages, 2011.

II. *Essais philosophiques*.

III. *Éléments d'idéologie*, 1, *Idéologie proprement dite*, 308 pages, 2012.

IV. *Éléments d'idéologie*, 2, *Grammaire*, 248 pages, 2013.

V. *Éléments d'idéologie*, 3, *Logique*, 388 pages, 2014.

VI. *Éléments d'idéologie*, 4-5, *Économie, Morale (Traité de la volonté et de ses effets)*, 324 pages, 2015.

VII. *Commentaire sur* L'Esprit des lois *de Montesquieu*.

VIII. *Correspondance*.

BIBLIOTHÈQUE DES TEXTES PHILOSOPHIQUES

Fondateur : HENRI GOUHIER — Directeur : EMMANUEL CATTIN

DESTUTT DE TRACY

ŒUVRES COMPLÈTES
VI

ÉLÉMENTS D'IDÉOLOGIE

DEUXIÈME SECTION

TRAITÉ DE LA VOLONTÉ ET DE SES EFFETS

Introduction, édition et notes
par
Claude JOLLY

PARIS
LIBRAIRIE PHILOSOPHIQUE J. VRIN
6, place de la Sorbonne, Ve

2015

Imprimé en France

ISSN 0249-7972
ISBN 978-2-7116-2138-5

www.vrin.fr

INTRODUCTION

GENÈSE ET PUBLICATION DU *TRAITÉ DE LA VOLONTÉ ET DE SES EFFETS*

L'élaboration du Traité

Lorsqu'à la fin de l'année 1804, Destutt de Tracy achève la rédaction de la *Logique* et en particulier son chapitre IX qui présente le plan d'ensemble des *Éléments d'idéologie*, il pense qu'il n'aura pas la force d'aller au-delà de la première section (*Histoire de nos moyens de connaître* ou *Traité de l'entendement*, comportant les trois parties qu'il a déjà écrites : *Idéologie proprement dite, Grammaire, Logique*). Il prévoit de laisser « à des hommes plus capables »[1] le soin d'entreprendre les sections suivantes et en premier lieu la deuxième formant le *Traité de la volonté et ses effets*, avec ses trois parties : *Économie, Morale, Législation*.

De fait, en 1805, année de publication de la *Logique*, il continue de se consacrer à l'étude de « l'homme sentant et connaissant » et rédige, d'une part, les *Principes logiques*, résumé de la première section et ouvrage de vulgarisation (qui ne paraîtra qu'en 1817), d'autre part, un « Supplément à la première section des *Éléments d'idéologie* » (qui ne paraîtra qu'en 1815). Cependant, l'urgence de se pencher sur « l'homme voulant et agissant » le rattrape assez vite et il écrit, probablement au cours du second semestre de l'année 1805, le chapitre introductif du *Traité de la volonté et de ses effets*, chapitre-clé qu'il qualifie (dans l'*Avertissement* placé en tête du volume) de *discours préliminaire* et dont nous verrons plus loin toute l'importance. Ce faisant, le processus d'élaboration de la deuxième section des *Éléments d'idéologie* est, dès cette période, bel et bien engagé.

1. *Éléments d'idéologie, III, Logique*, chapitre IX, p. 209.

Pour les raisons exposées dans notre introduction au *Commentaire sur l'*Esprit des lois *de Montesquieu*[1], Destutt de Tracy éprouve alors le besoin d'effectuer un long détour par un examen critique du chef-d'œuvre de Montesquieu. Ce travail, qui l'occupe pendant près de deux ans (1806-1807), lui permet essentiellement d'amasser des matériaux tant sur l'économie politique que sur l'organisation sociale et la science du gouvernement, en vue de la rédaction ultérieure des première (*Économie*) et troisième (*Législation*) parties du *Traité de la volonté et de ses effets*. Tracy achève le *Commentaire* en octobre 1807; il en soumet alors le manuscrit à Claude Fauriel et lui confie :

> Vous savez que je n'ai fait le *Commentaire* que pour avoir une occasion d'agiter une foule de questions, jeter mes idées dans ces différents cadres, et les y reprendre quelque jour, les mettre dans un ordre didactique, et en composer la quatrième partie de l'ouvrage dont j'ai tracé le plan, et dont j'ai déjà donné trois volumes[2].

En cette fin d'année 1807, toutes les conditions paraissent donc réunies pour qu'il entreprenne la rédaction de son *Économie*, mais c'est sans compter avec la dépression dont il souffre de la mi-1807 à 1810 environ. Cette dépression[3], dont sa correspondance se fait régulièrement l'écho et qui tient à plusieurs causes (l'évolution de plus en plus autoritaire d'un régime hostile aux Idéologues, l'insolent et à ses yeux incompréhensible retour en force de la religion, l'impossibilité pour lui de publier dans son pays, le décès de nombreux de ses proches), plonge en effet ce grand travailleur dans une assez profonde léthargie dont il ne sort progressivement qu'à partir du moment où il prend conscience que son œuvre, grâce notamment à Jefferson, a un avenir aux États-Unis d'Amérique, depuis lesquels elle pourra ultérieurement revenir en France. Son déménagement d'Auteuil pour Paris en novembre 1809 marque de ce point de vue une rupture et semble coïncider avec le début de la guérison.

C'est dans ce nouveau contexte qu'il se remet au travail. En 1810 et 1811, il relit les *Recherches sur la nature et les causes de la richesse des nations* d'Adam Smith, le *Traité d'économie politique* de Jean-Baptiste Say, *De la richesse commerciale, ou Principes d'économie politique appliquée à la législation du commerce* de Sismondi ou l'*Essai sur le principe de population* de Malthus et entreprend de rédiger son volume

1. *Œuvres complètes, VII*, introduction.

2. Lettre de Destutt de Tracy à Claude Fauriel en date du 23 octobre 1807 (Bibl. de l'Institut, fonds Fauriel, Ms 2327, n°2, pièce 458).

3. Sur cette période dépressive, se reporter à notre introduction à l'*Idéologie proprement dite* (*Œuvres complètes, III*), p. 30-34.

d'*Économie*[1]. Il ne s'agit pas seulement de reprendre, cette fois dans un ordre méthodique, les chapitres « économiques » du *Commentaire sur l'*Esprit des lois *de Montesquieu*, en particulier les livres VII (sur le luxe), XIII (sur le travail, la production et l'impôt), XX-XXI (sur le commerce), XXII (sur la monnaie) et XXIII (sur la population), même si plusieurs passages entiers de celui-ci sont repris quasiment à l'identique dans le nouvel ouvrage[2]; il s'agit cette fois de composer un traité complet et ordonné de l'ensemble de nos actions, ou, pour employer le vocabulaire de l'Idéologie, un traité des effets des moyens que l'homme met en action pour la satisfaction de ses besoins. Le 23 octobre 1811, Tracy peut ainsi annoncer à Jefferson

> que le discours préliminaire de ce traité de la volonté et toute la première partie qui traite de l'économie politique sont à peu près terminés.

Pour autant, il est bien conscient du fait que non seulement son livre ne peut que heurter bien des préjugés mais encore qu'il est impubliable en France aussi longtemps que durera le régime impérial. C'est ce qu'il l'écrit quelques semaines plus tard à Jefferson :

> [Mon ouvrage] contient beaucoup d'idées qui me paraissent opposées à ce que j'entends dire journellement. Je crois qu'on n'en permettrait pas la publication ; et quand on la permettrait je ne le voudrais pas, non seulement parce que je craindrais qu'on m'en sût mauvais gré, mais encore parce que je pense qu'un bon citoyen ne doit dire que ce qu'il croit être la vérité, mais doit être très réservé à la dire quand elle peut passer pour la critique d'un gouvernement sur lequel il n'a pas de moyen légal d'agir[3].

On remarquera qu'à la même époque, Jean-Baptiste Say, dont la première édition de son *Traité* date de 1803, fait un constat analogue et exclut toute nouvelle édition de son ouvrage aussi longtemps que durera l'Empire[4].

Jefferson ayant présidé à la traduction et à la publication en anglais du *Commentaire*, paru à Philadelphie en juillet 1811, il est assez naturel que

1. Un passage du chapitre VI (p. 133) fait explicitement référence à 1810 : « au moment où nous parlons (en 1810)... ».

2. Voir en annexe III, p. 321, le tableau des correspondances.

3. Lettre de Destutt de Tracy à Jefferson en date du 15 novembre 1811.

4. Dans une lettre à B.S. Frossart du 1er janvier 1809 (citée par Ph. Steiner dans son introduction au *Traité d'économie politique* de J.-B. Say, Paris, Economica, 2006, p. XXVII), Say écrit : « Hélas ! le vent qui souffle dessèche tous les germes, et je ne republierai certainement pas une ligne tant qu'il durera. Mon livre sur l'économie politique est épuisé. J'en voudrais faire une seconde édition beaucoup moins imparfaite. J'en ai rassemblé les matériaux ; et ils resteront là. Les lettres comme le commerce sont dans une triste situation ».

Destutt de Tracy lui adresse le manuscrit de son *Économie* en vue de son édition outre-Atlantique. L'ancien président des États-Unis réceptionne le texte au printemps 1812 et se met à nouveau en peine de trouver un traducteur et un éditeur. Nous ne nous étendrons pas ici sur les multiples péripéties qui, en raison de l'incompétence des uns ou de la défaillance des autres, transforment les efforts de Jefferson en un véritable chemin de croix : Gilbert Chinard, dans le chapitre III de son ouvrage, *Jefferson et les Idéologues*[1], en a fait un récit exhaustif. On rappellera seulement que l'ancien président finira par se résoudre à consacrer lui-même cinq heures par jour pendant deux à trois mois à la révision ou plutôt à la réécriture d'une traduction bâclée et que l'ouvrage ne sortira des presses qu'en novembre 1818, soit près de trois ans après l'édition française qu'il était censé précéder[2].

Entre l'envoi du manuscrit à Jefferson en novembre 1811 et la parution de l'ouvrage à Georgetown en novembre 1818, il s'écoule ainsi sept années durant lesquelles Destutt de Tracy, comme en témoigne sa correspondance, désespère de la voie américaine qui s'était révélée autrement efficace pour la publication du *Commentaire*. Cela ne l'empêche pas néanmoins de poursuivre son projet : en 1812 il rédige l'important chapitre introductif à sa *Morale*, deuxième partie du *Traité de la volonté et de ses effets*, puis en 1813, ainsi qu'en atteste une note[3] de l'édition italienne des *Elementi d'ideologia*, le chapitre II, intitulé *De l'amour*.

Les soubresauts qui accompagnent la chute de l'Empire et la restauration des Bourbons le distraient sans doute un peu de l'écriture de la suite en le replongeant momentanément dans l'arène politique : le 1er avril 1814, il est des sénateurs qui se prononcent en faveur de la nomination d'un gouvernement provisoire présidé par Talleyrand ; le 2, il est à l'initiative du vote par le Sénat de la déchéance de l'empereur ; du 3 au 5, il fait partie, avec Émery, Lambrechts, Lebrun et Barbé-Marbois, des cinq sénateurs qui

1. Gilbert Chinard, *Jefferson et les Idéologues d'après sa correspondance inédite avec Destutt de Tracy, Cabanis, J.-B. Say et Auguste Comte*, Baltimore, The Johns Hopkins Press, Paris, Presses universitaires de France, 1925.

2. *A Treatise on Political Economy, to which is prefixed a supplement to a preceding work on the Understanding, or Elements of Ideology, with an Analytical Table, and an Introduction on the faculty of Will,* by the Count Destutt Tracy, translated from the unpublished French Original, Georgetown D.C., published by Joseph Milligan, 1817.

La page de titre de l'édition américaine comporte deux inexactitudes : d'une part, l'édition française était déjà publiée, ce que l'éditeur ignorait ; d'autre part, l'ouvrage est paru en 1818 et non en 1817.

L'édition américaine est en outre précédée d'une lettre de Jefferson à l'éditeur et d'un prospectus.

3. Voir ci-dessous p. 293.

forment la commission chargée de rédiger une nouvelle constitution[1], ce qui au demeurant témoigne du fait qu'il est reconnu non seulement comme « métaphysicien » mais aussi comme penseur politique; en juin, il est nommé par Louis XVIII à la Chambre des Pairs. Incité par Jefferson à poursuivre son programme et à achever le *Traité de la volonté et de ses effets*, il lui répond de façon ambigüe :

> Si je peux terminer ceux [des volumes] qui doivent traiter de la morale et de la législation, je ne manquerai sûrement pas de les mettre tout de suite sous votre protection, je ne saurais assez vous remercier de l'extrême bonté que vous avez eue d'y songer d'avance. C'est pour moi le plus puissant des encouragements[2].

Cette réponse un peu dilatoire s'explique par les progrès rapides de la double cataracte dont il souffre et qui compromet de plus en plus sa capacité à lire et écrire : à la fin de l'année 1814, il est devenu quasiment aveugle et c'est donc avec le chapitre *De l'amour* que s'achève son œuvre philosophique.

Les éditions du Traité

On sait que la Restauration, en tout cas à ses débuts, se traduit sinon par une véritable liberté de la presse et de la librairie, du moins par une certaine libéralisation en regard des pratiques en vigueur sous le régime précédent. Ainsi voit-on Jean-Baptiste Say publier la seconde édition de son *Traité d'économie politique* dès le mois de juin 1814, soit seulement deux mois après la chute de Napoléon. Destutt de Tracy est sans doute moins volontaire, mais il se laisse convaincre par son éditeur, la veuve Courcier, de publier le *Traité de la volonté et de ses effets*, qui paraît en décembre 1815. Il annonce à la fin du volume qu'il s'agit là de son dernier écrit et semble vouloir se mettre en retrait de tout. Voici comment il présente les choses à Dupont de Nemours :

> Mon maudit imprimeur vient, malgré ma répugnance, de publier mon quatrième volume et un commencement du cinquième dont j'avais déposé le manuscrit chez lui avec une note finale, parce que c'est tout ce que j'ai fait et ferai jamais. Seulement j'ai obtenu qu'il n'en fût pas parlé dans ancuns journaux, voulant vivre et mourir en paix désormais[3].

1. Adoptée par les chambres, cette constitution d'inspiration libérale est, comme on sait, refusée par Louis XVIII et remplacée par une charte « octroyée ».

2. Lettre de Destutt de Tracy à Jefferson en date du 14 juillet 1814.

3. Lettre de Destutt de Tracy à Dupont de Nemours en date du 30 janvier 1816. Quelques jours plus tard, le 4 février, il écrit à Jefferson : « Ceci est mon testament. Je suis devenu

Dans la *Note finale*[1] qui clôt le volume, il indique en effet qu'il n'a « plus l'espérance de l'achever ».

En dépit de la discrétion recherchée par son auteur, l'ouvrage connaît un réel succès et une seconde édition, identique à la première, doit être publiée en 1818 (alors même qu'un certain regain d'intérêt pour les autres œuvres de Destutt de Tracy se manifeste : en 1817, paraissent à Paris les *Principes logiques* ainsi qu'une réédition de l'*Idéologie proprement dite* et de la *Grammaire*, en même temps qu'est publiée à Liège une édition anonyme du *Commentaire sur l'*Esprit des lois *de Montesquieu* ; en 1818, la *Logique* est à son tour rééditée). En 1823, avec un *Avertissement* original[2], paraît sous le titre *Traité d'économie politique* une nouvelle édition du *Traité de la volonté et de ses effets*, amputée toutefois du « Supplément à la première section » et de la *Morale*. Enfin en 1826, la nouvelle édition complète des *Éléments d'idéologie* (1824-1826) comprend un cinquième volume présentant la dernière version du *Traité* publiée du vivant de l'auteur.

Si l'ouvrage a été bien accueilli en France, il l'est également à l'étranger. Jefferson ne tarit pas d'éloges à son sujet. Le 17 mai 1816, il écrit à La Fayette :

> It's principles are so profound, so logically demonstrated, and so briefly expressed, that it must become the elementary book of the world for the science of political economy, as the other [*A Commentary and Review of Montesquieu's Spirit of Laws*] will be of that of government[3].

Puis le 24 novembre 1818 à Destutt de Tracy :

> I hope this book will become the Amanuensis of our students and statesmen, and will improve in us a science in which of all others we have blundered must[4].

Le 8 mars 1819, Jefferson indique à La Fayette que le livre est tenu pour un ouvrage de référence et quasiment un classique (*standard code*) au Congrès et hors du Congrès, qu'il est épuisé et qu'une nouvelle édition doit être envisagée :

aveugle et infirme, je ne puis plus rien faire, je regrette de laisser imparfait un ouvrage dont l'idée me paraît importante ».

1. Cette *Note finale* figure en annexe I au présent volume, p. 317.

2. *Avertissement* publié en annexe II, p. 319.

3. *The Letters of Lafayette and Jefferson*, with an introduction and notes by Gilbert Chinard, Baltimore, The Johns Hopkins Press, Paris, Les Belles Lettres, 1929, p. 381-383.

4. Gilbert Chinard, *Jefferson et les Idéologues*, *op. cit.*, p. 183.

> Present me with friendship and respect to M. Tracy. Tell him his political economy has got into rapid and general circulation here, that it is already quoted in Congress and out of Congress as our standard code; and that the naming him in that as the author of the *Commentary on Montesquieu* has excited a new demand for that work, and will call for a new edition, the former being exhausted [1].

L'ouvrage est également traduit en espagnol dès 1817 et en italien dans l'édition en 10 volumes des *Elementi d'ideologia* publiée à Milan de 1817 à 1819 par Guiseppe Compagnoni.

Le problème du chapitre De l'amour

Reste une question : les trois éditions françaises complètes du *Traité* ne donnent à lire que le tout début du second chapitre de la *Morale*, intitulé *De l'amour*, alors que nous avons la certitude qu'il a été rédigé en entier en 1813 et que nous savons que Destutt de Tracy y attachait une réelle importance. On doit donc légitiment s'interroger sur le sens d'une telle amputation. La question se complique quand on sait que l'auteur en autorise la traduction en italien dans le volume 10 de l'édition de G. Compagnoni des *Elementi* et qu'il sollicite Jefferson pour que la seconde édition américaine du *Treatise on Political Economy* (qui ne paraîtra pas) soit enrichie de la partie relative à la morale avec son second chapitre dans son intégralité. Ainsi s'adresse-t-il à l'ancien président dans une lettre du 22 février 1821 :

> Je désirerais bien que dans la nouvelle édition que vous me faites espérer on voulût faire le même honneur au 1er chapitre du 5e volume consacré à la morale. Si telle [sic] était aussi votre avis, je serais bien aise que l'on joignît à ces premiers chapitres le second qui traite de l'amour. Je n'en ai imprimé dans l'édition française que les premières lignes, mais il est fait tout entier depuis longtemps. [...] Je l'ai laissé imprimer dans la traduction italienne et j'avoue que j'y attache quelque importance d'abord parce qu'il est un échantillon de la manière dont je voulais parler de toutes nos passions l'une après l'autre et ensuite parce qu'il me paraît qu'on en peut tirer des conséquences importantes pour la législation. [...] dans cette confiance je prends la liberté de vous en envoyer ci-joint une copie manuscrite.

Pourquoi ce qui lui paraît inopportun en France devient-il possible et même souhaitable en Italie ou États-Unis ?

Certes, dans cette même lettre à Jefferson, Destutt de Tracy donne une explication :

1. *The Letters of Lafayette and Jefferson*, *op. cit.*, p. 397.

> Si je ne l'ai pas publié [en France], c'est par une sorte de timidité de faire confidence entière à tout ce qui m'entoure de mes sentiments les plus secrets sur certains objets.

Cet argument n'est toutefois guère convaincant, pour la simple raison que ce texte ne livre pas de sentiments intimes. Il faut donc chercher ailleurs la raison d'une telle décision. Pour la trouver, il suffit de lire le chapitre en question. En effet, si le volume d'*Économie*, impossible à publier sous l'Empire, est devenu publiable sous la Restauration, on ne peut pas en dire autant du chapitre *De l'amour*, tant celui-ci bouscule les idées reçues et la « morale » commune. Voilà en effet un texte qui dénonce avec virulence l'hypocrisie sociale liée au mariage, préconise une « extrême liberté » en matière amoureuse pour les jeunes gens et les jeunes filles avant qu'ils ou elles se marient, prône indulgence et compréhension à l'égard de ces dernières lorsqu'elles ont fait preuve de « faiblesse », et fait l'apologie de la loi du 20 septembre 1792 sur le divorce, loi bientôt vidée de son contenu dans le *Code Napoléon*. Mais il y a plus grave : *De l'amour* ne ménage ni les rois et les autorités politiques, ni les prêtres et la religion, ni « les parents », c'est-à-dire les mœurs les plus convenues. Qu'on en juge par ces quelques citations :

– « La théologie, qui est la magie transcendante… ».

– « De là est venu le fanatisme sombre et farouche de tant de religions [...]. De là tant de dieux nés d'une vierge ! ».

– « Le mariage [...] est [...] chez nous un sacrement, le signe visible, dit-on, d'une chose invisible, définition de toute la plus insignifiante et la plus incompréhensible, dont on se contente par un respect stupide ! ».

– « Il est plus raisonnable de faire des eunuques pour le harem d'un sultan que pour la chapelle d'un pape ! ! ».

– « La presque totalité des hommes [...] a croupi dans la superstition et dans la crapule, sa seule compagne ordinaire ».

– « Le comble de l'absurdité est de [...] renfermer [les jeunes filles] et de les hébéter, comme dans les pays où il y a des harems et des couvents.

– « Vraiment je vois bien d'où vient tant de démence. Les prêtres veulent dominer. Les autorités politiques veulent accoutumer à la soumission en tout genre. Les pères veulent être obéis, et faire de leurs enfants des instruments de leur cupidité, de leur vanité et de leur ambition, en faisant par leur moyen des marchés avantageux. Les mères veulent cacher les défauts de leur marchandise qu'elles n'ont pas su rendre désirable pour un homme raisonnable ».

– « Le bon ordre [...] se montrera partout où l'autorité des prêtres, des rois et des pères ne se fera pas trop sentir ».

– « Les prêtres, qui règnent par elle [la superstition], ont saisi ce moyen de tirer parti du plus violent de nos penchants [le besoin de reproduction] pour nous asservir ».

Destutt de Tracy exprime aussi à plusieurs reprises qu'il est parfaitement conscient du fait que nombre de ses idées sont inacceptables ou à tout le moins inaudibles par la société française de son temps :

– « J'en ai déjà trop dit, car le sort de ceux qui traitent des sujets si délicats [...] est de persuader peu de personnes, d'en choquer beaucoup » ;

– « Ces expressions paraîtront séditieuses » ;

– « Je sens qu'ici je vais faire jeter les hauts cris, révolter tous les préjugés ».

De fait, si la société de la Restauration peut accepter que l'auteur, aristocrate d'ancien régime et comte d'Empire, Pair de France et académicien, soit une personnalité de l'opposition libérale, elle n'est pas prête en revanche à entendre de sa part des propos se situant au-delà d'une ligne d'autant plus infranchissable qu'elle reste invisible. On comprend dans ces conditions que celui qui, comme on l'a vu, a écrit en 1816 à Dupont de Nemours qu'il voulait « vivre et mourir en paix désormais » n'ait pas souhaité se comporter en provocateur. Il ne dit pas autre chose à Fauriel en 1820 :

> Je n'ai pas voulu [...] risquer [*De l'amour*] dans l'édition française et m'exposer à le voir et à l'entendre continuellement discuté et déchiré autour de moi [1].

Mais ce qui vaut pour la France ne vaut pas pour l'étranger. En permettant la traduction italienne et en incitant à une traduction aux États-Unis, Tracy veut faire un triple pari : 1. du fait de l'éloignement et de la différence des langues, il y a peu de chances que *De l'amour* et son auteur soient au centre d'une polémique en France ; 2. l'ouvrage sera mieux reçu dans un pays éclairé, notamment aux États-Unis[2] ; 3. il pourra revenir en France ultérieurement, lorsque les esprits et le gouvernement seront moins embarrassés de préjugés.

En fin de compte, le premier de ces trois paris aura réussi au-delà de toute espérance ! La traduction italienne (qui est d'ailleurs quelque peu

1. Lettre de Destutt de Tracy à Claude Fauriel en date du 7 octobre 1820 (Bibl. de l'Institut, fonds Fauriel, Ms 2327, n°2, pièce 465.

2. Comme il l'écrit à Jefferson dans sa lettre déjà citée du 21 février 1821 : « Je me figure d'ailleurs que [ce chapitre] pourrait paraître moins étrange à votre sage nation qu'à tout autre ».

édulcorée, de façon à gommer les formules qui aurait pu passer pour provocatrices[1]) est en effet passée quasiment inaperçue[2] et, de son côté, Jefferson n'a pas donné suite à la demande de publication du fameux chapitre, sans doute parce que, comme l'explique G. Chinard, l'ancien président ne voulait pas « soulever contre lui les prêcheurs et les moralistes déjà assez mal disposés à son égard » et qu'il avait en outre sur l'éducation des jeunes filles des idées fort traditionnelles[3]. Si l'on ajoute à cela le fait que Tracy n'a mis dans la confidence de l'existence de ce chapitre qu'un tout petit nombre d'amis très proches (comme C. Fauriel ou Stendhal[4]) ou de correspondants étrangers de confiance, on comprend pourquoi, durant plus d'un siècle, pratiquement personne, y compris parmi les stendhaliens, n'a jamais soupçonné que *De l'amour* a été effectivement rédigé. Et le fait que Sarah Newton Destutt de Tracy, l'épouse du fils du philosophe, ait, dans sa *Notice sur M. Destutt de Tracy*[5] parue en 1847, résumé assez fidèlement les idées de son beau-père sur le sujet, allant même jusqu'à recopier quelques passages du texte original, n'y a rien changé. Ainsi F. Picavet, dont la thèse de 1891 sur *Les Idéologues* a longtemps fait référence, ignore-t-il l'existence du fameux chapitre[6]. Pour l'apprendre, il

1. Sur ce point, se reporter à notre introduction à l'édition de *De l'amour*, Paris, Vrin, 2006, p. 36-39.

2. Dans sa *Vita letteraria* publiée à Milan en 1834, G. Compagnoni fait état du peu d'écho que rencontra en Italie la publication des *Elementi d'ideologia*. Voir Yves du Parc, « Destutt de Tracy, Stendhal et *De l'amour* », *Stendhal Club*, n°8, 1960, p. 336.

3. Gilbert Chinard, « Introduction sur Stendhal et Destutt de Tracy », dans Destutt de Tracy, *De l'amour*, publié pour la première fois en français, Paris, Les Belles Lettres, 1926, p. IV.

4. Admirateur de Destutt de Tracy depuis sa lecture de l'*Idéologie proprement dite* en 1804, Stendhal le rencontre pour la première fois le 4 septembre 1817. Dès 1818, c'est-à-dire avant la parution de la traduction italienne en 1819, il mentionne *De l'amour* dans ses notes. Victor Del Litto (*La vie intellectuelle de Stendhal, Genèse et évolution de ses idées, 1802-1821*, Paris, P.U.F., 1962, p. 638-642) émet de façon convaincante l'hypothèse selon laquelle Beyle a eu accès au manuscrit ou aux épreuves du *Dell'Amore* édité par G. Compagnoni. Ce n'est qu'en 1821 (lettres à Stendhal des 25 septembre et du 10 octobre) que Tracy adresse le manuscrit original à Stendhal, pour qu'il le transmette au jeune philosophe Defendente Sacchi.

Lorsqu'il publie sans nom d'auteur son propre *De l'amour* en 1822, Stendhal précise dans une note du chapitre LVIII : « L'auteur avait lu un chapitre intitulé *Dell'Amore* dans la traduction italienne de l'*Idéologie* de M. de Tracy. Le lecteur trouvera dans ce chapitre des idées d'une bien autre portée philosophique que tout ce qu'il peut rencontrer ici ». On sait que l'ouvrage de Stendhal est alors passé largement inaperçu. On sait aussi que Tracy n'a jamais pris ce livre au sérieux.

5. Cette notice a été rééditée dans : Sarah Newton Destutt de Tracy, *Essais divers, lettres et pensées, I*, Paris, Plon, 1952.

6. François Picavet, *Les Idéologues, essai sur l'histoire des idées et des théories scientifiques, philosophiques, religieuses, etc. en France depuis 1789*, Paris, Alcan, 1891,

faut attendre que G. Chinard, travaillant sur la correspondance de Jefferson, découvre que l'ancien président a été destinataire d'une copie du manuscrit. Et faute de la trouver dans les papiers de ce dernier, il exhume la traduction italienne, pour ensuite procéder à la traduction de cette traduction[1]. La mise au jour en 2003, dans les Archives nationales d'Argentine, de la copie adressée par le philosophe à Bernardino Rivadavia, qui a été président de la République de ce pays de 1826 à 1827, a permis de disposer de la version originale[2]. C'est évidemment cette dernière version qui est reprise dans la présente édition.

DÉDUIRE LES SCIENCES MORALES ET POLITIQUES DE L'ANALYSE DE LA VOLONTÉ

On se tromperait beaucoup si l'on regardait le *Traité de la volonté et de ses effets* comme une suite de trois traités se suffisant à eux-mêmes et indépendants les uns des autres : un traité d'économie politique, un traité (inachevé) de morale, et la promesse (non tenue) d'un traité de législation. Pour Destutt de Tracy en effet, les sciences morales et politiques sont directement issues de l'analyse de notre faculté de penser associée à notre faculté de se mouvoir et, si l'on veut faire la science de l'homme « complet », c'est-à-dire non seulement sentant et connaissant mais aussi voulant et agissant, il faut *déduire de la volonté* les principes qui gouvernent nos actions et les motifs qui les dirigent. Ce faisant, il témoigne une nouvelle fois de l'unité constituée par l'ensemble des sciences composant les *Éléments d'idéologie*, unité que l'on peut qualifier d'organique dans la mesure où aucune d'entre elles ne saurait exister sans toutes les autres. Lorsqu'à la fin de la *Logique*, il dit que les neuf parties constitutives de son ouvrage ont vocation à former

p. 395. Picavet émet l'hypothèse assez farfelue selon laquelle l'auteur aurait pu laisser « à son disciple Stendhal » le soin de le suppléer. S'il n'est pas impropre de qualifier Stendhal de « disciple » de Tracy, il est en revanche impensable que le second ait jamais pu songer au premier pour être son interprète sur un tel sujet, et cela même si le *De l'amour* de Stendhal se présente comme « un livre d'idéologie ».

1. Destutt de Tracy, *De l'amour*, publié pour la première fois en français, avec une introduction sur *Stendhal et Destutt de Tracy* par Gilbert Chinard, Paris, Les Belles Lettres, 1926.

2. Destutt de Tracy, *De l'amour*, texte original en langue française, introduction, édition et notes par Claude Jolly, Paris, Vrin, 2006.

> par leur réunion la totalité du tronc de l'arbre encyclopédique de nos connaissances réelles,[1]

il ne dit pas autre chose.

On voit par là que si, en tant qu'économistes, Destutt de Tracy et Jean-Baptiste Say se revendiquent d'un même héritage (Condillac) et partagent une même méthode (l'analyse), ils se distinguent en revanche par leur point de départ : là où le premier tire tous ses principes de la volonté, le second les déduit de ce qu'il appelle « les faits généraux »[2]; le premier est un Idéologue qui investit le champ de l'économie, le second un économiste qui se rattache à la mouvance idéologique par la méthode. Ainsi s'explique que Tracy indique à ses lecteurs que la première partie du *Traité de la volonté et de ses effets* n'est pas « proprement » ou « simplement un traité d'économie politique » et qu'elle n'a pas vocation à « entrer dans les détails » de cette discipline[3].

Dans ces conditions, le chapitre introductif du *Traité* remplit une fonction stratégique dont l'*Avertissement* dit toute l'importance :

> Je prie que l'on considère que voulant réellement placer les sciences morales et politiques sur leur vraie base, la connaissance de nos facultés intellectuelles, il était nécessaire de commencer par considérer notre faculté de vouloir sous tous les aspects, et que cet examen préalable une fois fait, presque tous les principes se trouvent posés d'eux-mêmes très naturellement[4].

Certes, les premiers volumes des *Éléments* ont déjà procédé à une analyse de la volonté. Dans l'*Idéologie proprement dite*, Tracy a montré que la volonté, dernière des quatre facultés élémentaires composant la faculté générale de sentir ou de penser, consiste à sentir des désirs et trouve sa source dans le fait que certaines de nos sensations nous font plaisir ou

1. *Éléments, III, Logique,* chapitre IX, p. 242.

2. « L'économie politique [...] est établie sur des fondements inébranlables du moment que les principes qui lui servent de base sont des déductions rigoureuses de faits généraux incontestables. Les faits généraux sont, à la vérité, fondés sur l'observation des faits particuliers ; mais on a pu choisir les faits particuliers les mieux observés, les mieux constatés [...] ; et lorsque les résultats en ont été constamment les mêmes, et qu'un raisonnement solide montre pourquoi ils ont été les mêmes, lorsque les exceptions mêmes sont la confirmation d'autres principes aussi bien constatés, on est fondé à donner ces résultats comme des lois générales » (Jean-Baptiste Say, *Traité d'économie politique*, éd. variorum des six éditions établie par C. Mouchot, Paris, Economica, 2006, p. 11).

3. *Éléments, IV-V, Traité de la volonté et de ses effets,* chapitre XIII, p. 323. Le mot « proprement » employé dans les éditions de 1815 et 1818 est remplacé par « simplement » dans celles de 1823 et 1826.

4. *Ibid.*, avertissement, p. 44.

peine, ce qui nous conduit à les rechercher ou à les éviter; il a indiqué également qu'elle dirige nos mouvements corporels ainsi que nos opérations intellectuelles. Dans le chapitre IX de la *Logique*, il a mis en évidence que la volonté, lorsque notre système sensitif ou nerveux n'agit ou ne réagit que sur lui-même, est à la source de tous nos *besoins*: en effet, sentir un désir, c'est éprouver un besoin ou, ce qui revient au même, c'est sentir le besoin de la satisfaction/cessation de ce désir. Et lorsque notre système sensitif ou nerveux réagit sur notre système musculaire, elle est à la source de tous nos *moyens*, les seuls que nous soyons d'ailleurs en capacité de mobiliser pour satisfaire ou essayer de satisfaire nos besoins. Ces derniers, qui témoignent de notre *faiblesse*, nous confèrent des *droits*, tout comme nos moyens, qui témoignent de notre *force*, nous imposent des *devoirs*[1].

Toutefois, ce n'est véritablement que dans le chapitre introductif du *Traité de la volonté et de ses effets* que Destutt de Tracy présente une analyse presque complète[2] de cette faculté, en remontant aussi haut qu'il est possible, c'est-à-dire en partant du fait premier dont nous soyons certains : *je sens donc j'existe*[3].

De la faculté de vouloir associée à la faculté de se mouvoir, il déduit d'abord l'idée de *personnalité* ou d'*individualité*, c'est-à-dire pour l'être sensible la capacité de prendre conscience de son *moi* ou de son existence propre, distincte et séparée de ce qui l'entoure. Si un être doué seulement de sensibilité sans être doté de volonté aurait sans doute une idée confuse ou obscure de son *moi*, car sentir c'est nécessairement sentir qu'on existe, ce n'est toutefois qu'avec la volonté et la mobilité (et la sensation de résistance qui les accompagne souvent) que la *personnalité* ou l'*individualité* prend vraiment conscience d'elle-même, en sentant qu'elle existe par opposition à ce qui n'est pas elle.

De l'idée de personnalité ou d'individualité, il déduit ensuite celle de *propriété*, car connaître l'existence de son *moi*, c'est prendre conscience que celui-ci est le propriétaire exclusif de son corps et de ses organes, de ses facultés, de ses sentiments, de ses forces et des effets qu'elles produisent. Avec Locke et contre Rousseau, il faut donc rejeter l'idée selon laquelle la propriété serait un artifice trouvant son origine dans des conventions sociales et la tenir au contraire pour naturelle et nécessaire.

1. Le lecteur peut se reporter sur ce point au tableau figurant dans notre introduction à la *Logique* (*Œuvres complètes, V*), p. 25.

2. Analyse « presque complète », parce que, comme nous le verrons p. 31, elle sera encore enrichie dans le premier chapitre de la *Morale*.

3. *Éléments, III, Logique*, discours préliminaire, p. 88.

Puis, reprenant l'argumentation développée dans la *Logique*, Tracy observe que

> les mêmes actes intellectuels, émanés de la faculté de vouloir, qui nous font acquérir l'idée distincte et complète de notre *personnalité*, de notre *moi* et de la *propriété* exclusive de tous ses modes, sont aussi ceux qui nous rendent susceptibles de *besoins* et qui constituent tous nos besoins, [1]

et que, dès lors que notre système sensitif ou nerveux réagit sur notre système musculaire, la volonté dirige nos opérations aussi bien intellectuelles que physiques ou matérielles et se trouve par là même à la source de tous nos *moyens.*

À partir des idées de *besoins* et de *moyens*, il est en mesure de déduire et de définir plusieurs idées qui se commandent les unes les autres et qui forment l'armature conceptuelle du *Traité* :

Travail: celui-ci est notre seul bien originaire ou notre richesse primitive; il consiste dans l'emploi de nos forces intellectuelles et physiques, en vue de produire des biens utiles, qu'il s'agisse de connaissances ou d'objets matériels.

Richesse : elle réside dans la possession des moyens de satisfaire nos désirs.

Biens : résultats de l'emploi de nos facultés intellectuelles et physiques, de notre travail, ils sont constitués de toutes les choses qui contribuent à nous faire du bien, à augmenter notre bien-être.

Utile : est utile tout moyen prochain ou éloigné de satisfaire un besoin.

Valeur: résultat de l'application de nos forces intellectuelles et physiques, un bien a toujours deux valeurs : la première, naturelle et nécessaire, est fonction du travail que sa production a coûté à son producteur; la seconde, conventionnelle et éventuelle, est fonction du travail qu'il épargne ensuite.

Liberté: puissance d'exécuter notre volonté, elle réside dans l'accomplissement de tous nos désirs ou la satisfaction de tous nos besoins; elle est le premier de tous nos biens, celui qui les produit tous, qui les renferme tous. Elle est la même chose que notre *bonheur*; elle a les mêmes limites; ou plutôt notre bonheur ne saurait avoir ni plus ni moins d'étendue que notre liberté, c'est-à-dire que notre pouvoir de satisfaire nos désirs.

Enfin, après avoir tiré respectivement des idées de *besoins* et de *moyens* celles de *droits* et de *devoirs*, comme il l'avait déjà fait dans la *Logique*, Tracy va plus loin et démontre que tout homme a autant de droits que de besoins et le devoir général de satisfaire ces besoins. Dans ces conditions,

1. *Éléments, IV-V, Traité de la volonté et de ses effets*, introduction, § III, p. 59.

assurer à chacun l'exercice le plus complet possible de sa liberté, ou, ce qui est la même chose, la plénitude du bonheur, devient la question centrale des sciences morales et politiques et donc du *Traité de la volonté et de ses effets*.

Mais si tout homme a autant de droits que de besoins et le devoir général de satisfaire ces besoins, doit-on en conclure que la nature nous a légué le règne de la guerre de tous contre tous et que la solution (la paix) est à chercher, comme chez Hobbes, dans la soumission à un souverain doté d'un pouvoir absolu ? Non, car l'homme tient de cette même nature, non seulement le sentiment de personnalité qui est à la racine de la sauvegarde de ses intérêts et du premier d'entre eux, la conservation de la vie, mais aussi le sentiment de sympathie, d'une part, la capacité à communiquer et à passer des conventions, d'autre part. Ce sentiment de la sympathie qui nous conduit à nous rapprocher de nos semblables, voici comment Tracy le définit :

> J'appelle besoin de sympathiser ou sympathie ce penchant qui nous porte à nous associer aux sentiments de nos semblables et même à ceux de toute la nature animée, qui fait que le spectacle de la douleur est une peine pour nous et celui de la joie un plaisir, qui fait que lorsque nous sommes malheureux nous avons besoin d'être plaints, et que quand nous sommes heureux notre satisfaction n'est complète lorsqu'elle est partagée, qui fait enfin que le sentiment d'aimer nous est agréable à éprouver et à inspirer, et que le sentiment de haïr ou d'être haï est pénible et triste. Ce besoin de sympathiser, cette bonté native, existe certainement dans la nature humaine, on ne saurait en douter [1].

1. *Éléments, V, Morale,* chapitre premier, p. 271-272. On doit rappeler ici la grande vitalité, tout au long du XVIIIe siècle, de la notion de *sympathie*, qui, héritée de l'Antiquité, a fait fortune par opposition aux doctrines de l'amour-propre du siècle précédent et investi aussi bien le champ de la physique et de la chimie que celui de la morale. Elle est au cœur de la philosophie écossaise (Hutcheson, Hume, Smith). Dans *The Theory of moral Sentiments* (1759), Smith la définit ainsi : « *Pity and compassion [i.e. the emotion which we feel for the misery of others] are words appropriated to signify our fellow-feeling [*notre affinité*] with the sorrow of others. Sympathy, tough its meaning was, perhaps, originally the same, may now, however, without much impropriety, be made use of to denote our fellow-feeling with any passion whatever* » (Part I, section 1, chapt. 1). En l'an 6 (1798), Sophie de Condorcet publie une nouvelle traduction de l'ouvrage de Smith, à laquelle elle ajoute, de son cru, huit *Lettres sur la sympathie*, où elle indique : « *Smith s'est borné à en remarquer l'existence [de la sympathie], et à en exposer les principaux effets : j'ai regretté qu'il n'eût pas osé remonter plus haut ; pénétrer jusqu'à sa première cause ; montrer enfin comment elle doit appartenir à tout être sensible et susceptible de réflexion* » (Lettre première). À la différence de Smith, elle la définit non plus comme une affection qui trouverait son origine dans la représentation que, grâce au concours de notre imagination, nous pouvons avoir des souffrances d'autrui, mais comme une disposition ancrée dans notre nature physique : « *La sympathie,* dit-elle*, est la*

C'est cette sympathie naturelle qui, conjuguée à l'acquisition progressive d'un langage élaboré, permet la conclusion d'un tissu de conventions tacites ou expresses, constitutives de la vie en société : celle-ci n'est donc nullement issue d'un hypothétique « contrat social », d'autant plus impossible qu'il suppose déjà l'existence de ce qu'il est censé fonder, mais elle est une situation naturelle qui prend la forme d'un processus continuel d'échanges dans lesquels chacun trouve ou croit trouver son compte.

On mesure mieux dès lors toute l'importance de ce discours préliminaire et pourquoi l'auteur insiste pour que le lecteur, si désireux qu'il puisse être d'en venir à des choses plus concrètes, n'en fasse pas l'impasse. Cette introduction assure en effet les fondations de toutes les grandes options économiques, morales et politiques de Destutt de Tracy :

– son *libéralisme*, qui s'enracine clairement dans l'*individualité* ou *personnalité* attachée à la volonté, ainsi que dans le droit légitime de l'*individu* à satisfaire tous ses besoins; ce libéralisme est à la fois économique et politique, la société devant

> avoir pour base la libre disposition des facultés de l'individu et la garantie de tout ce qu'il peut acquérir par leur moyen[1] ;

– sa défense de la *propriété*, qui est aussi importante pour le pauvre que pour le riche et qui doit être garantie;

– son *utilitarisme*, qui est directement articulé à sa doctrine des besoins et des moyens.

On comprend mieux aussi pourquoi, s'il accepte d'employer le vocabulaire habituel en parlant d'*économie*, de *morale* et de *législation*, il donne à ces termes des contenus sensiblement différents de ceux consacrés par l'usage. Ainsi, la première partie du *Traité* qui s'intitule *De nos actions*

disposition que nous avons à sentir d'une manière semblable à celle d'autrui » (Lettre première). Cette conception physiologique sera confirmée par le destinataire des *Lettres*, Cabanis. Celui-ci fait valoir que Smith « *a fait une analyse pleine de sagacité, mais cependant incomplète, faute d'avoir pu rapporter [le principe de la sympathie morale] à des lois physiques* » (*Rapports du physique et du moral de l'homme,* dixième mémoire, De la sympathie, § VI), tout en soulignant que chez l'homme, surtout s'il « *vit sous un régime social plus avancé [...], on ne peut plus séparer ce qui n'est que simplement organique dans la sympathie, de ce que viennent y mêler sans cesse les relations de l'individu avec ses semblables* » (*Ibid.*). Tracy fait le même reproche à la conception smithienne de la sympathie qui a, dit-il, « *négligé la physiologie, notre plus sûr, notre seul bon guide* » (*Éléments, V, Morale,* chapitre Ier, p. 386). On consultera avec profit sur ce sujet l'édition des *Lettres sur la sympathie (1798) de Sophie de Grouchy : philosophie morale et réforme sociale*, sous la direction de Marc André Bernier et Deidre Dawson, Oxford, Voltaire Foundation, 2010.

1. *Éléments, IV, Économie,* chapitre VIII, p. 150.

ou Économie ne saurait consister en un simple traité des richesses, depuis leur production jusqu'à leur consommation, mais a pour objet

> l'examen circonstancié des effets et des conséquences de nos actions, considérées comme moyens de pourvoir à nos besoins de tous genres, depuis les plus matériels jusqu'aux plus intellectuels [1].

De même, la deuxième partie, intitulée *De nos sentiments et de nos passions ou Morale*, n'a pas vocation à recenser les règles de conduite des individus mais consiste dans

> l'examen de celles de nos perceptions qui renferment un désir, de la manière dont elles se produisent en nous, de leur conformité ou de leur opposition avec les vraies conditions de notre être, de la solidité ou de la futilité de leurs motifs, et des avantages ou des inconvénients de leurs conséquences [2].

Enfin, la troisième partie, qui se serait intitulée *De la direction des unes et des autres ou Législation*, n'aurait pas pris la forme d'un traité des lois et de leur élaboration, mais se serait attachée à montrer à quelles conditions la loi, d'une part, l'éducation, d'autre part, sont de nature à diriger les sentiments et les actions pour chacun des âges de la vie, de façon à favoriser au bénéfice de chaque individu la plus grande liberté et le plus grand bonheur possible.

Ainsi redéfinies, l'économie, la morale et la législation ne sont en fin de compte rien d'autre qu'une analyse toujours plus approfondie de l'idée de volonté. Là se trouve, selon le point de vue à partir duquel on la considère, toute la force ou, au contraire, toute la faiblesse de l'Idéologie. La force, parce que, conformément à ce que Tracy a montré dans sa *Logique*, toutes nos connaissances sont issues d'un premier fait certain et que chaque nouvelle vérité mise à jour est déjà implicitement contenue dans la vérité qui la précède, ce qui permet à chaque science de se développer sous la tutelle unificatrice de l'Idéologie, « science des sciences » ou « théorie des théories » [3]. La faiblesse, parce que cette tutelle émerge au moment même où les sciences veulent s'émanciper de toute théorie de la connaissance et constituer elles-mêmes, indépendamment de toute autorité extérieure, leurs objets et leurs méthodes. C'est ce qui conduit Auguste Comte à ranger la philosophie de Destutt de Tracy non pas dans l'état positif mais dans l'état métaphysique (certes au stade le plus avancé de celui-ci), pour avoir établi

1. *Éléments, III, Logique*, chapitre IX, p. 212.
2. *Ibid.*, p. 211.
3. *Ibid., I, Idéologie proprement dite*, chapitre XVI, p. 229.

> comme maxime fondamentale que cette idéologie constitue une science primitive, indépendante de toutes les autres, et destinée même à les diriger[1].

Pour lui, « l'aberration métaphysique » qui caractérise l'Idéologie se manifeste notamment en économie :

> Celui qui, de nos jours, a présenté l'ensemble de cette doctrine économique sous l'aspect le plus rationnel et le mieux appréciable, le respectable Tracy, a fait directement, avec cette noble candeur philosophique qui le caractérisa toujours, l'aveu spontané et décisif d'une telle constitution métaphysique, en exécutant simplement son traité d'économie politique comme une quatrième partie de son traité général d'idéologie, entre la logique et la morale; et ce caractère fondamental, loin d'être borné à la seule coordination primitive, que l'on pourrait attribuer à d'accidentelles préoccupations systématiques, se montre, au contraire, pleinement soutenu, de la manière la plus naturelle et la plus prononcée, dans tout le cours du travail[2].

L'ÉCONOMIE

Nous avons vu que le chapitre introductif du *Traité* fournit la matrice de toutes les idées propres à rendre compte de nos actions : en particulier l'idée selon laquelle la société, qui est pour l'homme un état naturel et nécessaire, consiste dans des échanges continuels et celle selon laquelle toute richesse, qu'elle soit intellectuelle ou matérielle, est issue du travail. En effet :

> Dès que vous reconnaissez que nos facultés sont notre seule richesse originaire, que notre travail seul produit toutes les autres, et que tout travail bien dirigé est productif, tout s'explique avec une facilité admirable[3].

C'est parce qu'il est combiné avec le jeu perpétuel d'échanges de services ou de produits qui est la marque de la société elle-même que le travail assure le progrès des civilisations en permettant

– le travail en commun;
– le développement des lumières;
– la division du travail.

1. Auguste Comte, *Cours de philosophie positive*, 45ᵉ leçon.
2. *Ibid.*, 47ᵉ leçon.
3. *Éléments, IV, Économie,* chapitre XI, p. 188.

Ce faisant, le *Traité de la volonté et de ses effets* s'inscrit clairement dans tradition libérale ouverte au siècle précédent par Adam Smith, pour qui « seul l'homme fait des échanges proprement dits » et qui, contre les physiocrates, a établi que toute valeur vient du travail.

Mais c'est bien sûr de Jean-Baptiste Say que Destutt de Tracy est le plus proche (*he is one of Say's school*, écrit Ricardo à Malthus [1]). Edgard Allix, qui s'est attaché à évaluer sa place dans l'histoire de l'économie politique, ne manque pas de le souligner :

> Les théories économiques de Destutt de Tracy offrent, dans l'ensemble, une si étroite ressemblance avec celles de J.-B. Say qu'analyser en détail le *Traité de la volonté* serait résumer une seconde fois le *Traité d'économie politique* de Say [2].

Au demeurant, Tracy ne masque pas sa dette à l'égard de l'ancien rédacteur en chef de la *Décade philosophique* et ancien membre du Tribunat, évincé de cette assemblée comme tous les Idéologues qui en faisaient partie : il le tient pour « l'auteur du meilleur livre qu'[il] connaisse sur ces matières » [3] et il reconnaît que c'est « d'après lui » [4] qu'il a défini l'idée de *production* comme *production d'utilité*. La proximité entre le *Traité* de Say et celui de Destutt de Tracy se manifeste aussi dans la parenté de leurs plans respectifs. Le plan de Tracy préfigure celui qui sera adopté par Say à partir de la seconde édition de son *Traité* en 1815 et s'organise en trois parties :

– *La production des richesses* (chapitres Ier à VII). Elle traite de l'industrie manufacturière ou agricole, qui « a pour objet de façonner et de modifier tous les êtres qui nous entourent, pour les convertir à notre usage » [5], et de l'industrie commerçante, qui est également productrice d'utilité, non plus par changement de forme mais par changement de lieu. Cette partie traite également de la monnaie dans la mesure où celle-ci est l'instrument le plus efficace du commerce.

– *La distribution des richesses* (chapitres VIII à X), qui traite de leur inégale répartition et de ses conséquences sur la population.

1. Lettre du 16 décembre 1822, dans *The Works and Correspondance of David Ricardo*, ed. by P. Sraffa, Cambridge University Press, 1952, vol. IX, p. 248.

2. Edgard Allix, « Destutt de Tracy, économiste », *Revue d'économie politique*, t. 26, 1922, p. 424-451.

3. *Éléments, IV, Économie*, chapitre II, p. 93.

4. *Ibid.*, chapitre IX, p. 160.

5. *Ibid.*, chapitre IV, p. 103.

– *La consommation des richesses* (chapitres XI et XII), qui inclut la question des recettes et des dépenses du gouvernement, puisque celui-ci se trouve être « le plus grand des consommateurs »[1].

Par ailleurs, Tracy emprunte directement à Say le fait que toute industrie (qu'elle soit manufacturière, agricole ou commerçante) réunit trois composantes, selon le schéma suivant :

Composantes	Fonctions ...	... assurées par
Théorie	Connaître les propriétés des êtres et les lois de la nature	le savant
Application	Tirer parti de cette connaissance pour produire un effet utile	l'entrepreneur
Exécution	Exécuter le travail nécessaire pour atteindre ce but	l'ouvrier

Et, comme Say, il attribue dans le processus productif le rôle le plus déterminant à l'entrepreneur, parce que c'est celui-ci qui dispose des ressources (qu'on les appelle des *capitaux* ou des *économies*) pour faire les *avances* nécessaires à tout processus productif et pour salarier les ouvriers et même les savants. Tracy et Say se rejoignent également sur le chapitre de la consommation, définie comme destruction d'utilité, ainsi que sur celui de la dénonciation du luxe qui, contrairement à un préjugé tenace, contribue à l'appauvrissement des nations : « consommation superflue et même exagérée »[2], commandé par la vanité, il est improductif par nature. Ils partagent enfin une même conception du gouvernement. Parce que

> sa dépense ne se reproduit pas dans ses mains avec accroissement de valeur, comme celle des hommes industrieux,[3]

celui-ci n'est au fond qu'un

> très grand rentier, à qui l'autorité tient lieu de capitaux[4].

À ce titre, le gouvernement doit limiter l'impôt au strict minimum, c'est-à-dire à ce qui est indispensable à l'administration, à la justice, à la police et à la défense ainsi qu'à certains travaux d'intérêt collectif (ponts et routes) et à l'encouragement des sciences et arts; corrélativement, il lui appartient de garantir la plus grande liberté à tous : au savant, parce que c'est la condition de l'avancement des sciences; à l'entrepreneur, parce

1. *Éléments, IV, Économie,* chapitre XII, p. 201.
2. *Ibid.*, chapitre XI, p. 190.
3. *Ibid.*, chapitre XII, p. 223.
4. *Ibid.*, p. 217.

que celui-ci est à l'origine de la production des richesses; à l'ouvrier qui, parce qu'il n'est propriétaire que de sa force de travail (« ses faibles moyens »), doit au moins pouvoir en disposer comme il l'entend.

Malthus, dont l'*Essai sur le principe de population*[1] est traduit en français en 1809, est le second économiste contemporain à avoir directement influencé la rédaction du *Traité de la volonté et de ses effets*. Si Destutt de Tracy partage avec Say l'idée selon laquelle la population est toujours proportionnée à ses moyens d'existence, il reconnaît que

> Malthus va beaucoup plus loin encore. Il est [...], de tous les auteurs qui ont écrit sur la population, celui qui a le plus approfondi le sujet, et qui en a le mieux développé toutes les conséquences. Son ouvrage, singulièrement remarquable, doit être regardé comme le dernier état de la science sur cet important objet[2].

C'est à lui en effet que Tracy doit sa doctrine de la population : si les progrès de la civilisation, combinés à la puissance du besoin physiologique de la reproduction, tendent spontanément à la multiplication de l'espèce, cela ne peut manquer – lorsque vient, de façon inéluctable, le moment où l'offre de travail excède la demande – de multiplier le nombre des miséreux. Dès lors, le bonheur ou la liberté de tous, qui est, rappelons-le, le but de la société, devient un objectif impossible à atteindre. Dans cette matière, il ne saurait être question de préceptes moraux : ceux qui appellent à la multiplication des enfants sont aussi sots que ceux qui, dénonçant le plaisir comme un mal, prêchent en faveur d'on ne sait quel ascétisme contre-nature. Il faut au contraire déplacer le sujet du champ de la morale, ou plutôt du moralisme, pour celui de l'intérêt. Or,

> l'intérêt des hommes, sous tous les rapports, est [...] de diminuer les effets de leur fécondité[3].

En revanche, il est un point sur lequel Destutt de Tracy manifeste sa singularité : c'est l'attention qu'il porte à la question de l'inégalité et à la situation des plus pauvres. Certes, l'inégalité est d'abord un fait de nature :

> Il ne se peut pas que tous les individus se ressemblent et aient le même degré de force, d'intelligence et de bonheur[4].

1. Thomas Robert Malthus, *Essai sur le principe de population, ou Exposé des effets passés et présents de l'action de cette cause sur le bonheur du genre humain, suivi de quelques recherches relatives à l'espérance de guérir ou d'adoucir les maux qu'elle entraîne*, trad. de l'anglais par Pierre Prévost, Genève, J.J. Paschoud, 1809.

2. *Éléments, IV, Économie*, chapitre IX, p. 160.

3. *Ibid.*, p. 162.

4. *Ibid.*, chapitre VIII, p. 149.

Mais cette inégalité naturelle de moyens, qui est aussi une inégalité naturelle de pouvoir, est appelée à se renforcer avec le développement de nos connaissances et de notre industrie. En effet,

> La société, procurant à chacun la sûreté de sa personne et de ses propriétés, cause le développement de nos facultés; ce développement produit l'accroissement de nos richesses; leur accroissement amène plus ou moins vite leur très inégale répartition; et cette inégale répartition ram[ène] l'inégalité de pouvoir que la société avait commencé par contenir[1].

La société est ainsi travaillée par une contradiction ou, à tout le moins, par une tension : d'un côté, elle a pour objet le bonheur de ses membres et donc la diminution des inégalités; de l'autre, son développement favorise une répartition inégalitaire des richesses et, par là même, « l'inégalité d'instruction, de capacité et d'influence »[2]. L'inégale répartition des richesses doit par conséquent être combattue comme « le plus grand de tous les maux »[3] et l'intérêt des pauvres doit être défendu parce qu'il se confond avec l'intérêt général :

> L'humanité, la justice et la politique veulent [...] que de tous les intérêts, celui du pauvre soit toujours le plus consulté et le plus constamment respecté[4].

Pourquoi l'humanité? Parce que, pour le pauvre, c'est sa vie, son existence même qui est en jeu. Pourquoi la justice? Parce que celui-ci fait partie de la classe la plus nombreuse de la société. Pourquoi la politique? Parce qu'un pays dans lequel les pauvres sont trop misérables met en péril ses lumières, son industrie et, *in fine*, la paix civile[5]. Comme l'a noté E. Allix, l'accent mis par Destutt de Tracy sur le problème de la répartition des richesses constitue son principal apport à l'économie politique libérale et contribue à disculper cette doctrine du reproche d'inhumanité qu'on lui a souvent adressé[6].

Si, d'une façon générale, les livres d'histoire de la pensée économique font peu de cas de Destutt de Tracy, on doit cependant noter que les économistes du XIXe siècle le tiennent pour un des leurs et en parlent le plus souvent avec éloges. C'est bien sûr le cas de Jean-Baptiste Say, en dépit de

1. *Éléments, IV, Économie,* chapitre X, p. 179-180.
2. *Ibid.,* p. 178.
3. *Ibid.,* p. 174.
4. *Ibid.,* p. 166.
5. « Partout où la dernière classe de la société est trop malheureuse, son extrême misère et son abjection, qui en est la suite, est la mort de l'industrie et le principe de maux infinis, même pour ses oppresseurs (*Ibid.,* p. 169).
6. Edgard Allix, art. cit., p. 437-439.

leur divergence sur l'analyse de la valeur[1]. Il en est de même de Ricardo qui, au contraire, prend parti en faveur de Destutt de Tracy dans ce débat :

> In this work [le *Traité de la volonté et de ses effets*], M. de Tracy has given a useful and an able treatise on the general principles of political economy, and I am sorry to be obliged to add, that he supports, by his authority, the definitions which M. Say has given of the words "value", "riches" and "utility"[2].

Quant à J.R. McCulloch, ses *Principles of political Economy* (1825) partent de l'analyse tracéenne de la production, « établie victorieusement », dit-il, par son auteur. Frédéric Bastiat, Adolphe Blanqui ou encore Joseph Garnier lui rendent également hommage.

Il en va évidemment autrement de Karl Marx. Celui-ci, qui possède dans sa bibliothèque un exemplaire du *Traité de la volonté et de ses effets* dans l'édition Courcier de 1826[3], tient son auteur pour un des plus dignes représentants de l'économie politique « bourgeoise ». Dans *Le Capital*, il le qualifie successivement de « doctrinaire bourgeois à sang froid » (*der fischblütige Bourgeoisdoktrinär*)[4], de « lumière parmi les économistes vulgaires » (*ein Lumen unter den Vulgärökonomen*)[5] et s'écrie (en français dans le texte), après avoir cité le passage où Destutt de Tracy vante sa lucidité et se dit convaincu d'avoir rencontré la vérité :

> Voilà le crétinisme bourgeois dans toute sa béatitude ![6]

Pour autant, il lui consacre deux longs développements, respectivement dans les livres II et IV du *Capital* : le premier est intitulé « La théorie de la reproduction de Destutt de Tracy »[7], le second « Destutt de Tracy. Conception vulgaire de l'origine du profit. Glorification des capitalistes industriels en tant que seuls ouvriers productifs »[8]. Il se livre à une critique

1. Say conteste à Tracy le fait que le travail de l'homme soit la « *seule* richesse *qui ait par elle-même une valeur primitive et nécessaire* ». Pour lui, « le travail de la terre, celui des animaux et des machines, ont une valeur aussi, puisqu'on y met un prix, qu'on l'achète » (Voir le *Cours complet d'économie politique pratique*, Paris, 1828-1833, deuxième partie, chapitre 2).

2. David Ricardo, *On the Principles of political Economy and Taxation*, London, J. Murray, 1821, 3rd ed., chap. XX.

3. *Ex-libris Karl Marx und Friedrich Engels. Schicksal und Verzeichnis einer Bibliothek*, Berlin, Dietz Verlag, 1967, p. 213.

4. Karl Marx, *Le Capital*, Livre Ier, VIIe section, chapitre XXIII, § 4.

5. Karl Marx, *Ibid.*, Livre II, IIIe section, chapitre XX, § XIII.

6. *Ibid.*

7. *Ibid.*

8. Karl Marx, *Théories sur la plus-value (Livre IV du Capital)*, chapitre IV, § XIII.

sans concessions du chapitre XI du *Traité*, lui reprochant notamment une analyse défectueuse du profit. Là où Destutt de Tracy voit que

> seuls [les entrepreneurs, à la différence des salariés et des rentiers] donnent une direction utile au travail actuel, en faisant un usage utile du travail accumulé,[1]

Marx répond :

> Mais qu'ils font « *un usage utile du travail accumulé* » [...] ne peut signifier rien d'autre que ceci : ils font « *un usage utile du travail accumulé* » en achetant avec lui plus de *travail actuel* qu'il n'y en est contenu. Dans la phrase que nous venons de citer, D[estutt] résume naïvement les contradictions qui constituent l'essence de la production capitaliste. Puisque le travail est la source de toute richesse, c'est le capital qui est la source de toute richesse ; celui qui accroît véritablement la richesse n'est pas celui qui travaille, mais celui qui fait son profit du travail d'autrui. Les forces productives du travail sont les forces productives du capital[2].

LA MORALE

Après l'examen de nos actions vient celui de nos perceptions qui renferment un désir, qu'on les nomme sentiments, affections ou passions. Dans le chapitre IX de la *Logique*, Destutt de Tracy s'est expliqué sur cet ordre qui semble au premier abord paradoxal : dans la mesure où nos sentiments sont censés précéder et même diriger nos actions, ne devrait-on pas en effet traiter de ceux-là avant celles-ci ? À cette objection, il répond non seulement que beaucoup de nos actions (par exemple beaucoup de nos « mouvements internes » tels que les battements du cœur) ne sont précédées d'aucun désir, mais surtout que l'on ne juge véritablement d'un arbre qu'à ses fruits et que l'on ne peut se prononcer sur la valeur d'un sentiment qu'à l'aune de celle du résultat de l'action correspondante :

> Le moyen d'apprécier [nos] désirs est de connaître les conséquences et les résultats des actions auxquels ils nous conduisent[3].

On ne doit d'ailleurs pas s'étonner que l'Idéologie, qui se définit comme une « science des effets », voie le mérite ou le démérite des sentiments et des actions dans leurs effets plutôt que dans leurs causes.

1. *Éléments, IV, Économie,* chapitre XI, p. 188.
2. Karl Marx, *Théories sur la plus-value, op. cit.*, trad. de G. Badia, Paris, Éditions sociales, 1974, tome I, p. 318.
3. *Éléments, III, Logique,* chapitre IX, p. 213.

Toutefois, dans le chapitre introductif de la *Morale*, Destutt de Tracy va beaucoup plus loin et défend une thèse nettement plus radicale : il soutient que nos volontés, désirs, sentiments, affections ou passions *ne sont nullement les causes de nos actions*. En affirmant cela, il sait qu'il va à l'encontre de l'opinion la plus généralement répandue et même à l'encontre de ce qu'il a lui-même écrit. Ne dit-il pas, dans l'*Idéologie proprement dite*, que

> nos désirs exercent souvent un grand pouvoir sur nos actions et nos pensées,[1]

et, dans l'introduction même du *Traité de la volonté et de ses effets*, que

> nos désirs ont l'effet éminemment remarquable de diriger toutes nos actions, du moins toutes celles qui méritent réellement ce noms[2].

Sans doute reconnaît-il qu'il aurait dû dénoncer cette illusion dans ses précédentes analyses de la volonté, mais il fait valoir qu'en contestant trop tôt ce qui apparaît à tout le monde comme une évidence il aurait déconcerté son lecteur au point de l'empêcher de pénétrer plus avant dans le raisonnement et de le conduire à rejeter prématurément l'Idéologie.

Mais si nos volontés ou désirs ne commandent pas à nos actions, où trouver les causes de ces dernières et comment définir les relations des unes aux autres ? La réponse tient en deux points :

– nos actions sont causées par un mouvement antérieur, que celui-ci soit de nature physiologique, chimique ou mécanique ;

– ce mouvement antérieur stimule *en parallèle* notre faculté de sentir ou de pensée (sensibilité, mémoire, jugement, volonté) en faisant naître en nous des désirs, sentiments ou affections qui *accompagnent* nos actions ; ces sentiments ou affections sont des *circonstances* ou des *dépendances* de nos mouvements, sans pour autant les diriger.

En d'autres termes, toutes nos actions trouvent leur origine dans des mouvements qui

> *s'enchaînent nécessairement, tantôt suivant, tantôt malgré la volonté de l'être animé, mais* toujours indépendamment de cette volonté[3].

Si cette thèse contredit effectivement l'opinion commune et même des formulations qu'on pourrait qualifier de « provisoires » de Tracy lui-même, elle ne devrait pas cependant surprendre le lecteur attentif des *Éléments d'idéologie* : dès le chapitre XII de l'*Idéologie proprement dite*, le

1. *Éléments, I, Idéologie proprement dite*, chapitre XIII, p. 199.
2. *Ibid., IV-V, Traité de la volonté et de ses effets*, introduction, p. 62.
3. *Ibid., V, Morale*, chapitre Ier, p. 257. Nous soulignons.

primat de la faculté de se mouvoir sur celle de sentir ou penser avait été clairement posé, en soulignant que,

> à prendre les choses telles qu'elles sont, nous ne devons regarder l'action de penser ou sentir que comme un effet particulier de l'action de nous mouvoir, et la faculté de penser que comme une dépendance de la faculté de nous mouvoir[1].

Cette conception selon laquelle toute action est commandée par une cause nécessaire – sans référence à un libre-arbitre imaginaire, animé d'une capacité autonome à « vouloir vouloir » – ne pouvait manquer de s'attirer le reproche d'immoralité de la part des spiritualistes de toute obédience qui, en ce début du XIXe siècle, sont nombreux à relever la tête. À cela, Destutt de Tracy répond que la vérité ne saurait jamais être immorale ou, ce qui revient au même, que le vrai ne saurait être contraire au bien. Or, il a déjà démontré dans la *Logique* que « tout est nécessaire dans la nature »[2] et que, dans la lignée du spinozisme, tout ce que nous tenons pour contingent n'est jamais que la marque de notre ignorance. Au demeurant, ce débat est parfaitement vain :

> En effet, quand même nos actions dites volontaires seraient véritablement l'effet du sentiment de vouloir, au lieu d'être, comme je le prétends, l'effet direct de mouvements antérieurs opérés en nous, qui y ont fait naître ce sentiment, elles n'en seraient pas moins réellement nécessaires. Car [...] la volonté ne saurait naître qu'en vertu de motifs antérieurs qui la déterminent nécessairement et qui ne dépendent pas d'elle. Ainsi la volonté elle-même naissant nécessairement, tout ce qui s'ensuivrait, tout ce qui serait déclaré en être l'effet immédiat, serait dans le même cas ; et on n'y gagnerait rien en faveur de cette prétendue liberté que les casuistes s'efforcent de défendre sans la comprendre[3].

Il reste que si ce n'est pas dans notre volonté et dans les désirs ou sentiments que celle-ci fait naître que résident les causes véritables de nos actions, ces désirs ou sentiments les accompagnent toujours : ils en sont comme « l'expression abrégée »[4], au point qu'on les assimile par commodité de langage aux causes réelles. Il convient donc se pencher aussi sur l'origine de ces désirs ou sentiments. Comme toujours chez Tracy, la réponse ultime ne peut se trouver que dans la physiologie, où

1. *Éléments, I, Idéologie proprement dite,* chapitre XII, p. 194.
2. *Ibid., III, Logique,* Extrait raisonné, p. 261.
3. *Ibid., V, Morale,* chapitre Ier, p. 266.
4. *Ibid.*, p. 267.

s'entrecroisent une vie organique ou intérieure et une vie animale ou extérieure selon le schéma suivant :

	Vie organique ou intérieure	**Vie animale ou extérieure**
Fonction assurée	conservation	relation
Foyer principal	nerf grand sympathique	cerveau
Type d'action	instinctive	volontaire
Sentiment	personnalité	sympathie
Passions	haineuses	bienveillantes

Ces deux formes de vie nous tirent dans deux sens à la fois opposés et complémentaires, mais elles sont si étroitement imbriquées l'une dans l'autre qu'il est difficile de les démêler complètement : ainsi, si nous devons à la vie organique un puissant sentiment de l'intérêt personnel indispensable à notre survie, nous savons aussi que cette survie tient en même temps aux relations que nous pouvons nouer avec nos semblables, tant pour la reproduction de l'espèce ou l'éducation des enfants que pour la conduite de travaux en commun. Et la morale, en tant qu'elle est

> l'art de régler nos désirs et nos actions de la manière la plus propre à nous rendre heureux [1],

consiste à trouver le juste équilibre entre ces deux dimensions : si ce serait aller contre la nature que d'oublier nos propres intérêts, cette même nature nous invite aux passions bienveillantes sans lesquelles il n'y a pas de bonheur possible.

Si elle avait été menée à son terme, la seconde partie du *Traité de la volonté et de ses effets* aurait examiné les plus importantes de nos passions, qu'elles relèvent du sentiment de sympathie (les passions bienveillantes) ou du sentiment de personnalité (les passions haineuses ou plus simplement égoïstes) ou encore de l'un et l'autre étroitement mêlés. Nous avons vu que Destutt de Tracy n'a traité que de la plus bienveillante de toutes : l'amour.

Pourquoi s'est-il penché sur celle-ci en priorité ? Sans doute parce que cette passion est doublement exemplaire :

– elle est la passion bienveillante par excellence, à laquelle « concourt toute notre organisation » : en elle se rejoignent en effet le besoin de reproduction, la mobilisation de toutes nos facultés et le besoin de

1. *Éléments, I, Idéologie proprement dite,* chapitre v, p. 119.

sympathie porté à son degré le plus élevé; à ce titre, elle est « le chef-d'œuvre de notre être »[1];

– sa puissance est telle qu'il nous est toujours difficile de l'analyser avec calme et raison : « quand on la sent, on n'y réfléchit guère; quand on y réfléchit, on ne la sent presque plus »[2]; si cette analyse peut être menée à bien, cela signifie que chacune de nos passions doit pouvoir être étudiée avec le même succès.

Sans doute est-il inutile de reprendre ici en détail les longs développements du chapitre *De l'amour*. En revanche, il est intéressant de se pencher sur la conduite du raisonnement dans la mesure où celui-ci paraît emblématique de la méthode idéologique et du traitement que Destutt de Tracy se propose alors de faire subir à toutes nos autres passions. Ce faisant, il inscrit sa démarche dans le prolongement de la *Logique* qui, rappelons-le, n'est rien d'autre que la science du raisonnement : or celle-ci nous enseigne d'abord de faire preuve d'un état d'esprit froid et abstrait de toute passion[3], ensuite d'établir une définition[4] ou une description aussi exacte et précise que possible de l'objet que l'on se propose d'examiner, enfin de dégager progressivement toutes les idées qui sont comprises dans cette définition ou description initiale. Tel est bien ici le processus engagé : après avoir indiqué qu'il fallait traiter du sujet en évitant

> toute licence, toute fadeur, toute humeur pédantesque, tout enthousiasme,[5]

Destutt de Tracy s'attache à définir la double nature de l'amour. Celui-ci

> est le résultat du besoin de reproduction joint à celui de la sympathie,[6]

ou, pour dire la même chose autrement,

1. *Éléments, V, Morale*, chapitre II, p. 276.
2. *Ibid.*, p. 277.
3. « C'est un très grand avantage pour porter des jugements conséquents et vrais, et avoir ce que l'on appelle l'esprit ferme et juste, d'être d'un naturel peu mobile et peu susceptible de passer rapidement d'une disposition à une autre. » (*Éléments, III, Logique*, chapitre VI, p. 164.
4. « Il n'y a donc rien de bon dans tout ce qu'on nous a dit des *définitions*, que cette maxime générale, que soit en discutant, soit en étudiant une question, la première chose à faire est de se bien rendre compte des idées comparées, d'en démêler les éléments, et si cela est nécessaire, les éléments de ces éléments, jusqu'à ce qu'on soit arrivé à des idées de la justesse desquelles on soit sûr. Mais pour compléter ce principe, il faut y ajouter que non seulement c'est là la première chose à faire, mais encore que c'est la seule; que dans le choix des éléments à distinguer dans l'idée, il ne faut considérer que ceux qui ont trait à la question à résoudre; et que si on les trouve bien, on est sûr d'arriver à la vérité, parce qu'il ne s'agit jamais dans toutes nos recherches que de voir dans une idée ce qui y est, pour découvrir si elle en renferme implicitement une autre. » (*Ibid.*, chapitre VII, p. 173).
5. *Ibid., V, Morale*, chapitre II, p. 275.
6. *Ibid.*, p. 285. C'est Destutt de Tracy qui souligne.

est l'amitié embellie par le plaisir [1].

Sur cette base, il déroule sa démonstration en trois points :
1. Faute de partir d'une bonne définition, on a développé tout au long de l'histoire les idées les plus folles sur l'amour. On l'a alternativement, voire en même temps, diabolisé ou au contraire magnifié : or il est aussi absurde de sacraliser la virginité ou de célébrer la chasteté que de vanter la recherche effrénée du plaisir ou encore de faire de la fécondité et de la multiplication de l'espèce une fin en soi, qui se révèle, comme l'a montré Malthus, incompatible avec le bonheur des peuples. Des idées aussi fausses ne pouvaient manquer d'avoir des conséquences désastreuses.
2. En approfondissant la définition donnée au départ, c'est-à-dire en mettant au jour toutes les idées qui y sont incluses, on découvre une forme de paradoxe : d'un côté, il apparaît que l'amour, qui exprime la bonté foncière de notre nature, et le mariage, qui est une institution sociale, sont deux choses fondamentalement étrangères l'une à l'autre (ce qui emporte de nombreuses conséquences, par exemple qu'il n'est pas raisonnable, parce que contre-nature, d'exiger des conjoints qu'ils s'engagent à s'aimer toute leur vie) ; de l'autre, on ne peut manquer de voir que l'amour dans le mariage constitue l'état le plus heureux, quelque périlleuse que puisse sembler une telle association.
3. Dans ces conditions, la société doit se donner pour objectif de réconcilier l'amour et le mariage autant qu'il est possible. Pour y parvenir, les catéchismes, les sermons et les cours de « morale » ont fait depuis toujours la preuve de leur inefficacité ; en revanche il s'agit de créer l'environnement, les « circonstances » propres à favoriser cette réconciliation. Pour ce faire, rien n'est plus efficient que des mœurs et des lois fondées sur la justice et la raison. Veut-on favoriser les mariages d'inclination au détriment des mariages d'intérêt ? il convient de réduire les inégalités sociales et de modifier la législation sur les successions. Veut-on limiter le nombre des unions mal assorties ou contractées de façon irréfléchies ? il convient de laisser la plus grande liberté aux jeunes gens et jeunes filles avant qu'ils ne s'engagent. Veut-on empêcher que se perpétuent les unions devenues insupportables ? il convient d'assouplir les lois sur le divorce, ou plutôt de revenir à la loi votée sous la Révolution, etc.

On regrettera bien sûr que Destutt de Tracy n'ait pas fait subir un traitement analogue à plusieurs autres de nos passions et même qu'il n'ait pas, lorsqu'il a dressé le plan complet des *Éléments d'idéologie*, établi la liste des passions qu'il se proposait d'étudier. À la lecture de son œuvre,

1. *Ibid.*, p. 276.

on peut néanmoins émettre l'hypothèse que, s'il en avait eu la possibilité, il se serait sans doute penché, parmi nos passions bienveillantes, sur l'amitié, la compassion et la générosité, parmi nos passions égoïstes, sur la vanité et le goût du luxe, l'ambition, la jalousie ou l'envie, ou encore l'avarice, et qu'il aurait enfin vanté des vertus « intermédiaires », caractérisées par la simplicité, la modération et la recherche de l'utile.

LA LÉGISLATION

La troisième partie du *Traité de la volonté et de ses effets* aurait dû, comme on sait, être consacrée à la manière de diriger nos actions et sentiments, de façon à favoriser les uns (ceux qui sont fondés sur le vrai et sur le bien et conduisant au bonheur) et à décourager les autres. Intitulé *Législation*, il aurait couvert la

> connaissance des lois qui doivent régir l'homme dans toutes les circonstances et dans toutes les époques de sa vie. Ainsi il [aurait] renferm[é] la science, non seulement des lois qui règlent les intérêts des individus, de celles qui déterminentl'organisation sociale et de celles qui fixent les rapports de la société avec les nations étrangères ; mais encore de celles qui doivent diriger l'enfance [1].

La *Note finale* qui conclut le *Traité* en indiquant que celui-ci ne sera jamais rédigé, précise quant à elle que cette troisième partie aurait été consacrée à trois sujets :

– les idées religieuses de l'auteur ;
– l'organisation de la société ;
– l'instruction de la jeunesse.

On ne voit pas, au premier abord, le lien qui peut unir ces trois thématiques assez sensiblement différentes. Pour ce qui concerne la première, Destutt de Tracy aurait certainement mis en évidence que la religion ne nous est d'aucun secours, bien au contraire, dans l'exercice de notre liberté (au sens qu'il donne à ce terme) et dans la conquête du bonheur. En revanche, il faut souligner l'étroite solidarité qui, dans son esprit, doit exister entre l'organisation sociale, d'une part, l'éducation et l'instruction de la jeunesse, d'autre part. Pour lui en effet, ce ne sont jamais que les deux faces d'une même médaille :

1. *Éléments, III, Logique,* chapitre IX, p. 196.

> La science de la législation comprend la science du gouvernement et celle de l'éducation. *Car le gouvernement n'est que l'éducation des hommes faits, et l'éducation est le gouvernement des enfants.* Seulement, dans l'un, on donne sa principale attention aux actions, parce qu'elles ont un effet immédiat; et dans l'autre, on s'attache surtout à former les sentiments, parce que les actions sont encore peu importantes [1].

En fin de compte, dans un cas comme dans l'autre, il ne s'agit que de donner à tous et à chacun de « bonnes habitudes » [2] :

– en direction des hommes faits, en faisant évoluer les mœurs dans le respect de la nature et de la raison ainsi que par le truchement de la loi avec, lorsque c'est nécessaire, la répression qui l'accompagne. Dans ce contexte, les lois positives seront pleinement légitimes à la double condition qu'elles soient en conformité avec les lois naturelles et qu'elles soient consacrées par la volonté nationale clairement exprimée [3] : à ce double titre, elles garantiront l'exercice des libertés, tout en protégeant les plus faibles [4].

– en direction des enfants, par la combinaison de l'éducation (qui invite à la « vertu » publique et privée) et de l'instruction (qui diffuse les lumières). Si dans la conjoncture historique qui est la sienne, Destutt de Tracy est conduit à distinguer radicalement l'instruction des couches inférieures de la société de celle des catégories supérieures, celui-ci n'en considère pas moins qu'à terme l'instauration d'un « gouvernement représentatif pur », qui est celui de la « démocratie de la raison éclairée », devra conduire à la diffusion généralisée des connaissances dans l'ensemble du corps social [5].

L'on ne peut bien sûr que déplorer que Destutt de Tracy n'ait pas été en situation de présenter sous une forme systématique ou didactique les différentes composantes de ce qu'il réunit sous la dénomination de *législation*. Mais sa doctrine sur ces points nous est heureusement connue. Sa lettre à Jefferson du 4 février 1816 nous confirme que l'essentiel des idées qu'il se proposait de développer dans cette troisième partie se trouve déjà, d'une part, dans le *Commentaire sur* L'Esprit des lois *de Montesquieu* (publié uniquement à cette date dans sa traduction

1. *Ibid.* Nous soulignons.
2. *Observations sur le système actuel d'instruction publique, Œuvres complètes, I*, p. 221.
3. Sur la conception tracéenne de la loi, reporter à notre introduction au *Commentaire sur* L'Esprit des lois *de Montesquieu*, (*Œuvres complètes*, VI).
4. *Éléments, IV, Économie,* chapitre VIII, p. 150 : « Les lois devraient toujours tendre à protéger la faiblesse. »
5. Voir le *Commentaire sur* L'Esprit des lois *de Montesquieu*, Livre IV.

américaine, avant de l'être en Europe à partir de 1817), de l'autre, dans ses écrits sur l'instruction publique, en particulier dans ses *Observations sur le système actuel d'instruction publique*, éditées à Paris en l'an 9 (1801). Il n'évoque pas dans cette lettre la thématique de ses idées religieuses, mais on sait que celles-ci, sont au cœur de son ouvrage *Analyse raisonnée de* L'Origine de tous les cultes, *ou Religion universelle, ouvrage publiée en l'an 3 par [François-Charles] Dupuis, citoyen français*[1], paru à Paris dans une première version en l'an 7 (1799) puis dans une version complétée en l'an 12 (1804). Ainsi l'absence du volume de *Législation* se trouve-t-elle pour une large part compensée par d'autres publications.

NOTE SUR LA PRÉSENTE ÉDITION

Destutt de Tracy a publié quatre éditions du *Traité de la volonté et de ses effets* :

– la première en décembre 1815, chez Courcier (VI-578 p.);
– la deuxième en 1818, chez Courcier (VI-527 p.);
– la troisième en 1823, chez Bouguet et Lévi, sous le titre de *Traité d'économie politique*, amputée du « Supplément à la première section » et de la *Morale* (IV-356 p.);
– la quatrième en 1826, chez Lévi, formant le cinquième volume (XII-IV-401 p.) d'une édition complète des *Éléments d'idéologie* (1824-1826).

Le texte de la présente édition est en règle générale celui de la dernière édition parue du vivant de l'auteur. Dans les quelques cas où celui d'une édition antérieure a été retenu, l'explication en est donnée dans une note appelée par un astérisque. Figurent également en notes appelées par un astérisque les variantes des éditions antérieures.

Le texte du chapitre II de la *Morale*, intitulé *De l'amour*, présente une difficulté particulière. Nous disposons de quatre sources de statuts très différents :

– les tout premiers paragraphes publiés dans les trois éditions en langue française parues du vivant de l'auteur;
– la traduction italienne, publiée en 1819 à Milan dans l'édition des *Elementi d'ideologia* par Guiseppe Compagnoni;
– la traduction en langue française de la traduction italienne, publiée en 1926 par Gilbert Chinard, sous le titre suivant : *De l'amour*, publié pour

1. *Œuvres complètes, II.*

la première fois en français avec une introduction sur *Stendhal et Destutt de Tracy*, par G. Chinard, Paris, Les Belles Lettres, 1926;
– la version originale, éditée à partir du manuscrit conservé aux Archives nationales d'Argentine (*Archivo General de la Nación*), publiée en 2006 sous le titre suivant: *De l'amour*, texte original en langue française, introduction, édition et notes par Claude Jolly, Paris, Vrin, 2006.

Le texte de la présente édition reprend les premiers paragraphes tels que publiés dans les éditions parues du vivant de l'auteur puis, pour la suite, le texte issu du manuscrit conservé à Buenos-Aires. Les deux notes originales figurant dans la traduction italienne et dans la traduction de la traduction, mais absentes du manuscrit, sont restituées ici dans la traduction de G. Chinard, tout en étant signalées comme telles.

L'orthographe a été modernisée : *insçu* est écrit *insu*, *sentimens* est écrit *sentiments*, *substanter* est écrit *sustenter*, *vuide* est écrit *vide*, etc.
Au bas de chaque page, les notes sont présentées dans l'ordre suivant :
– les notes de Destutt de Tracy, appelées alphabétiquement;
– les notes de variantes ou relatives à l'établissement du texte, appelées par un astérisque;
– les notes de l'éditeur, appelées numériquement.

ÉLÉMENTS D'IDÉOLOGIE

SECONDE SECTION

TRAITÉ DE LA VOLONTÉ ET DE SES EFFETS

AVERTISSEMENT

On a vu au commencement de l'*Idéologie proprement dite* et à la fin du dernier chapitre de la *Logique*, un tableau qui présente le plan d'*Éléments d'idéologie**, tels que je conçois qu'ils devraient être pour donner une connaissance entière de nos facultés intellectuelles, et pour faire sortir de cette connaissance les premiers principes de toutes les autres branches de nos connaissances, qui ne sauraient jamais avoir d'autre base vraiment solide. On a vu que je partage ces *Éléments* en trois sections. La première est proprement l'*histoire de nos moyens de connaître*, ou de que l'on appelle communément *notre entendement*. La seconde est l'application de cette étude à celle de *notre volonté et de ses effets*, et elle complète l'histoire de nos facultés. La troisième est l'application de cette connaissance de nos facultés à l'étude des êtres qui ne sont pas *nous*, c'est-à-dire de tous les êtres qui nous environnent. Si la seconde section est l'introduction des sciences morales et politiques, la troisième est celle des sciences physiques et mathématiques; et toutes deux, précédées de l'examen scrupuleux de la nature de notre certitude et des causes de nos erreurs, me paraissent former un ensemble respectable et composer ce que l'on doit réellement appeler la *philosophie première*. Je crois même l'avoir prouvé dans le chapitre neuvième de ma *Logique*.

Si je ne puis me flatter d'amener à sa perfection un si important ouvrage, je veux du moins y contribuer autant que cela est en mon pouvoir, et j'espère y servir, peut-être même par les fautes dont je n'aurai pu me préserver. Mes trois premiers traités, *Idéologie*, *Grammaire*, *Logique*, composent la première section, ou l'histoire de nos moyens de connaître.

* *Variante des éditions de 1815 et 1818*: A la fin de ma *Logique*, j'ai tracé le plan d'*Éléments d'idéologie*, …

[Les éditions de l'*Idéologie proprement dite* parues avant la *Logique* ne comportaient pas le plan d'ensemble des *Éléments d'idéologie*]

Aujourd'hui je vais commencer la seconde, ou le *Traité de la volonté et de ses effets*. Ce traité doit contenir trois [parties] : la première, qui traite de nos actions; la seconde, qui traite de nos sentiments; et la troisième qui traite de la manière de diriger nos actions et nos sentiments. Ces trois parties sont très distinctes au fond, quoique très liées entre elles; et je serai attentif à ne les point confondre, malgré les nombreux rapports qui les unissent, et à me préserver le plus possible de toute redite.

Mais on sent bien qu'il y a des considérations générales qui leur sont communes, et qu'avant de parler des effets et des conséquences de notre faculté de vouloir, et de la manière de les diriger, il faut parler de cette faculté elle-même. Ce sera l'objet d'un discours préliminaire composé de sept chapitres ou paragraphes. Je crains qu'ils ne paraissent trop abstraits et que bien des lecteurs ne s'impatientent d'être retenus si longtemps dans des généralités qui semblent retarder le moment d'entrer réellement en matière. Je conviens même que j'aurais pu les abréger. Si je ne l'ai pas fait, c'est que j'ai été très persuadé que je gagnais du temps en ayant l'air d'en perdre. En effet, je prie que l'on considère que, voulant réellement placer les sciences morales et politiques sur leur vraie base, la connaissance de nos facultés intellectuelles, il était nécessaire de commencer par considérer notre faculté de vouloir sous tous les aspects, et que, cet examen préalable une fois fait, presque tous les principes se trouvent posés d'eux-mêmes tout naturellement, et nous avancerons très rapidement ensuite, parce que nous ne serons jamais obligés de revenir sur nos pas.

Si l'on veut s'assurer des avantages de cette marche, on n'a qu'à commencer la lecture du livre après le discours préliminaire; on verra qu'à chaque instant on aurait besoin d'une dissertation incidente pour lever des difficultés qui auront été résolues d'avance; et malheur à ceux qui n'éprouveraient pas ce besoin, car ils seraient capables d'être persuadés sans raisons suffisantes ! Il n'y a que trop de lecteurs doués de ce genre d'indulgence, mais ce ne sont pas ceux dont j'ambitionne le plus le suffrage. Je consens donc qu'ils m'accusent d'en avoir trop dit; mais je serais très fâché que d'autres, plus difficiles, pussent me reprocher d'avoir sauté quelques anneaux de la chaîne des idées.

C'est surtout dans le commencement que ce tort serait le plus impardonnable, car alors il peut conduire aux plus graves erreurs, et c'est de lui que viennent tous ces systèmes erronés qui sont d'autant plus décevants que le vice est caché dans les fondements et que tout ce qui paraît est conséquent et bien lié.

Quant au second tort, celui d'être inconséquent, si j'en étais accusé, ma seule réponse serait que j'ai fait tout ce que j'ai pu pour m'en garantir; et je puis en même temps protester que je ne cherchais d'avance aucun des résultats auxquels j'ai été conduit et que je n'ai fait que suivre le fil qui me guidait, la série des idées, en mettant toute mon attention à ne le point rompre. Le jugement du public m'apprendra si j'y ai réussi. Je ne le préviendrai par aucune autre préface que ce simple avertissement. Mon plan, mes motifs, ma manière de procéder ont été suffisamment expliqués dans les traités précédents.

INTRODUCTION

§ Ier

LA FACULTÉ DE VOULOIR EST UN MODE
ET UNE CONSÉQUENCE DE LA FACULTÉ DE SENTIR

Les trois premières parties de mes *Éléments d'idéologie* renferment tout ce que j'avais à dire de l'intelligence humaine, considérée sous le rapport de ses moyens de connaître et de savoir. Cette analyse de notre entendement et de celui de tout être animé, tel que nous pouvons en concevoir ou en imaginer, n'est peut-être ni aussi parfaite, ni aussi complète qu'on pourrait le désirer. Mais je crois du moins qu'elle nous découvre bien l'origine et la source de toutes nos connaissances et les véritables opérations intellectuelles qui entrent dans leur composition; et qu'elle nous montre nettement la nature et l'espèce de la certitude dont ces connaissances sont susceptibles et les causes perturbatrices qui les rendent incertaines ou erronées.

Munis de ces données, nous pouvons donc essayer de nous en servir et employer nos moyens de connaître soit à l'étude de notre volonté et de ses effets pour achever l'histoire de nos facultés intellectuelles, soit à l'étude des êtres qui ne sont pas nous, afin de nous faire une idée juste de ce que nous pouvons savoir de ce singulier univers livré à notre avide curiosité. Je pense, par les raisons que j'ai déjà dites, que c'est la première de ces deux recherches qui doit nous occuper d'abord. En conséquence, je me reporterai au moment où j'ai essayé d'en tracer le plan; et je me permettrai de répéter ici ce que j'ai dit alors dans ma *Logique*, chapitre IX, p. 210. Obligé d'être conséquent, il faut bien qu'on me pardonne de rappeler le point d'où je pars.

« Cette seconde manière, ai-je dit, de considérer nos individus nous présente un système de phénomènes si différent du premier que l'on a peine à croire qu'il appartienne aux mêmes êtres, vus seulement sous un autre aspect. Sans doute on pourrait concevoir l'homme ne faisant que recevoir des impressions, se les rappeler, les comparer et les combiner toujours avec une indifférence parfaite. Il ne serait alors qu'un être *sachant et connaissant*, sans *passion* proprement dite, relativement à lui, et sans *action*, relativement aux autres êtres; car il n'aurait aucun motif pour *vouloir*, et aucune raison ni aucun moyen pour *agir*; et certainement, dans cette supposition, quelles que fussent ses facultés pour juger et connaître, elles resteraient dans une grande stagnation, faute de stimulant et d'agent pour s'exercer. Mais l'homme n'est pas cela; il est un être *voulant* en conséquence de ses impressions et de ses connaissances, et *agissant* en conséquence de ses volontés[a]. C'est là ce qui le constitue d'une part susceptible de souffrances et de jouissances, de bonheur et de malheur, idées corrélatives et inséparables; et de l'autre part, capable d'influence et de puissance. C'est là ce qui fait qu'il a des *besoins* et des *moyens*, et par conséquent des *droits* et des *devoirs*, soit seulement quand il n'a affaire qu'à des êtres inanimés, soit plus encore quand il est en contact avec d'autres êtres susceptibles aussi de jouir et de souffrir. Car les droits d'un être sensible sont tous dans ses besoins, et ses devoirs dans ses moyens; et il est à remarquer que la faiblesse dans tous les genres est toujours et essentiellement le principe des droits; et que la puissance, dans quelque sens que l'on prenne ce mot, n'est et ne peut jamais être la source que de devoirs, c'est-à-dire de règles de la manière d'employer cette puissance. »

Besoins et *moyens*, *droits* et *devoirs* dérivent donc de la faculté de vouloir. Si l'homme ne voulait rien, il n'aurait rien de tout cela. Mais avoir des besoins et des moyens, des droits et des devoirs, c'est *avoir*, c'est *posséder* quelque chose. Ce sont là autant d'espèces de *propriétés*, à prendre ce mot dans sa plus grande généralité; ce sont des choses qui nous appartiennent. Nos moyens sont même une vraie propriété, et la première de toutes dans le sens le plus restreint de ce terme. Ainsi, les idées *besoins* et *moyens*, *droits* et *devoirs*, supposent l'idée *propriété*; et les idées *richesse* et *dénuement*, *justice* et *injustice*, qui dérivent de celles-là, ne sauraient exister sans cette idée *propriété*. Il faut donc commencer par éclaircir cette dernière; cela ne peut se faire qu'en remontant à son origine. Or, cette idée de *propriété* ne peut être fondée que sur l'idée de *personnalité*; car, si un individu n'avait pas la conscience de son existence distincte et séparée de toute autre, il ne pourrait rien posséder, il ne saurait avoir rien qui lui fût *propre*. Il faut donc, avant tout, examiner et déterminer l'idée de *personnalité*. Mais avant de procéder à cet examen, il y a encore un préliminaire nécessaire; c'est d'expliquer avec netteté et précision ce que

a. On en peut dire autant de tous les êtres animés que nous connaissons, et même de tous ceux que nous imaginons.

c'est que cette faculté de vouloir, de laquelle nous prétendons que naissent ces idées et à l'occasion de laquelle nous voulons en faire l'histoire. Nous n'avons pas d'autre moyen de voir clairement comment cette faculté engendre ces idées et comment toutes les conséquences qui en résultent peuvent être regardées comme ses effets. C'est ainsi que toujours en remontant, ou plutôt en descendant d'échelon en échelon, on est invinciblement ramené à l'étude et à l'observation de nos facultés intellectuelles, toutes les fois que l'on veut creuser jusqu'au fond le sujet quelconque dont on s'occupe. Cette vérité est peut-être plus précieuse elle seule que toutes celles que nous pourrons recueillir dans le cours de notre travail. Je vais donc commencer par exposer en quoi consiste notre faculté de *vouloir*.

Cette faculté ou la *volonté* est une des quatre facultés primordiales que nous avons reconnues dans l'intelligence humaine, et même dans celle de tous les êtres animés; et dans lesquelles nous avons vu que se résolvait nécessairement toute faculté de *penser* ou de *sentir*, quand on la décomposait jusque dans ses vrais éléments et quand on n'y en admettait point de postiches.

Nous avons regardé la faculté de vouloir comme la quatrième et la dernière de ces quatre subdivisions primitives et nécessaires de la sensibilité, parce que dans tout désir, dans toute volonté ou volition, en un mot dans toute propension quelconque, on peut toujours concevoir l'acte d'éprouver une impression, celui de la juger bonne à rechercher ou à éviter, et même celui de se la rappeler jusqu'à un certain point, puisque, par la nature même de l'acte de juger, nous avons vu que l'idée sujet de tout jugement peut toujours être considérée comme une représentation de la première impression que cette idée a faite. Ainsi, plus ou moins confusément, plus ou moins rapidement, l'être animé a toujours dû sentir, se ressouvenir, et juger avant de vouloir.

Il ne faut pas conclure de cette analyse que la faculté de vouloir ne soit, suivant moi, que celle d'avoir de ces sentiments prononcés et réfléchis auxquels on donne spécialement le nom de *volontés*, et que l'on pourrait appeler *volontés expresses* et *formelles*. Au contraire, je crois que pour en avoir une idée juste, il faut s'en faire une idée beaucoup plus étendue; et rien de ce que nous avons établi précédemment ne nous en empêche. Car puisque nous avons dit que dans le désir le plus machinal et le plus soudain, et dans la détermination la plus instinctive, la plus purement organique, nous devons toujours concevoir les actes de sentir, de se ressouvenir et de juger comme y étant implicitement et imperceptiblement renfermés, et comme l'ayant nécessairement précédée, ne fût-ce que d'un instant inappréciable, nous pouvons, sans nous contredire, regarder toutes ses propensions, même les plus subites et les plus irréfléchies, comme appartenant à la faculté de vouloir, quoique nous en ayons fait la quatrième et la dernière des facultés élémentaires de notre intelligence. Je pense même qu'il le faut et que la volonté est réellement et proprement la faculté générale et universelle de trouver une chose quelconque préférable à une autre, celle d'être affecté de manière à aimer mieux telle impression, tel sentiment, telle action, telle possession, tel objet que tel autre. *Aimer* et *haïr* sont des mots uniquement relatifs à cette faculté, qui n'auraient aucune signification si elle n'existait pas; et son action a lieu toutes les fois que *notre sensibilité éprouve une attraction ou une répulsion quelconque*. Du moins c'est ainsi que je conçois la volonté dans toute sa généralité et c'est en partant de cette manière de la concevoir que j'essaierai d'expliquer ses effets et ses conséquences.

Sans doute la volonté ainsi conçue est une partie de la sensibilité; la faculté d'être affecté d'une certaine manière ne peut pas ne pas faire partie de la faculté d'être affecté en général; mais elle en est un mode distinct et que l'on peut en séparer par la pensée. On ne peut pas vouloir sans cause (c'est même une chose à bien remarquer et à ne jamais oublier); ainsi on ne peut pas vouloir sans avoir senti; mais on pourrait sentir toujours de manière à ne vouloir jamais. Nous l'avons déjà dit, on peut imaginer l'homme, ou tout autre être animé et sensible, sentant de façon que tout lui serait égal, que toutes ses affections, bien que diverses, lui seraient indifférentes, et que par conséquent il ne pourrait ni rien désirer, ni rien craindre, c'est-à-dire qu'il ne pourrait pas vouloir; car désirer et craindre, c'est vouloir, et vouloir n'est jamais que désirer quelque chose et craindre le contraire, ou réciproquement. Dans cette supposition, l'être animé et sensible serait encore un être sentant; il pourrait même être discernant et connaissant, c'est-à-dire jugeant. Il suffirait pour cela qu'il sentît les différences de ses diverses perceptions et les différentes circonstances de chacune, quoiqu'incapable de prédilection pour aucune d'elles, ni pour aucune des combinaisons qu'il en pourrait faire. Seulement, et nous en avons fait la remarque précédemment, les connaissances de l'être animé ainsi constitué seraient nécessairement bien bornées; car sa faculté de connaître n'aurait point de motifs pour entrer en action et sa faculté d'agir, si même elle existait, ne pourrait s'exercer avec intention, puisque, pour avoir une intention, il faut avoir un désir, et tout désir suppose une préférence quelconque.

J'observerai, en passant, que cette supposition d'une indifférence parfaite dans la sensibilité montre bien clairement, suivant moi, que c'est à tort que certaines personnes veulent faire de ce qu'elles appellent nos *sentiments* et nos *affections*, des modifications de notre être essentiellement différentes de celles qu'elles nomment *perceptions* ou *idées*, et refusent de les comprendre sous ces dénominations générales de *perceptions* ou d'*idées*; car la propriété d'être *affectives* qu'ont certaines de nos perceptions n'est qu'une circonstance particulière, une qualité accidentelle dont toutes nos modifications pourraient être douées et dont, comme on vient de le voir, toutes aussi pourraient être privées; mais elles n'en seraient pas moins toutes, comme elles sont en effet, des *perceptions*, c'est-à-dire des choses perçues ou senties. La preuve en est qu'il y a de ces modifications qui, après avoir possédé la qualité d'être affectives, la perdent par l'effet de l'habitude, et d'autres qui l'acquièrent par l'effet de la réflexion, le tout sans cesser d'être perçues, et par conséquent d'être des *perceptions*. Je crois donc que le mot *perception* est véritablement le terme générique.

Quant à la distinction que l'on établit aussi entre les mots *perception* et *idée*, je ne la crois pas plus légitime si on la fonde sur la prétendue propriété qu'a l'idée d'être une image; car l'idée *poirier* n'est pas plus l'image d'un arbre que la perception du rapport de trois à quatre n'est l'image de la différence de ces deux chiffres; et aucune des modifications de notre sensibilité n'est l'image de rien de ce qui se passe hors de nous. Je pense donc encore que l'on peut regarder les mots *perception* et *idée* comme synonymes dans le sens le plus étendu; et par les mêmes raisons, les mots *penser* et *sentir* comme équivalents aussi, quand ils sont pris dans toute leur généralité; car toutes nos pensées sont des choses senties, et si elles n'étaient pas senties elles ne seraient rien, et la *sensibilité* est le phénomène général qui constitue et comprend toute l'existence de l'être animé, du moins pour lui-même, en tant qu'*être animé*, seule condition qui puisse le rendre *être pensant*.

Quoi qu'il en soit, aucun des êtres animés que nous connaissons, ni même de ceux que nous imaginons, n'est indifférent à toutes ses perceptions; il est toujours compris dans leur sensibilité, dans leur faculté d'être affectés, de l'être d'une manière telle que certaines perceptions leur paraissent ce que l'on appelle *agréables*, et certaines autres, ce que l'on appelle *désagréables*. Or, c'est là ce qui constitue la faculté de vouloir. Actuellement que nous nous en sommes fait une idée bien nette, nous pouvons voir facilement comment cette faculté produit les idées de *personnalité* et de *propriété*.

§ II

DE LA FACULTÉ DE VOULOIR NAISSENT LES IDÉES DE *PERSONNALITÉ* ET DE *PROPRIÉTÉ*

Tout homme qui prononce le mot *moi*, sans être métaphysicien, entend très bien ce qu'il veut dire, et néanmoins, même étant métaphysicien, il réussit souvent fort mal à s'en rendre compte et à l'expliquer. Nous allons tâcher d'y parvenir à l'aide de quelques réflexions très simples.

Ce n'est pas notre corps tel qu'il est pour les autres, et tel qu'il leur apparaît, que nous appelons notre *moi*. La preuve en est que nous savons fort bien dire comment sera notre corps quand nous n'existerons plus, c'est-à-dire quand notre *moi* ne sera plus. Ce sont donc là deux êtres bien distincts.

Ce n'est pas non plus aucune des facultés particulières que nous possédons qui est pour nous la même chose que notre *moi*; car nous disons : j'ai la faculté de marcher, j'ai celle de manger, de dormir, de respirer. Ainsi *je* ou *moi* qui possède est une chose distincte de la chose possédée.

En est-il de même de la faculté générale de sentir? Au premier coup d'œil, il paraît que oui; puisque je dis de même : j'ai la faculté de sentir. Cependant ici nous trouvons une grande différence, pour peu que nous pénétrions plus avant. Car, si je me demande comment je sais que j'ai la faculté de marcher, je réponds : je le sais parce que je le sens, ou parce que je l'éprouve, parce que je le vois, ce qui est encore le sentir. Mais si je me demande comment je sais que je sens, je suis obligé de répondre, je le sais parce que je le sens. La faculté de sentir est donc celle qui nous manifeste toutes les autres, sans laquelle aucune d'elles n'existerait pour nous, tandis qu'elle se manifeste elle-même, qu'elle est celle au-delà de laquelle nous ne saurions remonter et qui constitue notre existence, qu'elle est tout pour *nous*, qu'elle est la même chose que *nous*. Je sens parce que je sens; je sens parce que j'existe, et *je* n'existe que parce que *je* sens. Donc mon existence et ma sensibilité sont une seule et même chose; ou, si l'on veut, l'existence de *moi* et la sensibilité de *moi* sont deux êtres identiques.

Si nous faisions attention que, dans le discours, *je* ou *moi* signifie toujours l'être ou la *personne morale qui parle*, nous trouverions que pour nous exprimer avec exactitude, au lieu de dire, *j'ai la faculté de marcher*, je devrais dire : la faculté de sentir, qui constitue la personne morale qui vous parle, a la propriété de réagir sur ses jambes de manière que son corps marche; et au lieu de dire, *j'ai la faculté de sentir*, je devrais dire : la faculté de sentir, qui constitue la personne morale qui vous parle, existe dans le corps par lequel elle vous parle. Ces locutions sont bizarres et peu usuelles, j'en conviens, mais à mon avis elles peignent le fait avec beaucoup de vérité; car dans tous nos entretiens, comme dans toutes nos relations, c'est toujours une faculté de sentir qui s'adresse à une autre.

Le *moi* de chacun de nous est donc pour lui sa propre *sensibilité*, quelle que soit la nature de cette sensibilité, ou ce qu'il appelle son *âme* s'il a une opinion arrêtée sur la nature du principe de cette même sensibilité. Il est si vrai que c'est là ce que nous entendons tous par notre *moi*, que nous regardons tous la mort apparente comme la fin de notre être, ou comme un passage à une autre existence, suivant que nous pensons qu'elle éteint ou qu'elle n'éteint pas tout sentiment. C'est donc le fait seul de la sensibilité qui nous donne l'idée de la *personnalité*, c'est-à-dire qui nous fait apercevoir que nous sommes un être, et qui constitue pour nous notre *moi*, notre être.

Il y a pourtant, et nous en avons déjà fait la remarque ailleurs[a], une autre de nos facultés avec laquelle nous identifions souvent notre *moi*, c'est notre volonté. Nous disons indifféremment : il dépend de moi, ou il dépend de ma volonté de faire telle ou telle chose. Mais cette observation, bien loin de contredire l'analyse précédente, la confirme; car la faculté de vouloir n'est qu'un mode de la faculté de sentir; c'est notre faculté de sentir modifiée de la manière qui la rend capable de jouir ou de souffrir, et de réagir sur nos organes. Ainsi prendre sa volonté pour l'équivalent de son *moi*, c'est prendre la partie pour le tout; c'est regarder comme l'équivalent de ce moi la portion de sa sensibilité qui en constitue toute l'énergie, celle dont nous ne pouvons guère la concevoir séparée, et sans laquelle elle serait presque nulle, si même elle n'était pas tout à fait anéantie. Il n'y a donc là rien de contraire à ce que nous venons d'établir.

Il demeure donc bien entendu et convenu que le *moi* ou la *personne* morale de tout être animé, conçue comme distincte des organes qu'elle fait mouvoir, est ou simplement l'être abstrait que nous appelons la *sensibilité* de cet individu, lequel résulte de son organisation, ou une *monade* sans étendue, qui est supposée posséder éminemment cette sensibilité et qui est bien aussi un être abstrait (si toutefois l'on comprend cette supposition), ou un petit corps subtil, éthéré, imperceptible, impalpable, doué de cette sensibilité, et qui est bien encore à peu près une abstraction. Ces trois suppositions sont indifférentes pour tout ce qui va suivre; dans toutes trois la *sensibilité* se retrouve, et dans toutes trois aussi elle seule constitue le *moi* ou la personne morale de l'individu, soit qu'elle ne soit qu'un phénomène résultant de son organisation, soit qu'elle soit une propriété d'une âme spirituelle ou corporelle résidant en lui.

a. *Idéologie proprement dite*, chapitre XIII.

Il ne reste donc plus qu'une question, c'est de savoir si cette idée de *personnalité*, cette conscience de *moi*, naîtrait en nous de notre *sensibilité*, dans le cas où elle ne serait pas suivie de *volonté*, dans le cas où elle serait dépourvue de ce mode qui fait qu'elle jouit ou souffre et qu'elle réagit sur nos organes, qui en un mot la rend capable d'*action* et de *passion*. Cette question ne peut pas être résolue par les faits; car nous ne connaissons aucune sensibilité de ce genre, et s'il en existait une qui fût telle, elle ne pourrait pas se manifester à nos moyens de connaître. Par la même raison, la question est plus curieuse qu'utile; mais tout ce qui est curieux a une utilité indirecte, surtout dans ces matières qu'on ne saurait jamais envisager de trop de côtés différents; il ne faut donc pas le négliger.

Sur le point dont il s'agit, nous ne pouvons certainement pas prononcer avec assurance qu'un être qui sentirait sans affection proprement dite et sans réaction sur ses organes n'aurait pas l'idée de *personnalité* et celle de l'existence de son *moi*; il me paraît même vraisemblable qu'il aurait l'idée de l'existence de ce *moi*. Car enfin, sentir quoi que ce soit, c'est sentir son *moi* sentant, c'est se connaître *soi-même* sentant; c'est avoir la possibilité de distinguer *soi* de ce que *soi* sent, des modifications de *soi*. Mais en même temps il est hors de doute que l'être qui connaîtrait ainsi son *moi* ne le connaîtrait pas par opposition avec d'autres êtres dont il pût le distinguer et le séparer, puisqu'il ne connaîtrait que *lui* et ses modes. Il serait pour lui-même, comme je l'ai dit ailleurs[a], le véritable infini ou indéfini, sans terme et sans limite d'aucun genre, ne connaissant rien autre chose. Il ne se connaîtrait donc pas proprement, dans le sens que nous attachons à ce mot connaître, qui emporte toujours l'idée de circonscription et de spécialité, et par conséquent il n'aurait pas l'idée d'*individualité* et de *personnalité*, par opposition et distinction avec d'autres êtres comme nous l'avons. On peut donc déjà assurer que cette idée, telle qu'elle est en nous et pour nous, est une création et un effet de notre faculté de vouloir; et cela explique très bien pourquoi, encore que la seule faculté de sentir simplement constitue et établisse notre existence, cependant nous confondons et identifions de préférence notre *moi* avec notre *volonté*. Voilà, je crois, un premier point éclairci.

Une chose encore plus certaine, peut-être, et qui va nous faire faire un pas de plus, c'est que s'il est possible que l'idée d'individualité et de personnalité existe de la manière que nous l'avons dit, dans un être conçu doué de sensibilité sans volonté, au moins il est impossible qu'elle y fasse naître l'idée de propriété, telle que nous l'avons; car notre idée de propriété

a. *Logique*, chapitre v, p. 144-145.

est privative et exclusive; elle emporte l'idée que la chose possédée appartient à un être sensible et n'appartient qu'à lui, à l'exception de tout autre. Or, il ne se peut pas qu'elle existe ainsi dans la tête d'un être qui ne connaît que lui, qui ne sait pas qu'il existe d'autres êtres que lui. Quand donc on supposerait que cet être connaît son *moi* assez nettement pour le distinguer de ses modes et pour regarder ses modifications diverses comme des attributs de ce moi, comme des choses que ce *moi* possède, cet être n'aurait pas encore complètement notre idée de propriété. Il faut pour cela avoir l'idée de *personnalité* bien complète et telle que nous venons de voir que nous la formons quand nous sommes susceptibles de *passion* et d'*action*. Il est donc prouvé que cette idée de propriété est un effet et un produit de notre faculté de vouloir.

Mais ce qu'il faut bien remarquer, car cela a bien des conséquences, c'est que, s'il est certain que l'idée de propriété ne peut naître que dans un être doué de volonté, il est tout aussi certain qu'elle y naît nécessairement et inévitablement dans toute sa plénitude; car dès que cet individu connaît nettement son *moi* ou sa personne morale, et sa capacité de jouir ou de souffrir et d'agir, nécessairement il voit nettement aussi que ce *moi* est propriétaire exclusif du corps qu'il anime, des organes qu'il meut, de toutes leurs facultés, de toutes leurs forces, de tous les effets qu'ils produisent, de toutes leurs passions et leurs actions; car tout cela finit et commence avec ce *moi*, n'existe que par lui, n'est mu que par ses actes; et nulle autre personne morale ne peut employer ces mêmes instruments, ni être affectée de même de leurs effets. L'idée de propriété et de propriété exclusive naît donc nécessairement dans l'être sensible, par cela seul qu'il est susceptible de passion et d'action, et elle y naît parce que la nature l'a doué d'une propriété inévitable et inaliénable, celle de son individu.

Il fallait bien qu'il y eût ainsi une propriété naturelle et nécessaire, puisqu'il en existe d'artificielles et conventionnelles; car il ne peut jamais y avoir rien dans l'art qui n'ait pas son principe radical dans la nature; nous en avons déjà fait l'observation ailleurs[a]. Si nos gestes et nos cris n'avaient pas l'effet naturel et inévitable de dénoter les idées qui nous affectent, ils n'en seraient jamais devenus les signes artificiels et conventionnels. S'il n'était pas dans la nature que tout corps solide soutenu au-dessus de nos têtes nous fasse nécessairement un abri, nous n'aurions jamais eu de maison faite exprès pour nous abriter. De même, s'il n'y avait pas de *propriété* naturelle et inévitable, il n'y en aurait jamais eu d'artificielle et

a. *Voyez*, sur ce sujet, l'*Idéologie proprement dite*, chapitre XVI, et divers endroits de la *Grammaire* et de la *Logique*.

conventionnelle. Il en est de même dans tous les genres, et on ne saurait trop le redire, l'homme ne crée rien, il ne fait rien d'absolument nouveau et d'extra-naturel, si l'on peut s'exprimer ainsi; il ne fait jamais que tirer des conséquences et faire des combinaisons de ce qui est: il lui est aussi impossible de créer une idée ou une relation qui n'ait pas sa source dans la nature, que de se donner un sens qui n'ait aucun rapport avec ses sens naturels. Il suit de là aussi que, dans toute recherche qui concerne l'homme, il faut arriver jusqu'à ce premier type; car tant que l'on ne voit pas le modèle naturel d'une institution artificielle qu'on examine, on peut être sûr qu'on n'a pas découvert sa génération, et que par conséquent on ne la connaît pas complètement.

Cette observation trouvera bien des applications: il me semble qu'on n'y a pas toujours assez pris garde, et que c'est ce qui fait qu'on a souvent discouru sur le sujet qui nous occupe d'une manière fort inutile et fort vague. On a instruit solennellement le procès de la *propriété* et apporté les raisons pour et contre, comme s'il dépendait de nous de faire qu'il y eût ou qu'il n'y eût pas de propriété dans ce monde; mais c'est là méconnaître tout à fait notre nature. Il semble, à entendre certains philosophes et certains législateurs, qu'à un instant précis on a imaginé spontanément et sans cause de dire *tien* et *mien*, et que l'on aurait pu et même dû s'en dispenser. Mais le *tien* et le *mien* n'ont jamais été inventés; ils ont été reconnus le jour où on a pu dire *toi* et *moi*, et l'idée de *moi* et *toi*, ou plutôt de *moi* et *autre que moi*, est née, sinon le jour même où un être sentant a éprouvé des impressions, du moins celui où en conséquence de ces impressions il a éprouvé le sentiment de vouloir, la possibilité d'agir, qui en est la suite, et une résistance à ce sentiment et à cet acte. Quand ensuite, parmi ces êtres résistants, par conséquent autres que lui, l'être sentant et voulant a reconnu qu'il y en avait de sentant comme lui, il a bien fallu qu'il leur accordât une *personnalité* autre que la sienne, un *moi* autre que le sien et différent du sien, et il a toujours été impossible, comme cela le sera toujours, que ce qui est *sien* ne soit pas différent pour lui de ce qui est *leur*. Il ne s'agissait donc pas de discuter d'abord s'il est bon ou mauvais qu'il existe telle ou telle espèce de propriété, dont nous verrons par la suite les avantages et les inconvénients; mais il fallait avant tout reconnaître qu'il y a une propriété fondamentale, antérieure et supérieure à toute institution, de laquelle naîtront toujours tous les sentiments et les dissentiments qui dérivent de toutes les autres; car il y a propriété, sinon précisément partout où il y a individu sentant, du moins partout où il y a individu voulant en conséquence de son sentiment et agissant en conséquence de sa volonté. Ce sont là, ou je m'abuse beaucoup, d'éternelles vérités contre lesquelles viendront toujours échouer toutes les déclamations qui n'ont pour base que l'ignorance de notre véritable existence, et qui n'ont dû qu'à cette ignorance le grand crédit dont elles ont joui dans différents temps et dans différents pays.

Comme aucune autorité ne saurait m'en imposer quand elle est contraire à l'évidence, je dirai naïvement que le même oubli des vraies conditions de notre être se retrouve dans ce fameux précepte tant vanté : *Aimez votre prochain comme vous-même*. Il nous exhorte à un sentiment qui est certainement très bon et très utile à propager, mais qui certainement aussi est très mal exprimé; car à prendre cette expression à la rigueur, l'injonction est inexécutable. C'est comme si on nous disait : *Avec vos yeux, tels qu'ils sont, voyez votre visage comme vous voyez celui des autres*. Cela ne se peut pas. Sans doute on peut aimer un autre autant et même plus que soi-même, en ce sens qu'on peut aimer mieux mourir en emportant l'espérance de lui conserver la vie, que vivre en souffrant la douleur de le perdre; mais l'aimer exactement comme soi et autrement que relativement à soi, encore une fois cela est impossible; il faudrait pour cela vivre de sa vie comme de la nôtre[a]. Cela n'a point de sens pour des êtres constitués comme nous le sommes; cela est contraire à l'œuvre de notre création, de quelque manière qu'elle ait été opérée.

Je suis bien éloigné de dire les mêmes choses de cet autre précepte que l'on regarde comme presque synonyme du premier : *Aimez-vous les uns les autres, et la loi est accomplie*. Celui-là est vraiment admirable, pour la forme comme pour le fond; il est aussi conforme à notre nature que l'autre y est contraire, et il énonce parfaitement une vérité très profonde. Effectivement, les sentiments bienveillants étant pour nous, sous tous les rapports imaginables, la source de tous les biens de tous genres et le moyen universel de diminuer tous nos maux et d'y remédier autant que possible, tant que nous les entretenons entre nous, la grande loi de notre bonheur est accomplie autant qu'elle peut l'être.

On accusera peut-être de futilité cette distinction que j'établis entre deux maximes auxquelles on attribue communément à peu près le même sens. On aura tort : il est si différent de présenter aux hommes, comme règle de leur conduite, un principe général pris dans leur nature intime, ou un qui y répugne, et cela mène à des conséquences si distinctes entre elles, qu'il faut n'y avoir pas du tout réfléchi pour n'en pas sentir toute l'importance. Pour moi, elle me paraît telle, que je ne conçois pas que deux maximes si

a. C'est en conséquence du sentiment confus de cette vérité que l'on n'a point imaginé d'expression plus tendre que d'appeler quelqu'un *mon cœur, ma vie, mon âme*; c'est comme si on l'appelait *moi*. Il y a toujours quelque chose d'hyperbolique dans ces locutions.

dissemblables soient émanées de la même source[a/b]; car l'une me manifeste la plus profonde ignorance, et l'autre la plus profonde connaissance de la nature humaine; l'une doit mener à faire le roman de l'homme, et l'autre à en faire l'histoire; l'une consacre l'existence de la propriété naturelle résultante de l'individualité, et l'autre semble la méconnaître.

Peut-être aussi on aura été étonné de me voir traiter en même temps la question de la propriété de toutes nos richesses et celle de tous nos sentiments, et mêler ainsi ensemble l'économie et la morale. C'est que quand on pénètre jusqu'à leur bases fondamentales, il ne me paraît pas possible de séparer ni ces deux ordres de choses, ni leur étude. À mesure que l'on avance, les objets s'éloignent et se subdivisent, et il faut les examiner séparément; mais dans le principe, ils sont intimement unis. Nous n'aurions la propriété d'aucun de nos biens quelconques, si nous n'avions pas celle de nos besoins, laquelle n'est autre chose que celle de nos sentiments; et toutes ces propriétés dérivent inévitablement du sentiment de personnalité, de la conscience de notre *moi*.

Il est donc tout aussi inutile, à propos de la morale ou de l'économie, de discuter s'il ne vaudrait pas mieux que rien ne fût *propre* à chacun de nous, qu'il le serait, à propos de la grammaire, de chercher s'il ne serait pas plus avantageux que les actions ne fussent pas les *signes* des idées et des sentiments qui nous les font faire. Dans tous les cas, c'est demander s'il ne serait pas désirable que nous fussions tout autres que nous sommes; et même c'est chercher s'il ne serait pas mieux que nous ne fussions pas du tout; car ces conditions-là changées, notre existence ne serait pas concevable; elle ne serait pas altérée, elle serait anéantie.

Il demeure donc constant que le *tien* et le *mien* sont établis nécessairement entre les hommes, par cela seul qu'ils sont des individus sentant, voulant et agissant distinctement les uns des autres; qu'ils ont chacun la propriété inaliénable, incommutable et inévitable de leur individu et de ses facultés, et que par conséquent l'idée de *propriété* est une suite nécessaire, sinon du seul phénomène de la sensibilité pure, du moins de celui de la sensibilité unie à la volonté. Ainsi voilà que nous avons trouvé comment le sentiment de *personnalité*, ou l'idée de *moi*, et celle de *propriété*, qui s'ensuit nécessairement, dérivent de notre faculté de

a. J'en conclus que l'expression de l'un ou de l'autre de ces préceptes, et peut-être de tous deux, a été altérée par des gens qui n'entendaient réellement ni l'un ni l'autre. J'aurai souvent occasion de faire des réflexions de ce genre, car elles s'appliquent à beaucoup de ces maximes qui passent d'âge en âge.

b. Le premier est du *Lévitique*, chapitre XIX; le second est de l'*Évangile Saint-Jean*, chapitre XIII. Voyez-en la remarque dans les *Questions sur les miracles*, Voltaire, tome LX, page 186. Vous serez étonné que Voltaire regarde ces deux maximes comme identiques.

vouloir[1]. Actuellement nous pouvons rechercher avec succès comment cette même faculté produit tous nos *besoins* et tous nos *moyens*.

§ III

DE LA FACULTÉ DE VOULOIR NAISSENT TOUS NOS *BESOINS* ET TOUS NOS *MOYENS*

Si nous n'avions pas l'idée de *personnalité* et celle de *propriété*, c'est-à-dire la conscience de notre *moi* et celle de la *possession* de ses modifications, nous n'aurions certainement jamais ni *besoins*, ni *moyens*; car à qui appartiendrait cette *souffrance* et cette *puissance*; nous n'existerions pas pour nous-mêmes. Mais dès que nous nous reconnaissons possesseur de notre existence et de ses modes, nous sommes nécessairement, par cela même, un composé de faiblesse et de force, de besoins et de moyens, de souffrance et de puissance, de passion et d'action, et par suite de droits et de devoirs. C'est ce qu'il s'agit maintenant d'expliquer.

Je commencerai par prévenir que, conformément à l'idée que j'ai donnée ci-dessus de la faculté de vouloir, je donnerai indifféremment le nom de *désir* ou de *volonté* à tous les actes de cette faculté, depuis la propension la plus instinctive jusqu'à la détermination la plus réfléchie; et je demande ensuite qu'on se rappelle que c'est uniquement parce que nous faisons de tels actes que nous avons les idées de *personnalité* et de *propriété*. Or, tout désir est un besoin, et tous nos besoins consistent dans un désir quelconque. Ainsi les mêmes actes intellectuels, émanés de la faculté de vouloir, qui nous font acquérir l'idée distincte et complète de notre *personnalité*, de notre *moi* et de la *propriété* exclusive de tous ses modes, sont aussi ceux qui nous rendent susceptibles de *besoins*, et qui constituent tous nos besoins. C'est ce qui va se voir très clairement.

D'abord tout désir est un besoin. Cela n'est pas douteux, puisqu'un être sensible qui désire une chose quelconque a, par cela même, le besoin de posséder la chose désirée; ou plutôt et plus généralement on peut dire qu'il éprouve le besoin de la cessation de son désir; car tout désir est en lui-même une souffrance tant qu'il dure; il ne devient jouissance que quand il est satisfait, c'est-à-dire quand il cesse.

On a de la peine en général à croire d'abord que tout désir soit une souffrance, parce qu'il y a certains désirs dont la naissance, dans l'être

1. Dans *L'Idéologie allemande*, Marx et Engels se livrent à une critique de ce paragraphe II, reprochant à Destutt de Tracy de jouer sur les mots *propriété* et *propre*, comme Stirner avec les mots *Mein* et *Meinung*, *Eigentum* et *Eigenheit*.

animé, est toujours ou presque toujours accompagnée d'un sentiment de bien-être. Le désir de manger, par exemple, celui de jouir du plaisir physique de l'amour sont en général, dans un individu, les résultats d'un état de santé dont il a une conscience qu'il lui est agréable. Beaucoup d'autres sont dans le même cas. Mais il ne faut pas que cette circonstance nous fasse illusion. Ce sont là de ces manières d'être simultanées dont nous avons parlé dans la *Logique*[a], qui se mêlent aux idées qui viennent en même temps qu'elles et qui les altèrent, mais qu'il ne faut pas confondre avec elles et que par conséquent il faut bien distinguer du désir en lui-même; car, premièrement, elles ne coexistent pas toujours avec lui. On a souvent le besoin de manger et même un penchant violent à l'acte de la reproduction en vertu de dispositions maladives, et sans aucun sentiment de bien-être; et il en est de même des autres exemples qu'on voudra choisir. Secondement, quand cela n'arriverait pas, il n'en serait pas moins vrai que le sentiment de bien-être est distinct et différent de celui du désir, et que celui du désir est toujours en lui-même un tourment, un sentiment pénible tant qu'il dure. La preuve en est qu'il est toujours le désir de sortir de l'état quelconque où l'on est actuellement, lequel, par conséquent, paraît actuellement un état de malaise plus ou moins déplaisant. Or, dans ce sens, une manière d'être est toujours en effet telle qu'elle paraît, puisqu'elle ne consiste que dans ce qu'elle paraît être à celui qui l'éprouve. Un désir est donc toujours une souffrance, ou légère ou profonde, suivant sa force, et par suite un besoin quelconque. Il n'est pas nécessaire, pour que cela soit vrai, que ce désir soit fondé sur un besoin réel, c'est-à-dire sur un sentiment juste de nos vrais intérêts; car, bien ou mal motivé, tant qu'il existe, il est une manière d'être, sentie et incommode, et dont par conséquent on a le besoin de se délivrer. Ainsi tout désir est un besoin.

Mais il y a plus: tous nos besoins, depuis le plus purement machinal jusqu'au plus spiritualisé, ne sont jamais que le besoin de satisfaire un désir. La faim n'est que le désir de manger, ou du moins de sortir de l'état de langueur que nous éprouvons; comme le besoin, la soif des richesses ou celle de la gloire n'est que le désir de posséder ces biens et d'éviter l'indigence ou l'obscurité.

Il est vrai cependant que si nous éprouvons des désirs sans besoins réels, nous avons aussi souvent de vrais besoins sans éprouver des désirs, en ce sens que bien des choses sont souvent très nécessaires à notre plus grand bien-être et même à notre conservation, sans que nous nous en apercevions, et par conséquent sans que nous les désirions. Ainsi, par exemple, il est constant que j'ai le plus grand intérêt et, si l'on veut, le

a. *Voyez* chapitre VI, p. 162 et suivantes.

besoin qu'il ne s'opère pas en moi certaines combinaisons dont je ne me doute pas et dont il résultera que j'aurais la fièvre ce soir. Mais, à parler exactement, je n'ai pas présentement le besoin effectif de déranger ces combinaisons funestes, puisque je ne m'aperçois pas de leur existence; au lieu que j'aurai réellement le besoin actuel d'être débarrassé de la fièvre quand j'en sentirai les angoisses et parce que j'en sentirai les angoisses. Car, si la fièvre n'était pas de nature à faire naître en moi, par une raison ou par une autre, le désir de sa cessation quand je m'aperçois de ces effets prochains ou éloignés, je n'aurais en aucune manière le besoin de la faire cesser. On peut dire absolument les mêmes choses de toutes les combinaisons qui s'opèrent, soit dans l'ordre physique, soit dans l'ordre moral, sans que nous nous en apercevions, ou sans que nous en prévoyions les conséquences. Si donc il est vrai, comme nous l'avons vu, que tout désir est un besoin, il ne l'est pas moins que tout besoin actuel est désir. Ainsi l'on peut dire en thèse générale que *nos désirs sont la source de tous nos besoins*, dont aucun n'existerait sans eux. Car, on ne saurait trop le répéter, nous serions véritablement impassibles si nous n'avions nuls désirs; et si nous étions impassibles, nous n'aurions aucuns besoins. Il ne faut pas que l'on me reproche de m'être arrêté à cette explication. On ne saurait marcher trop lentement d'abord; et si je ne saute aucun intermédiaire, je néglige encore bien des accessoires, du moins tous ceux qui ne sont pas indispensables.

Voilà donc une première propriété de nos désirs bien éclaircie, et c'est la seule qu'ils aient, tant que notre système sensitif n'agit et ne réagit que sur lui-même; mais à l'instant où il réagit sur notre système musculaire, le sentiment de vouloir acquiert une seconde propriété bien différente de la première et qui n'est pas moins importante; c'est de diriger toutes nos *actions*, et par là d'être la source de tous nos *moyens*.

Quand je dis que nos désirs dirigent toutes nos actions, ce n'est pas qu'il ne s'opère en nous beaucoup de mouvements que le sentiment de vouloir ne précède en aucune manière et qui par conséquent ne sont l'effet d'aucun désir. De ce nombre sont nommément tous ceux qui sont nécessaires au commencement, au maintien et à la continuité de notre vie. Mais premièrement, il est permis de douter si d'abord et dans l'origine ils n'ont pas eu lieu en vertu de certaines déterminations ou tendances senties réellement par les molécules vivantes, ce qui les ramèneraient encore à être les effets d'une volonté plus ou moins obscure; si ce n'est pas par l'effet tout puissant de l'habitude, ou par la prépondérance de certains sentiments plus généraux et prédominants qu'ils deviennent insensibles à l'individu animé, c'est-à-dire au tout résultant des combinaisons qu'ils opèrent; et si enfin ce n'est pas par cette raison qu'ils se trouvent entièrement soustraits à l'empire de sa volonté sentie, ou de son sentiment de désirer ou de vouloir. Ce sont là des choses sur lesquelles il nous est impossible d'avoir certitude complète. D'ailleurs ces mouvements nommés vulgairement et avec raison *involontaires* sont bien la cause et la base de notre existence vivante; mais ils ne nous fournissent aucun secours pour la modifier, la varier, la secourir, la défendre, l'améliorer. Ils ne peuvent donc pas être mis proprement au rang de nos moyens, à moins que l'on ne veuille dire que notre existence elle-même est notre premier moyen, ce qui est très vrai mais très insignifiant; car elle est la donnée sans laquelle nous n'aurions rien à dire et ne dirions certainement rien. Ainsi, cette première observation n'empêche pas qu'il ne soit vrai que notre volonté dirige toutes celles de nos actions qui peuvent être regardées comme des moyens de pourvoir à nos besoins.

Les mouvements dont nous venons de parler ne sont pas les seuls en nous qui soient involontaires. Ils sont tous continus ou du moins très fréquents, et en général réguliers. Mais il en est d'autres involontaires aussi, qui sont plus rares, moins réglés, et qui tiennent plus ou moins de l'état convulsif ou maladif. Les mouvements involontaires de cette seconde espèce ne peuvent, pas plus que les autres, être regardés comme faisant partie de la puissance de nos individus. La plupart du temps ils n'ont aucun but déterminé; souvent même ils ont des effets fâcheux et pernicieux pour nous, et qui ont lieu bien qu'ils soient prévus et contraires à nos désirs. Leur indépendance de notre volonté n'empêche donc pas encore que notre observation générale ne soit juste. Ainsi, mettant à part ces deux espèces de mouvements involontaires, on peut dire avec vérité que nos désirs ont l'effet éminemment remarquable de diriger toutes nos actions, du moins toutes celles qui méritent réellement ce nom et qui sont pour nous des moyens de nous procurer des jouissances ou des connaissances, lesquelles connaissances sont encore des jouissances, puisque ce sont des choses désirées et utiles; et il faut comprendre au nombre de ces *actions* nos opérations intellectuelles; car elles sont aussi pour nous des *moyens*, et même les plus importants de tous, puisqu'elles dirigent l'emploi de tous les autres.

Maintenant pour achever de prouver que les actes de notre volonté sont la source de tous nos moyens sans exception, il ne reste qu'à montrer que les actions soumises à notre volonté sont absolument les seuls moyens que nous ayons pour pourvoir à nos besoins, ou autrement, pour satisfaire nos désirs; c'est-à-dire que nos forces physiques et morales, et l'usage que nous en faisons, composent exactement toute notre richesse.

Pour reconnaître cette vérité dans tous ses détails, il faudrait déjà avoir suivi toutes les conséquences des divers emplois que nous faisons de nos facultés et avoir vu leurs effets dans la formation de ce que nous appelons nos *richesses de tous genres.* Or, c'est ce que nous n'avons pas pu faire encore, et ce que nous ferons par la suite; ce sera même une partie considérable de notre étude. Mais dès ce moment nous pouvons bien voir que la nature en jetant l'homme dans un coin de ce vaste univers, où il ne paraît qu'un insecte imperceptible et éphémère, ne lui a rien donné en propre que ces facultés individuelles et personnelles, tant physiques qu'intellectuelles. C'est là sa seule dot, sa seule richesse originaire et l'unique source de toutes celles qu'il se procure. En effet, quand même on voudrait admettre que tous les êtres dont nous sommes environnés ont été créés pour nous, et assurément il faut une grande dose de vanité pour l'imaginer, et même pour le croire; quand, dis-je, cela serait, il n'en serait pas moins vrai que nous ne pouvons nous approprier un seul de ces êtres, ni en convertir la moindre parcelle à notre usage, que par notre action sur lui et par l'emploi de nos facultés à cet effet.

Pour ne prendre des exemples que dans l'ordre physique, un champ n'est un moyen de subsistance qu'autant qu'on le cultive. Le gibier ne nous est utile que quand on lui donne la chasse. Un lac, une rivière ne fournissent à notre nourriture que parce qu'on y pêche. Le bois, ou tout autre produit spontané de la nature, ne nous sert à quoi que ce soit que lorsque nous l'avons façonné ou du moins recueilli. Pour pousser les choses jusqu'à l'extrême, quand on supposerait qu'une matière alimentaire est tombée dans notre bouche toute préparée, encore faudrait-il, pour l'assimiler à notre substance, que nous la mâchions, que nous l'avalions, que nous la digérions. Or, toutes ces opérations sont autant d'emplois de nos forces individuelles. Certes, si jamais l'homme a été condamné au travail, c'est à dater du jour où il a été créé être sensible et ayant des membres et des organes; car il n'est pas même possible de concevoir qu'un être quelconque lui devienne utile sans quelque action de sa part; et l'on peut bien dire non seulement comme le bon et admirable La Fontaine *que le travail est un trésor*, mais même que le travail est notre seul trésor. Au reste ce trésor est bien grand, car il surpasse tous nos besoins. La preuve en est que, semblable à la fortune d'un homme riche dont le revenu est plus grand que la dépense, le fonds de jouissance et de puissance de l'espèce humaine prise en masse s'accroît tous les jours, quoique souvent et même toujours bien mal ménagé.

Nous verrons tout cela bientôt avec plus de développement; et nous verrons en même temps que l'application de nos forces à différents êtres est la seule cause de la valeur de tous ceux qui en ont une pour nous, et par conséquent est la source de toute valeur, comme la propriété de ces mêmes forces qui appartient nécessairement à l'individu qui en est doué et qui les dirige par sa volonté, est la source de toute propriété. Mais dès à présent, nous pouvons bien conclure, je crois, que dans l'emploi de nos facultés, dans nos actions volontaires, consiste tout ce que nous avons de pouvoir; et que par conséquent les actes de notre volonté qui dirigent ces actions sont la source de tous nos *moyens*, comme nous avons vu déjà qu'ils constituent tous nos *besoins*. Ainsi cette faculté, quatrième et dernier mode de notre sensibilité, à qui nous devons les idées complètes de *personnalité* et de *propriété*, est celle qui nous rend propriétaire de *besoins* et de *moyens*, de *passion* et d'*action*, de *souffrance* et de *puissance*. De ces idées naissent celles de *richesse* et de *dénuement*. Avant d'aller plus loin, voyons en quoi consistent ces dernières.

§ IV

DE LA FACULTÉ DE VOULOIR NAISSENT AUSSI LES IDÉES DE *RICHESSE* ET DE *DÉNUEMENT*

Si nous n'avions pas la conscience distincte de notre *moi*, et par suite les idées de *personnalité* et de *propriété*, nous n'aurions pas de *besoins* (tout cela naît de nos désirs); et si nous n'avions pas de besoins, nous n'aurions pas les idées de *richesse* et de *dénuement*; car être riche, c'est posséder des moyens de pourvoir à ses besoins, et être pauvre, c'est être dénué de ces moyens. Une chose utile ou agréable, c'est-à-dire une chose dont la possession est une richesse, n'est jamais qu'un moyen prochain ou éloigné de satisfaire un besoin, un désir quelconque; et si nous n'avions ni besoins, ni désirs, ce qui est la même chose, nous n'aurions ni la possession, ni la privation des moyens de les satisfaire.

À prendre les choses dans cette généralité, on sent bien que nos richesses ne se composent pas seulement d'une pierre précieuse ou d'une masse de métal, d'un fond de terre ou d'un outil, ou même d'un amas de comestible ou d'un logement. La connaissance d'une loi de la nature, l'habitude d'un procédé technique, l'usage d'une langue pour communiquer avec nos semblables et accroître nos forces par les leurs, ou du moins pour n'être pas troublé par les leurs dans l'exercice des nôtres, la jouissance de conventions faites et d'institutions créées dans cet esprit, sont autant de richesses de l'individu et de l'espèce; car ce sont autant de choses utiles pour accroître nos moyens, ou du moins pour en user librement, c'est-à-dire suivant notre volonté et avec le moins d'obstacles possible, soit de la part des hommes, soit de celle de la nature, ce qui est encore augmenter leur puissance, leur énergie et leur effet.

Nous appelons tout cela des *biens*; car, par contraction, nous donnons le nom de *biens* à toutes les choses qui contribuent à nous faire du *bien*, à augmenter notre *bien-être*, à rendre notre manière d'être bonne ou meilleure, c'est-à-dire à toutes les choses dont la possession est un *bien*. Or, d'où viennent tous ces biens ?

Nous l'avons déjà vu sommairement, et nous le verrons plus en détail par la suite ; c'est de l'emploi juste, c'est-à-dire légitime suivant les lois de la nature, que nous faisons de nos facultés. Nous ne trouvons fréquemment un diamant que parce que nous le cherchons avec intelligence ; nous n'avons une masse de métal que parce que nous avons étudié les moyens de nous la procurer ; nous ne possédons un bon champ ou un bon outil que parce que nous avons bien reconnu les propriété de la matière première et rendu facile la manière de la rendre utile ; nous n'avons une provision quelconque ou seulement un abri que parce que nous avons simplifié les opérations nécessaires pour former l'un ou pour construire l'autre. C'est donc toujours de l'emploi de nos facultés que viennent tous ces biens.

Maintenant, ces biens ont tous parmi nous une valeur déterminée et fixe jusqu'à un certain point ; ils en ont même toujours deux : l'une est celle des sacrifices que nous coûte leur acquisition ; l'autre, celle des avantages que nous procure leur possession. Quand je fabrique un outil pour mon usage, il a pour moi la double valeur du travail qu'il me coûte d'abord, et de celui qu'il va m'épargner par la suite. Je fais un mauvais emploi de mes forces en le construisant si sa construction m'en dépense plus que sa possession m'en épargnera. Il en est de même quand, au lieu de faire cet outil, je l'achète. Si les choses que je donne en retour m'ont coûté plus de peine que cet outil ne m'en coûterait pour le faire, ou si elles m'en éviteraient plus qu'il ne m'en épargnera, je fais un mauvais marché, je perds plus que je ne gagne, je délaisse plus que je n'acquiers ; cela est évident. Dans le cas de l'acquisition de tout autre bien qu'un instrument de travail, la chose n'est pas aussi claire. Cependant, puisqu'il est certain que nos facultés physiques et morales sont notre seule richesse originaire, que l'emploi de ces facultés, le travail quelconque, est notre seul trésor primitif, et que c'est toujours de cet emploi que naissent toutes les choses que nous appelons des *biens*, depuis la plus nécessaire jusqu'à la plus purement agréable, il est certain de même que tous ces biens ne font que représenter le travail qui leur a donné naissance, et que s'ils ont une valeur, ou même deux distinctes, ils ne peuvent tenir ces valeurs que de celle du travail dont ils émanent. Le travail lui-même a donc une valeur ; il en a donc même deux différentes ; car aucun être ne peut communiquer une propriété qu'il n'a pas. Oui, le travail a ces deux valeurs, l'une naturelle et nécessaire, l'autre plus ou moins conventionnelle et éventuelle ; c'est ce qui va se voir très clairement.

Un être animé, c'est-à-dire sensible et voulant, a des besoins sans cesse renaissants, à la satisfaction desquels est attachée la continuation de son existence. Il ne peut y pourvoir que par l'emploi de ses facultés, de ses moyens; et si cet emploi, son travail, cessait pendant un certain temps de faire face à ses besoins, son existence finirait. La masse de ces besoins est donc la mesure naturelle et nécessaire de la masse de travail qu'il peut opérer pendant qu'ils se font sentir; car s'il emploie cette masse de travail à son utilité directe et immédiate, il faut qu'elle suffise à son service. S'il la consacre à un autre, il faut que cet autre fasse au moins pour lui pendant ce temps ce qu'il aurait fait pour lui-même. S'il l'emploie à des objets d'une utilité moins instante et plus éloignée, il faut que cette utilité, quand elle sera réalisée, remplace au moins les objets d'une utilité urgente qu'il aura consommés pendant qu'il se sera occupé de ceux moins nécessaires. Ainsi cette somme de besoins indispensables, ou plutôt celle de la valeur des objets nécessaires pour les satisfaire, est la mesure naturelle et nécessaire de la valeur du travail qui s'opère dans le même temps. Cette valeur est celle de ce que ce travail coûte inévitablement; celle-là est la première des deux valeurs dont nous avons annoncé l'existence: elle est purement naturelle et nécessaire.

La seconde valeur de notre travail, celle de ce qu'il produit, est, de sa nature, éventuelle; elle est souvent conventionnelle, et toujours plus variable que la première. Elle est éventuelle, car nul homme, en commençant un travail quelconque, même lorsque c'est pour son propre compte, ne peut s'assurer entièrement de son produit; mille circonstances qui ne dépendent pas de lui, et que souvent il ne peut prévoir, augmentent ou diminuent ce produit. Elle est souvent conventionnelle, car quand ce même homme entreprend un travail pour un autre, la quantité de produit qui lui en reviendra dépend de ce que cet autre sera convenu de lui abandonner en retour de sa peine, soit que la convention soit faite avant le travail exécuté, comme avec les journaliers ou les salariés; soit qu'elle ne s'opère qu'après le travail fait et parfait, comme avec les marchands et les fabricants. Enfin, cette seconde valeur du travail est plus variable que sa valeur naturelle et nécessaire, parce qu'elle est déterminée non pas par les besoins de celui qui fait le travail, mais par les besoins et les moyens de celui qui en profite, et qu'elle est influencée par mille causes concourantes qu'il n'est pas encore temps de développer.

Au reste, même la valeur naturelle du travail n'est pas d'une fixité absolue; car, premièrement, les besoins d'un homme dans un temps donné, même ceux que l'on peut regarder comme les plus urgents, sont susceptibles d'une certaine latitude, et la flexibilité de notre nature est telle que ces besoins se restreignent ou s'étendent considérablement par l'empire de la volonté et l'effet de l'habitude. Secondement, par l'influence de circonstances favorables, d'un climat doux, d'un sol fertile, ces besoins pourront être largement satisfaits pour un temps donné, par l'effet de très peu de peine, tandis que dans des circonstances moins heureuses, sous un ciel rude, sur un sol ingrat, il faudra beaucoup plus d'efforts pour y pourvoir. Ainsi, suivant les cas, il faut que le travail du même homme, pendant le même temps, lui procure plus ou moins d'objets, ou des objets plus ou moins difficiles à acquérir, seulement pour qu'il continue d'exister.

Par ce petit nombre de réflexions générales, nous voyons donc que les idées de richesse et de dénuement naissent de nos besoins, c'est-à-dire de nos désirs; car la richesse consiste à posséder des moyens de satisfaire ses désirs, et la pauvreté à en manquer. Nous appelons ces moyens des *biens*, parce qu'ils nous font du bien. Ils sont tous le produit et la représentation d'une certaine quantité de travail, et ils font naître en nous l'idée de valeur, parce qu'ils ont tous deux valeurs, celle des biens qu'ils coûtent et celle des biens qu'ils procurent. Puisque ces biens ne sont que la représentation du travail qui les produit, c'est donc du travail qu'ils tiennent ces deux valeurs; il les a donc lui-même. En effet, le travail a nécessairement ces deux valeurs; la seconde est éventuelle, le plus souvent conventionnelle et toujours très variable. La première est naturelle et nécessaire; elle n'est pourtant pas d'une fixité absolue, mais elle est toujours renfermée dans certaines limites.

Tel est l'enchaînement des idées générales qui suivent nécessairement les unes des autres à la première inspection de ce sujet: il nous montre l'application et la preuve de plusieurs grandes vérités établies précédemment. D'abord nous avons vu que nous ne créons jamais rien d'absolument nouveau et *extra naturel*. Ainsi, puisque nous avons l'idée de valeur et puisqu'il existe parmi nous des valeurs artificielles et conventionnelles, il fallait qu'il y eût quelque part une valeur naturelle et nécessaire. Aussi le travail, d'où émanent tous nos biens, a une valeur de cette espèce et la leur communique. Cette valeur est celle des objets nécessaires à la satisfaction des besoins qui naissent inévitablement dans l'être animé, pendant que son travail s'opère.

Secondement, nous avons vu encore que mesurer une quantité quelconque, c'est toujours la comparer à une quantité donnée de même espèce qu'elle, et qu'il faut absolument que cette quantité soit de même espèce, sans quoi elle ne pourrait pas servir d'unité et de terme de comparaison[a]. Aussi quand nous disons que la valeur naturelle et nécessaire du travail qu'opère un *être animé* pendant un temps donné est mesurée par les besoins indispensables qui naissent dans cet être pendant le même temps, nous donnons réellement pour mesure à cette valeur la valeur d'une

a. Voyez *Idéologie proprement dite*, chapitre X, et *Logique*, chapitre IX, p. 221.

certaine quantité de travail; car les biens nécessaires à la satisfaction de ces besoins ne tirent eux-mêmes leur valeur nécessaire et naturelle que du travail qu'a coûté leur acquisition. Ainsi le travail, notre seul bien originaire, n'est évalué que par lui-même, et l'unité est de même espèce que les quantités calculées.

Troisièmement enfin, nous avons vu que pour qu'un calcul quelconque soit juste et certain, il faut que l'unité soit déterminée de la manière la plus rigoureuse et absolument invariable[a]. Ici, malheureusement, nous sommes obligés d'avouer que notre unité de valeur est sujette à variation, quoique renfermée dans certaines limites. C'est un mal auquel nous ne pouvons remédier, puisqu'il dérive de la nature même de l'être animé, de sa flexibilité et de sa souplesse. Il ne faut jamais nous dissimuler ce mal. Il était essentiel de le reconnaître; mais il ne doit pas nous empêcher de faire des combinaisons des effets de nos facultés, en prenant les précautions convenables; car puisque les variations de notre nature sensible sont renfermées dans certaines limites, nous pouvons toujours y appliquer les considérations tirées de la théorie des limites des nombres. Mais cette observation doit nous apprendre combien le calcul de toutes les quantités morales et économiques est délicat et savant, combien il exige de ménagements, et combien il est imprudent de vouloir y appliquer indiscrètement l'échelle rigoureuse des nombres.

Quoi qu'il en soit, puisque ce coup d'œil rapide sur les idées de richesse et de dénuement dérivées du sentiment de nos besoins nous a menés à parler sommairement de tous nos biens, nous ne pouvons pas passer sous silence le plus grand de tous, celui qui les renferme tous, sans lequel aucun d'eux n'existe, qu'on peut appeler le bien unique de l'être voulant, la *liberté*. Elle mérite un article à part.

§ V

DE LA FACULTÉ DE VOULOIR NAISSENT ENCORE LES IDÉES DE *LIBERTÉ* ET DE *CONTRAINTE*

Rien ne serait plus aisé que d'inspirer quelque intérêt à toutes les âmes généreuses, en commençant ce chapitre par une espèce d'hymne à ce premier de tous les biens de la nature sensible, la *liberté*. Mais ces explosions de sentiment n'ont pour objet que de s'électriser soi-même, ou d'émouvoir ceux à qui l'on s'adresse. Or, un homme qui se voue sincère-

a. Voyez *Logique*, chapitre IX, p. 235 et suivantes.

ment à la recherche de la vérité est suffisamment animé par le but qu'il se propose et compte sur la même disposition dans tous ceux par qui il est bien aise d'être lu. L'amour du bien et du vrai est une véritable passion. Cette passion est, je crois, assez nouvelle; du moins elle me semble qu'elle n'a pu exister dans toute sa force que depuis qu'il est prouvé, par le raisonnement et par les faits, que le bonheur de l'homme est proportionné à la masse de ses lumières et que l'un et l'autre s'accroissent et peuvent s'accroître indéfiniment. Mais depuis que ces deux vérités sont démontrées, cette passion nouvelle qui caractérise l'époque où nous vivons n'est point rare, quoi qu'on en dise; et elle est aussi énergique et plus constante qu'aucune autre. Ne cherchons donc pas à l'exciter mais à la satisfaire, et parlons de la liberté aussi froidement que si ce mot seul ne mettait pas en mouvement toutes les puissances de l'âme.

Je dis que l'idée de *liberté* naît de la faculté de vouloir; car, avec Locke, j'entends par liberté la puissance d'exécuter sa volonté, d'agir conformément à son désir; et je soutiens qu'il est impossible d'attacher une idée nette à ce mot quand on veut lui donner un autre sens. Ainsi, il n'y aurait pas de liberté s'il n'y avait pas de volonté; et il ne peut pas exister de liberté avant la naissance de la volonté. C'est donc un véritable *non-sens* de prétendre que la volonté est libre de naître[a]; et telles étaient presque toutes les fameuses décisions qui subjuguaient les esprits avant la naissance de la véritable étude de l'intelligence humaine. Aussi les conséquences que l'on tirait de ces prétendus principes, et nommément de celui-ci, étaient-elles la plupart d'une absurdité complète; mais ce n'est pas le moment de nous en occuper.

Sans nul doute, on ne saurait trop le redire, l'être sensible ne peut vouloir sans motif; il ne peut vouloir qu'en vertu de la manière dont il est affecté; ainsi sa volonté suit de ses impressions antérieures, tout aussi nécessairement que tout effet suit de la cause qui a les propriétés nécessaires pour les produire. Cette nécessité n'est ni un bien ni un mal pour l'être sensible; c'est la conséquence de sa nature; c'est la condition de son existence; c'est la *donnée* qu'il ne peut changer et de laquelle il doit toujours partir dans toutes ses spéculations.

Mais lorsqu'une volonté est née dans l'être animé, lorsqu'il a conçu une détermination quelconque, ce sentiment de vouloir, qui est toujours une souffrance tant qu'il n'est pas satisfait, a, en récompense, l'admirable propriété de réagir sur les organes, de régler la plupart de leurs mouvements, de diriger l'emploi de presque toutes leurs facultés et par là de créer tous les

a. Voyez *Idéologie proprement dite*, chapitre XIII.

moyens de jouissance et de puissance de l'être sensible, quand aucune force étrangère ne l'en empêche, c'est-à-dire quand l'être *voulant* est *libre*.

La *liberté*, prise dans le sens le plus général de tous (et le seul raisonnable), signifiant la puissance d'exécuter notre volonté, est donc le remède à tous nos maux, l'accomplissement de tous nos désirs, la satisfaction de tous nos besoins, et par suite le premier de tous nos biens, celui qui les produit tous, qui les renferme tous. Elle est la même chose que notre *bonheur*; elle a les mêmes limites; ou plutôt notre bonheur ne saurait avoir ni plus ni moins d'étendue que notre *liberté*, c'est-à-dire que notre pouvoir de satisfaire nos désirs. La contrainte, au contraire, quelle qu'elle soit, est l'opposé de la liberté; elle est la cause de toutes nos souffrances; elle est la source de tous nos maux; elle est même rigoureusement notre seul mal; car tout mal est toujours la contrariété d'un désir. Nous n'en aurions assurément aucun si nous étions libres de nous en délivrer dès que nous le souhaitons : c'est là vraiment Oromaze et Arimane[1].

La contrainte dont nous souffrons ou plutôt que nous souffrons, puisque c'est elle-même qui constitue toute souffrance, peut être de différents degrés : elle est directe et immédiate, ou seulement médiate et indirecte; elle nous vient d'êtres animés ou d'êtres inanimés; elle est invincible ou peut être surmontée. Celle qui est l'effet de forces physiques qui enchaînent l'action de nos facultés est immédiate, tandis que celle qui est le résultat de diverses combinaisons de notre intelligence, ou de certaines considérations morales, n'est qu'indirecte et médiate, quoique très réelle aussi. L'une et l'autre, suivant les circonstances, peuvent être insurmontables, ou susceptibles de céder à nos efforts.

Dans tous ces cas divers, nous avons différentes manières de nous conduire pour échapper à la *souffrance de la contrainte*, pour effectuer l'*accomplissement de nos désirs*; en un mot pour parvenir à *notre satisfaction, à notre bonheur*; car, encore une fois, ces trois choses sont une seule et même. De ces différentes manières d'arriver à ce but unique de tous nos efforts comme de tous nos désirs, de tous nos besoins comme de tous nos moyens, nous devons toujours prendre celles qui sont les plus capables de nous y conduire. C'est là aussi notre devoir unique, celui qui renferme tous les autres. Le moyen de le remplir, ce devoir unique, c'est premièrement, si nos désirs sont susceptibles d'être satisfaits, d'étudier la nature des obstacles qui s'y opposent, et de faire tout ce qui dépend de nous pour les surmonter; secondement, si nos désirs ne peuvent être accomplis qu'en nous soumettant à d'autres maux, c'est-à-dire en renonçant à d'autres

1. Oromaze et Arimane sont respectivement les principes du bien et du mal ou de la lumière et des ténèbres dans la religion de Zarathoustra.

choses que nous désirons, de balancer les inconvénients et de nous décider pour le moindre; troisièmement, si le succès de nos désirs est tout à fait impossible, il faut y renoncer et nous renfermer sans murmures dans l'étendue de notre pouvoir. Ainsi tout se réduit à employer nos facultés intellectuelles, d'abord à bien apprécier nos besoins, ensuite à étendre nos moyens autant que possible, et enfin à nous soumettre à la nécessité de notre nature, à la condition invincible de notre existence.

Mais je m'aperçois que j'ai prononcé le mot de *devoir*. L'idée que ce mot exprime mérite bien un chapitre à part. Il me suffit dans celui-ci d'avoir terminé l'examen de tous nos biens, en montrant que, puisque dans l'emploi volontaire de nos facultés consistent tous nos moyens de bonheur, la *liberté*, la puissance d'agir suivant notre volonté, renferme tous nos biens, est notre bien unique, et que notre devoir unique est d'accroître cette puissance et d'en bien user, c'est-à-dire encore d'en user de manière à ne la gêner ni ne la restreindre ultérieurement.

Voudrait-on encore, avant de quitter ce sujet, appliquer à ce premier de tous les biens, la *liberté*, l'idée de valeur que nous avons vu naître nécessairement de l'idée de *bien?* Et demanderait-on quelle est la *valeur* de la liberté? Il est évident que la liberté totale d'un être sentant et voulant n'étant autre chose que la puissance d'user à son gré des facultés qu'il a, la valeur entière de cette liberté est égale à la valeur entière de l'emploi des facultés de cet être; que si de cette liberté totale on ne lui en retranche qu'une portion, la valeur de cette portion retranchée est égale à la valeur des facultés dont on lui interdit l'exercice, et que la valeur de ce qui lui en reste est la même que celle des facultés dont il conserve l'usage; et enfin il est manifeste encore que, quelque faibles que soient les facultés d'un être animé, la perte absolue de sa liberté est une perte vraiment infinie pour lui et à laquelle il ne peut mettre aucun prix, puisqu'elle est absolument tout pour lui; qu'elle est l'extinction de toute possibilité de bonheur; qu'elle est la perte de la totalité de son être; qu'elle ne peut admettre aucune compensation; et qu'elle lui enlève la disposition de tout ce qu'il pourrait recevoir en retour.

Ces notions générales suffisent pour le moment; je n'y ajouterai qu'une réflexion. On dit communément que l'homme, en entrant dans l'état de société, sacrifie une portion de sa liberté pour s'assurer le reste. D'après ce que nous venons de dire, cette expression n'est pas exacte; elle ne donne une idée juste ni de la cause, ni de l'effet, ni même de la naissance des sociétés humaines. D'abord, l'homme ne vit jamais complètement isolé; il ne pourrait exister ainsi, au moins dans sa première enfance. Ainsi l'état de société ne commence pas pour lui à un jour fixe et de dessein prémédité; il s'établit insensiblement et par degrés. Secondement, l'homme, en s'associant toujours plus à ses semblables et en se liant chaque jour davantage avec eux par des conventions ou tacites ou expresses, ne compte jamais diminuer sa liberté antérieure, affaiblir la puissance totale d'exécuter sa volonté, qu'il avait auparavant. Il a toujours pour but de l'accroître; s'il renonce à quelques manières de l'employer, c'est afin d'être secouru, ou du moins de n'être pas contrarié dans d'autres usages qu'il veut en faire et qu'il juge plus importants pour lui. Il consent que sa volonté soit un peu gênée, dans certains cas, par celle de ses semblables; mais c'est afin qu'elle soit beaucoup plus puissante sur tous les autres êtres et même sur eux dans d'autres occasions, en sorte que la masse totale de *puissance* et de *liberté* qu'il possède en soit augmentée. Voilà, je crois, l'idée qu'il faut se faire de l'effet et du but de l'établissement graduel de l'état social. Toutes les fois qu'il ne produirait pas ce résultat, il ne remplirait pas sa destination; mais il la remplit toujours plus ou moins, malgré ses universelles et énormes imperfections. Nous développerons ailleurs les conséquences de ces observations : maintenant passons à l'examen de l'idée de devoir.

§ VI

ENFIN, DE LA FACULTÉ DE VOULOIR NAISSENT LES IDÉES DE *DROITS* ET DE *DEVOIRS*

Les idées de *droits* et de *devoirs* sont, dit-on, correspondantes et corrélatives. Je ne nie point que cela ne soit ainsi dans nos relations sociales; mais cette vérité, si c'en est une, demande beaucoup d'explications. Examinons des cas divers.

Faisons d'abord une supposition absolument idéale. Imaginons un être sentant et voulant, mais incapable de toute action, une simple monade douée de la faculté de vouloir, mais dépourvue de corps et de tout organe sur lesquels sa volonté puisse réagir et par lesquels elle puisse produire aucun effet et influer sur aucun être. Il est manifeste qu'un tel être n'a aucun droit dans le sens que l'on donne souvent à ce mot, c'est-à-dire aucun de ces droits qui renferment l'idée d'un devoir correspondant dans un autre être sensible, puisqu'il n'est en contact avec aucun être quelconque. Cependant aux yeux de la raison et de la justice universelle, telles que l'esprit humain peut les concevoir (car nous ne pouvons jamais parler d'autre chose), cette monade a bien le droit de satisfaire ses désirs et d'apaiser ses besoins; car c'est là ne blesser aucune loi naturelle, ni artificielle; c'est au contraire suivre les lois de sa nature et obéir aux conditions de son existence.

En même temps, cette monade n'ayant aucun pouvoir d'action, aucun moyen de travailler à satisfaction de ses besoins, n'a aucun devoir; car elle ne saurait avoir le devoir d'employer d'une manière plutôt que d'une autre ces moyens qu'elle n'a pas, de faire plutôt une action qu'une autre, puisqu'elle ne peut faire aucune action.

Cette supposition nous montre donc deux choses : premièrement, comme nous l'avons déjà dit, que tous les droits naissent des besoins et tous les devoir des moyens; secondement, qu'il peut exister des droits, dans le sens le plus général de ce mot, sans devoirs correspondants de la part d'autres êtres, ni même de la part de l'être possesseur de ces droits : par conséquent, ces deux idées ne sont pas aussi essentiellement et aussi nécessairement correspondantes et corrélatives qu'on le croit communément, car elles ne sont pas à leur origine. Maintenant faisons une autre hypothèse.

Supposons un être sentant et voulant, constitué comme nous, c'est-à-dire doué d'organes et de facultés que sa volonté met en action, mais complètement séparé de tout autre être sensible et n'étant en contact qu'avec des êtres inanimés, s'il y en a, ou du moins qu'avec des êtres qui ne lui manifestent pas le phénomène du sentiment, comme il y en a beaucoup pour nous. Dans cet état, cet être n'a point encore de ces droits, pris dans le sens restreint de ce mot, qui renferment l'idée d'un devoir correspondant dans un autre être sensible, puisqu'il n'est en relation avec aucun être de ce genre. Cependant, il a bien le droit général, comme la monade dont nous parlions tout à l'heure, de se procurer l'accomplissement de ses désirs ou, ce qui est la même chose, de pourvoir à ses besoins; car c'est pour lui, comme pour elle, obéir aux lois de sa nature et se conformer aux conditions de son existence; et cet être est tel qu'il ne peut être mu par aucune autre impulsion, ni avoir aucun autre principe d'action. Cet être voulant a donc alors tous les droits imaginables. On peut même dire que ses droits sont vraiment infinis, puisqu'ils ne sont bornés par rien; du moins ils n'ont pas d'autres limites que celles de ses désirs eux-mêmes, dont ils émanent et qui en sont la source unique.

Mais ici il y a quelque chose de plus que dans la première hypothèse. Cet être, doué comme nous d'organes et de facultés que sa volonté met en mouvement, n'est pas comme la simple monade dont nous avons parlé d'abord; il a des moyens, donc il a des devoirs, car il a le devoir de bien employer ces moyens; mais tout devoir suppose une peine qu'entraîne son infraction, une loi qui prononce cette peine, un tribunal qui applique cette loi. Aussi dans le cas dont il s'agit, la punition, pour l'être dont nous parlons, de mal employer ses moyens est de leur voir produire des effets moins favorables à sa satisfaction, ou même de leur en voir produire qui soient tout à fait destructifs. Les lois qui prononcent cette peine, ce sont celles de l'organisation de cet être voulant et agissant; ce sont les conditions de son existence. Le tribunal qui applique ces lois, c'est celui de la nécessité elle-même, contre lequel il ne peut se pourvoir. Ainsi l'être qui nous occupe a incontestablement le devoir de bien employer ses moyens, puisqu'il en a; et observez que ce devoir général renferme ceux de bien apprécier d'abord les désirs ou les besoins que ses moyens sont destinés à satisfaire, de bien étudier ensuite ces moyens eux-mêmes, leur étendue et leurs limites, et enfin de travailler en conséquence à restreindre les uns et à étendre les autres le plus possible; car son malheur ne viendra jamais que de l'infériorité des moyens, relativement aux besoins, puisque si les besoins étaient toujours satisfaits, il n'y aurait pas même possibilité à la souffrance.

L'être isolé dont il s'agit a donc des droits venant tous de ses besoins et des devoirs naissant de tous ses moyens; et dans quelque position que vous le placiez, il n'aura jamais ni des droits, ni des devoirs d'une autre nature; car tous ceux dont il pourra devenir susceptible naîtront tous de ceux-là et n'en seront que des conséquences. On peut même dire que tout vient de ses besoins; car s'il n'avait pas de besoins, il n'aurait pas *besoin* de moyens pour les satisfaire; il ne serait pas même possible qu'il eût aucun moyen; ainsi il ne serait pas concevable qu'il eût un devoir quelconque. Si vous voulez vous en convaincre, essayer de punir un être impassible. J'ai donc eu raison de dire que de la faculté de vouloir naissent les idées de droits et de devoirs, et je puis ajouter avec assurance que ces idées de droits et de devoirs ne sont pas si exactement correspondantes et corrélatives entre elles qu'on le dit communément, mais que celle de devoirs est subordonnée à celle de droits, comme celle de moyens l'est à celle de besoins, puisqu'on peut concevoir des droits dans devoirs, comme dans notre première hypothèse, et que dans la seconde il n'y a des devoirs que parce qu'il y a des besoins et qu'ils ne consistent que dans le devoir général de satisfaire ces besoins.

Pour mieux nous convaincre de ces deux vérités, faisons une troisième supposition. Plaçons cet être organisé comme nous en relation avec d'autres êtres sentant et voulant comme lui, et agissant de même en vertu de leur volonté, mais qui soient tels qu'il ne puisse pas s'entendre pleinement avec eux, ni comprendre parfaitement leurs idées et leurs motifs. Ces êtres animés ont leurs droits aussi, venant de leurs besoins; mais cela ne change rien à ceux de l'être dont nous suivons la destinée, il a les mêmes droits qu'auparavant, puisqu'il a les mêmes besoins.

Il a en outre le même devoir général d'employer ses moyens de manière à se procurer la satisfaction de ses besoins. Ainsi il a le devoir de se conduire avec ces êtres qui se montrent sentant et voulant autrement qu'avec ceux qui lui paraissent inanimés; car comme ils agissent en conséquence de leur volonté, il a le devoir de captiver ou de subjuguer cette volonté pour les amener à contribuer à la satisfaction de ses désirs; et comme il est supposé ne pouvoir pas communiquer complètement avec eux et par conséquent ne pouvoir faire avec eux aucune convention, il n'a d'autres moyens, pour diriger leur volonté vers l'accomplissement de ses désirs et la satisfaction de ses besoins, que la persuasion immédiate ou la violence directe; aussi il emploie et doit employer l'une ou l'autre suivant les occasions, sans autre considération que celle de produire les effets qu'il désire.

À la vérité, cet être organisé comme nous est tel, que la vue de la nature sensible lui inspire le désir de compatir avec elle; qu'il jouit de ses jouissances et souffre de ses maux : c'est là un nouveau besoin qu'elle fait naître en lui; et nous verrons par la suite que ce n'est pas un de ceux dont il doit chercher à s'affranchir, car il lui est utile d'y être soumis. Il doit donc le satisfaire comme les autres, et par suite il a le devoir de s'épargner la peine que lui causent les souffrances des êtres sensibles, autant que ses autres besoins ne l'obligent pas à supporter cette peine. Ceci est encore une conséquence du devoir général de satisfaire tous ses besoins.

Le tableau que nous venons de tracer d'après la théorie se trouve être le simple exposé de nos relations pratiques avec les animaux, prises en général, lesquelles relations se modifient ensuite dans les cas particuliers, suivant le degré d'intelligence que nous avons de leurs sentiments et suivant les rapports d'habitude et de bienveillance réciproques qui s'établissent entre eux et nous, comme entre nous et nos semblables. Je crois ce tableau la représentation très fidèle de ces relations; car il est également éloigné de l'exagération sentimentale qui voudrait nous faire un crime de la destruction quelconque de ces animaux et de la barbarie systématique qui prétend nous faire regarder comme légitimes leurs souffrances les plus inutiles, ou même nous persuader que la douleur que manifeste un être sensible n'est pas de la douleur, quand cet être sensible n'est pas fait exactement comme nous.

En effet, ces deux systèmes sont également faux. Le premier est insoutenable, puisque dans la pratique il est absolument impossible de le suivre à la rigueur. Il est manifeste que nous serions détruits violemment ou lentement affamés et rongés par les autres êtres animés, si nous ne les détruisions jamais; et que, même avec les attentions les plus minutieuses, il nous est impossible d'éviter d'en faire continuellement souffrir et mourir un grand nombre, plus ou moins perceptibles à nos sens. Or, nous avons incontestablement le droit d'agir et de vivre, puisque nous sommes nés pour cela et comme cela.

Le second système n'est pas moins erroné; car en théorie il établit témérairement entre les divers états de la nature sensible une ligne de séparation qu'aucun phénomène ne nous autorise à admettre. Il n'y a absolument aucun fait qui nous mette en droit d'affirmer, ni même de soupçonner, que l'état de souffrance n'est pas dans les êtres animés avec lesquels nous communiquons imparfaitement, exactement la même chose que dans nous ou dans nos semblables[a]; et d'après cette supposition gratuite, ce système nous condamne à combattre et à détruire comme une faiblesse le sentiment, le besoin le plus général et le plus impérieux de la nature humaine, celui de la sympathie et de la commisération; besoin que nous verrons bientôt être le résultat le plus heureux de notre organisation, et celui sans lequel notre existence deviendrait très misérable, et même impossible. De plus, dans la pratique, ce système est opposé à l'usage le plus universel de tous les temps et de tous les individus; car il n'y a jamais eu, je crois, d'animal à face humaine qui ait senti sincèrement et originairement que le spectacle de la souffrance nettement exprimée soit une chose indifférente. L'indifférence, fruit de l'habitude, et le plaisir même de la cruauté pour la cruauté, plaisir affreux qui a pu naître dans quelques êtres *dénaturés* par des causes accidentelles, prouvent même qu'il s'agit d'une pente naturelle surmontée par le temps, ou vaincue avec effort ou avec le plaisir qui naît en nous de tout effort suivi de succès. Quant à la cruauté, produit de la vengeance, elle est une preuve de plus de la thèse que je soutiens. Car c'est à cause même du sentiment profond que l'être vindicatif a de la souffrance, qu'il veut la produire dans celui qui lui est odieux, et toujours il partage plus ou moins, involontairement et forcément, le mal qu'il cause.

Ces deux systèmes opposés, mais tous deux fruits du dérèglement de l'imagination, sont donc également absurdes en théorie et en pratique. C'est déjà un grand préjugé en faveur de l'opinion moyenne que j'établis, laquelle d'ailleurs se trouve être conforme à l'usage de tous les temps et de tous les lieux, et rendre raison, par les conditions de notre nature bien observée, de tout ce que notre manière d'être avec les animaux a de singulier et de contradictoire au premier coup d'œil. Mais ce qui est plus fort et absolument convaincant, ce me semble, c'est que le même principe que j'ai posé, *que nos droits sont toujours sans bornes, ou du moins égaux à nos besoins, et que nos devoirs ne sont jamais que le devoir général de satisfaire nos besoins*, va nous expliquer toutes nos relations avec nos semblables et les établir sur des bases inébranlables, et telles qu'elles seront les mêmes partout et toujours, dans tous les pays et dans tous les temps où notre nature intime n'aura pas changé.

a. Toutefois, peut-être, avec un degré d'énergie proportionné à la perfection de l'organisation.

Faisons actuellement une quatrième hypothèse, qui est celle dans laquelle nous sommes tous placés. Supposons l'être animé qui nous occupe en contact avec d'autres êtres semblables à lui. Ces êtres ont des besoins et par conséquent des droits comme lui, mais cela ne change rien aux siens. Il a toujours autant de droits que de besoins et le devoir général de satisfaire ces besoins. S'il ne pouvait pas communiquer complètement avec ces êtres semblables à lui et faire avec eux des conventions, il serait à leur égard dans l'état où nous sommes tous, et où nous avons raison d'être, comme on vient de le voir, avec les autres animaux.

Dira-t-on que c'est un état de guerre? On aurait tort; ce serait une exagération. L'état de guerre est celui dans lequel on cherche incessamment la destruction l'un de l'autre, parce que l'on ne peut s'assurer de sa propre conservation que par l'anéantissement de son ennemi. Nous ne sommes dans une telle relation qu'avec les animaux que leur instinct entraîne constamment à nous nuire; il n'en est pas de même avec les autres. Ceux mêmes que nous sacrifions à nos besoins, nous ne les attaquons qu'autant que ces besoins plus ou moins pressants nous y forcent. Il en est qui vivent avec nous dans un état d'avertissement paisible; d'autres dans une indifférence parfaite. En tout, nous ne blessons leur volonté que parce qu'elle est contraire à la nôtre, et non pas pour le plaisir de la blesser. Il y a même, à l'égard de tous, ce besoin général de sympathiser avec la nature sensible, qui nous fait une peine de la vue de leur souffrance et qui nous unit plus ou moins avec eux. Cet état n'est donc pas essentiellement *état d'hostilité*. Il devient tel fréquemment, mais c'est par accident. Il est essentiellement l'*état d'étrangeté*, si l'on peut s'exprimer ainsi; il est celui d'êtres voulant et agissant séparément, chacun pour sa propre satisfaction, sans pouvoir s'expliquer ensemble, ni faire des conventions pour régler les cas où leurs volontés sont opposées.

Telles seraient, comme nous l'avons dit, les relations de l'homme avec ses semblables, s'il n'avait que des moyens très imparfaits de communiquer avec eux. Il ne serait pas précisément pour eux un ennemi, mais un étranger indifférent. Ses rapports avec eux seraient même déjà adoucis par le besoin de sympathiser, qui est beaucoup plus fort en lui quand il s'agit d'animaux de son espèce; et il faut encore ajouter à ce besoin celui de l'amour, qui le renforce extrêmement dans beaucoup de circonstances; car l'amour n'a point de jouissance parfaite sans consentement mutuel, sans sympathie très vive; et quand cette sympathie nécessaire à la pleine satisfaction du désir a existé, elle donne fréquemment naissance à des habitudes de bienveillance, d'où naît le sentiment de paternité, qui produit à son tour des liaisons plus durables et plus tendres.

Toutefois, dans cet état, les querelles sont fréquentes; il n'y a pas proprement de juste et d'injuste. Les droits de l'un ne font rien aux droits de l'autre. Tous ont chacun autant de droits que de besoins, et le devoir général de satisfaire ces besoins sans aucune considération étrangère. Il ne commence à y avoir de restriction à ces droits et à ce devoir, ou plutôt à la manière de remplir ce devoir, qu'au moment où il s'établit des moyens de s'entendre, et par suite des conventions tacites ou formelles. Là seulement est la naissance de la justice et de l'injustice, c'est-à-dire de la balance entre les droits de l'un et les droits de l'autre, qui nécessairement étaient égaux jusqu'à cet instant. Les Grecs, qui avaient appelé Cérès *législatrice*, s'étaient mépris; c'est à la grammaire, au langage, qu'ils auraient dû donner ce titre. Ils avaient placé l'origine des lois et de la justice au moment où les hommes ont entre eux des relations plus stables et des conventions plus multipliées; mais ils auraient dû remonter jusqu'à la naissance des premières conventions informes ou explicites. Dans tous les genres, le devoir des modernes est de pénétrer plus loin et plus profondément que les anciens. Hobbes a donc eu pleinement raison d'établir le fondement de toute justice sur les conventions; mais il a eu tort de dire auparavant que l'état antérieur est rigoureusement et absolument l'état de guerre et que c'est là notre véritable instinct et le vœu de notre nature. Si cela était, nous n'en serions jamais sortis[a]. Un faux principe l'a conduit à une excellente conséquence. Il m'a toujours paru singulièrement remarquable que ce philosophe, qui de tous les hommes qui ont jamais écrit, est peut-être le plus recommandable par le rigoureux enchaînement et l'étroite liaison des idées, ne soit cependant arrivé à cette belle conception de la nécessité des conventions, source de toute justice, qu'en partant d'un principe faux, ou du moins inexact (l'état de guerre, état naturel); et que du sentiment profond et juste du besoin de la paix entre les hommes, il ait été conduit à une idée fausse, la nécessité de la servitude. Quand on voit de tels exemples, combien ne doit-on pas trembler d'émettre une opinion[b]?

a. Il faut pourtant convenir que la nature, ou l'ordre des choses, telles qu'elles sont, en créant les droits de chaque individu animé, égaux et opposés à ceux d'un autre, a virtuellement et indirectement créé l'état de guerre, et que c'est l'art qui l'a fait cesser, ou du moins l'a fréquemment suspendu entre nous, par les conventions. Cela rentre encore dans notre principe général que nous ne créons rien. S'il n'y avait pas de guerres nécessaires et naturelles, il n'y en aurait jamais eu de conventionnelles et artificielles. L'état invinciblement permanent des rapports de l'homme avec les animaux des autres espèces est ce qui le dispose le plus à traiter hostilement son semblable.

b. Cette dernière erreur de Hobbes n'a cependant été produite dans son excellente tête que par la trop énergique impression qu'y avaient faite les malheurs causés à sa patrie par des efforts qui avaient pour objet, dans l'origine, la résistance à l'oppression.

Cependant je ne puis m'empêcher de croire vraie celle que je viens d'exposer. Il me semble prouvé que de notre faculté de vouloir naissent les idées de *droits* et de *devoirs*; que de nos besoins naissent tous nos *droits*, et de nos moyens tous nos *devoirs*; que nous avons toujours autant de *droits* que de besoins, et le *devoir* unique de pourvoir à ces besoins; que les besoins et les droits des autres êtres sensibles, soit d'une autre espèce, soit de la nôtre, ne font rien aux nôtres; que nos droits ne commencent à être restreints qu'au moment de la naissance des conventions; que notre devoir général n'est pas changé pour cela au fond, mais seulement dans la manière de le remplir et que c'est à cet instant seul que commencent le juste et l'injuste proprement dits.

Ce n'est pas encore le moment de développer toutes les conséquences de ces principes; mais il est temps de terminer ces longs préliminaires par les réflexions auxquelles ils donnent lieu.

§ VII

CONCLUSION

Les considérations générales auxquelles nous venons de nous livrer sont celles qui se présentent les premières à notre esprit quand nous commençons à observer notre volonté. Pour peu qu'on y réfléchisse, on voit d'abord qu'elle est un mode de notre sensibilité qui naît d'un jugement exprès ou confus que nous portons sur ce que nous sentons; que si notre sensibilité pure et simple commence à nous donner une idée obscure de notre moi et de la possession de ses affections, ce mode admirable de notre sensibilité que nous appelons *vouloir*, par les mouvements qu'il nous fait faire et par les résistances qu'il éprouve, nous fait connaître des êtres différents de nous et complète notre idée d'*individualité*, de *personnalité* et de *propriété* exclusive de tout ce qui nous affecte[a]. Il n'est pas moins visible que cette faculté de vouloir est la source de tous nos *besoins* et de toutes nos misères; car l'être indifférent serait impassible; et il est également manifeste que cette même faculté, par le merveilleux pouvoir qu'elle a de mettre en action nos organes et d'imprimer du mouvement à nos membres, est aussi la source de tous nos *moyens* et de toutes nos ressources; car toute notre puissance consiste dans l'emploi de nos forces physiques et intellectuelles. Il suit de là que tout être animé, en vertu des

a. Cette vérité a été développée dans l'*Idéologie proprement dite*, chapitre *De l'existence*, et dans divers endroits des deux autres volumes des *Éléments d'idéologie*.

lois de sa nature, a le *droit* de satisfaire tous ses désirs, qui sont ses besoins, et le *devoir* unique d'employer ses moyens le mieux possible pour atteindre ce but; car, doué de *passion*, il ne peut être condamné à souffrir que le moins qu'il lui est possible, et doué d'*action*, il doit s'en servir à cette fin. Il suit de là encore que la *liberté*, le pouvoir d'exercer sa volonté, est pour l'être voulant le premier des biens et les renferme tous; car il serait toujours heureux s'il avait toujours la puissance de contenter tous ses désirs, et tous ses maux consistent toujours dans la *contrainte*, c'est-à-dire dans l'impuissance de se satisfaire. On voit, de plus, que l'emploi de nos forces, le travail de tout genre, est notre seule richesse primitive, la source de toutes les autres, la cause première de leur valeur, et que le travail lui-même a toujours deux valeurs. L'une est naturelle et nécessaire; c'est celle de tout ce qui est indispensable à la satisfaction des besoins de l'être animé qui exécute ce travail, pendant le temps qu'il l'exécute; l'autre est éventuelle et souvent conventionnelle; elle consiste dans la masse d'utilité qui résulte de ce même travail. Enfin on voit tout aussi nettement que la manière de remplir notre devoir unique, celui de bien employer nos moyens, varie en vertu des circonstances dans lesquelles nous nous trouvons, soit lorsque nous ne sommes en contact qu'avec des êtres qui ne nous manifestent aucune sensibilité, soit lorsque nous avons affaire à des êtres animés, mais avec qui nous ne pouvons nous entendre qu'à demi, soit lorsque nous sommes en rapport avec des êtres sensibles comme nous, avec lesquels nous pouvons correspondre parfaitement et faire des conventions. Là commencent le *juste* et l'*injuste* proprement dits et la vraie société, dont le but et le motif sont toujours d'augmenter la puissance de chacun en faisant concourir celle des autres avec elle, et en les empêchant de se nuire réciproquement.

Tous ces premiers aperçus sont bons et sains (du moins je le crois) et commencent déjà à répandre quelque lumière sur le sujet qui nous occupe : mais ils sont bien loin d'être suffisants; ils ne nous font pas assez connaître quels sont les nombreux résultats de l'emploi de nos forces, de notre travail, de nos actions en un mot; et quels nouveaux intérêts leurs combinaisons font naître en nous, ni quels sont les sentiments divers qui germent de nos premiers désirs, et ce qu'ils ont d'utile ou de nuisible pour le bonheur de tous et de chacun, ni enfin quelle est la manière de diriger le mieux possible ces actions et ces sentiments. Ce sont pourtant autant de sujets nécessaires à traiter pour faire une histoire complète *de la volonté et de ses effets*, et c'est là que se retrouve la division que nous avons annoncée. Il convient donc d'entrer dans plus de détails, et je vais commencer par parler de nos actions.

PREMIÈRE PARTIE

DE NOS ACTIONS, OU ÉCONOMIE

CHAPITRE PREMIER

DE LA SOCIÉTÉ

L'introduction que l'on vient de lire est consacrée tout entière à examiner la génération de quelques idées très générales, à jeter un premier coup d'œil sur la nature de ce mode de notre *sensibilité* que nous appelons *volonté* ou faculté de vouloir, et à indiquer quelques-unes de ses conséquences immédiates et universelles.

Nous y avons vu sommairement 1. ce que sont des êtres inanimés ou *insensibles*, tels que beaucoup nous paraissent, qui peuvent bien exister pour les êtres sensibles qu'ils affectent, mais qui n'existent pas pour eux-mêmes puisqu'ils ne le sentent pas; 2. ce que seraient des êtres sentant, mais *sentant tout avec une indifférence* telle, que de leur sensibilité il ne résulterait aucun choix, aucune préférence, aucun désir, en un mot aucune volonté; 3. ce que sont des êtres *sentant et voulant*, comme tous les animaux que nous connaissons, et spécialement comme nous, mais *isolés*; 4. et enfin ce que deviennent des êtres *sentant et voulant* à notre manière, lorsqu'ils sont en contact et *en relation avec d'autres êtres de leur espèce*, semblables à eux, et avec lesquels ils peuvent correspondre pleinement.

Ces préliminaires étaient nécessaires pour que le lecteur pût bien suivre la série des idées[, et bien sentir la liaison de cette seconde section des *Éléments d'idéologie* avec celle qui la précède]*. Mais il serait inconvenant, dans un traité de la volonté, de parler plus longtemps des êtres qui ne sont pas doués de cette faculté intellectuelle; et il ne serait pas moins superflu, ayant principalement en vue l'espèce humaine, de nous occuper davantage d'êtres qui seraient sentant et voulant, mais qui vivraient isolés.

* Le passage entre crochets ne figure pas dans les éditions de 1823 et 1826.

L'homme ne peut exister ainsi; cela est prouvé par le fait; car on n'a jamais vu, dans aucun coin du monde, d'animal à figure humaine, tel brut qu'il soit, qui n'ait aucune espèce de relation avec aucun autre animal de son espèce. Cela n'est pas moins démontré par le raisonnement; car un tel individu peut bien, à la rigueur, subsister, quoique très misérablement, mais il ne peut certainement pas se reproduire. Pour que l'espèce se perpétue, il faut que les deux sexes se réunissent; il faut même que l'enfant qui est le produit de leur union reçoive longtemps les soins de ses parents ou au moins ceux de sa mère. Or nous sommes faits de telle façon que nous avons tous plus ou moins un penchant naturel et inné à sympathiser, c'est-à-dire que nous éprouvons tous du plaisir à faire partager nos impressions, nos affections, nos sentiments, et à partager ceux de nos semblables. Peut-être ce penchant existe-t-il plus ou moins dans tous les êtres animés; peut-être même est-il en nous, dès l'origine, une partie considérable de celui qui attire si puissamment les deux sexes l'un vers l'autre. Ce qu'il y a de certain, c'est qu'ensuite il l'augmente prodigieusement; il est donc impossible que des rapprochements que notre organisation rend inévitables ne développent pas en nous cette disposition naturelle à sympathiser, ne la fortifient pas par l'exercice, et n'établissent pas entre nous des relations sociales et morales. De plus, nous sommes encore tous faits de manière que nous portons des jugements de ce que nous éprouvons, de ce que nous sentons, de ce que nous voyons, en un mot de tout ce qui nous affecte; nous y distinguons des parties, des circonstances, des causes, des conséquences; et c'est là en juger. Il est donc impossible que nous ne nous apercevions pas bientôt de l'utilité que nous pouvons tirer du secours de nos semblables, de leur assistance dans nos besoins, du concours de leurs volontés et de leurs forces avec les nôtres. Nouvelle raison pour que des rapprochements, d'abord fortuits, deviennent durables et permanents entre nous. C'est aussi ce qui est arrivé toujours et partout; c'est ce qui toujours et partout aussi a produit cette admirable et savante invention d'un langage plus ou moins perfectionné, mais toujours, à ce qu'il paraît, plus circonstancié et plus capable d'explications détaillées que celui d'aucun autre animal; c'est donc l'état social qui est notre état naturel et celui dont nous devons uniquement nous occuper.

Je ne considérerai cependant pas ici la société sous le rapport moral; je n'examinerai pas comment elle développe, multiplie et complique toutes nos passions et nos affections, ni quels sont les nombreux devoirs qu'elle nous impose, ni d'où naît pour nous l'obligation fondamentale de respecter les conventions sur lesquelles elle repose et sans lesquelles elle ne peut subsister. [Ce sont là autant de recherches qui seront l'objet de la seconde partie de ce traité. Dans celle-ci,]* Je n'envisagerai l'état social que sous le rapport économique, c'est-à-dire relativement à nos besoins les plus directs, et aux moyens que nous avons d'y pourvoir. [C'est là ce qui peut nous conduire sûrement à apprécier la valeur et l'utilité de toutes nos actions, à juger de leur mérite par leurs conséquences, et par suite, du mérite des sentiments qui nous portent plutôt à une action qu'à une autre.]*

Maintenant, qu'est-ce donc que la société vue sous cet aspect? Je ne crains point de le dire: la société est purement et uniquement une série continuelle d'échanges; elle n'est jamais autre chose dans aucune époque de sa durée, depuis son commencement le plus informe jusqu'à sa plus grande perfection; et c'est là le plus grand éloge qu'on en puisse faire, car l'échange est une transaction admirable dans laquelle les deux contractants gagnent toujours tous deux; par conséquent la société est une suite non interrompue d'avantages sans cesse renaissants pour tous ses membres. Ceci demande à être expliqué.

D'abord la société n'est qu'une suite d'échanges: en effet, commençons par les premières conventions sur lesquelles elle est fondée. Tout homme, avant d'entrer dans l'état de société, a, comme nous l'avons vu, tous les droits et nul devoir, pas même celui de ne pas nuire aux autres, et les autres sont de même à son égard. Il est évident qu'ils ne pourraient pas vivre ensemble si, par une convention formelle ou tacite, ils ne se promettaient pas réciproquement *sûreté*. Eh bien! cette convention est un véritable échange. Chacun renonce à une certaine manière d'employer ses forces et reçoit en retour le même sacrifice de la part de tous les autres. Une fois la sécurité établie par ce moyen, les hommes ont entre eux une multitude de relations qui viennent toutes se ranger sous une des trois classes suivantes. Elles consistent ou à rendre des services pour recevoir un salaire, ou à troquer une marchandise quelconque contre une autre, ou à exécuter quelque ouvrage en commun. Dans les deux premiers cas, l'échange est manifeste; dans le troisième, il n'est pas moins réel: car, quand plusieurs hommes se réunissent pour travailler en commun, chacun d'eux fait le sacrifice aux autres de ce qu'il aurait pu faire pendant ce temps là pour son utilité particulière, et il reçoit pour équivalent sa part de l'utilité commune résultante du travail commun. Il échange une manière de s'occuper contre une autre qui lui devient plus avantageuse à lui-même que ne l'aurait été la première. Il est donc vrai que la société ne consiste que dans une suite continuelle d'échanges.

*. Le passage entre crochets ne figure pas dans les éditions de 1823 et 1826.

Je ne prétends pas dire que les hommes ne se rendent jamais des services gratuits. Loin de moi l'idée de nier la bienfaisance ou de la bannir de leurs cœurs; mais je dis que ce n'est point sur elle que repose toute la marche de la société, et même que les heureuses conséquences de cette aimable vertu sont bien plus importantes sous le rapport moral[a] dont nous ne parlons pas en ce moment, que sous le rapport économique qui nous occupe. J'ajoute que si l'on presse le sens du mot *échange*, et si l'on veut, comme on le doit, le prendre dans toute l'étendue de sa signification, on peut dire avec justesse qu'un bienfait est encore un échange dans lequel on sacrifie une portion de sa propriété ou de son temps pour se procurer un plaisir moral très vif et très doux, celui d'obliger, ou pour s'exempter d'une peine très affligeante, la vue de la souffrance, absolument comme l'on emploie quelque argent pour se donner un feu d'artifice qui divertit, ou pour éloigner de soi quelque chose qui incommode.

Il est également vrai qu'un échange est une transaction dans laquelle les deux contractants gagnent tous deux. Toutes les fois que je fais librement et sans contrainte un échange quelconque, c'est que je désire plus la chose que je reçois que celle que je donne, et qu'au contraire celui avec qui je traite désire plus ce que je lui offre que ce qu'il me rend. Quand je donne mon travail pour un salaire, c'est que j'estime plus ce salaire que ce que j'aurais pu faire en travaillant pour moi-même, et que celui qui me paie prise davantage les services que je lui rend que ce qu'il me donne en retour. Quand je donne une mesure de blé pour une mesure de vin, c'est que j'ai surabondamment de quoi manger et que je n'ai pas de quoi boire, et que celui avec qui je traite est dans le cas contraire. Quand nous sommes plusieurs qui nous soumettons à faire un travail quelconque en commun, soit pour nous défendre contre un ennemi, soit pour détruire des animaux malfaisants, soit pour nous préserver des ravages de la mer, d'une inondation, d'une contagion, soit même pour faire un pont ou un chemin, c'est que chacun de nous préfère l'utilité particulière qui lui en revient, à ce qu'il aurait pu faire pour lui-même pendant ce temps. Nous sommes tous satisfaits dans toutes ces espèces d'échanges, chacun de nous trouve son avantage dans l'arrangement proposé.

À la vérité, il est possible que, dans un échange, un des contractants, ou même tous deux, aient tort de désirer l'affaire qu'ils consomment. Il se peut qu'ils donnent une chose que bientôt ils regretteront, pour une chose dont bientôt ils ne se soucieront plus. Il se peut aussi que l'un des deux n'ait pas obtenu, pour ce qu'il sacrifie, tout ce qu'il aurait pu prétendre, en sorte qu'il fasse une perte relative, tandis que l'autre fait un gain exagéré. Mais ce sont

a. En développant et provoquant la sympathie.

là des cas particuliers qui ne tiennent pas à la nature de la transaction, et il n'en est pas moins vrai qu'il est de l'essence de l'échange libre d'être avantageux aux deux parties et que la véritable utilité de la société est de rendre possible entre nous une multitude de pareils arrangements.

C'est cette foule innombrable de petits avantages particuliers sans cesse renaissants qui compose le bien général et qui produit à la longue les merveilles de la société perfectionnée, et l'immense différence que l'on voit entre elle et la société informe et presque nulle, telle qu'elle existe chez les sauvages. Il n'est pas mal d'arrêter un moment notre attention sur ce tableau, qui ne la fixe pas assez parce que nous y sommes trop accoutumés.

Qu'est-ce en effet qu'offre à nos regards un pays anciennement civilisé? Les campagnes sont défrichées et nettoyées, débarrassées des grands végétaux qui les ont couvertes originairement, purgées de plantes et d'animaux malfaisants, et disposées de tous points à recevoir les soins annuels que leur donne le cultivateur. Les marais sont desséchés; les eaux stagnantes qui y croupissaient ont cessé de remplir l'air de vapeurs pestilentielles; des issues leur ont été ouvertes, ou leur étendue a été circonscrite, et les terrains qu'elles infectaient sont devenus d'abondants pâturages ou des réservoirs utiles. Le chaos des montagnes a été débrouillé, leur base a été appropriée aux besoins de la culture; leur partie la moins accessible, jusqu'à la région des neiges éternelles, a été destinée à la nourriture de nombreux troupeaux. Les forêts, que l'on a laissé subsister, ne sont point restées impénétrables; les bêtes féroces qui s'y retiraient ont été poursuivies et presque détruites; les bois qu'elles produisent ont été extraits et conservés; on a même assujetti leur exploitation à la périodicité la plus favorable à leur reproduction, et les soins qu'on leur a donnés presque partout équivalent à une espèce de culture, et ont même été portés quelquefois jusqu'à la culture la plus recherchée. Les eaux courantes qui traversent tous ces terrains ne sont point demeurées non plus dans leur état primitif. Les grandes rivières ont été débarrassées de tous les obstacles qui s'opposaient à leur cours; elles ont été contenues par des digues et des quais, lorsque cela a été nécessaire, et leurs rivages ont été disposés de manière à former des ports commodes dans les endroits convenables. Les cours d'eau moins considérables ont été retenus pour servir des moulins ou d'autres usines, ou détournés pour arroser des pentes qui en avaient besoin et les rendre productives. Sur toute la surface du sol, il a été construit, de distance en distance, dans les positions favorables, des habitations à l'usage de ceux qui cultivent les terres et exploitent leurs produits. Ces habitations ont été entourées des clôtures et des plantations qui pouvaient les rendre plus agréables et plus utiles. Des chemins ont été pratiqués pour y arriver et en extraire les productions de la terre. Dans les points où plusieurs intérêts divers se sont trouvés réunis, et où d'autres hommes sont devenus assez nécessaires au service des cultivateurs pour pouvoir subsister du salaire de ce service, les habitations se sont multipliées et agglomérées, et ont formé des villages et des petites villes. Sur les bords des grandes rivières et sur les côtes de la mer, dans des positions où les relations de plusieurs de ces villes venaient coïncider, il s'est élevé de grandes cités qui elles-mêmes, avec le temps, ont donné naissance à une plus grande encore, laquelle est devenue leur capitale et leur centre commun, parce qu'elle s'est trouvée la mieux placée pour unir toutes les autres, et être approvisionnée et défendue par elles. Enfin toutes ces villes communiquent entre elles et avec les mers voisines et les pays étrangers, par le moyen de ports, de ponts, de chaussées, de canaux, où se déploie toute l'industrie humaine. Tels sont les objets qui nous frappent au premier aspect d'une contrée où les hommes ont exercé toute leur puissance et qu'ils se sont appropriée de longue main.

Si nous pénétrons dans l'intérieur de leurs habitations, nous y trouvons une foule immense d'animaux utiles, élevés, nourris, domptés par l'homme, multipliés par lui à un point inconcevable; une quantité prodigieuse d'approvisionnements de toute espèce, de denrées, de meubles, d'outils, d'instruments, de vêtements, de matières brutes ou manufacturées, de métaux nécessaires ou précieux, enfin de tout ce qui peut servir, de près ou de loin, à la satisfaction de nos besoins. Nous y admirons surtout une population réellement étonnante, dont tous les individus ont l'usage d'un langage perfectionné, ont une raison développée jusqu'à un certain point, ont des mœurs assez adoucies et une industrie assez intelligente pour vivre en si grand nombre près les uns des autres, et parmi lesquels en général les plus dénués sont secourus, les plus faibles sont défendus. Nous remarquons avec plus de surprise encore que beaucoup de ces hommes sont parvenus à un degré de connaissances très difficiles à acquérir, qu'ils possèdent une infinité d'arts agréables ou utiles, qu'ils connaissent plusieurs des lois de la nature, qu'ils savent en calculer les effets et les faire tourner à leur avantage; qu'ils ont même entrevu la plus difficile de toutes les sciences, puisqu'ils sont arrivés à démêler, au moins en partie, les véritables intérêts de l'espèce en général, et en particulier ceux de leur société et de ses membres; qu'en conséquence ils ont imaginé des lois souvent justes, des institutions passablement sages, et créé une foule d'établissements propres à répandre et à accroître encore l'instruction et les lumières; et qu'enfin non content d'avoir ainsi assuré la prospérité intérieure, ils ont exploré le reste de la terre, établi des relations avec les nations étrangères et pourvu à leur sûreté à l'extérieur.

Quelle immense accumulation de moyens de bien-être! Quels prodigieux résultats de la partie des travaux de nos prédécesseurs, qui n'a pas été immédiatement nécessaire à soutenir leur existence et qui ne s'est pas anéantie avec eux! L'imagination même en est effrayée, et elle l'est d'autant plus que plus on y réfléchit; car il faut encore considérer que beaucoup de ces ouvrages sont peu durables; que les plus solides ont été renouvelés bien des fois pendant le cours des siècles et qu'il n'en est presque aucun qui n'exige des soins et un entretien continuel pour sa conservation. Il faut observer que, de ces merveilles, ce qui frappe nos regards n'est pas ce qu'il y a de plus étonnant. C'est la partie matérielle, pour ainsi dire, mais la partie intellectuelle, si l'on peut s'exprimer ainsi, est encore plus surprenante. Il a toujours été bien plus difficile d'apprendre et de découvrir que d'agir en conséquence de ce que l'on sait. Les premiers pas, surtout dans la carrière de l'invention, sont d'une difficulté extrême. Le travail que l'homme a été obligé de faire sur ses propres facultés intellectuelles, l'immensité des recherches auxquelles il a été forcé de se livrer, celle des observations qu'il a eu besoin de recueillir, lui ont coûté bien plus de peine et de temps que tous les ouvrages qu'il a pu exécuter en conséquence de ces progrès de son esprit. Il faut enfin remarquer que jamais les efforts des hommes pour l'amélioration de leur sort n'ont été à beaucoup près aussi bien dirigés qu'ils auraient pu l'être; que toujours une grande partie de la puissance humaine a été employée à empêcher les progrès de l'autre; que ces progrès ont été troublés et interrompus par tous les grands désordres de la nature et de la société, et que maintes fois peut-être tout a été perdu et détruit, même les lumières acquises, même la capacité de recommencer ce qui avait déjà été fait. Ces dernières considérations pourraient devenir décourageantes; mais nous verrons ailleurs par combien de raisons nous devons être rassurés contre la crainte de pareils malheurs à l'avenir. Nous examinerons aussi jusqu'à quel point les progrès de l'espèce, prise en masse, augmentent le bonheur des individus, condition nécessaire pour qu'on puisse s'en féliciter. Mais dans ce moment, qu'il nous suffise d'avoir montré la prodigieuse puissance qu'acquièrent les hommes réunis, tandis que séparés ils peuvent à peine soutenir leur misérable existence.

Smith, si je ne me trompe, est le premier qui ait remarqué que *l'homme seul fait des échanges proprement dits*. Voyez l'admirable chapitre second du premier livre de son *Traité des richesses*. Je regrette qu'en remarquant ce fait, il n'en ait pas recherché plus curieusement la cause. Ce n'était pas à l'auteur de la *Théorie des sentiments moraux* à regarder comme inutile de scruter les opérations de notre intelligence. Ses succès et ses fautes devaient contribuer également à lui faire penser le contraire. Malgré cette négligence, son assertion n'en est pas moins vraie. On voit bien certains animaux exécuter des travaux qui concourent à un but commun et qui paraissent concertés jusqu'à un certain point, ou se battre pour la possession de ce qu'ils désirent, ou supplier pour l'obtenir; mais rien n'annonce qu'ils fassent réellement des échanges formels. La raison en est, je pense, qu'ils n'ont pas un langage assez développé pour pouvoir faire des conventions expresses; et je crois que cela vient (comme je l'ai expliqué dans le second volume des *Éléments d'idéologie*, article des interjections, et dans le premier, à propos des signes) de ce qu'ils sont incapables de décomposer assez leurs idées pour les généraliser, pour les abstraire, et pour les exprimer séparément, en détail et sous la forme d'une proposition; d'où il arrive que celles dont ils sont susceptibles sont toutes particulières, confuses avec leurs attributs, et se manifestent en masse par des interjections qui ne peuvent rien expliquer explicitement. L'homme, au contraire, qui a les moyens intellectuels qui leur manquent, est naturellement porté à s'en servir pour faire des conventions avec ses semblables. Ils ne font point d'échanges, et il en fait; aussi lui seul a-t-il une véritable société; car *le commerce est toute la société*, comme le travail est toute la richesse.

On a peine à concevoir d'abord que les grands effets que nous venons de décrire puissent n'avoir pas d'autre cause que la seule réciprocité des services et la multiplicité des échanges; cependant cette suite continuelle d'échanges a trois avantages bien remarquables.

Premièrement, le travail de plusieurs hommes réunis est plus fructueux que celui de ces mêmes hommes agissant séparément. S'agit-il de se défendre? Dix hommes vont résister aisément à un ennemi qui les auraient tous détruits en les attaquant l'un après l'autre. Faut-il remuer un fardeau? Celui dont le poids aurait opposé une résistance invincible aux efforts d'un seul individu cède tout de suite à ceux de plusieurs qui agissent ensemble. Est-il question d'effectuer un travail compliqué? Plusieurs choses doivent être faites simultanément; l'un en fait une pendant que l'autre en fait une autre, et toutes contribuent à l'effet qu'un seul homme n'aurait pu produire. L'un rame pendant que l'autre tient le gouvernail et qu'un troisième jette le filet ou harponne le poisson, et la pêche a un succès impossible sans ce concours.

Secondement, nos connaissances sont nos plus précieuses acquisitions, puisque ce sont elles qui dirigent l'emploi de nos forces et le rendent plus fructueux, à mesure qu'elles sont plus saines et plus étendues. Or, nul homme n'est à portée de tout voir, et il est bien plus aisé d'apprendre que d'inventer. Mais quand plusieurs hommes communiquent ensemble, ce qu'un d'eux a observé est bientôt connu de tous les autres, et il suffit que parmi eux il s'en trouve un fort ingénieux, pour que des découvertes précieuses deviennent promptement la propriété de tous. Les lumières doivent donc s'accroître bien plus rapidement que dans l'état d'isolement, sans compter qu'elles peuvent se conserver et par conséquent s'accumuler de générations en générations, et sans compter encore, ce qui est bien prouvé par l'étude de notre intelligence, que l'invention et l'emploi du langage et de ses signes, qui n'auraient pas lieu sans la société, fournissent à notre esprit beaucoup de nouveaux moyens de combinaison et d'action.

Troisièmement, et ceci mérite encore attention, quand plusieurs hommes travaillent réciproquement les uns pour les autres, chacun peut se livrer exclusivement à l'occupation pour laquelle il a le plus d'avantages, soit par ses dispositions naturelles, soit par le hasard des circonstances; et ainsi il y réussira mieux. Le chasseur, le pêcheur, le pasteur, le laboureur, l'artisan, ne faisant chacun qu'une chose, deviendront plus habiles, perdront moins de temps et auront plus de succès. C'est là ce que l'on appelle la *division du travail* qui, dans les sociétés civilisées, est quelquefois portée à un point inconcevable, et toujours avec avantage. Les écrivains économistes ont tous attaché une importance extrême à la division du travail, et ils ont fait grand bruit de cette observation, qui n'est pas ancienne; ils ont eu raison. Cependant il s'en faut bien que ce troisième avantage de la société soit d'un intérêt aussi éminent que les deux premiers, le concours des forces et la communication des lumières. Dans tous les genres, ce qu'il y a de plus difficile est d'assigner aux choses leur véritable valeur; il faut pour cela les connaître parfaitement.

Concours des forces, accroissement et conservation des lumières et division du travail, voilà les trois grands bienfaits de la société. Ils se font sentir, dès son origine, aux hommes les plus grossiers; mais ils augmentent dans une proportion incalculable à mesure qu'elle se perfectionne; et chaque degré d'amélioration dans l'ordre social ajoute encore à la possibilité de les accroître et d'en mieux user. L'énergie de ces trois causes de prospérité se montrera encore avec plus d'évidence quand nous aurons vu plus en détail la manière dont se forment nos richesses.

CHAPITRE II

DE LA FORMATION DE NOS RICHESSES, OU DE LA PRODUCTION D'UTILITÉ *

Il est si vrai qu'on ne peut faire aucun raisonnement juste, tant que le sens des mots n'est pas bien déterminé, que c'est une chose très importante en économie politique de savoir ce que l'on doit entendre par le mot *production* dans la langue de cette science. Cette question, qui en elle-même n'est pas sans difficulté, a encore été très embrouillée par l'esprit de système et les préventions. Elle a été traitée par beaucoup d'hommes habiles, à la tête desquels on doit placer Turgot et Smith. Mais, suivant moi, personne n'y a répandu plus de lumières que M. Say, l'auteur du meilleur livre que je connaisse sur ces matières[a].

Toutes les opérations de la nature et de l'art se réduisent à des transmutations, à des changements de *formes* et de *lieux*.

Non seulement nous ne créons jamais rien, mais il nous est même impossible de concevoir ce que c'est que *créer* ou *anéantir*, si nous entendons rigoureusement par ces mots, *faire quelque chose de rien* ou *réduire quelque chose à rien*; car nous n'avons jamais vu un être quelconque sortir du néant ni y rentrer. De là cet axiome admis par toute l'antiquité : rien ne vient de *rien* et ne peut redevenir *rien*. Que faisons-nous donc par notre travail, par notre action sur tous les êtres qui nous entourent? Jamais rien qu'opérer dans ces êtres des changements de forme ou de lieu qui les

a. Observons cependant que l'auteur ne cite ici que la première édition de l'ouvrage de M. Say, celui-ci étant écrit longtemps avant la publication de la seconde, qui a encore reçu des améliorations très importante. *(Note de l'éditeur).*

* Variante des éditions de 1815 et 1818 : *De la production, ou de la formation de nos richesses.*

approprient à notre usage, qui les rendent utiles à la satisfaction de nos besoins. Voilà ce que nous devons entendre par *produire*, c'est donner aux choses une utilité qu'elles n'avaient pas. Quel que soit notre travail, s'il n'en résulte point d'utilité, il est infructueux ; s'il en résulte, il est *productif*.

Il semble d'abord, et beaucoup de personnes le croient encore, qu'il y a une production plus réelle dans le travail qui a pour objet de se procurer les matières premières que dans celui qui consiste à les façonner ou à les transporter; mais c'est une illusion. Lorsque je mets quelques graines en contact avec l'air, l'eau, la terre et différents engrais, de manière que du concours et des combinaisons de ces éléments il résulte du blé, du chanvre, du tabac, il n'y a pas plus de création opérée que quand je vais prendre le grain de ce blé pour le convertir en farine et en pain; les filaments de ce chanvre, pour en faire successivement du fil, de la toile et des vêtements; et les feuilles de ce tabac, pour les préparer de façon à pouvoir les fumer, les mâcher ou les prendre par le nez. Dans l'un et l'autre cas, il y a production d'utilité, car tous ces travaux sont également nécessaires pour remplir le but désiré, la satisfaction de quelques-uns de nos besoins.

L'homme qui tire du fond de la mer des poissons n'est pas plus créateur que ceux qui les font sécher ou saler, qui en tirent l'huile, les œufs, etc., et qui m'apportent tous ces produits. Il en est de même de celui qui fouille la mine, à l'égard de ceux qui convertissent le minerai en métal, et le métal en outils ou en meubles, et qui apportent ces instruments à ceux qui en ont besoin. Chacun d'eux ajoute une utilité nouvelle à l'utilité déjà produite; par conséquent chacun d'eux est également producteur.

Tous étudient également les lois qui régissent les différents êtres, pour les faire tourner à leur profit. Tous emploient, pour produire l'effet qu'ils désirent, les forces chimiques et mécaniques de la nature. Ce que nous appelons sa *force végétative* n'est pas d'une autre nature; ce n'est qu'une série d'attractions électives, de véritables affinités chimiques, que sans doute nous ne connaissons pas dans toutes leurs circonstances, mais que nous savons pourtant favoriser par nos travaux et diriger de manière qu'elles nous deviennent utiles

C'est donc à tort que l'on a fait de l'industrie agricole une chose essentiellement différente de toutes les autres branches de l'industrie humaine, et dans laquelle l'action de la nature intervenait d'une manière particulière. Aussi a-t-on toujours été bien embarrassé pour savoir précisément ce que l'on devait entendre par l'industrie agricole, prise dans ce sens. On y a compris la pêche et la chasse; mais pourquoi n'y pas comprendre aussi l'industrie des pâtres nomades? Y a-t-il une si grande différence entre élever des animaux pour s'en nourrir et les tuer ou les prendre tout élevés pour s'en nourrir de même? Si celui qui retire du sel de l'eau de mer en l'exposant à l'action des rayons du soleil est un producteur, pourquoi celui qui retire ce même sel de l'eau d'une fontaine, par le moyen de l'action du feu et de celle du vent dans des bâtiments de graduation, ne serait-il pas un producteur aussi ? Et cependant quelle différence spécifique y a-t-il entre sa manufacture et toutes celles qui donnent d'autres produits chimiques? Si l'on range dans cette même classe productrice celui qui retire de la terre le minerai, pourquoi n'y pas comprendre aussi celui qui retire de ce minerai le métal ? Si l'un produit le minerai, l'autre produit le métal; et cependant où s'arrêter, dans les différentes transformations que subit cette matière, jusqu'à ce qu'elle devienne un meuble ou un bijou ? À quel degré de ces travaux successifs peut-on dire : là on cesse de produire et on ne fait plus que façonner? On en peut dire autant de ceux qui vont chercher du bois dans une forêt, ou de la tourbe dans un pré, ou qui ramassent sur les bords de la mer ou des rivières les choses utiles que les eaux y ont déposées. Sont-ils des agriculteurs, des fabricants, ou des voituriers? Et s'ils sont tout cela à la fois, pourquoi sont-ils plus producteurs sous une de ces dénominations que sous les deux autres ? Enfin, pour ne parler que de la culture proprement dite, je demande que l'on détermine précisément quel est le véritable producteur, l'agriculteur par excellence, de celui qui sème ou de celui qui récolte; de celui qui laboure ou de celui qui fait les clôtures nécessaires; de celui qui conduit les fumiers dans le champ ou de celui qui y mène les troupeaux qui y parquent, etc. ? Pour moi, je déclare que je vois là tout autant d'ouvriers différents qui concourent à une même fabrication. Je m'arrête, parce que l'on pourrait faire aux partisans de l'opinion que je combats mille questions tout aussi insolubles que celles-ci dans leur système. Quand on part d'un principe faux, les difficultés naissent en foule. Peut-être est-ce là une des grandes causes du langage obscur, embarrassé et presque mystérieux que l'on remarque dans les écrits des anciens économistes[1]. Lorsque les idées ne sont pas nettes, il est impossible que les impressions soient claires.

Le vrai est tout uniment que tous nos travaux utiles sont productifs. Et que ceux relatifs à l'agriculture le sont comme les autres, de la même manière que les autres, par les mêmes raisons que les autres et n'ont en cela rien de particulier. Une ferme est une véritable manufacture; tout s'y opère de même, par les mêmes principes et pour le même but. Un champ est un véritable outil ou, si l'on veut, un amas de matières premières que l'on peut prendre s'il n'appartient à personne, et qu'il faut acheter, ou louer, ou emprunter, s'il a déjà un maître. Il ne change point de nature, soit que je

1. Ces anciens économistes, « partisans de l'opinion que je combats », sont évidemment les physiocrates.

l'emploie à faire fructifier des graines, ou à y étendre des toiles pour blanchir, ou à tout autre usage. Dans tous les cas, c'est un instrument nécessaire pour un effet qu'on veut produire, comme un fourneau, ou un marteau, ou un vaisseau. La seule différence de cet instrument à tout autre, c'est que pour s'en servir, comme il ne peut pas se déplacer, il faut l'aller trouver au lieu de le faire venir à soi.

Encore une fois, l'industrie agricole est une branche de l'industrie manufacturière, qui n'a aucun caractère spécifique qui la sépare de toutes les autres. Veut-on généraliser tellement ce terme qu'il s'étende à tous les travaux qui ont pour objet de se procurer les matières premières? Alors il est certain que l'industrie agricole est la première en date et la plus nécessaire de toutes; car il faut s'être procuré une chose avant de l'adapter à son usage; mais elle n'est pas pour cela exclusivement productive; car la plupart de ses produits ont encore besoin d'être travaillés pour nous devenir utiles; et d'ailleurs il faut alors comprendre dans l'industrie agricole non seulement celle des chasseurs, des pêcheurs, des pasteurs, des mineurs, etc., mais encore celle du sauvage le plus brut, et même celle de toutes les bêtes qui vivent des productions spontanées de la terre, puisque ce sont des matières premières que ces créatures-là se procurent; à la vérité elles les consomment tout de suite, mais cela ne change pas la thèse. Certainement ce sont là de singuliers agriculteurs et de singuliers producteurs.

Veut-on n'entendre par industrie agricole que l'agriculture proprement dite? Alors elle n'est pas la première dans l'ordre chronologique; car les hommes sont longtemps pêcheurs, chasseurs, pasteurs, simples vagabonds à la manière des brutes, avant d'être agriculteurs. Elle n'est plus même la seule industrie productive de matières premières, car nous en employons beaucoup que nous ne lui devons pas. Elle est toujours très importante sans doute, et la principale source de nos subsistances, si ce n'est pas de nos richesses; mais elle ne peut pas être regardée comme exclusivement productive.

Concluons que tout travail utile est réellement productif et que toute la classe laborieuse de la société mérite également le nom de *productive*. La vraie classe *stérile* est celle des oisifs, qui ne font rien que vivre ce que l'on appelle *noblement* du produit de travaux exécutés avant eux, soit que ces produits soient réalisés en fonds de terre qu'ils afferment, c'est-à-dire qu'ils *louent* à un travailleur, soit qu'ils consistent en argent ou effets qu'ils prêtent moyennant rétribution, ce qui est encore *louer*. Ceux-là sont les vrais frelons de la ruche (*fruges consumere nati*), à moins qu'ils ne se rendent recommandables par les fonctions qu'ils remplissent ou par les lumières qu'ils répandent; car ce sont là encore des travaux utiles et producteurs, quoique d'une utilité qui n'est pas immédiate sous le rapport de la richesse : nous en parlerons dans la suite.

Quant à la classe laborieuse et directement productive de toutes nos richesses, comme son action sur tous les êtres de la nature se réduit toujours à les changer *de forme ou de lieu*, elle se partage naturellement en deux, les manufacturiers (y compris les agriculteurs) qui fabriquent et façonnent, et les commerçants qui transportent; car c'est là la véritable utilité de ces derniers : s'ils ne faisaient qu'acheter et revendre, sans transporter, sans détailler, sans rien faciliter, ils ne seraient que des parasites incommodes, des joueurs, des agioteurs. Nous parlerons bientôt des uns et des autres, et nous verrons promptement combien notre manière de considérer les choses répand de lumières sur toute la marche de la société. Pour le moment, il est encore nécessaire d'expliquer un peu davantage en quoi consiste cette utilité, notre seule production, laquelle résulte de tout travail bien entendu, et de voir comment elle s'apprécie et comment elle seule constitue la valeur de tout ce que nous appelons nos richesses.

CHAPITRE III

DE LA MESURE DE L'UTILITÉ, OU DES VALEURS

Ce mot *utilité* a une signification bien étendue, car il est bien abstrait; ou plutôt il est bien abstrait parce qu'il est abstrait d'une multitude de significations différentes. En effet, il existe des utilités de bien des genres; il y en a de réelles, il y en a d'illusoires. S'il y en a de solides, il y en a de bien futiles, et souvent nous nous y trompons lourdement. J'en pourrais citer beaucoup d'exemples, mais ils ne seraient peut-être pas du goût de tous les lecteurs; il vaut mieux que chacun choisisse ceux qui lui plaisent. En général on peut dire que tout ce qui est capable de procurer un avantage quelconque, même un plaisir frivole, est *utile*. Je crois que c'est là la véritable valeur de ce mot; car en définitive, tout ce que nous désirons, c'est de multiplier nos jouissances et de diminuer nos souffrances; et certainement le sentiment de plaisir et de satisfaction est un bien; tous les biens ne sont même que celui-là diversement modifié: ce qui nous le procure est donc utile.

S'il n'est pas aisé de bien dire ce que c'est que l'utilité dont nous parlons, il semble encore bien plus difficile d'en déterminer les degrés; car la mesure de l'utilité réelle ou supposée d'une chose est la vivacité avec laquelle elle est désirée généralement. Or comment fixer les degrés d'une chose aussi inappréciable que la vivacité de nos désirs? Nous avons cependant une manière très sûre d'y parvenir, c'est d'observer les sacrifices auxquels ces désirs nous déterminent. Si, pour obtenir une chose quelconque, je suis disposé à donner trois mesures de blé qui m'appartiennent, et si, pour en obtenir une autre, je suis prêt à me détacher de douze mesures pareilles, il est évident que je désire cette dernière quatre fois plus que l'autre. De même si je donne à un homme un salaire triple de celui que j'offre à un autre, il est clair que je prise les services du premier trois fois plus que ceux du second, ou que si moi, personnellement, je ne les estime pas autant, c'est pourtant la valeur qu'on leur donne généralement; en sorte que je ne pourrais pas me les procurer à un moindre prix; et puisqu'enfin je fais ce sacrifice librement, c'est une preuve que ce qui en est l'objet le mérite, même pour moi.

Dans l'état de société qui n'est qu'une suite continuelle d'échanges, c'est ainsi que se déterminent les valeurs de tous les produits de notre industrie. Cette fixation, sans doute, n'est pas toujours fondée sur de bien bonnes raisons; nous sommes souvent de très mauvais appréciateurs du vrai mérite des choses; mais enfin, sous le rapport de la richesse, elles n'en n'ont pas moins la valeur que leur assigne l'opinion générale. D'où l'on voit, soit dit en passant, que le plus grand producteur est celui qui exécute le travail, le plus chèrement payé; peu importe que ce travail soit du ressort de l'industrie agricole ou de l'industrie manufacturière, ou de l'industrie commerçante; et d'où l'on voit encore que de deux nations, celle qui a le plus de richesses et de jouissances, est celle dont le ouvriers sont les plus laborieux et les plus habiles dans chaque genre, ou s'adonnent aux genres de travail les plus fructueux, en un mot celle dont les travailleurs produisent le plus de valeurs dans le même temps.

Ceci nous ramène au sujet que nous avons déjà commencé à traiter dans l'introduction, paragraphes III et IV. Notre seule propriété originaire, ce sont nos forces physiques et intellectuelles. L'emploi de nos forces, notre travail, est notre seule richesse primitive. Tous les êtres existant dans la nature, susceptibles de nous devenir utiles, ne le sont pas encore actuellement; ils ne le deviennent que par l'action que nous exerçons sur eux, que par le travail plus ou moins grand, ou très simple, ou très compliqué, que nous exécutons pour les convertir à notre usage. Ils n'ont de valeur pour nous et parmi nous que par ce travail et à proportion de son succès. Ce n'est pas à dire que s'ils sont déjà devenus la propriété de quelqu'un, il ne faille commencer par faire un sacrifice pour les obtenir de lui avant d'en disposer; mais ils ne sont devenus la propriété de quelqu'un que parce qu'il y a précédemment appliqué un travail quelconque, dont les conventions sociales lui ont assuré le fruit. Ainsi ce sacrifice même est le prix d'un travail; et antérieurement à tout travail, ces êtres n'avaient aucune valeur actuelle, et celle qu'ils ont, ils ne la tiennent jamais que d'un emploi quelconque de nos forces dont ils ont été l'objet.

Cet emploi de nos forces, ce travail, nous l'avons vu encore, a une valeur naturelle et nécessaire, sans quoi il n'en n'aurait jamais eu une artificielle et conventionnelle. Cette valeur nécessaire est la somme des besoins indispensables dont la satisfaction est nécessaire à l'existence de celui qui exécute ce travail, pendant le temps qu'il l'exécute. Mais ici, où nous parlons de la valeur qui résulte des transactions libres de la société, on voit bien qu'il s'agit de la valeur conventionnelle et vénale, de celle que l'opinion générale attache aux choses, à tort ou à raison. Si elle est inférieure aux besoins du travailleur, il faut qu'il se livre à une autre industrie, ou il s'éteint; si elle leur est strictement égale, il subsiste avec peine; si elle leur est supérieure, il s'enrichit, pourvu toutefois qu'il soit économe. Dans tous les cas, cette valeur conventionnelle et vénale est la véritable sous le rapport de la richesse; elle est la vraie mesure de l'utilité de la production, puisqu'elle en fixe le prix.

Cependant cette valeur de convention, ce prix vénal, n'est pas uniquement l'expression de l'estime qu'on fait généralement d'une chose. Elle varie suivant les besoins et les moyens du producteur et du consommateur, de l'acheteur et du vendeur; car le produit de mon travail m'eût-il coûté beaucoup de peine et de temps, si je suis pressé de m'en défaire, s'il y en a beaucoup de semblables à vendre, ou si l'on a peu de moyens de le payer, il faut bien que je le donne à bas prix. Au contraire, si les acheteurs sont nombreux, empressés, riches, je puis vendre très cher ce que je me suis procuré très facilement[a]. C'est donc de différentes circonstances, et du balancement de la résistance des vendeurs et des acheteurs, que dépend le prix vénal; mais il n'en est pas moins vrai qu'il est la mesure de la valeur des choses et de l'utilité du travail qui les produit.

Il y a cependant une autre manière de considérer l'utilité du travail; mais celle-là est moins relative à l'individu qu'à l'espèce humaine en général. Je m'explique par un exemple. Avant l'invention du métier à bas, un homme ou une femme, en tricotant, pouvait faire une paire de bas dans un temps donné et recevait un salaire proportionné au degré d'intérêt que l'on mettait à se procurer le produit de son travail, et à la difficulté de ce travail, comparativement avec tous les autres. Les choses ainsi réglées, on invente le métier à bas, et je suppose qu'au moyen de cette machine, la même personne, sans plus de peine ni plus d'intelligence, puisse faire précisément trois fois plus d'ouvrage qu'auparavant et de même qualité; il n'est pas douteux que d'abord elle sera trois fois plus payée; car à ceux qui portent des bas, la manière dont ils sont produits est indifférente. Mais bientôt cette machine, et le petit talent de la faire mouvoir se multipliant, puisque l'industrie de ceux qui s'adonnent à ce travail est supposée n'être ni plus pénible, ni plus difficile que l'industrie de ceux qui tricotaient, il est certain qu'ils n'auront pas des salaires plus forts, quoiqu'ils fassent trois fois plus d'ouvrage[b]. Leur travail ne sera donc pas plus productif pour eux,

a. Les marchands savent bien que pour prospérer il n'y a pas d'autre moyen que de rendre la marchandise agréable et d'être à portée de gens riches. Pourquoi les nations ne pensent-elles pas de même ? Elles ne rivaliseraient que d'industrie et n'imagineraient pas de désirer l'appauvrissement de leurs voisins ; elles seraient heureuses.

b. Je fais abstraction ici du prix de la machine et de l'intérêt qu'il doit rapporter.

mais il le sera plus pour la société prise en masse; car il y aura trois fois plus de personnes chaussées pour la même somme, ou plutôt, à ne considérer que la façon des bas, chacun pourra en avoir autant qu'auparavant avec le tiers de l'argent qu'il y employait, et par conséquent aura les deux autres tiers de reste pour pourvoir à d'autres besoins. On peut en dire autant de celui qui écrasait le blé entre deux pierres avant l'invention des moulins, par rapport au garçon meunier qui ne gagne peut-être pas davantage mais qui moud cent fois plus et mieux. C'est là le grand avantage des sociétés civilisées et éclairées; chacun s'y trouve mieux pourvu en tout genre, avec moins de sacrifices, parce que les travailleurs produisent une plus grande masse d'utilité dans le même temps.

C'est aussi, pour le dire en passant, ce qui montre l'erreur de ceux qui, pour juger du plus ou moins d'aisance des classes pauvres de la société dans des temps différents, ne font que comparer le prix des journées au prix des grains, et qui, s'ils trouvent que le premier soit moins augmenté que le second, en concluent que les ouvriers sont plus malheureux qu'ils n'étaient. Cela n'est pas exact et n'est vraisemblablement pas vrai; car, premièrement, on ne mange pas le grain en nature, et il se peut qu'il soit augmenté de prix sans que le pain le soit, si on moud et si on cuit plus économiquement. De plus, quoique le pain soit la principale dépense du pauvre, il a encore d'autres besoins. Si les arts ont fait des progrès, il peut être mieux logé, mieux vêtu, mieux abreuvé pour le même prix. Si la société est mieux ordonnée, il peut trouver plus régulièrement à employer son travail et être plus sûr de n'être point troublé dans la possession de ce qu'il gagne; enfin, il se peut très bien que pour la même somme il jouisse davantage, ou du moins qu'il souffre moins. Les éléments de ce calcul sont si nombreux qu'il est très difficile et peut-être impossible de le faire directement. Nous verrons dans la suite d'autres moyens de décider cette question; mais à cette heure elle nous éloigne de l'objet qui nous occupe. Revenons.

Nous avons vu que la seule et unique source de toutes nos jouissances, de toutes nos richesses, c'est l'emploi de nos forces, notre travail, notre industrie; que la vraie production de cette industrie, c'est l'utilité; que la mesure de cette utilité est le salaire qu'elle obtient; et en outre, que la quantité de cette utilité produite est ce qui compose la somme de nos moyens d'existence et de jouissance. Maintenant examinons les deux grandes branches de cette industrie, le changement de forme et le changement de lieu, la fabrication et le transport, ou ce que l'on appelle l'*industrie fabricante* et l'*industrie commerçante*.

CHAPITRE IV

DU CHANGEMENT DE FORME, OU DE L'INDUSTRIE FABRICANTE, Y COMPRIS L'AGRICULTURE

Puisque la société tout entière n'est qu'une suite continuelle d'échanges, nous sommes tous plus ou moins commerçants. De même, puisque le résultat de tous nos travaux n'est jamais qu'une production d'utilité, et puisque le dernier effet de toutes nos fabriques est toujours de produire de l'utilité, nous sommes tous producteurs ou fabricants; car il n'y a personne assez malheureux pour ne jamais rien faire d'utile; mais par l'effet des combinaisons sociales, et par la séparation des différents genres d'occupations qui en est la suite, chacun se voue à une espèce d'industrie particulière. Celle qui a pour objet de façonner et de modifier tous les êtres qui nous entourent, pour les convertir à notre usage, nous l'appelons spécialement *industrie manufacturière* ou *fabricante*; et par les raisons que nous avons dites, nous comprenons dans celle-là celle qui consiste à extraire les matières premières des éléments qui les recèlent, c'est-à-dire celle que l'on appelle l'*industrie agricole*. Examinons quels sont les procédés et la manière d'agir de l'industrie fabricante en général.

M. Say a très bien remarqué que dans toute industrie quelconque il y a trois choses distinctes; premièrement, connaître les propriétés des êtres que l'on peut employer et les lois de la nature qui les régissent; secondement, entreprendre de tirer parti de cette connaissance pour produire un effet utile; troisièmement exécuter le travail nécessaire pour atteindre ce but; c'est-à-dire que dans tout il y a, comme il le dit, théorie, application et exécution.

Avant l'existence de la société, ou pendant son enfance, tout homme est fabricant pour lui-même de tout ce dont il a besoin; et dans chaque espèce de fabrication il est obligé de remplir tout seul les trois fonctions dont nous venons de parler; mais dans la société plus avancée, par l'effet de l'heureuse possibilité des échanges, non seulement chacun se voue exclusivement à l'industrie particulière pour laquelle il a le plus d'avantages, mais encore dans chaque genre d'industrie, les trois fonctions dont il s'agit se séparent. La théorie est le fait du savant; l'application, celui de l'entrepreneur, et l'exécution celui de l'ouvrier.

Ces trois espèces de travailleurs doivent trouver un profit dans la peine qu'ils se donnent. Car un homme naît nu et dénué; il ne peut amasser qu'après avoir gagné; et avant d'avoir amassé, il n'a pour subsister que ses facultés physiques et morales. Si l'usage qu'il en fait ne lui produit rien, il faut qu'il trouve à en faire un autre emploi, ou qu'il s'éteigne. Il faut donc que chacun des travailleurs dont nous parlons trouve un salaire dans les profits résultant de la fabrication à laquelle ils coopèrent.

Mais tous ont besoin plus ou moins d'avances avant de commencer à recevoir ce salaire; car ce n'est pas en un instant et sans préparation que leur service devient assez fructueux pour mériter récompense.

Le savant, ou celui que dans ce moment nous considérons comme tel, avant d'avoir découvert ou appris des vérités immédiatement utiles et applicables, a eu besoin de longues études; il a dû faire des recherches, des expériences; il lui a fallu des livres, des machines; en un mot, il a été obligé de faire des frais et des dépenses avant d'en tirer aucun avantage.

L'entrepreneur n'éprouve pas moins la nécessité de quelques connaissances préliminaires et d'une éducation préparatoire plus ou moins étendue. De plus, avant de commencer à fabriquer, il faut qu'il se procure un local, un établissement, des magasins, des machines, des matières premières, et encore des moyens pour payer les ouvriers jusqu'au moment des premières rentrées : ce sont là d'énormes avances.

Enfin, le pauvre ouvrier lui-même n'a pas sans doute de grands fonds; pourtant il n'y a guère de métier où il ne soit obligé d'avoir en propre quelques outils. Il a toujours ses habits et son petit mobilier. Quand il n'aurait fait que vivre jusqu'au moment où son travail va commencer à valoir sa subsistance la plus stricte, il faut toujours que ce soit le fruit de quelque travail antérieur, c'est-à-dire quelques richesses déjà acquises qui y aient pourvu. Que ce soit l'économie de ses parents, quelque établissement public, ou même le produit de l'aumône qui en ait fait les frais, ce sont toujours des avances qui ont été faites pour lui, si ce n'est pas par lui; et elles n'auraient pu avoir lieu si tout le monde avant lui avait vécu au jour le jour exactement comme les animaux et n'avait eu absolument rien de reste du produit de son travail.

Maintenant, qu'est-ce donc que toutes ces avances grandes ou petites? C'est ce que l'on appelle ordinairement des *capitaux*, et que moi je nomme tout simplement des *économies*. C'est l'excédent de la *production* de tous ceux qui nous ont précédés sur leur *consommation*; car si l'une avait toujours été exactement égale à l'autre, il ne serait rien resté, pas même de quoi élever des enfants. Nous n'avons hérité de nos devanciers que de cet excédent; et c'est cet excédent longtemps accumulé dans tous les genres, et qui va toujours croissant dans une progression accélérée, qui fait toute la différence entre une nation civilisée et une horde sauvage, différence dont nous avons esquissé le tableau ci-dessus.

Les écrivains économistes sont entrés dans beaucoup de détails sur la nature et l'emploi des capitaux. Ils en ont reconnu de bien des genres différents. Ils ont distingué des capitaux productifs et des capitaux improductifs, des capitaux fixes, d'autres circulants, de mobiliers, d'immobiliers, de permanents, de destructibles. Je ne vois pas une grande utilité à toutes ces subdivisions. Les unes sont très contestables, les autres se fondent sur des circonstances très variables, d'autres enfin sont tout à fait superflues. Il me semble suffisant, pour l'objet que nous nous proposons, de remarquer que des économies antérieures sont nécessaires au commencement de toute entreprise industrielle, même peu étendue; et c'est pour cela que, dans tout pays, les premiers progrès de l'industrie sont d'abord si lents: car c'est dans les commencements surtout que les économies sont difficiles. Comment n'avoir pas de peine à faire des accumulations quelconques quand personne n'a presque rien au-delà du strict nécessaire?

Cependant petit à petit, à l'aide du temps et de quelques circonstances heureuses, il se forme de ces capitaux. Ils ne sont pas tous du même genre, ils ne sont pas tous égaux, et c'est ce qui donne naissance aux trois classes de travailleurs qui coopèrent à toute fabrication, chacun s'élevant à celle à laquelle il a pu parvenir, ou se casant dans celle qu'il n'a pas pu dépasser. Il est aisé d'apercevoir que voilà la source d'une grande diversité dans les salaires. Le savant, celui qui peut éclairer les travaux de la fabrication et les rendre moins dispendieux et plus fructueux, sera nécessairement recherché et bien payé. Il est vrai que si ses connaissances ne sont pas d'une utilité immédiate, ou si, étant utiles, elles commencent à se répandre et à devenir communes, il court risque de se voir négligé ou même sans emploi; mais enfin, tant qu'on aura besoin de lui, ses salaires seront forts.

Le pauvre ouvrier qui n'a que ses bras à offrir n'a pas cette espérance; il sera toujours réduit au moindre prix, qui pourra s'élever un peu si l'on demande beaucoup plus de travail qu'on n'en offre, mais qui tombera même au-dessous du nécessaire s'il se présente plus de travailleurs qu'on n'en peut employer. C'est dans ce cas-là qu'ils s'éteignent, par l'effet de leur détresse.

Ces deux espèces de coopérateurs à la fabrication, le savant et l'ouvrier, seront toujours à la solde de l'entrepreneur. Ainsi le veut la nature des choses ; car il ne suffit pas de savoir servir une entreprise de sa tête ou de ses bras, il faut avant tout qu'il y ait une entreprise, et celui qui la fait est nécessairement celui qui choisit, emploie et salarie ceux qui y coopèrent. Or, qui est-ce qui peut la faire ? C'est l'homme qui a déjà des fonds avec lesquels il peut faire les premiers frais d'établissement et d'approvisionnement, et payer des salaires jusqu'au moment des premières rentrées.

Pour celui-là, quelle sera la mesure de sa récompense ? Ce sera uniquement la quantité d'utilité qu'il aura produite et fait produire ; il ne saurait y en avoir d'autre. Si, ayant acheté pour cent francs de choses quelconques, et si, ayant dépensé cent autres francs à les changer de forme, il arrive que ce qui sort de sa fabrique paraisse avoir assez d'utilité pour que l'on veuille bien lui donner quatre cents francs pour se le procurer, il a gagné deux cents francs ; si on ne lui en offre que deux cents francs, il a perdu son temps et sa peine ; si on ne lui en offre que cent, il a de plus perdu la moitié de ses fonds. Toutes ces chances sont possibles ; il est soumis à cette incertitude, laquelle ne saurait atteindre le salarié qui reçoit toujours le prix convenu, quelque chose qui arrive.

On dit communément que les bénéfices de l'entrepreneur, mal à propos appelés *salaires*, puisque personne ne lui a rien promis, doivent représenter le prix de son travail, les intérêts de ses fonds et le dédommagement des risques qu'il a courus, que cela est nécessaire, et qu'il est juste que cela soit ainsi. J'accorde, si l'on veut, que cela est juste, quoique le mot *juste* soit ici mal appliqué, puisque personne n'ayant contracté vis-à-vis de cet entrepreneur l'obligation de lui fournir ces bénéfices, il n'y a point d'injustice commise s'ils lui manquent. Je conviens, en outre, que cela est nécessaire pour qu'il continue son entreprise et ne se dégoûte pas de sa profession ; mais je dis que ce ne sont pas du tout ces calculs qui sont cause de ses bons ou mauvais succès ; ils dépendent uniquement de la quantité d'utilité qu'il a su produire, du besoin que l'on a de se la procurer, et enfin des moyens que l'on a de la lui payer ; car pour qu'une chose soit demandée, il faut qu'elle soit désirée, et pour l'acheter, il ne suffit pas d'avoir le désir de la posséder, il faut encore en avoir une autre à céder en retour.

Dans ce simple exposé, vous trouvez déjà tout le mécanisme et les ressorts secrets de cette partie de la production qui consiste dans la fabrication. Vous y découvrez même le germe des intérêts opposés qui s'établissent entre l'entrepreneur et les salariés, d'une part, et l'entrepreneur et les consommateurs, de l'autre ; parmi les salariés entre eux, parmi les entrepreneurs du même genre, parmi même les entrepreneurs de différents genres, puisque c'est entre eux tous que se partagent plus ou moins inégalement les moyens de la masse des consommateurs, et enfin parmi les consommateurs eux-mêmes, puisque c'est aussi entre eux tous que se partage la jouissance de toute l'utilité produite. Vous y apercevez que les salariés désirent qu'il y ait peu de salariés et beaucoup d'entrepreneurs; et les entrepreneurs qu'il y ait peu d'entrepreneurs, surtout du même genre qu'eux, mais beaucoup de salariés et aussi beaucoup de consommateurs; et que les consommateurs veulent au contraire beaucoup d'entrepreneurs et de salariés, et s'il se peut, peu de consommateurs; car chacun craint la concurrence dans son genre et voudrait être seul pour être maître. Si vous suivez plus loin la complication de ces intérêts divers dans les progrès de la société et le jeu des passions qu'ils font naître, vous verrez bientôt tous ses hommes implorer l'appui de la force en faveur de l'idée dont ils sont préoccupés; ou du moins, sous différents prétextes, provoquer des règlements prohibitifs, pour gêner ceux qui leur nuisent dans cette lutte universelle.

S'il y a une classe qui ne suive pas cette direction, ce sera celle des consommateurs, parce que tout le monde étant consommateur, tous ne peuvent pas se réunir pour former une coterie et demander des exceptions; car c'est la loi générale, ou plutôt la liberté, qui est leur sauvegarde. Ainsi c'est précisément parce que leur intérêt est l'intérêt universel qu'il n'a point de représentants spéciaux et de solliciteurs acharnés. Il arrive même que des illusions les divisent, leur font perdre de vue l'objet principal, et qu'ils sollicitent partiellement et en divers sens, contre leur intérêt réel; car il faut beaucoup de lumières pour le connaître, puisqu'il est général; et de justice pour le respecter, puisque tout le monde veut des préférences. Tous ceux, au contraire, qui ont un intérêt particulier prédominant sont réunis par lui, forment corporation, ont des agents actifs, ne manquent jamais de prétextes pour exiger qu'on le fasse prévaloir, et en ont bien des moyens, s'ils sont riches, ou s'ils sont redoutables, comme le sont les pauvres dans les temps de troubles, c'est-à-dire quand on leur révèle le secret de leur force et qu'on les excite à en abuser.

Dans ce moment il n'est pas nécessaire de suivre si loin les conséquences des faits que nous avons établis. Observons seulement que les travaux les plus nécessaires sont généralement les plus demandés et les plus constamment employés; mais aussi qu'il est dans la nature des choses qu'ils soient toujours les plus mal payés : cela ne peut être autrement. En effet, les choses nécessaires à tous les hommes sont d'un usage universel et continuel; mais par cela même, beaucoup d'hommes s'occupent constamment de leur fabrication; et on a dû parvenir bientôt à les produire par des procédés très connus et qui n'exigent qu'une intelligence commune. Ainsi elles ont dû devenir à aussi bon marché qu'il soit possible. D'ailleurs il est indispensable qu'elles ne soient pas chères; car la presque totalité de leur consommation est toujours faite par des gens qui ont peu de moyens, attendu que les pauvres sont partout le très grand nombre, et que partout ils sont aussi les plus grands consommateurs des choses nécessaires, lesquelles même composent presque toute leur dépense. Si donc elles n'étaient pas à bas prix, elles cesseraient d'être consommées et le pauvre ne pourrait subsister. C'est sur le plus bas prix auquel elles peuvent parvenir que se règle le plus bas prix des salaires; et les ouvriers qui travaillent à leur fabrication sont nécessairement compris dans cette dernière classe des plus faibles salariés.

Remarquez encore qu'il n'y a rien dans tout ce que nous venons de dire de l'industrie manufacturière qui ne convienne à l'agriculture comme à tous les autres genres de fabrication. Il y a de même dans l'agriculture, théorie, application et exécution, et on y retrouve les trois espèces de travailleurs relatifs à ces trois objets. Mais ce qui s'applique éminemment à l'agriculture, c'est la vérité générale que nous avons établie, que les travaux les plus nécessaires sont par cela même nécessairement les plus mal payés. En effet, le plus important et le plus considérable des produits de l'agriculture, ce sont les plantes céréales nécessaires à notre nourriture. Or, je demande à quel prix reviendrait le blé si tous ceux qui sont employés à sa production étaient payés aussi chèrement que ceux qui travaillent pour les arts de luxe les plus recherchés? Certainement les pauvres ouvriers de tous les métiers communs n'y pourraient atteindre; il faudrait qu'ils mourussent absolument de faim, ou que le prix de leur salaire montât au niveau de celui des ouvriers de l'agriculture. Mais alors celui des autres monterait de même à proportion, puisqu'ils sont plus recherchés; ainsi les premiers n'en seraient pas plus avancés; ils seraient toujours au taux le plus bas possible. Telle est la loi de la nécessité.

Ce qui est vrai des ouvriers employés à l'agriculture, comparativement aux autres ouvriers, est vrai des entrepreneurs de culture, relativement aux autres entrepreneurs. Leurs procédés sont très connus; il ne faut qu'une intelligence médiocre pour les employer. Résultats d'une longue expérience, pendant la durée de laquelle il a été fait beaucoup d'essais et plus qu'on ne croit communément, ils sont en général assez bien adaptés aux localités; et il y a peu de moyens de les améliorer assez pour augmenter sensiblement les bénéfices, quoi qu'en disent de temps en temps quelques spéculateurs téméraires, qui ne manquent guère de se ruiner. De là il arrive qu'à moins de circonstances extraordinaires[a], les profits des entrepreneurs

a. Une des circonstances les plus extraordinaires est, sans contredit, la découverte des avantages de l'éducation des moutons d'Espagne au lieu de ceux du pays. C'est la gloire immortelle de M. d'Aubenton et le fruit de trente ans de persévérance. Eh bien, qu'arrive-t-il de culture sont très faibles en proportion de leurs fonds, de leurs risques et de leurs peines. De plus, ces procédés très connus et très simples sont pourtant très embarrassants dans la pratique; ils demandent beaucoup de soins et de temps, en sorte que dans cet état un homme ne peut jamais suffire à employer de grands fonds. Il ne pourrait pas, par exemple, diriger à la fois cinq ou six fermes, quand même il aurait cinq ou six fois trente ou quarante mille francs pour les monter; et cependant ce n'est encore là qu'une somme assez modique en comparaison de certains commerces. Ainsi cet homme qui ne peut pas faire de gros bénéfices, à proportion de ses fonds, est en même temps réduit à ne pouvoir faire travailler des fonds considérables. Il est donc impossible qu'il fasse jamais une vraie fortune. Voilà pourquoi il y a et il y aura toujours assez peu de capitaux employés à la culture, en comparaison de ceux qui existent dans la société. Prouvons cette vérité par des faits : ils nous montreront en même temps pourquoi les exploitations agricoles prennent souvent différentes formes, qui n'ont ou qui ne paraissent point avoir d'analogues dans les autres arts. C'est une chose intéressante, que je n'ai encore vue bien expliquée dans aucun de nos livres d'agronomie ou d'économie.

Vous ne voyez jamais, ou du moins fort rarement, un homme ayant des fonds, de l'activité et de l'envie d'augmenter sa fortune, employer son argent à acheter une étendue de terre pour se mettre à la cultiver et à en faire son état toute sa vie. S'il l'achète, c'est pour la revendre, ou pour y trouver des ressources nécessaires à quelque autre entreprise, ou pour y prélever une coupe de bois, ou pour quelque autre spéculation plus ou moins passagère; en un mot, c'est une affaire de commerce et non pas d'agriculture. Au contraire, vous voyez souvent un homme ayant un bon fonds de terre, le vendre pour en employer le prix à faire quelque entreprise, ou à se procurer quelque état lucratif : c'est qu'effectivement la culture n'est pas le chemin de la fortune.

Aussi presque tous les gens riches qui achètent des terres, s'ils sont dans les affaires, c'est parce qu'ils ont plus de fonds qu'ils n'en peuvent employer dans leurs spéculations, ou parce qu'ils veulent en mettre une partie à l'abri de événements; s'ils remplissent des fonctions publiques ou s'ils ne font rien que de jouir de leur aisance, c'est pour placer leurs fonds d'une manière solide et agréable. Mais ni les uns ni les autres ne se proposent de faire valoir eux-mêmes les terres qu'ils achètent; soit plaisirs,

depuis que cela est constaté ? Avant même que le cultivateur se soit procuré de ces animaux et qu'il sache bien la manière d'en tirer un parti avantageux, il donne déjà un fermage plus fort des terres sur lesquelles il espère pouvoir en élever; c'est-à-dire qu'une partie du profit lui est enlevée d'avance, et qu'on ne manquera pas de lui arracher le reste au prochain bail.

soit affaires, ils ont toujours des choses qui les intéressent davantage. Ils espèrent bien n'y penser jamais que pour les louer à des entrepreneurs de culture, comme ils loueraient[a] l'argent qui a servi à les acheter et en toucheraient l'intérêt, sans s'embarrasser si son emploi a porté perte ou profit à l'entrepreneur qui le fait travailler.

Il est peut-être heureux que les gens riches achètent ainsi des terres pour les louer; car l'agriculture étant une profession pénible et peu fructueuse, les gens qui s'y vouent ont en général peu de moyens, comme nous venons de l'observer. S'ils étaient obligés de commencer par acheter le terrain qu'ils veulent travailler, tous leurs fonds seraient absorbés; il ne leur en resterait plus pour les autres avances nécessaires à la culture, et encore ils ne pourraient faire que de bien petites entreprises. Il leur est donc plus commode de trouver des terres à louer que d'être forcés de les acheter; mais cela ne leur est plus commode que comme il est commode aux autres entrepreneurs et à eux-mêmes de trouver de l'argent à emprunter, quand ils en ont besoin pour donner plus d'étendue à leurs entreprises; et cela ne leur est avantageux que sous les mêmes restrictions, c'est-à-dire que cela resserre leurs profits et rend leur existence plus précaire; car il est bien connu qu'un négociant qui ne fait pas au moins la plus grand partie de ses affaires sur ses propres fonds, est dans une situation bien dangereuse et a rarement un grand succès. Cependant telle est la position même de ce que nous appelons les gros fermiers.

En un mot, les propriétaires qui afferment sont des prêteurs, et rien de plus. Il est bien singulier qu'on ait presque toujours confondu et identifié leur intérêt avec celui de l'agriculture, auquel il est aussi étranger que l'est celui des prêteurs d'argent à toutes les entreprises que font ceux à qui ils prêtent. On ne peut assez s'étonner de voir que presque tous les hommes, et particulièrement les agronomes, ne parlent des grands propriétaires de terre qu'avec un amour et un respect vraiment superstitieux; qu'ils les regardent comme les colonnes de l'État, l'âme de la société[b], les pères nourriciers de l'agriculture, tandis que le plus souvent ils prodiguent

a. On sera étonné de m'entendre dire *louer* de l'argent, comme on dit louer des terres ou une maison. Mais moi, je suis plus justement surpris que quand on dit prêter de l'argent, on ne dise pas prêtre des terres, car c'est la même chose. Le vrai est qu'on ne devrait dire prêter que dans le cas du prêt gratuit.

Quand on a une propriété quelconque, il n'y a que six manières d'en user : la conserver ou la détruire, la donner ou la vendre, la prêter ou la louer. On ne détruit pas précisément les terres ; mais on les garde, on les donne, on les vend, on les prête, on les loue, comme toute autre chose. Il y a la même différence entre prêter et louer qu'entre donner et vendre.

b. Si c'est en les considérant comme des hommes en général éclairés et indépendants, cela est très juste ; mais si c'est en leur qualité de propriétaires de terre, cela est absurde.

l'horreur et le mépris aux prêteurs d'argent qui font exactement le même service qu'eux[a]. Un gros bénéficier qui vient de louer sa ferme exorbitamment cher, se croit un homme très habile, et qui plus est très utile; il n'a pas le moindre doute sur sa scrupuleuse probité et il ne s'aperçoit pas qu'il est exactement la même chose que l'usurier le plus âpre qu'il condamne sans hésitation et sans pitié. Peut-être même son fermier, qu'il ruine, ne voit pas cette parfaite similitude, tant les hommes sont dupes des mots. Il est vrai que tant qu'ils le sont, ils entendent mal les choses; et réciproquement, tant qu'ils entendent mal les choses dont ils parlent, ils ne comprennent qu'imparfaitement les mots dont ils se servent. Je ne puis m'empêcher de revenir souvent sur ce fait; car c'est un grand inconvénient pour raisonner juste, ce à quoi il faut pourtant tâcher d'arriver en toute matière.

Quoi qu'il en soit, beaucoup de terres étant entre les mains des riches, il y a beaucoup de terres à louer; et comme nous l'avons dit, c'est ce qui fait qu'il peut y avoir un très grand nombre d'entreprises d'agriculture, quoiqu'il n'y ait pas une masse de fonds proportionnée entre les mains des gens qui se consacrent à cet état. À la longue ces terres à louer s'arrangent et se distribuent de la manière la plus favorable aux convenances de ceux qui se destinent à les exploiter. De là naissent sur les grandes propriétés différentes espèces d'exploitations rurales, qui ne sont pas des effets du caprice ou du hasard, comme on le croit quand on n'y a pas réfléchi, mais qui ont leurs causes dans la nature des choses, comme nous allons le voir.

Dans les pays fertiles, la fécondité de la terre ne tourne pas directement au profit de celui qui la cultive; car le propriétaire ne manque pas d'en exiger un loyer d'autant plus fort qu'il la sait plus productive. Mais cette terre rendant beaucoup, la quantité qu'un homme en peut exploiter fournit une masse de productions considérable. Or, comme toutes choses égales d'ailleurs, les bénéfices de tout entrepreneur sont toujours proportionnels à l'étendue de sa fabrication, ici les bénéfices peuvent être assez forts pour attirer l'attention d'hommes ayant un certain degré d'aisance et de capacité. Ce n'est pas, encore une fois, la fécondité de la terre qui les a enrichis et éclairés; mais c'est cette fécondité qui les attire et les empêche de porter leurs moyens dans d'autres spéculations. Ces hommes veulent tirer parti de tous leurs moyens; ils ne s'accommoderaient pas d'une mince exploitation qui laisserait inutile une partie de leurs fonds et de leur activité personnelle et ne leur permettrait que de trop faibles profits. Pour leur convenance, les grandes propriétés se distribuent donc en gros mas de terre

a. Les prêteurs de terre ont même un grand avantage sur les autres; c'est que quand ils ont trouvé moyen d'obtenir une rente plus forte, ils ont par cela même augmenté leur capital; car en général on vend les terres d'après le prix des baux. Cela n'arrive pas aux prêteurs d'argent.

dont la mesure commune est environ de trois cents à cinq cents arpents, avec une bonne habitation à portée. Ils ne demandent pas autre chose. Ils apportent là, harnois, attelages, bestiaux, provisions suffisantes pour attendre. Ils ne craignent point d'être longtemps sans recevoir pour recevoir ensuite davantage. Ils font des essais, ils découvrent quelquefois quelques nouveaux moyens de productions ou de débit. En un mot, ils fabriquent ou commercent, et tiennent leur rang parmi les entrepreneurs d'industrie. Ce sont là nos *grosses fermes* et notre *grande culture*. Malgré ces beaux noms, une grosse ferme est encore sans doute une assez petite manufacture; mais si elle est à peu près le *minimum* de l'industrie fabricante en général, elle est le *maximum* de l'industrie agricole en particulier.

Quand le sol est moins fertile, cette industrie ne peut pas s'élever jusqu'à ce point. Mettez dans une ferme le même nombre d'arpents, les productions sont insuffisantes; mettez-y-en le double, un homme ne peut plus suffire à les exploiter par lui-même[a]. D'ailleurs, les frais et les risques augmentent dans une plus grande proportion; l'entreprise n'en vaut plus la peine. Vous ne pouvez donc pas trouver la même espèce d'hommes pour s'en charger; et s'il y a des capitaux un peu forts et de l'intelligence dans le pays, ces moyens se portent ailleurs. Qu'arrive-t-il? Ces terres, qui déjà rendent moins, les propriétaires les partagent encore par plus petites portions, pour les mettre à portée de plus de gens, de gens qui ont peu de moyens et qui souvent même ne font pas de ces locations leur seule occupation. C'est dans ces pays que vous voyez fréquemment de petites fermes, ou de simples maisons avec très peu de territoire, ou même des mas de terre sans aucun bâtiment d'exploitation. Cependant ces emplacements se louent; ceux qui les prennent y amènent même les instruments et les animaux indispensables; enfin ils en tirent parti par leurs propres forces; mais il ne faut pas s'attendre qu'ils y déploient les mêmes moyens physiques et moraux que les gros fermiers dont nous venons de parler. Ce sont en général de petits propriétaires ruraux qui se trouvent dans le pays, qui joignent ces exploitations à leurs occupations antérieures et qui se contentent que le tout ensemble leur fournisse les moyens de vivre et d'élever leur famille, sans prétendre à augmenter beaucoup leur aisance, et sans en avoir la possibilité, à moins de hasards extraordinaires. C'est là ce que bien des écrivains appellent déjà la *petite culture*, par opposition à celle dont nous venons de parler. Cependant nous allons voir qu'il y a encore plusieurs cultures plus petites, ou, si l'on veut, plus misérables que celles-

a. S'il les prenait, ce serait pour les sous-louer et les détailler. Alors il serait un être parasite, un spéculateur, et non un cultivateur. C'est ce que sont les fermiers généraux des grandes terres, dans les pays de métairies; leur objet est le trafic.

là. Observez toutefois que cette espèce de petite culture, et même celle à bras, dont nous parlerons bientôt, rend ordinairement aux propriétaires de plus forts loyers que la grande, à proportion de l'étendue et de la qualité des terres, par l'effet de la concurrence de ceux qui se présentent en grand nombre pour les exploiter, parce qu'ils n'ont pas d'autre industrie à leur portée; mais c'est précisément cette cherté des loyers qui fixe irrévocablement ces cultivateurs dans l'état de pénurie qui rend leur culture si médiocre.

Quand le sol est encore plus ingrat, ou quand, par l'effet de différentes circonstances, les petits propriétaires ruraux sont rares, les grands propriétaires de terre n'ont pas cette ressource de former de petites fermes. Elles ne vaudraient pas la peine d'être exploitées et il n'y aurait personne pour les leur demander. Ils prennent donc un autre parti; ils forment ce que l'on appelle communément des *domaines* ou des *métairies* et ils y attachent fréquemment autant et plus de terres qu'il n'y en a dans les grandes fermes, surtout si l'on ne dédaigne pas de mettre en ligne de compte les terres vagues qui ordinairement ne sont pas rares dans ces pays et qui ne sont pas tout à fait sans utilité, puisqu'on s'en sert pour le pacage, ou même pour y faire de temps en temps quelques emblavures, afin de laisser reposer les champs plus habituellement cultivés. Ces métairies sont, comme l'on voit, assez grandes pour l'étendue et très petites pour le produit, c'est-à-dire qu'il y a beaucoup de peine à y prendre et peu de profit à y faire; aussi ne trouve-t-on pas d'hommes ayant des fonds qui veuillent venir les occuper et y amener des domestiques, un mobilier, des attelages et des troupeaux. On ne fait point tant de frais pour ne rien gagner. C'est tout au plus si ces métairies en vaudraient la peine quand on les abandonnerait pour rien, sans en demander aucun loyer. Le propriétaire est donc réduit à les garnir lui-même de bestiaux, d'ustensiles, et de tout ce qui est nécessaire à l'exploitation, et à y établir une famille de paysans qui n'ont que leurs bras et avec lesquels il convient ordinairement, au lieu de leur donner des gages, de leur abandonner la moitié du produit pour le salaire de leurs peines. C'est de là qu'ils sont appelés *métayers*, travailleurs à moitié.

Si la terre est trop mauvaise, cette moitié des produits est manifestement insuffisante pour faire vivre, même misérablement, le nombre d'hommes nécessaire pour la travailler; ils s'endettent bientôt, et on est obligé de les renvoyer. Cependant on en trouve toujours pour les remplacer, parce qu'il y a toujours des malheureux qui ne savent que devenir. Ceux-là même vont ailleurs, où ils ont souvent le même sort. Je connais de ces métairies qui, de mémoire d'hommes, n'ont jamais nourri leurs laboureurs au moyen de leur moitié des fruits. Si la métairie est un peu meilleure, les métayers végètent tant bien que mal, ou même font quelques petites économies, mais jamais assez pour les élever à l'état de véritables entrepreneurs. Cependant, dans les temps et les cantons où le peuple des campagnes est un peu moins misérable, il se trouve dans cette classe d'hommes quelques individus qui ont de faibles avances, comme, par exemple, de quoi se nourrir pendant un an, en attendant la première récolte, et qui aiment mieux prendre une métairie à bail, moyennant un loyer fixe, que d'en partager les fruits; ils espèrent, en travaillant beaucoup, y trouver un peu plus de profit. Ceux-là, en général, sont plus actifs et gagnent quelque chose si le local le permet, s'ils sont heureux, si leur famille n'est pas trop nombreuse, s'ils n'ont pas donné de la terre un loyer trop fort, c'est-à-dire si beaucoup de circonstances invraisemblables se trouvent réunies en leur faveur. Cependant on ne peut pas les regarder comme de vrais fermiers, comme de véritables entrepreneurs, puisque c'est toujours le propriétaire qui fournit les harnois, les bestiaux, etc., et qu'ils ne donnent que leur peine; ainsi il convient de les ranger encore dans la classe des métayers.

Cette masse de bestiaux que le propriétaire livre et confie au métayer s'appelle *cheptel*. Elle s'augmente tous les ans par la voie de la génération, dans les pays où l'on fait des élèves, et le métayer en partage le *croît* comme il partage les moissons. Mais il faut qu'en sortant il rende un cheptel d'une valeur égale à celui qu'il a reçu en entrant; et comme il n'a rien pour en répondre le propriétaire ou son agent exerce sur lui une active surveillance pour empêcher qu'il n'entame le fonds par des ventes trop nombreuses. Dans quelques endroits, le propriétaire ne voulant ou ne pouvant pas faire les fonds du cheptel, ce sont des marchands de bestiaux, des capitalistes étrangers, qui le fournissent, qui surveillent de même le métayer et qui lui prennent la moitié du *croît* pour l'intérêt de leurs fonds. Au reste, il est bien indifférent au métayer que ce soit eux ou le propriétaire. Dans tous les cas, on ne peut voir en lui qu'un misérable entrepreneur sans moyens, pressuré par deux prêteurs très chers, celui qui fournit la terre et celui qui fournit les bestiaux, lesquels lui enlèvent tous ses bénéfices et ne lui laissent que sa subsistance très stricte et quelquefois insuffisante. C'est ce qui fait que cette manière de cultiver est aussi appelée à très juste titre *petite culture*, quoiqu'elle s'exerce sur d'assez grandes masses de propriété.

Il existe encore une autre espèce d'exploitation à laquelle on donne aussi le nom de *petite culture*. C'est celle des petits propriétaires ruraux qui font valoir eux-mêmes leur bien. Presque toutes les nations de l'Europe moderne sont parties d'un ordre de choses tel que la totalité du sol était la propriété exclusive d'un petit nombre de grands propriétaires, et tout le reste de la population travaillait uniquement pour eux comme domestiques, comme serfs, ou comme salariés. Mais par l'effet de l'industrie toujours agissante, et d'aliénations successives, il s'est formé dans presque tous les pays un plus ou moins grand nombre de ces petits propriétaires de terres qui ont tous cela de commun qu'ils vivent sur leur bien et que leur métier est de le cultiver. Cependant, sous le rapport de la culture, on a tort de les ranger tous dans une même classe; car parmi eux il y en a qui ont une étendue de terrain assez considérable; et c'est surtout dans les terres maigres qu'on les trouve, parce que ce sont celles que les riches ont aliénées de préférence, ne pouvant souvent en rien tirer par eux-mêmes. Ceux-là ne font pas sans doute les mêmes frais de culture que les riches fermiers des grosses fermes; mais cependant ils labourent avec des animaux de trait de plus ou moins bonne qualité et ils ont quelques troupeaux. En un mot, leur exploitation est absolument semblable à celles des petites fermes dont nous avons parlé ci-dessus[a]. Il y en a d'autres, au contraire, qui n'ont qu'une très petite étendue de terrain et qui la cultivent à bras, soit en légumes, soit en grains, soit en vignes. Celles-ci même exigent positivement cette manière de travailler qui, comme on le voit, est bien différente de la précédente. D'ailleurs la plupart de ceux qui s'y livrent ne peuvent pas vivre uniquement du produit de leur sol et vont en journée une partie de l'année. Il faut assimiler à ces derniers tous ceux qui tiennent à loyer des gens riches, de petites habitations avec quelques morceaux de terre et qui sont connus sous les noms de *louagers*, de *manouvriers*, de *cottagers*, etc., etc. Leur industrie est absolument la même et leur existence toute semblable, à cela près que le petit loyer qu'ils paient représente l'intérêt du capital que les autres possèdent. Voilà donc une troisième chose que l'on appelle encore *petite culture* et qui en comprend deux très différentes entre elles.

Ce n'est pas tout: il y a beaucoup d'écrivains qui appellent *grande culture* celle qui se fait avec les chevaux, et *petite culture* celle qui se fait avec des bœufs, et qui croient que cette division répond exactement à celle des fermiers et des métayers. Cependant il s'en faut bien que ces deux désignations soient équivalentes; car d'une part les manouvriers labourent avec leurs bras; rien n'empêche que les fermiers des petites fermes et les petits propriétaires de la première des deux espèces que nous avons distinguées, ne labourent quelquefois avec des chevaux ou des mulets; et ces cultures n'en méritent pas moins le nom de *petites*. De plus, il se peut

a. Voyez ce que c'est que la différence de l'emploi des fonds. Cet homme qui cultive médiocrement possède peut-être un bien dont il trouverait 30.000 francs. S'il le vendait, il aurait de quoi aller tenir une grosse ferme dans un bon pays; il serait beaucoup mieux et gagnerait davantage. Mais il ne sait peut-être pas que cette possibilité existe loin de lui. Quand il le saurait, il craindrait les risques et son inexpérience; et puis l'homme tient à ses habitudes et au plaisir de la propriété.

très bien, si les convenances locales s'y trouvent, que de gros fermiers labourent avec des bœufs, et je crois que cela se voit dans plusieurs pays. D'une autre part, il est vrai qu'en général les métayers labourent avec des bœufs, 1. parce que ce moyen étant moins dispendieux, la plupart des propriétaires le préfèrent; 2. parce qu'ordinairement les mauvais pays, qui sont ceux où l'on voit des métayers, produisent du mauvais foin, peu ou point d'avoine, et se refusent aux prés artificiels; 3. parce que ces métayers étant négligents et maladroits, il est difficile de leurs confier des animaux aussi délicats que les chevaux. Mais ce n'est pas tout cela qui les constitue métayers et qui les différencie d'avec les fermiers. Leur caractère spécifique est d'être des misérables sans moyens, ne pouvant faire aucune avance. C'est là ce qui les réduit à n'être que métayers et ce qui fait que leur culture est bien réellement *petite*, quoiqu'à raison de l'étendue de leurs métairies, qui occupent ordinairement de grands espaces, il y ait des gens qui l'appellent encore *grande culture*, par opposition à celle des petits fermiers et des petits manouvriers, ou par opposition seulement avec la culture à bras.

Enfin, pour que rien ne manque à la confusion des idées, il y a quelques auteurs anglomanes, comme Arthur Young, qui s'amusent à appeler *petite culture* celle de nos plus grosses fermes, parce qu'ils y voient des jachères, réservant exclusivement le nom de *grandes culture* à celle où l'on suit le système d'assolement qui leur plait, sans songer que la plus petite des cultures, celle à bras, est celle où l'on voit le plus souvent des terres qui ne se reposent jamais.

Ainsi, voilà de compte fait cinq ou six manières d'employer les mêmes mots, dont deux ou trois au moins séparent des choses absolument semblables, et en réunissent qui sont totalement différentes; et on se sert continuellement de ces mots, sans dire dans quel sens on les prend. En procédant ainsi, ce serait un grand miracle si l'on s'entendait.

Je crois donc que si l'on veut écrire avec quelque précision sur l'agriculture, il faut bannir les expressions *grande* et *petite culture*, comme sujettes à trop d'équivoques, mais distinguer soigneusement quatre sortes de cultures qui ont des caractères bien tranchés, parce qu'elles sont essentiellement différentes et auxquelles on peut rapporter toutes les cultures imaginables[a]. Ce sont, 1. les *grosses fermes*, ou la culture des

a. Si j'ose affirmer cela, ce n'est pas que j'aie beaucoup voyagé; mais j'ai depuis environ quarante ans des propriétés dans un pays de grosses fermes, dans un pays de vignobles, et dans un pays de mauvaises métairies; j'en ai toujours suivi la marche avec attention, et plus encore en vue de l'intérêt général que de mon intérêt particulier; j'ai opéré des améliorations sensibles dans les deux dernières; et je suis persuadé que quand on a ainsi un champ suffisant d'observations, on gagne plus à les approfondir qu'à les étendre. *[Le long développement* entrepreneurs riches et intelligents qui font largement toutes les avances nécessaires : on ne les voit que dans les pays qui en valent la peine. 2. Les *petites fermes*, ou la culture des entrepreneurs qui labourent encore avec des animaux de trait qui leur appartiennent, mais dont les moyens de tous genres sont moins étendus ; on les trouve, en général, dans les terres plus maigres. (Cette classe renferme les petits fermiers et les petits propriétaires de la première des deux classes que j'ai distinguées). 3. Les *métairies*, ou la culture par métayers, qui labourent aussi avec des animaux de trait, mais qui ne leur appartiennent pas : c'est le propre des mauvais pays. 4. Les *manouvriers*, ou la culture à bras, tant celle des propriétaires que celle des locataires : on en trouve partout, et surtout dans les vignobles ; mais ils sont moins nombreux, en général, dans les pays très bons ou très mauvais : dans les premiers, parce que les gens riches ont gardé presque toutes les terres ; dans les autres, parce que la terre ne paierait pas leurs peines et qu'ils aiment mieux aller chercher à gagner des journées ailleurs. Cette division me paraît plus nette que toutes les autres et plus instructive, parce qu'elle montre les causes des effets. Servons-nous en donc pour ce qui nous reste à dire.

Je crois avoir prouvé que les propriétaires de terre, quand ils ne la font pas valoir eux-mêmes, n'ont absolument rien de commun avec l'agriculture, ni avec les lois qui la régissent, ni avec les intérêts qui la dirigent ; qu'ils sont purement et uniquement des rentiers et de prêteurs d'une espèce particulière ; que par conséquent ayant à rendre de compte de la fabrication des produits, je devais les mettre à l'écart et ne considérer que les entrepreneurs de culture.

Alors j'ai montré qu'il est indispensable que les entrepreneurs des fabrications les plus nécessaires soient, de tous, ceux qui fassent les bénéfices les plus faibles à proportion de la quantité de leurs avances et de leurs productions ; et que de plus, les entreprises d'agriculture ont l'inconvénient particulier qu'un homme ne peut pas suffire à leur donner assez d'extension pour que la modicité des bénéfices soit compensée par la grande étendue des affaires.

*consacré par Destutt de Tracy à l'agriculture tient en effet à ce que celui-ci est un grand propriétaire foncier qui s'est toute sa vie intéressé à l'amélioration des techniques de production. Il possédait trois châteaux, tous entourés d'un vaste domaine : le château de Francières dans l'Oise près de Compiègne (pays de « grosses fermes »), celui de Tracy-sur-Loire dans la Nièvre (pays de vignobles) et celui de Paray-le-Frésil dans l'Allier près de Moulins (pays de « mauvaises métairies »). E. Kennedy a établi (*A Philosoph in the Age of Revolution, Destutt de Tracy and the Origins of « Ideology », *Philadelphia, The American Philosophical Society, 1978, p. 293-294) que les deux tiers des revenus du philosophe provenaient de ses propriétés agricoles.]*

J'ai fait voir ensuite, premièrement, que les pays les plus fertiles sont les seuls où les produits de la quantité de terre qu'un homme peut faire valoir soient assez considérables pour faire un sort passable à l'entrepreneur, que c'est par ces raisons que ces pays sont aussi les seuls où l'on voie des entrepreneurs de culture ayant des moyens et une capacité suffisante, et qu'encore ils ne travaillent presque pas sur leurs propres fonds, mais sur ceux d'autrui, ce qui est toujours une position fâcheuse pour des fabricants : nous les appelons pourtant *gros fermiers*.

Secondement, que quand les terres sont moins bonnes, les bénéfices deviennent si minces qu'on ne peut plus trouver que des entrepreneurs médiocres et insuffisants : ce sont les *petits fermiers*.

Troisièmement, que quand le sol est encore plus mauvais, les bénéfices devenant absolument nuls, on est réduit à n'avoir plus d'entrepreneurs; car les *métayers* ne sont réellement que des salariés, puisqu'ils ne font aucune avance et ne fournissent que leur travail.

Quatrièmement enfin, que d'autres circonstances font que l'entreprise est si petite, que l'entrepreneur et l'ouvrier sont nécessairement une seule et même personne qui n'emploie pas d'autres machines que ses bras, et encore les emploie souvent ailleurs, tels sont les *manouvriers* : il est difficile qu'une telle affaire tente un capitaliste.

Il y a cependant une exception à faire à ces vérités générales; c'est en faveur de la culture des productions très précieuses, telles que certaines drogues pour la teinture ou les vins très estimés : il peut y avoir là de grands profits à faire; aussi voit-on quelquefois de gros capitalistes acheter les terrains propres à ces productions, les faire valoir par eux-mêmes, en retenir tous les produits, et en faire d'immenses et heureuses spéculations. Mais cette exception-là même confirme la règle, car ces productions ont le mérite et le prix de la rareté; ce sont de véritables marchandises de luxe. Ainsi ces spéculations, bien qu'agricoles, ne sont pas dans la classe des fabriques de choses de première nécessité.

Si ce tableau est exact, s'il est la représentation fidèle des faits, s'il est vrai que l'agriculture, même dans les circonstances les plus favorables, n'est et ne peut être qu'une profession pénible et peu fructueuse, il ne faut pas s'étonner qu'elle ne tienne pas le premier rang dans la société et que les capitaux n'y affluent pas : on doit sentir qu'on ne les y destine et qu'on ne les y destinera jamais que lorsqu'on ne pourra pas ou qu'on ne saura pas les employer autrement. Le seul moyen de faire que beaucoup de capitaux se portent vers l'agriculture est donc de faire qu'ils surabondent ailleurs. Ce mal, si c'en est un, est incurable et il est très utile de le connaître; car on aura beau dire que l'agriculture est le premier des arts, que c'est la mère nourrice de l'homme, que c'est sa destination naturelle, que nous avons tort de ne pas l'honorer davantage, que l'empereur de la Chine trace un sillon tous les ans, et mille belles choses semblables, tout cela ne servira de rien et ne changera rien à la marche de la société. Ce sont de vaines déclamations qui ne méritent pas de nous occuper. Faisons seulement quelques courtes réflexions sur la première de ces phrases, parce qu'elle cache une erreur : la mettre au jour, c'est la réfuter.

Certainement l'agriculture est le premier des arts sous le rapport de la nécessité; car avant tout il faut manger pour vivre. Si l'on n'a voulu dire que cela, on a dit une chose incontestable, mais bien insignifiante.

Si l'on a entendu par ces paroles que l'agriculture est le seul art absolument nécessaire, l'assertion devient déjà très inexacte; car nous avons encore d'autres besoins très pressants, outre celui de manger, comme par exemple celui d'être vêtus et logés; et d'ailleurs la culture elle-même, pour prendre un peu de développement, a besoin du secours de bien d'autres arts, tels que celui de fondre les métaux et de façonner le bois; et ses produits, pour être complètement appropriés à notre usage, exigent encore au moins celui du meunier et du boulanger : voilà donc beaucoup d'autres arts indispensables.

Enfin, si l'on a prétendu affirmer, comme bien des gens le veulent, que l'agriculture est le premier des arts sous le rapport de la richesse, le soi-disant axiome est complètement faux. D'abord, à l'égard des individus, nous avons vu que ceux qui se vouent à l'agriculture sont inévitablement du nombre de ceux qui font les moindres bénéfices, ainsi ils ne peuvent pas être des plus riches. Or, ce qui est vrai de chaque individu ne peut pas être faux des nations, qui ne sont que des collections d'individus. Si vous doutez de la force de cette démonstration, mettez d'un côté vingt mille hommes occupés à faire du blé pour le vendre, et de l'autre pareil nombre d'hommes occupés à faire des montres; supposez que les uns et les autres trouvent le débit de leur marchandise, et voyez quels seront les plus riches; c'est Genève et la Pologne.

Une des choses qui ont le plus contribué à faire méconnaître une vérité si manifeste, c'est encore une équivoque. On prend très fréquemment nos moyens de *subsistance* pour nos moyens d'*existence*. Ce sont deux choses très différentes. Nos moyens de subsistance sont sans contredit les matières alimentaires; et la quantité de celles qu'on peut se procurer dans un pays est la limite nécessaire du nombre d'hommes qui peuvent y vivre. Mais nos moyens d'existence sont la somme des profits que nous pouvons faire par notre travail et avec lesquels nous pouvons nous procurer et subsistances et autres jouissances. Le Polonais a beau faire venir beaucoup de blé, l'excédent de ce qu'il en consomme, qu'il est obligé de livrer à vil prix aux étrangers, fournit à peine à ses autres besoins : il n'en vit pas mieux et n'en multiplie pas davantage. Le Genevois, au contraire, qui ne recueille pas une pomme de terre, mais qui fait de gros profits sur les montres qu'il fabrique, a de quoi acheter les grains et toutes les autres choses qui lui sont nécessaires, de quoi élever des enfants, et encore de quoi économiser. Le premier, malgré la grande quantité des moyens de subsistance, a très peu de moyens d'existence; le second, ayant de grands moyens d'existence, se procure abondamment les subsistances qui lui manquent et tout ce qu'il lui faut d'ailleurs. Il est donc vrai que ce sont là deux choses que l'on a grand tort de ne pas distinguer soigneusement : cette faute se rencontre dans beaucoup d'ouvrages, excellents d'ailleurs, et nommément dans celui de M. Malthus, sur la population, où elle jette du louche sur quelques explications très précieuses à tous autres égards : c'est donc un point qu'il était bon d'éclaircir.

Que l'on ne m'accuse pas néanmoins de méconnaître l'importance de l'agriculture et de vouloir qu'on la néglige. D'abord je sais fort bien que la richesse, quoique utile en elle-même, n'est pas la seule chose à désirer ni pour les particuliers, ni pour les sociétés, et qu'une nation, malgré de grands moyens, n'a qu'une existence précaire si elle dépend des étrangers pour sa subsistance; je sais de plus que, quoique chacune des entreprises de culture ne puisse être regardée que comme une très petite manufacture, comme dans un grand pays leur nombre est immense en comparaison de celui de toutes les autres fabriques, elle n'en compose pas moins une très grande portion de l'industrie et de la richesse nationales. Les grands détails dans lesquels je viens d'entrer pour démêler le jeu de tous les ressorts de l'industrie agricole, prouvent assez tout l'intérêt que j'y attache; et certainement, bien faire voir qu'une profession est en même temps très nécessaire et très ingrate, c'est la meilleure manière de prouver qu'il faut la favoriser. Mais nous n'en sommes pas encore là; il ne s'agit pour le moment que de constater les faits, nous en tirerons ensuite des conséquences; et si la première de ces opérations a été bien faite, la seconde ne sera pas difficile. Bornons-nous donc à ces généralités sur l'industrie fabricante et parlons de l'industrie commerçante.

CHAPITRE V

DU CHANGEMENT DE LIEU, OU DE L'INDUSTRIE COMMERÇANTE

L'homme isolé fabriquerait jusqu'à un certain point, car il travaillerait pour lui-même; mais il ne commercerait point, car avec qui aurait-il commerce? Commerce et société sont une seule et même chose; aussi nous avons vu dans le chapitre premier que la société, dès son origine, n'est essentiellement qu'un commerce continuel, qu'une série perpétuelle d'échanges de tous genres, dont nous avons indiqué rapidement les principaux avantages et les prodigieux effets. Il y a donc commerce bien longtemps avant qu'il y ait des commerçants proprement dits. Ceux-ci sont des agents qui le facilitent, qui le servent, mais qui ne le constituent pas. On peut même dire que les échanges qu'ils font en leur qualité de commerçants ne sont que des échanges préparatoires; car l'échange utile n'est consommé, il n'a pleinement atteint son but, que quand la marchandise est passée de celui qui l'a fabriquée à celui qui en a besoin, soit pour la consommer, soit pour en faire le sujet d'une nouvelle fabrication; et celui-là encore doit être regardé dans ce moment comme un consommateur. Le commerçant proprement dit s'interpose entre ces deux hommes (le producteur et le consommateur), mais ce n'est point pour leur nuire. Il n'est ni parasite, ni incommode; au contraire, il facilite les relations, le commerce, la société, car encore une fois tout cela est une seule et même chose entre ce producteur et ce consommateur. Il est donc utile et par conséquent producteur aussi; car nous avons vu, chapitre second, que quiconque est utile est producteur, et qu'il n'y a pas d'autre manière de l'être. Il s'agit actuellement de faire voir comment le commerçant est producteur d'utilité; mais auparavant donnons encore quelques explications préparatoires, qui nous serviront par la suite. Nous n'avons fait voir, dans le chapitre premier, que les avantages généraux de l'échange et ceux du commerce d'homme à homme; rendons sensibles ici ceux du commerce de canton à canton et de pays à pays, et pour cet effet, *prenons pour exemple la France, parce que c'est une contrée très vaste et très connue.

Supposons la nation française seule dans le monde, ou environnée de déserts impossibles à traverser. Elle a des portions de son territoire très fertiles en grains, d'autres plus humides qui ne sont bonnes qu'en pâturages, d'autres formées de coteaux arides qui ne sont propres qu'à la culture des vignes, d'autres enfin plus montagneuses qui ne peuvent guère produire que des bois. Si chacun de ces pays est réduit à lui-même, qu'arrive-t-il? Il est clair que dans le pays à blé, il peut encore subsister un peuple assez nombreux, parce que du moins il a le moyen de satisfaire largement au premier de tous les besoins, la nourriture. Cependant ce besoin n'est pas le seul; il faut le vêtement, le couvert, etc. Ce peuple sera donc obligé de sacrifier en bois, en pâturages, en mauvaises vignes, beaucoup de ces bonnes terres, dont une bien moindre quantité aurait suffi pour lui procurer, par voie d'échange, ce qui lui manque et dont le reste aurait encore nourri beaucoup d'autres hommes, ou servi à mieux approvisionner ceux qui y existent. Ainsi, ce peuple ne sera déjà pas si nombreux que s'il avait eu du commerce; et pourtant il manquera de bien des choses. Cela est encore bien plus vrai de celui qui habite les coteaux propres aux vignes. Celui-là, si même il en a l'industrie, ne fera du vin que pour son usage, n'ayant où le vendre. Il s'épuisera dans des travaux ingrats pour faire produire à ses côtes arides quelques mauvais grains, ne sachant où en acheter; il manquera de tout le reste. Sa population, quoique encore agricole, sera misérable et rare. Dans le pays de marais et de prairies, trop humide pour le blé, trop froid pour le riz, ce sera bien pis; il faudra nécessairement renoncer à cultiver, se réduire à être pasteur, et même ne nourrir d'animaux qu'autant qu'on en peut manger. Il est vrai que dans cette position, ayant des bêtes de somme, de trait, et de selle pour se rendre redoutable, on se fera bientôt brigand comme tous les peuples pasteurs, mais ce sera un mal de plus. Pour le pays de bois, il n'y a de moyen d'y vivre que la chasse, à mesure et autant qu'on y trouve des animaux sauvages, sans songer seulement à amasser leurs peaux; car qu'en ferait-on? Voilà pourtant l'état de la France, si vous supprimez toute correspondance entre ses parties. Une moitié sera sauvage et l'autre mal pourvue.

Supposons au contraire cette correspondance active et facile, quoique toujours sans relations extérieures. Alors la production propre à chaque canton ne sera plus arrêtée par le défaut de débouchés et par la nécessité de

* *Début d'un passage repris des livres XX-XXI du* Commentaire sur l'*Esprit des lois* de Montesquieu.

se livrer, en dépit des localités, à des travaux très ingrats, mais nécessaires faute d'échanges, pour pourvoir par soi-même, tant bien que mal, à tous ses besoins ou du moins aux plus pressants. Le pays de bonne terre produira du blé autant que possible et en enverra au pays de vignobles, qui produira des vins tout autant qu'il trouvera à en vendre. Tous deux approvisionneront le pays de pâturages, où les animaux se multiplieront à proportion du débit, et les hommes à proportion des moyens d'existence que leur procurera ce débit; et ces trois pays réunis alimenteront, jusque dans les montagnes les plus âpres, des habitants industrieux qui leur fourniront des bois et des métaux. On multipliera les lins et les chanvres dans le nord, pour envoyer des toiles dans le midi, qui multipliera ses soieries et ses huiles pour les payer. Les moindres avantages locaux seront mis à profit. Une commune toute en cailloux fournira des pierres à fusil à toutes les autres qui n'en ont pas et ses habitants vivront du produit de cette fourniture. Une autre toute en rochers enverra des meules de moulins dans plusieurs provinces. Un petit pays de sable va produire de la garance pour toutes les teintures. Quelques champs d'une certaine argile donneront de la terre pour toutes les poteries. Les habitants des côtes ne mettront pas de bornes à leurs pêches, pouvant envoyer dans l'intérieur leurs poissons salés : il en sera de même du sel marin, des alcalis des plantes maritimes, des gommes des arbres résineux. On verra naître partout de nouvelles industries, non seulement par l'échange des marchandises, mais encore par la communication des lumières; car si nul pays ne produit tout, nul n'invente tout. Quand on communique, ce qui est connu dans un endroit l'est partout; il est bien plutôt fait d'apprendre ou même de perfectionner que d'inventer. D'ailleurs, c'est le commerce lui-même qui inspire l'envie d'inventer, c'est même sa grande étendue qui seule rend possibles bien des industries. Cependant ces nouveaux arts occupent une foule d'hommes qui ne vivent de leur travail que parce que celui de leurs voisins, étant devenus plus fructueux, peut suffire à les payer. Voilà donc cette même France, tout à l'heure si indigente et si déserte, remplie d'une population nombreuse et bien approvisionnée. Tout cela est uniquement dû au meilleur emploi des avantages de chaque localité et des facultés de chaque individu*, sans qu'il soit nécessaire que la nation française ait fait le moindre profit aux dépens d'aucune autre nation, sans même que cela soit possible, puisque dans l'hypothèse elle est supposée seule au monde. Nous verrons ailleurs ce que l'on doit penser de ces prétendus profits qu'un peuple fait aux dépens d'un autre et comment on doit les apprécier; mais nous pouvons affirmer d'avance

* *Fin du passage repris des livres XX-XXI du* Commentaire sur l'*Esprit des lois* de Montesquieu.

qu'ils sont illusoires ou bien faibles, et que la véritable utilité du commerce extérieur, celle en comparaison de laquelle toutes les autres ne sont rien, c'est d'établir entre les différentes nations les mêmes relations que le commerce intérieur établit entre les différentes parties de la même, de les constituer pour ainsi dire en état de société entre elles, d'agrandir ainsi l'étendue du marché pour toutes, et par là d'accroître encore les avantages du commerce intérieur de chacune.

Ce commerce sans doute peut exister et existe jusqu'à un certain point avant qu'il y ait des commerçants proprement dits, c'est-à-dire des hommes faisant leur état unique de servir le commerce; mais il ne saurait prendre un grand développement sans leur secours. Dès qu'un homme a fabriqué ou possède quelque chose d'utile, il peut à la rigueur l'échanger lui-même et sans intermédiaire contre une autre chose utile que possède un autre homme; mais cela n'est souvent ni aisé, ni commode. Cet autre homme peut n'avoir pas envie de vendre quand on a envie d'acheter; il peut ne vouloir vendre que beaucoup à la fois; il peut ne pas se soucier de ce qu'on a à lui offrir en échange; il peut être très éloigné; on peut même ignorer qu'il a ce que l'on désire. Enfin dans le cours de la vie, on a besoin d'une multitude presque infinie de choses différentes. S'il fallait tirer directement chacune d'elles de son producteur immédiat, on passerait tout son temps en courses et même en voyages lointains dont les inconvénients surpasseraient de beaucoup l'utilité des choses qui en seraient l'objet; il faudrait donc s'en passer.

Le commerçant vient; il tire de tous les pays les choses qui y surabondent, et il y porte celles qui y manquent; il est toujours prêt à acheter quand on veut vendre et à vendre quand on veut acheter; il garde ses marchandises jusqu'à l'instant du besoin; il les détaille s'il le faut; enfin il en débarrasse le producteur qui en est encombré; il les met à la portée du consommateur qui les désire et toutes les relations sont devenues faciles et commodes. Qu'a-t-il fait cependant? En sa qualité de commerçant, il n'a opéré aucun changement de forme, mais il a opéré des changements de lieu, et une grande utilité est produite. En effet, puisque les valeurs sont la mesure du degré d'utilité (voyez le chapitre III), il est manifeste qu'une chose portée de l'endroit où elle est à vil prix et arrivée dans celui où elle se vend cher, a acquis par le transport un degré d'utilité qu'elle n'avait pas.

Je sais que cette explication est si simple qu'elle semble niaise et que tout ceci paraît écrit pour des enfants, car des hommes ne sont pas supposés ignorer des faits si communs et des vérités si triviales. Cependant ces vérités triviales en démontrent une autre très contestée, c'est que quiconque produit de l'utilité est producteur et que le commerçant l'est tout comme ceux à qui on a voulu donner exclusivement ce titre. Maintenant cherchons quelle est pour lui la récompense de l'utilité qu'il a produite.

Si nous examinons l'industrie commerçante, elle nous offre les mêmes aspects que l'industrie fabricante. Là aussi, il y a théorie, application et exécution; et par conséquent trois espèces de travailleurs, le savant, l'entrepreneur et l'ouvrier. Là encore, il est vrai que ceux dont le travail s'applique aux choses les plus nécessaires sont inévitablement les plus mal récompensés; mais ce n'est pas comme dans les entreprises d'agriculture: l'entrepreneur peut augmenter indéfiniment ses spéculations autant que le permet le débit, et compenser ainsi la modicité des bénéfices par l'étendue des affaires. De là vient le proverbe qu'il n'y a point de petit commerce dans une grande ville. Le chef d'une entreprise de commerce salarie aussi tous ceux qu'il emploie; c'est lui qui fait toutes les avances, et il est récompensé de ses peines, de ses frais et de ses risques, par l'augmentation de valeur que son travail a donnée aux choses, augmentation qui fait que ses *ventes surpassent ses achats*; il est vrai que, comme l'entrepreneur de fabrique, il perd au lieu de gagner, si s'étant trompé dans ses spéculations, son travail est infructueux; comme lui encore, il travaille tantôt sur ses propres fonds, tantôt sur ceux qu'il loue; enfin la parité est complète, c'est ce qui me dispense d'entrer dans plus de détails. Il ne s'agit pas encore de discuter les questions délicates, ni d'apprécier le mérite de certaines combinaisons compliquées. Il suffit jusqu'à présent de voir d'un coup d'œil général la marche de la société et le train des affaires. Si nous nous en sommes fait une idée juste, nous verrons bientôt que des choses que l'on croit très savantes ne sont qu'embrouillées par les préjugées et le charlatanisme, et que le plus gros bon sens suffit souvent pour résoudre des difficultés qui paraissent bien embarrassantes quand on n'est pas remonté aux principes. Pour achever de poser nos bases, disons un mot de la monnaie.

CHAPITRE VI

DE LA MONNAIE

J'ai parlé du développement de l'industrie et même de celui du commerce et je n'ai pas dit un mot de la *monnaie*. C'est qu'en effet elle n'est pas plus indispensable au commerce que les commerçants; ils en sont les agents, elle en est l'instrument; mais il peut exister et il existe jusqu'à un certain point avant et sans ces deux secours, quoiqu'ils lui soient très utiles.

Nous avons vu, dans le paragraphe III de l'introduction et dans le chapitre III qui traite des *valeurs*, que toutes les choses utiles ont une valeur déterminée; elles en ont même deux, mais dans ce moment je ne parle que de la valeur conventionnelle ou du prix vénal. Toutes ces valeurs se mesurent les unes par les autres. Quand, pour se procurer une chose quelconque, on est disposé à donner une quantité double d'une autre chose quelle qu'elle soit, il est évident que la première est deux fois plus prisée que la seconde. Ainsi le rapport de leur valeur est fixé et l'on peut échanger et négocier ces deux choses sur ce pied sans avoir recours à une matière intermédiaire. On peut donner du foin pour du blé, du blé pour du bois, un charroi de terre à pots ou à briques pour quelques assiettes ou quelques tuiles, et ainsi de suite. Mais il est évident que cela est très incommode, que cela entraîne des déplacements si pénibles qu'ils rendent impossibles la plupart des affaires; que beaucoup de ces marchandises ne sont pas divisibles de manière à bien correspondre avec les autres; que beaucoup d'entre elles ne sauraient se conserver indéfiniment jusqu'à l'instant où on en peut trouver l'emploi, et que les eût-on conservées, on est encore bien embarrassé s'il se trouve, comme cela doit arriver continuellement, que celle que l'on a n'est pas précisément celle qui convient à celui qui possède celle que l'on désire, ou s'il n'en veut qu'une très petite quantité quand vous avez besoin d'une très grande de la sienne. Au milieu de toutes ces difficultés, le commerce doit donc être extrêmement languissant, et l'industrie aussi par conséquent. Il est bon de s'appesantir un peu sur ces inconvénients, car nous sommes toujours peu frappés de ceux que nous n'avons jamais éprouvés; nous ne les imaginons seulement pas. N'ayant jamais vu un tel ordre de choses, nous n'en avons aucune idée vive; il nous paraît presque chimérique. Cependant il a existé, et vraisemblablement très longtemps, avant celui dont nous nous plaignons encore et même avec raison, quoiqu'il soit beaucoup meilleur.

Heureusement, parmi toutes les choses utiles, il y en a une qui se distingue, ce sont les métaux précieux. Ils sont une marchandise comme une autre, en ce qu'ils ont la valeur nécessaire qui résulte du travail qu'a coûté leur extraction et leur transport, et la valeur vénale que leur donne la possibilité d'en faire des vases et des ornements ou divers meubles et divers instruments; mais ils ont de plus la propriété d'être facilement affinés, de manière que l'on sait très exactement la quantité que l'on en a, et que toutes leurs parties sont similaires, ce qui les rend très comparables et ne laisse pas la crainte qu'elles soient de différentes qualités. En outre, ils sont inaltérables et susceptibles d'être divisés en portions aussi grandes et aussi petites que l'on veut; enfin ils sont faciles à transporter. Ces qualités doivent faire que tout le monde préfère ces métaux à toute autre chose utile, toutes les fois que l'on ne veut que conserver la valeur que l'on possède pendant un temps indéfini, jusqu'au moment du besoin; car toute personne qui a une marchandise sujette à s'avarier, dont la qualité peut être incertaine ou variable, qui est d'un grand encombrement, ou peu susceptible d'être détaillée dans l'occasion, est naturellement disposée à l'échanger contre une autre qui n'a aucun de ces inconvénients. De cette disposition générale, il doit nécessairement résulter que cette marchandise qui a tant d'avantages pour cela devient petit à petit la mesure commune de toutes les autres. C'est aussi ce qui est arrivé partout. Cela paraît singulier quand on ne sait pas pourquoi, et inévitable quand on en voit les causes. Il en est de même dans tous les genres. Dès qu'une chose est, soyez sûr qu'il y a des raisons victorieuses pour qu'elle soit, ce qui ne veut pourtant pas dire qu'on ne puisse pas par la suite découvrir des raisons plus fortes pour qu'elle ne soit plus. Mais ici ce n'est pas le cas. Les métaux précieux, une fois devenus mesure commune et générale, type universel de tous les échanges, acquièrent encore un avantage qu'ils n'avaient pas auparavant; c'est d'abord d'avoir une valeur vénale plus forte puisqu'ils acquièrent un nouveau genre d'utilité (mais cela ne ferait rien pour l'objet qui nous occupe); c'est ensuite que leur valeur vénale, leur prix, devient plus constant que celui d'aucune autre marchandise. Étant constamment demandés en tous lieux et en toute occasion, ils ne sont pas sujets aux variations qu'éprouve une chose tantôt recherchée, tantôt repoussée. D'ailleurs ils ne dépendent point de l'inconstance des saisons et très peu de celle des événements; leur quantité totale ne change que par des causes lentes et rares; ils sont donc chaque jour plus confirmés dans leur possession d'être la mesure commune des échanges. Cependant ils ne sont pas encore *monnaie*; on ne les transmet encore qu'en barres ou en lingots, et à chaque changement de main il faut les essayer et les peser; c'est un embarras.

Quand la société est un peu plus perfectionnée, l'autorité compétente intervient pour donner à ce moyen d'échanges un degré de commodité de plus. Elle partage ces métaux en portions adaptées aux usages les plus ordinaires; elle leur imprime une marque qui en constate le poids total, et dans ce poids la quantité de matière étrangère qu'il a été convenable d'y laisser pour la facilité de la fabrication, mais qu'il ne faut pas compter pour valeur réelle. C'est ce que l'on appelle le *poids* et le *titre*. Dans cet état, les métaux sont devenus complètement monnaie, et l'autorité a fait un bien en leur donnant ce caractère. Nous verrons par la suite qu'elle n'a fait que trop souvent du mal par d'autres actes de sa puissance dans ce genre.

*Cette courte explication de la nature de la monnaie nous montre d'abord qu'il ne peut y avoir qu'un métal qui soit réellement *monnaie*, c'est-à-dire à la valeur duquel on rapporte toutes les autres valeurs; car dans tout calcul il ne peut y avoir qu'une espèce d'unité qui serve de base. Ce métal, c'est l'argent, parce que c'est celui qui se prête le mieux au plus grand nombre de subdivisions dont on a besoin dans les échanges : l'or est trop rare, les autres métaux sont trop communs.

L'or cependant vient secourir l'argent pour le paiement des sommes les plus fortes, comme le feraient les pierres précieuses si elles étaient divisibles sans perdre de leur valeur. Mais ce n'est que subsidiairement qu'on s'en sert, ce n'est qu'en rapportant la valeur de l'or à celle de l'argent. La proportion en Europe est à peu près de quinze ou seize à un; mais elle varie comme toutes les autres proportions de valeurs, suivant les demandes. À la Chine, elle est ordinairement de douze ou treize à un, tandis que dans l'Indoustan au contraire elle est, dit-on, environ de dix-huit ou vingt à un; ce qui fait qu'il y a du profit à porter de l'argent à la Chine, parce que pour douze onces d'argent vous avez une once d'or, qui de retour en Europe vaut quinze onces d'argent, et ainsi vous en avez gagné trois; et au contraire, il y a profit à porter de l'or dans l'Indoustan, parce que pour une once d'or vous y en avez dix-huit d'argent, et ainsi vous avez encore gagné trois onces de ce dernier métal. Les autorités politiques peuvent bien cependant frapper de la monnaie d'or et en fixer la proportion avec celle de l'argent, c'est-à-

* *Début d'un passage repris du livre XXII du* Commentaire sur l'*Esprit des lois* de Montesquieu.

dire statuer que toutes les fois qu'il n'y aura pas de stipulations contraires, on recevra indifféremment une once d'or ou quinze ou seize onces d'argent. C'est comme elles établissent que dans les actions judiciaires, quand il y a des sommes qui doivent porter un intérêt qui n'a pas pu être stipulé par les parties, cet intérêt sera de tant pour cent. Mais elles ne peuvent ou du moins elles ne doivent pas plus empêcher les particuliers de régler entre eux la quantité d'or qu'ils veulent donner ou recevoir pour une certaine quantité d'argent, que de déterminer de gré à gré le taux de l'intérêt de la somme qu'ils prêtent ou qu'ils empruntent. Aussi c'est ainsi que ces deux choses se font toujours dans les grandes opérations du commerce, même en dépit de toute loi contraire, parce que sans cela les affaires ne se feraient pas.

Quant à la monnaie de cuivre ou de billon[a], partout où il y en a une d'argent, ce n'est point une véritable monnaie; c'en est une fausse. Si elle contenait la quantité de cuivre suffisante pour qu'elle valût réellement la quantité d'argent à laquelle on l'a fait correspondre, elle serait cinq ou six fois plus pesante qu'elle n'est, ce qui la rendrait fort incommode. Encore cette proportion varierait-elle comme celle de l'or, et plus fréquemment, à cause des usages multipliés auxquels on emploie le cuivre. Ainsi la monnaie de cuivre ne vaut que par la quantité d'argent qu'on est convenu de donner en troc. Aussi elle ne doit servir que pour faciliter de petits appoints dans lesquels cette exagération de valeur est de nulle importance, parce que le moment d'après on la donne sur le même pied en lui faisant remplir la même fonction. Mais quand on autorise, comme cela est arrivé quelquefois, à payer de grosses sommes en monnaie de cuivre, c'est fortement léser celui qui la reçoit, parce qu'il ne peut jamais trouver de gré à gré à réaliser ces grandes masses en argent pour leur valeur nominale, mais seulement pour leur valeur réelle qui est cinq à six fois moindre*. Concluons donc qu'il ne peut jamais y avoir qu'un seul métal qui soit le terme commun de comparaison auquel on rapporte toutes les valeurs, et que ce métal c'est l'argent.

Puisque l'utilité de l'empreinte qui fait d'un morceau de métal une pièce de monnaie est d'en constater le titre et le poids, on voit encore qu'il était fort superflu d'inventer pour faire nos comptes, des monnaies imaginaires telles que livres, sous et deniers et autres de ce genre que

a. Le billon est un mélange de beaucoup de cuivre et de si peu d'argent que l'extraction n'en vaudrait pas les frais.

* *Fin du passage repris du livre XXII du* Commentaire sur l'*Esprit des lois* de Montesquieu.

pourtant on appelle *monnaies de compte*[a]. Il aurait été beaucoup plus clair de dire une pièce d'une once, d'une demi-once, d'un gros, d'un grain d'argent, qu'une pièce de six livres, de trois livres, de douze sous ou de quinze sous. On aurait toujours su de quelle quantité d'argent on voulait parler. Cette idée se présente si naturellement que je suis porté à croire qu'elle aurait prévalu si toutes les monnaies eussent été au même titre. Mais comme leur degré de pureté a toujours été très différent, on a peut-être voulu se ménager un moyen d'exprimer que telle once d'argent vaut un sixième de plus que telle autre, en disant que l'une vaut six livres et l'autre cinq. Peut-être aussi l'expression dont je parle a-t-elle été rejetée précisément parce qu'elle était trop claire; car ceux qui se sont mêlés de ces matières ont toujours voulu qu'on n'y entendît rien, et ils ont eu leurs bonnes raisons pour cela : nous en verrons bien des preuves.

Quoi qu'il en soit, une fois que ces dénominations arbitraires sont admises et qu'on s'en est servi dans toutes les obligations contractées, il faut bien se garder d'y rien changer; car quand j'ai reçu trente mille livres et que j'ai promis de les rendre dans tel temps, si dans l'intervalle le gouvernement vient à dire que la quantité d'argent qu'on appelait trois livres s'appellera six, ou, ce qui est la même chose, s'il fait des écus de six livres qui ne contiennent pas plus d'argent que n'en contenaient les écus de trois, moi qui paie avec ces nouveaux écus, je ne rends réellement que la moitié de l'argent que j'ai reçu. C'est aussi la facilité que le législateur obéré veut se donner vis-à-vis de ses nombreux créanciers, et c'est pour la voiler et la déguiser qu'il me la donne vis-à-vis des miens et vis-à-vis de lui-même, si par hasard je suis son débiteur. Il est vrai qu'il sait bien qu'il n'en a guère; mais cela a un air de généralité et de réciprocité qui ressemble à l'équité et qui éblouit. Malgré ces prestiges, tranchons le mot, c'est là permettre à tout le monde de voler pour pouvoir voler soi-même; et c'est, il faut l'avouer, ce que presque tous les gouvernements ont fait si souvent, avec tant d'audace et si peu de mesure que, par exemple, ce que l'on appelle actuellement en France une *livre*, et qui était réellement autrefois une livre d'argent de douze onces, en est à peine la quatre-vingt-unième partie aujourd'hui que le marc vaut cinquante-quatre livres. Donc à différentes fois on a volé quatre-vingts quatre-vingt-unièmes de ce que l'on devait; et s'il existe encore une rente perpétuelle d'*une livre* constituée dans ces temps anciens pour *vingt livres* reçues, on l'acquitte aujourd'hui avec la quatre-vingt-unième partie de ce qu'on a promis originairement et de ce qu'on doit loyalement. Si actuellement il ne subsiste guère de ces rentes,

a. Plusieurs de ces dénominations ont été originellement des noms de monnaies réelles, comme louis, écus et ducats.

c'est qu'elles ont toutes été successivement remboursées de la même manière qu'on en sert aujourd'hui les intérêts. Ce qu'il y a de plus affreux dans une telle iniquité légale, c'est que ce n'est pas seulement permettre l'injustice, c'est l'ordonner, c'est y contraindre; car à moins de circonstances rares, le particulier le plus probe est obligé de profiter de l'odieuse faculté qu'on lui donne, puisque tout le monde en usant vis-à-vis de lui, il serait bientôt ruiné et même insolvable. Ainsi il n'a que le choix entre deux banqueroutes; et il doit se décider pour celle que la loi autorise.

Nous ne suivrons pas plus loin les effets moraux de pareilles lois; ce n'est pas ici le lieu, et d'ailleurs ils sont assez sensibles. Quant à leurs effets économiques, les voici. Premièrement, tous les créanciers que l'on rembourse sont subitement appauvris, et tous les débiteurs, y compris le gouvernement, sont enrichis de leurs pertes. Ainsi c'est une levée extraordinaire d'argent sur une seule classe de citoyens, laquelle est même très inégalement répartie entre eux et est augmentée encore inutilement de toute la portion dont profitent d'autres citoyens qui se trouvent dans une position semblable à celle du gouvernement, de qui les intérêts apparents sont le motif de la mesure.

Secondement, tous les créanciers à qui on ne rembourse pas actuellement leurs capitaux, sont appauvris de même, parce qu'on leur en dessert la rente avec la même valeur nominale, mais avec une valeur réelle moindre. Ici la thèse change pour le gouvernement. Il est du nombre de ces créanciers frustrés pour tout ce qu'il reçoit d'impôts annuels; car on les lui paie avec la même quantité de monnaie, mais avec moitié moins d'argent effectif, s'il a diminué de moitié la valeur de cette monnaie. À la vérité, comme il a la force en main, il double bientôt les impôts existants, et par là il se croit au pair et avoir en pur gain ce qu'il a évité de payer.

Cependant il n'en est pas ainsi; car le troisième effet de cette opération est de faire craindre à tout moment qu'elle ne recommence et qu'on ne puisse plus s'assurer sur la foi jurée; de jeter par là de l'inquiétude dans toute les relations et par suite de diminuer considérablement toutes les spéculations industrielles et commerciales. Ainsi le public souffre, la richesse nationale est diminuée et une grande partie des impôts tombe en non-valeur; car le travail qui les payait est diminué, et qui ne gagne rien ne peut rien donner. De plus, le gouvernement a toujours besoin qu'on lui fasse beaucoup de fournitures et d'avances qu'il ne saurait exiger de force. Les prix en sont doublés, si la valeur de la monnaie est diminuée de moitié. Cela est tout simple. Mais en outre, tout est devenu cher et rare; et de plus, pour se déterminer à traiter avec lui, on lui fait payer encore la crainte qu'il ne manque de foi une seconde fois. Ainsi ses dépenses sont augmentées dans une plus grande proportion que ses revenus, même après qu'il a doublé les impôts.

En dernier résultat, il a fait un vol qui a causé beaucoup plus de mal qu'il ne lui a produit de bien. C'est pourtant là ce qui a été longtemps regardé très généralement comme une savante opération de finances. C'est bien ici le lieu d'admirer comme les hommes sont dupes des mots. À la honte de l'esprit humain, il eût peut-être suffi, pour les garantir d'une telle illusion, que les pièces de monnaie eussent été, comme nous l'avons dit, désignées seulement par leur poids, au lieu de porter des noms insignifiants. Il est vraisemblable qu'alors on eût vu qu'une demi-once ne peut jamais devenir une once.

Cependant, en vérité, cela devient douteux quand on voit des prestiges aussi grossiers et plus funestes que ceux-ci réussir encore auprès de bien des gens, ou du moins n'être qu'imparfaitement démêlés. Cette réflexion nous amène directement aux papiers-monnaie dont l'Europe est inondée au moment où nous parlons (en 1810) et auxquels on a toujours recours, malgré l'expérience constante de leurs effets inévitables.

Pour défendre une injustice, il faut toujours s'appuyer sur une erreur; c'est une règle universelle. Ceux qui ont voulu frustrer leurs créanciers d'une partie de l'argent qu'ils leur devaient, en diminuant la quantité d'argent contenue dans les monnaies avec lesquelles ils comptaient les payer, ont tous prétendu que l'argent n'a aucune valeur par lui-même, vu qu'on ne le boit ni ne le mange; qu'il n'est que le signe des valeurs réelles; que c'est l'empreinte du monarque qui lui donne cette qualité de signe, et qu'ainsi il est indifférent qu'elle soit appliquée sur une plus ou moins grande quantité de métal. On aurait pu leur répondre: *Si l'argent n'a aucune valeur, pourquoi donc retenez-vous celui que vous devez? Vous n'en avez que faire. Donnez-nous le d'abord; puis vous mettrez votre empreinte sur des morceaux de bois si vous voulez, et vous verrez l'effet qu'elle fera*. Il ne semble pas qu'il fallût être bien habile pour trouver cette réponse accablante; cependant elle n'a point été faite, parce qu'il n'était pas aussi aisé de prouver directement que l'argent, comme toutes les choses utiles, a une valeur propre et nécessaire : même, pour le démontrer invinciblement, il fallait remonter, comme nous avons fait et comme peut-être on ne l'a jamais fait, jusqu'à la cause première et unique de toute valeur, le travail.

Cette balourdise (il faut bien appeler les choses par leur nom) que l'argent n'est que *signe* s'est donc soutenue, et on la répète encore tous les jours. Maints écrivains ne donnent pas d'autre nom à l'argent; et des gens qui se croient des historiens et des politiques vous rendent compte gravement du système de Law et le discutent à perte de vue, sans s'apercevoir après cent ans de réflexions que c'est uniquement là-dessus qu'il était fondé et que tout le reste ne consiste que dans des accessoires imaginés pour masquer ce fonds[a]. Le beau principe dont il s'agit n'est donc ni abandonné ni proscrit. Si l'on ne s'en prévaut plus guère pour altérer les monnaies, ce n'est pas que l'on en ait honte, c'est qu'on a trouvé le moyen d'en faire une application plus complète. Car enfin dans la plus fausse monnaie, il reste toujours un peu d'argent. Dans ce qu'on y substitue actuellement il n'y en a pas du tout, c'est encore mieux. On n'a pas suivi le conseil que nous donnions tout à l'heure de mettre l'empreinte du prince sur des morceaux de bois. On la met sur du papier, cela revient au même. Les relations multipliées de la société perfectionnée ont suggéré cette idée et servent encore à masquer la fraude. Expliquons ceci.

Le papier, comme toute autre chose, n'a de valeur nécessaire que ce qu'il en coûte pour le fabriquer, et n'a de valeur vénale que son prix dans la boutique comme papier. Quand je tiens un billet, une obligation quelconque d'un homme solvable, de me payer à vue cent onces d'argent, ce papier n'a que la valeur réelle d'une feuille de papier. Il n'a point celle de cent onces d'argent qu'il me promet. Il n'est pour moi que le signe que je recevrai ces cent onces d'argent quand je voudrai. À la vérité, quand ce signe est d'une certitude indubitable, je ne suis point inquiet de le réaliser. Je pourrais même, sans prendre cette peine, le passer de gré à gré à une autre personne qui sera aussi tranquille que moi et qui même aimera mieux le signe que la chose signifiée, parce qu'il est moins lourd et plus transportable. Nous n'avons réellement encore ni l'un ni l'autre aucune valeur (je compte pour rien celle de la feuille de papier); mais nous sommes aussi sûrs d'en avoir quand nous voudrons, que nous sommes sûrs, avec de l'argent, d'avoir à dîner quand nous aurons faim; c'est ce qui nous fait dire à tous deux que ce papier est la même chose que de l'argent. Cependant cela n'est pas exact, car le papier ne fait que promettre, et l'argent seul vaut par lui-même.

Partant de cette équivoque, le gouvernement vient, qui dit: *Vous convenez tous que le papier d'un homme riche vaut de l'argent. Le mien, à bien plus forte raison, doit avoir la même propriété, car je suis plus riche qu'aucun particulier, et de plus vous avouez que c'est mon empreinte seule qui donne à l'argent la qualité de signe de toute les valeurs. Ma signature communique à ce papier la même vertu, ainsi il est à tous égards une véritable monnaie*. Par surcroît de précaution, on ne manque jamais d'inventions pour prouver que le papier que l'on va émettre représente réelle-

a. C'est ce qui fait que Law lui-même, quand l'abbé Terrasson lui proposa de rembourser la religion catholique avec son papier, lui répondit : *Le clergé romain n'est pas si bête.*

ment des valeurs immenses. On l'hypothèque tantôt sur une masse très considérable de biens domaniaux, tantôt sur les profits d'une compagnie de commerce qui doit avoir des succès prodigieux, tantôt sur les fonds d'une caisse d'amortissement qui ne peut manquer de produire des effets merveilleux, tantôt sur tout cela ensemble. Pressés par des arguments si solides, tous ceux qui espèrent que cette opération mettra l'autorité à même de leur faire des dons, et tous ses créanciers actuels, qui craignent sans cet expédient de n'être pas payés du tout, qui espèrent avoir ces papiers des premiers et s'en défaire bien vite avant qu'il ne soit discrédité, et qui d'ailleurs comptent bien, s'ils y perdent quelque chose, s'en dédommager amplement dans les affaires subséquentes, ne manquent pas de dire qu'ils sont pleinement convaincus que ce papier est excellent; que c'est une invention admirable qui sera le salut de l'État; qu'ils sont tout prêts à le prendre; qu'ils l'aiment autant que de l'argent; que leur seul embarras serait s'ils rencontraient des esprits revêches et défiants comme il y en a toujours, qui ne voulussent pas le recevoir; que pour prévenir cet inconvénient, il faudrait ordonner à tout le monde de faire comme eux, et qu'alors toutes les difficultés seraient évanouies. Le public même, prévenu par tant de sophismes qui reçoivent de si nombreuses approbations, goûte d'abord la mesure, la désire, et se persuade qu'il faut être absurde ou mal intentionné pour ne la pas approuver. Ainsi l'on fait du véritable *papier-monnaie*, c'est-à-dire du papier que tout le monde a le droit de donner et est obligé de prendre comme de la bonne monnaie, et l'on ne s'aperçoit pas que c'est précisément cette violence à laquelle on s'est porté pour rendre ce papier meilleur qui le vicie radicalement.

En effet, l'autorité, qui ne l'a créé que pour se libérer, en fait d'abord assez pour éteindre toutes ses dettes. Il est ordonné de le recevoir; on y est disposé, il se répand avec facilité, il est dans toutes les mains concurremment avec l'argent; il paraît même dans le premier moment accroître l'activité du commerce en multipliant les capitaux. D'ailleurs on ne l'emploie que dans les gros paiements et dans les placements de fonds. Ainsi le service journalier et cette multitude infinie de petits échanges qui constituent la marche habituelle de la société se font comme à l'ordinaire; tout le monde est content.

Ensuite la même autorité use du même moyen pour ses dépenses ordinaires; elle y met nécessairement moins d'économie, se sentant des ressources toujours prêtes; elle s'embarque dans des entreprises soit de guerre, soit de politique, soit d'administration, auxquelles elle n'aurait pas osé songer, sentant bien qu'elles auraient dépassé ses forces sans cette facilité. Le papier se multiplie donc extrêmement. Les fournisseurs du gouvernement sont les premiers à dire que tout est très renchéri, qu'il leur faut des prix beaucoup plus forts; ils se gardent bien d'avouer que c'est parce que promesse ne vaut pas argent et que la promesse commence à paraître douteuse; ils attribuent ce fait, dont ils paraissent surpris, à un encombrement momentané qu'il sera aisé de faire disparaître en ralentissant tous les paiements, excepté le leur; aux intrigues d'un parti de mécontents qu'il faut subjuguer; à la malveillance des étrangers qui, pour nous embarrasser, ne veulent traiter avec eux que l'argent à la main pour les objets qu'ils sont obligés de tirer d'eux. Il est impossible de ne pas se rendre à des si bonnes raisons et surtout à la nécessité : les dépenses augmentent donc prodigieusement, et le papier de même.

On le reçoit toujours, car on y est forcé; mais tout le monde en demande beaucoup plus pour les mêmes choses. Bientôt il s'établit une proportion avouée entre le papier et l'argent. Elle devient si désavantageuse au papier que les salariés, les rentiers, les propriétaires de biens affermés que l'on paie dans cette monnaie sont très grevés. On augmente les premiers, et particulièrement tous les employés du gouvernement qui en est d'autant plus chargé; les autres souffrent horriblement. À cette époque de la dépréciation du papier, le gouvernement éprouve déjà sur ses impôts la même perte que les particuliers sur leurs rentes et leurs fermages; cela le gêne; mais ce n'est pas le moment d'augmenter les charges publiques. Il lui est aisé de faire du papier pour combler le déficit qu'il éprouve; il préfère ce moyen. De là une nouvelle cause d'émission et de dépréciation.

La différence entre le papier et l'argent croissant progressivement, on n'ose plus faire aucun crédit ni aucun prêt; on n'ose plus même acheter pour revendre, parce qu'on ne sait à quel prix on pourra revendre; tout commerce languit. La proportion ou plutôt la disproportion augmentant toujours, elle arrive au point que les transactions journalières pour les choses de première nécessité, qui ne comportent que de petites sommes qui se paient en argent, deviennent impossibles; car on aimerait autant donner cent francs de papier que vingt-cinq de monnaie; et par la même raison, si vous devez douze francs, personne ne voudra vous rendre sur un billet de cent francs. Tout le monde crie et se plaint. Les querelles sont interminables puisque les deux parties ont raison. On croit remédier à ce mal en faisant des billets pour les plus petites sommes, et on en fait[a], mais on y gagne rien; car de ce moment on ne voit plus un écu; et dès que les choses les plus usuelles se paient en papier, elles montent à un prix proportionné au discrédit du papier, c'est-à-dire tel que personne n'y peut atteindre. On est

a. Nous en avons vu jusqu'à cinq sous. On juge bien s'il était possible de les surveiller et si les trois quarts n'étaient pas faux.

donc inévitablement forcé d'en venir à taxer d'autorité toutes les denrées nécessaires.

Alors il n'y a plus de société, mais un brigandage universel; tout est fraude ou supplice. Le gouvernement frappe des réquisitions partout, et le peuple pille; car il n'y a que la violence qui puisse obliger de vendre à perte ou de se dessaisir de choses dont on craint de manquer soi-même bientôt. En effet tout manque; car personne ne fait de nouvelles provisions ni de nouvelles fabrications, de peur d'éprouver de nouvelles spoliations. Tous les métiers sont abandonnés. Il ne s'agit plus de songer à vivre du produit d'une industrie réglée; chacun subsiste de ce qu'il peut cacher ou de ce qu'il peut attraper comme en pays ennemi. Les plus dénués meurent en foule. On peut dire dans le sens le plus strict que la société est dissoute, car il n'y a presque plus d'échanges libres.

Il n'est plus besoin alors de s'occuper de petits billets, car les plus forts suffisent à peine pour les plus petites sommes. Nous avons vu payer une paire de souliers trois mille francs, et être très heureux de l'obtenir en secret à ce prix; car la force peut bien obliger à la donner pour rien quand elle existe, mais elle ne peut pas contraindre à la faire. Arrivé à ce point, il faut au contraire que le gouvernement donne une valeur nominale très forte à chaque feuille de son papier, non pas seulement pour qu'elle soit de quelque usage, mais pour qu'à lui-même elle lui représente un peu plus de valeur réelle qu'il ne lui en coûte pour la fabriquer. C'est ce qui a fait qu'en France, dans les derniers temps du papier-monnaie, on s'est avisé de faire des mandats qui n'étaient que des assignats d'une forme nouvelle, mais auxquels on avait attribué une valeur centuple de celle des autres, sans quoi ils n'auraient pas valu leur prix de fabrication. Ainsi on en était venu au point qu'un billet de cent francs assignats, par exemple, n'avait effectivement pas la valeur réelle de la feuille de papier sur laquelle il était écrit et qu'il aurait mieux valu, pour celui qui la recevait, qu'on la lui donnât toute blanche, ou plutôt qu'on lui donnât le prix qu'elle avait coûté[a].

Un tel fait paraît incroyable, cependant nous en avons tous été témoins; et il prouve bien deux vérités importantes : l'une, que quand on veut aller contre la nature des choses, on est inévitablement poussé aux extrémités les plus monstrueuses; l'autre, qu'il est aussi impossible de donner aux choses une valeur réelle qu'elles n'ont pas, que d'ôter à aucune d'elles la valeur naturelle et nécessaire qu'elles ont, laquelle consiste, on ne saurait trop le répéter, dans le prix du travail que coûte leur production.

a. Il est vrai que ces mandats ont été la fin de tout, qu'ils n'ont duré que peu de jours et qu'ils n'ont jamais eu un cours réel; car la crainte d'aucun supplice ne pouvait plus déterminer personne à les prendre pour aucun prix.

En vain dirait-on qu'on peut user du *papier-monnaie* sans en abuser à cet excès. L'expérience constante prouve le contraire ; et indépendamment de l'expérience, le raisonnement démontre que dès qu'on en a abusé, on est forcé d'en abuser toujours davantage, et qu'on ne le fait *monnaie*, c'est-à-dire ayant un cours forcé, que pour en abuser. Car quand vous lui laissez un cours libre, le moment où la crainte que vous ne puissiez pas remplir vos engagements fait qu'on répugne à le recevoir, vous montre le moment où effectivement vous commencez à prendre des engagements au-dessus de vos forces, c'est-à-dire à abuser. Quand vous lui donnez un cours forcé, c'est que vous ne voulez pas être averti de ce moment et que vous êtes déterminé à passer outre, c'est-à-dire à prendre des engagements que vous ne pouvez remplir. En un mot, quand votre papier est bon, il est inutile d'obliger à le recevoir ; quand il est mauvais, il est inique et absurde de forcer à le prendre pour bon. On ne répondra jamais rien de solide à ce dilemme. Mirabeau a donc eu grande raison de dire cette phrase célèbre qu'il a trop oubliée depuis : *Tout papier-monnaie est une orgie du despotisme en délire*.

On a vu que les suites de ce délire sont encore bien plus funestes que celles de l'altération des monnaies. La raison en est simple. Cette altération, quand elle ne se répète pas, n'a qu'un effet momentané dont beaucoup de personnes souffrent comme d'une grêle et dont d'autres profitent comme d'une aubaine. Mais tout reprend bientôt son cours ordinaire. Au contraire, la dépréciation graduelle du papier-monnaie, pendant tout le temps qu'il dure, fait l'effet d'un nombre infini d'altérations successives continuées jusqu'à l'annihilation totale ; et pendant tout ce temps, personne ne sachant sur quoi compter, la marche de la société est tout à fait intervertie. Ajoutez à cela que l'on fait toujours du papier pour de bien plus grandes sommes que l'on ne frappe de la monnaie même mauvaise. Ainsi le mal est encore beaucoup plus grand.

Concluons que le *papier-monnaie* est la plus coupable et la plus funeste de toutes les banqueroutes frauduleuses ; que l'altération des *monnaies métalliques* vient ensuite ; et que quand un gouvernement est assez malheureux pour ne pouvoir plus remplir ses engagements, il n'a rien de mieux à faire qu'à déclarer franchement sa faillite, et composer loyalement avec ses créanciers comme un négociant imprudent mais honnête. Le mal est beaucoup moindre, la réputation reste et la confiance renaît bientôt ; trois avantages inappréciables. Partout où il y a candeur et probité, il y a du remède au malheur. C'est un de ces points nombreux par lesquels l'*économie* et la *morale* se rejoignent, et qui font qu'elles ne sont que des parties différentes du même sujet, l'histoire de celle de nos facultés intellectuelles que nous appelons *la volonté*.

Après avoir ainsi parlé de l'argent, de ses usages, de sa valeur réelle, du danger de prétendre le remplacer par des valeurs fictives, il convient de nous occuper un moment de ce que l'on appelle l'*intérêt de l'argent*. Ce sujet, comme beaucoup d'autres, serait bien simple si l'on n'avait pas cherché souvent à l'embrouiller, et si on ne l'avait jamais traité qu'après les préliminaires dont nous l'avons fait précéder.

Puisqu'on loue des chevaux, un carrosse, des meubles, une maison, des terres, en un mot tout ce qui est utile et a une valeur, on peut bien louer de même l'argent qui est utile aussi, qui a aussi une valeur, et que l'on échange tous les jours contre toutes ces choses. Ce loyer de l'argent est ce que l'on nomme *intérêt*. Il est aussi légitime que tout autre loyer : il doit être tout aussi libre. Il n'y a pas plus de raison pour que l'autorité en détermine le taux que pour qu'elle fixe le prix du bail d'une maison ou d'une ferme. Ce principe est si évident qu'il n'aurait jamais dû souffrir la moindre difficulté.

Il y a pourtant ce que l'on appelle *l'intérêt légal*. C'est lui que les tribunaux adjugent lors des actions judiciaires, dans les cas où les parties n'ont pas pu en convenir et où pourtant il est juste que le débiteur en paie un quelconque. Il faut bien que la loi l'ait déterminé d'avance. Il ne doit être ni trop fort ni trop faible ; pas trop fort afin que le débiteur de bonne foi qui a voulu se libérer, mais que quelques circonstances étrangères à lui en ont empêché, ne soit pas grevé pour avoir été obligé de garder son argent ; pas trop faible pour que le débiteur de mauvaise foi qui a cherché des chicanes pour différer de payer ne gagne pas à avoir conservé la disposition de ses fonds. En un mot, il faut tâcher qu'il soit tel que ni le créancier ni le débiteur ne soient lésés. Pour cela il faut que la loi le fixe comme il est à présumer que les parties en fussent convenues, c'est-à-dire conformément au taux le plus ordinaire dans des circonstances analogues. Mais encore une fois, cet *intérêt légal* ne doit être d'aucune considération toutes les fois que les parties ont pu faire elles-mêmes leurs conventions. L'autorité publique ne doit jamais intervenir dans les transactions particulières que pour en assurer l'exécution et pour porter son appui à la fidélité aux engagements.

Il est pourtant vrai qu'il est de l'intérêt de la société en général que le loyer de l'argent soit bas ; premièrement, parce que toutes les rentes que des hommes industrieux paient à des capitalistes sont autant de fonds enlevés à la classe laborieuse au profit des oisifs ; secondement, parce que quand ces rentes sont fortes, elles enlèvent une si grande partie des bénéfices des entreprises industrielles que beaucoup deviennent impossibles ; troisièmement, parce que plus ces rentes sont fortes, plus il y a de gens qui en vivent sans rien faire. Mais tout cela ne fait pas qu'il faille fixer d'autorité le taux de l'intérêt ; car nous avons déjà vu que la société a absolument les mêmes motifs pour désirer que les fermages des terres soient à très bon marché[a], et cependant personne n'a jamais proposé de déclarer usuraires et illicites les baux de ferme qui passeraient un certain prix. D'ailleurs, fixer le taux de l'intérêt n'est pas un moyen de le diminuer; au contraire, c'est seulement inviter en quelque sorte à la dissimulation; car le prêteur se fera toujours payer le plus qu'il pourra la jouissance de ses capitaux; il voudra encore être indemnisé du risque qu'il court en éludant une loi imprudente et même injuste. Le seul moyen de diminuer le prix de l'intérêt de l'argent est de faire que la masse de la nation soit riche; qu'ainsi il y ait beaucoup de fonds à placer, et que pourtant les gens industrieux aient peu besoin d'emprunter.

Au lieu de fixer le taux de l'intérêt, on pourrait peut-être étendre à ce genre de conventions le principe de la *lésion d'outre-moitié* qui, dans certains cas, autorise la résiliation des engagements contractés; mais l'application de ce principe serait souvent très embarrassante en matière de prêt. Il faudrait avoir égard à beaucoup de circonstances difficiles à évaluer, et nommément au degré de danger qu'a couru le prêteur en se dessaisissant de ses fonds. Au moins voudrais-je, dans cette supposition, qu'à plus forte raison les fermages fussent compris sous la même règle; car là il n'y a pas le risque que l'on emporte le fonds; mais je préférerais toujours qu'on laissât les particuliers entièrement libres de leurs conventions.

Pour terminer le chapitre des monnaies et de tout ce qui y a rapport, il nous reste à dire un mot du *change* et de la *banque*; ce sont deux choses très distinctes qui se trouvent souvent mêlées; examinons-les séparément.

Le change, ou le service du changeur, est une opération des plus simples; c'est de troquer une monnaie contre une autre quand on le lui demande. Il ne faut que savoir combien chacune des deux contient d'or ou

a. L'agriculture n'est nulle part aussi florissante et croissante que dans ces pays où ces fermages sont encore nuls, parce qu'il y a encore des terres n'appartenant à personne; car alors tout le produit de ces terres est à celui qui les cultive. Voyez les contrées de l'ouest des États-Unis de l'Amérique.

Cela doit nous apprendre à apprécier la sagacité de ces profonds politiques qui prétendent qu'il est très avantageux à une nation que ses biens-fonds se vendent très cher, parce que, disent-ils, il s'ensuit que son sol, qui est une très grande partie de son capital, a une très grande valeur. Ils ne se doutent pas de la question.

Cependant il y a deux manières d'entendre ce mot *très cher*. Veut-on dire qu'il est désirable que la terre se vende cher, à proportion de la rente qu'on en peut tirer? Cela est vrai; car cela prouve que l'intérêt de l'argent est bas et qu'ainsi l'oisif enlève peu au travailleur.

Mais veut-on dire qu'il est bon qu'un arpent de terre se paie cher aussi à proportion de ce qu'il peut produire? Cela est faux; car ce prix est autant d'enlevé à celui qui va exploiter cet arpent. Ainsi c'est dire qu'il est avantageux d'enlever à cet homme utile une partie de ses moyens et de rendre souvent son entreprise impossible en en augmentant les frais. L'expérience et la raison déposent également contre cette méprise.

d'argent pur, en rendre la même quantité qu'il en reçoit, et prendre un salaire convenu pour le prix du petit service qu'il rend. Ou bien il s'agit de troquer des lingots contre une monnaie quelconque. C'est encore exactement la même chose; il faut seulement en outre mettre en ligne de compte le petit accroissement de valeur que donne au métal la qualité de monnaie qui lui est imprimée par l'effigie ou le sceau du souverain. Si le titre des métaux était aussi aisé à constater que leur poids, l'intérêt personnel le plus inventif pour pêcher en eau trouble ne pourrait parvenir à répandre la moindre obscurité sur une pareille transaction; et malgré cette petite difficulté de l'essai, elle reste encore assez claire quand rien ne s'y mêle, parce qu'enfin les deux choses à changer sont en présence. Il ne s'agit que de les évaluer toutes deux et de troquer; mais l'opération du changeur se complique souvent avec celle du banquier; expliquons d'abord celle-ci.

La fonction du banquier est de vous faire toucher dans une autre ville l'argent que vous lui remettez dans celle où vous êtes. Il vous rend service en cela; car si vous avez besoin de votre argent dans cette autre ville, soit pour y payer des dettes, soit pour l'y dépenser, il faut que vous l'y envoyiez ou que vous l'y portiez, et cela entraîne des frais et des risques. Le banquier qui y a un correspondant vous donne pour lui un billet appelé *lettre de change*, en vertu duquel ce correspondant vous remet votre somme. Dans une occasion inverse, ce même correspondant donne à une autre personne un pareil billet sur votre banquier; ainsi les voilà quittes, et ils ont obligé deux personnes; et comme tout service vaut salaire, ils ont retenu à chaque fois pour leur récompense une portion convenue de l'argent transporté. Tel est le service et le bénéfice du banquier.

Je suis toujours émerveillé que des écrivains qui ont longuement disserté sur ce négoce, qui en connaissaient l'utilité, qui en ont exagéré l'importance, aient méconnu l'accroissement de valeur que reçoivent les marchandises par le changement de lieu et aient refusé la qualité de producteurs aux négociants qui les transportent. Car ici, qui est le cas le plus simple, il est bien clair que quand vous, qui habitez Paris, vous devez cents francs à Marseille, vous aimez bien mieux donner cent un francs à votre banquier que de porter ou d'envoyer vous-même vos cent francs à Marseille; et réciproquement, si vous y avez cent francs, vous aimez mieux en recevoir quatre-vingt-dix-neuf à Paris de ce même banquier que d'aller chercher à Marseille votre somme entière. Les marchandises rendues à leur destination ont donc réellement une valeur qu'elles n'avaient pas auparavant. C'est ce qui vous engage à donner une récompense à votre banquier, quoiqu'il ne lui en coûte rien pour vous rendre ce service.

À ce premier bénéfice il en joint ordinairement un autre. Vous lui donnez aujourd'hui votre argent. La lettre qu'il vous donne en retour ne sera payable que dans quinze ou vingt jours plus ou moins. Il faut bien le temps qu'elle arrive. Il faut en prévenir le correspondant. Il pourrait n'avoir pas les fonds. On ne manque même jamais de prétextes pour allonger ce délai. Cependant, ce n'est que du jour du paiement que le banquier tient compte de la somme à son confrère. Ainsi pendant tout l'intervalle il jouit de votre argent gratuitement et peut le faire travailler; et comme l'argent porte intérêt, c'est un profit assez considérable; car on voit bien que s'il a successivement dix-huit ou vingt-quatre commissions pareilles, il a gagné tout l'intérêt de la somme pendant un an entier.

À ces calculs il faut en ajouter encore un troisième. Quand beaucoup de Marseillais sont débiteurs envers des Parisiens, ils viennent tous demander des lettres payables à Paris. Elles deviennent rares. Les banquiers peuvent être embarrassés d'en fournir, leurs correspondants étant déjà en avance vis-à-vis d'eux. Ils en prennent occasion de vous demander, indépendamment de leur droit de commission, cent deux ou cent trois onces d'argent pour en faire toucher cent à votre ordre à Paris; et vous qui avez besoin de vous acquitter, vous les donnez, ne pouvant le faire à meilleur marché. Par la raison contraire, si quelques Parisiens ont dans le même temps besoin de lettres sur Marseille, les banquiers de Paris pourraient, pour cent onces d'argent, leur donner une lettre de cent deux ou cent trois onces, puisque c'est le prix qu'on y met à Marseille. Mais comme eux seuls sont bien au fait de ces mouvements, ils s'arrangent toujours pour ne pas faire profiter les particuliers de tout le bénéfice et de leur faire supporter plus que la perte nécessaire; et c'est pour eux une nouvelle source de profit.

C'est là ce que l'on appelle assez mal à propos, à mon avis, le *cours du change*, et que l'on devrait plutôt, suivant moi, appeler le *cours de la banque*; car ces deux villes étant dans le même pays, et se servant de la même monnaie, il n'y a point de change, mais seulement transport d'espèces, ce qui est le propre de la banque. On dit que ce cours est au pair, quand cent onces d'argent dans un endroit en paient cent dans l'autre, et qu'il est haut ou bas quand il en faut plus ou moins[a], toujours indépendamment de droit de commission du banquier.

a. Quand il faut moins de cent francs pour payer cent francs ailleurs, on dit que le change est *bas*. C'est le cas de la ville qui, compensations faites, est restée créancière, parce qu'apparemment elle a envoyé dans l'autre plus de marchandises qu'elle n'en a reçues. Ce change bas lui donne de l'avantage pour importer, car elle peut payer les mêmes choses avec moins d'argent. Mais par la même raison, il lui donne du désavantage pour continuer à exporter, car il faut plus d'argent pour s'acquitter vis-à-vis d'elle de la même quantité de marchandises. Cela équivaut à un renchérissement et diminue les demandes.

Cette seule considération, indépendamment de bien d'autres, montre combien il est ridicule de croire pouvoir exporter toujours et constamment plus qu'on importe. On serait

L'opération du change, au contraire, se mêle à l'opération de banque et la complique, lorsqu'il s'agit de transporter des fonds d'un pays dans un autre. Car la somme que l'on reçoit à Paris, et pour laquelle on donne une lettre sur Londres, a été déposée en monnaie française et sera payée en monnaie anglaise. Il faut donc faire la concordance de ces deux monnaies et déterminer ce que chacune d'elles contient de métal pur, d'après les lois connues de leur fabrication. Il faut de plus évaluer au moins d'une manière approximative ce que les pièces de monnaie peuvent avoir perdu dans les deux pays depuis qu'elles sont en circulation. C'est ce qui fait que, toutes choses égales d'ailleurs, on demande toujours moins pour payer la même somme dans un pays quand sa monnaie est ancienne et par conséquent a souffert beaucoup de déchet par l'usage et par la fraude des rogneurs d'espèces, que quand elle est toute neuve et intacte; car dans ce dernier cas elle contient réellement plus de métal et le porteur de la lettre en recevra plus pour la même somme. Ce change est encore une nouvelle occasion de gain pour le banquier.

Voilà à quoi se réduisent toutes les opérations de change et de banque, qui, comme l'on voit, sont très simples et seraient très claires si toutes les monnaies portaient le nom de leur poids et la marque de leur titre et si le pédantisme et le charlatanisme n'avaient pas à l'envi caché et déguisé des notions si communes sous une multitude de noms barbares et de termes d'argot tels qu'il n'y a que les initiés qui puissent s'y reconnaître.

Les banquiers rendent encore une autre espèce de service. Quand le porteur d'une lettre de change qui n'est pas échue a besoin d'argent, ils la lui paient en retenant la valeur de l'intérêt de la somme pour le temps qui reste à courir jusqu'au jour de l'échéance. Cela s'appelle *escompter*. Quelquefois ils reçoivent d'un particulier des effets non exigibles autres que des lettres de change, comme des billets, des créances à longs termes, des titres de propriété, des hypothèques sur des biens-fonds, et munis de ces sûretés, ils lui avancent des sommes en lui en faisant payer un intérêt plus ou moins fort. D'autres fois, connaissant un homme solvable, ils lui donnent, moyennant rétribution, un crédit sur eux jusqu'à une somme déterminée, et ils se font les agents de toutes ses affaires, se chargeant de faire rentrer toutes ses créances et d'acquitter tous ses débets. Ce sont là autant de manières d'être utiles; mais dans tous ces cas ils sont essentiellement *prêteurs* et *agents d'affaires*, et non pas proprement *banquiers*, quoique des services de banque se mêlent à ces opérations. C'est

arrêté bientôt par le seul cours du change. Mais nous n'en sommes pas encore à examiner les rêveries des prétendues balances de commerce. Il suffit d'avoir fait cette observation.

néanmoins tout cela que l'on comprend ordinairement sous le nom de banque d'escomptes, de secours, de crédit, de circulation, etc., etc.

Tous ces banquiers, changeurs, agents, prêteurs, escompteurs, au moins les plus riches et les plus accrédités d'entre eux, ont une forte tendance à se réunir en grandes compagnies. Leur prétexte ordinaire est que, faisant ainsi une bien plus grande quantité d'affaires, ils pourront se contenter d'un moindre profit sur chacune et faire tous les services à bien meilleur marché. Mais ce prétexte est illusoire : car si on fait plus d'affaires, on y emploie plus de fonds; et sûrement leur intention n'est pas que chaque partie de leurs fonds leur profite moins. Le vrai est qu'au contraire ils veulent, en mettant dans leurs mains presque toutes les affaires, écarter la concurrence et faire sans obstacles des profits plus forts. Les gouvernements, de leur côté, sont très portés à favoriser l'établissement de ces grandes compagnies et à leur donner des privilèges au détriment de leurs rivaux et du public, dans l'intention d'en tirer des prêts gratuits ou peu chers que celles-ci ne leur refusent jamais. C'est ainsi que les uns vendent leur protection et que les autres l'achètent. Ce serait déjà un très grand mal.

Mais ces compagnies ont un bien plus grand inconvénient : elles émettent des billets payables à vue, ne portant aucun intérêt, qu'elles donnent pour argent comptant. Tous les hommes qui dépendent d'elles ou y tiennent, et ils sont très nombreux, prennent avec empressement ces billets et les offrent. Le public même, qui a grande confiance dans leur solvabilité, les reçoit volontiers comme très commodes. Ainsi ils se répandent facilement et se multiplient extrêmement. La compagnie y trouve un gain énorme, parce que toute la somme que représentent ces billets ne lui a rien coûté que la fabrication du papier et lui profite comme argent comptant. Cependant il n'y a pas encore d'inconvénient, parce que les billets sont toujours réalisés dès l'instant qu'on le demande.

Mais bientôt le gouvernement, qui ne l'a créée que pour cela, demande à cette compagnie des emprunts énormes; elle n'ose ni ne peut le refuser, car il dépend de lui de la culbuter en lui retirant un moment son appui. Elle est obligée, pour le satisfaire, de créer une quantité excessive de nouveaux billets. Elle les lui remet. Il les emploie bien vite. La circulation en est surchargée. L'inquiétude suit. Tout le monde veut réaliser. Il est évident que c'est impossible, à moins que le gouvernement ne rende ce qu'il a emprunté, et c'est ce qu'il ne fait pas. La compagnie ne peut qu'invoquer son appui. Elle lui demande de l'autoriser à ne pas payer ses billets et de leur donner un cours forcé. Elle l'obtient, et la société se trouve en plein état de *papier-monnaie*, dont nous avons vu les suites inévitables. C'est ainsi que la caisse d'escompte a amené les *assignats* en France. C'est ainsi que la banque de Londres a amené l'Angleterre au même état dans lequel elle est actuellement. C'est ainsi que finissent toutes les compagnies privilégiées : car par cela seul qu'elles sont privilégiées, elles sont radicalement vicieuses; et tout ce qui est essentiellement mauvais finit toujours mal, malgré ses succès passagers. Tout se tient, et la nécessité est invincible.

Il serait aisé de montrer que quand ces grandes machines si sophistiquées n'auraient pas l'affreux danger que nous venons de peindre, les avantages que l'on s'en promet seraient illusoires ou bien faibles, et ne pourraient ajouter que bien peu de choses à la masse de l'industrie et de la richesse nationales. Mais il n'est pas nécessaire d'entrer actuellement dans les détails. Il nous suffit d'avoir vu d'une manière générale la marche des affaires. Avant d'aller plus loin, jetons un coup d'œil en arrière sur le chemin que nous avons parcouru. C'est le moyen de ne pas s'égarer en avançant.

CHAPITRE VII

RÉFLEXIONS SUR CE QUI PRÉCÈDE

Bien des lecteurs trouveront peut-être que j'ai suivi jusqu'ici une marche assez bizarre; que je suis souvent remonté bien haut pour établir des vérités assez communes; que j'ai disposé mes chapitres dans un ordre qui ne paraît pas méthodique; que surtout j'ai abandonné les sujets que j'ai traités sans les avoir approfondis, ou du moins sans leur avoir donné tous les développements dont ils sont susceptibles. Mais je les prie de remarquer que ceci n'est point un traité d'économie politique comme un autre. C'est la seconde section d'un traité de nos facultés intellectuelles. C'est un traité de la volonté faisant suite à un traité de l'entendement. Mon intention est bien moins d'épuiser tous les détails des sciences morales que de voir comment elles dérivent de notre nature et des conditions de notre existence, afin de reconnaître sûrement les erreurs qui pourraient s'y être glissées, faute d'être remonté jusqu'à cette source de tout ce que nous sommes et de tout ce que nous connaissons. Or, pour exécuter un semblable dessein, ce n'est pas l'abondance des idées qui est à rechercher, mais leur sévère enchaînement et leur suite non interrompue et sans lacunes. Au reste, je me persuade que, sans nous en apercevoir, nous sommes déjà bien plus avancés que nous ne pensons.

En effet, nous avons vu que la faculté de vouloir, la propriété d'être doués de volonté, en nous donnant la connaissance distincte de notre individu, nous donne par cela même et nécessairement l'idée de propriété, et qu'ainsi la propriété avec toutes ses conséquences est une suite inévitable de notre nature. Voilà déjà une grande source de divagations et de déclamations totalement tarie.

Nous avons vu ensuite que cette même volonté qui constitue tous nos besoins, est la cause de tous nos moyens d'y pourvoir; que l'emploi de nos forces qu'elle dirige est notre seule richesse primitive et le principe unique de la valeur de tout ce qui en a une pour nous.

Avant de tirer aucune conséquence de cette seconde observation, nous avons vu encore que l'état de société non seulement nous est très avantageux, mais nous est tellement naturel que nous ne pouvons pas exister autrement. Ainsi voilà encore un autre sujet des lieux communs bien faux épuisés.

Réunissant ces deux points, l'examen des effets de l'emploi de nos forces et celui de l'accroissement d'efficacité que leur donne l'état de société nous ont mis à même de reconnaître ce que c'est que *produire*, pour des êtres comme nous, et ce que nous devons entendre par ce mot. C'est encore un grand sujet d'équivoques anéanti.

Forts de ces prémisses, après quelques éclaircissements sur la mesure de l'utilité des choses, il nous a été facile de conclure que toute notre industrie se réduit à des changements de formes et de lieux, et que par conséquent la culture est une fabrication comme une autre, ce qui dissipe bien des nuages répandus sur ce sujet, et nous a permis de voir très nettement la marche de toute industrie, ses intérêts, les obstacles qui s'y opposent. Cela mène encore à apprécier bien des choses et des hommes tout autrement qu'on ne le fait communément.

Enfin, parmi toutes les choses ayant une valeur, nous avons remarqué celles qui ont les qualités propres à devenir *monnaie*; et nous avons facilement reconnu les avantages et l'utilité de cette bonne et véritable monnaie, et le danger de l'altérer ou de la remplacer par une autre tout à fait fictive et fausse. Par suite nous avons même jeté un coup d'œil rapide sur les petites opérations communément regardées comme très grandes, auxquelles donne lieu le *change* de ces monnaies et leur *transport économique*, sous le nom de *banque*.

Il suit de là, si je ne me trompe, que nous nous sommes fait des idées nettes et certaines sur toutes les circonstances importantes de la *formation* de nos richesses. Il ne nous reste donc plus qu'à voir comment s'en fait la *distribution* entre les individus, et comment s'opère leur *consommation*, c'est-à-dire comment nous en usons. Alors nous aurons un traité abrégé mais complet de tous les résultats de l'emploi de nos moyens d'existence.

Cette seconde partie, la distribution des richesses dans la société, est peut-être celle des trois qui donne lieu aux considérations les plus délicates et où l'on rencontre les phénomènes les plus compliqués. Cependant si nous avons bien éclairci la première, nous verrons dans celle-ci l'obscurité fuir devant nous et tout se débrouiller avec facilité. Essayons de suivre constamment le fil qui nous guide.

CHAPITRE VIII

DE LA DISTRIBUTION DE NOS RICHESSES ENTRE LES INDIVIDUS

Jusqu'à présent nous avons considéré l'homme *collectivement.* Il nous reste à l'examiner *distributivement.* Sous ce second point de vue, il nous offre un aspect bien différent du premier. L'espèce humaine, prise en masse, est riche et puissante, et voit tous les jours croître ses ressources et ses moyens d'existence; mais il n'en est pas de même des individus. Tous, en leur qualité d'êtres animés, sont condamnés à souffrir et à mourir. Tous, après une courte période d'accroissement, si même ils la parcourent, et après quelques succès momentanés, s'ils les obtiennent, retombent et déclinent, et les plus fortunés d'entre eux ne peuvent guère que diminuer leurs souffrances et en éloigner le terme. Leur industrie ne saurait aller plus loin. Il n'est pas inutile d'avoir présent à l'esprit ce tableau triste mais vrai de notre condition. Il nous apprend à ne pas vouloir l'impossible et à ne pas prendre pour une suite de nos fautes ce qui est une conséquence nécessaire de notre nature. Il nous ramène du roman à l'histoire.

Il y a plus: ces ressources, ces richesses, si insuffisantes pour le bonheur, sont encore très inégalement réparties entre nous, et cela est inévitable. Nous avons vu que la *propriété* est dans la nature, car il est impossible que chacun ne soit pas propriétaire de son individu et de ses facultés; l'*inégalité* n'y est pas moins, car il ne se peut pas que tous les individus se ressemblent et aient le même degré de force, d'intelligence et de bonheur. Cette inégalité naturelle s'étend et se manifeste à mesure que nos moyens se développent et se diversifient. Tant qu'ils sont très bornés, elle est moins frappante, mais elle existe. C'est à tort que l'on n'a pas voulu la reconnaître parmi les peuples sauvages; chez eux même elle est très funeste, car elle est celle de la force sans frein.

Si pour bannir de la société cette inégalité naturelle, nous entreprenions de méconnaître la propriété naturelle et de nous opposer à ses conséquences nécessaires, ce serait en vain; car rien de ce qui est dans la nature ne peut être détruit par l'art. De pareilles conventions, si elles étaient faisables, seraient un esclavage trop contre nature, par conséquent trop insupportable pour être durable, et elles ne rempliraient pas leur but. Pendant qu'elles subsisteraient, on verrait naître autant de querelles pour avoir une part plus forte dans les biens communs, ou une plus petite dans la peine commune, qu'il peut en exister parmi nous pour la défense des propriétés particulières; et le seul effet d'un tel ordre des choses serait d'établir l'égalité de misère et de dénuement, en éteignant l'activité de l'industrie personnelle. Je sais tout ce que l'on raconte de la communauté des biens des Spartiates. Mais je réponds hardiment que cela n'est pas vrai, parce que cela est impossible. Je crois bien qu'à Sparte les droits des individus étaient très peu respectés par les lois, et totalement violés à l'égard des esclaves. Mais la preuve que cependant il y avait encore des propriétés, c'est qu'il y avait des vols. O mes maîtres, que de choses contradictoires vous nous avez dites sans vous en apercevoir!

L'opposition fréquente d'intérêts entre nous, et l'inégalité de moyens, sont donc des conditions de notre nature, comme la souffrance et la mort. Je ne conçois pas qu'il y ait des gens assez barbares pour dire que c'est un bien; mais je ne conçois pas non plus qu'il y en ait d'assez aveugles pour croire que ce soit un mal évitable. Je pense que ce mal est nécessaire et qu'il faut s'y soumettre. La conclusion que j'en tirerais (mais elle est encore prématurée), c'est que les lois devraient toujours tendre à protéger la faiblesse, tandis que trop souvent elles inclinent à favoriser la puissance. La raison en est facile à sentir.

D'après ces données, la société doit avoir pour base la libre disposition des facultés de l'individu et la garantie de tout ce qu'il peut acquérir par leur moyen. Alors chacun s'évertue: l'un s'empare d'un champ en le travaillant, l'autre bâtit une maison, un troisième invente un procédé utile, un autre fabrique, un autre transporte; tous font des échanges; les plus habiles gagnent, les plus économes amassent. Une des conséquences des propriétés individuelles est, sinon que le possesseur en dispose à sa volonté après sa mort, c'est-à-dire dans un temps où il n'aura plus de volonté, du moins que la loi détermine d'une manière générale à qui elles doivent passer après lui; et il est naturel que ce soit à ses proches. Alors hériter devient un nouveau moyen d'acquérir, et qui plus est, ou plutôt qui pis est, un moyen d'acquérir sans travail. Cependant tant que la société n'a pas occupé tout l'espace dont elle peut disposer, tous prospèrent encore facilement. Car ceux qui n'ont que leurs bras et qui ne trouvent pas un emploi assez avantageux de leur travail, peuvent aller s'emparer d'un de ces terrains qui n'ont point de maîtres, et en tirer un profit d'autant plus considérable qu'ils ne sont point obligé de le louer ni de l'acheter. Aussi l'aisance est-elle générale chez les nations nouvelles et industrieuses. Mais quand une fois tout le pays est rempli, quand il ne reste plus un champ qui n'appartienne à personne, c'est alors que la presse commence. Alors ceux qui n'ont aucune avance ou qui en ont de trop faibles ne peuvent faire autre chose que se mettre à la solde de ceux qui en ont de suffisantes[a]. Ils offrent leur travail de toutes parts; il baisse de prix. Cela ne les empêche pas encore de faire des enfants et de multiplier imprudemment; bientôt ils deviennent trop nombreux. Alors il n'y a plus parmi eux que les plus habiles et les plus heureux qui puissent se tirer d'affaire. Tous ceux dont les services sont les moins recherchés ne trouvent plus à se procurer que la subsistance la plus stricte, toujours incertaine et souvent insuffisante. Ils deviennent presque aussi malheureux que s'ils étaient encore sauvages.

C'est cette classe disgraciée de la fortune que beaucoup d'écrivains économistes appellent les *non-propriétaires*. Cette expression est vicieuse sous plusieurs rapports. Premièrement, il n'y a pas de non-propriétaires si l'on entend par là des hommes tout à fait étrangers au droit de propriété. Ceux dont nous parlons sont plus ou moins pauvres, mais ils possèdent tous quelque chose et ils ont besoin de le conserver. Quand ils ne seraient propriétaires que de leur individu, de leur travail et du salaire de ce travail, ils auraient un grand intérêt à ce que cette propriété fût respectée. Elle n'est que trop souvent violée dans beaucoup de règlements faits par des gens qui ne parlent que de propriété et de justice. Quand une chose est dans la nature, nul ne peut y être étranger. Cela est si vrai du droit de propriété que le filou même que l'on va punir pour l'avoir violé, si on ne le retranche pas tout à fait de la société, a intérêt que ce droit soit respecté. Car le lendemain du jour qu'il aura subi sa punition, il ne pourrait être sûr de rien de ce qui lui restera si la propriété n'était pas protégée.

Secondement, les mêmes écrivains n'appellent souvent *propriétaires*, par opposition aux prétendus *non-propriétaires*, que les possesseurs de fonds de terre. Cette division est tout à fait fausse et ne présente aucun sens. Car nous avons vu qu'un fonds de terre n'est qu'un capital comme un autre, comme la somme d'argent qu'il a coûté, comme tout autre effet de même valeur. On peut être très pauvre en possédant un petit champ, et très riche sans avoir en propre un pouce de terre. Il est donc ridicule d'appeler

a. Encore une fois, ce n'est point uniquement à la solde des propriétaires de terres que sont les simples salariés, mais à la solde de tous ceux qui ont des avances avec lesquelles ils peuvent les payer.

propriétaire le possesseur d'un méchant enclos, et de refuser ce titre à un millionnaire. Il serait plus raisonnable de partager la société en pauvres et en riches si l'on savait où placer la ligne de démarcation; mais quand cette division serait moins arbitraire, elle n'en serait pas moins illusoire sous le rapport de la propriété; car encore une fois le pauvre a autant d'intérêt à conserver ce qu'il a que l'homme le plus opulent.

Une distinction plus réelle, eu égard à la différence des intérêts, serait entre les salariés d'une part, et de l'autre ceux qui les emploient, soit consommateurs, soit entrepreneurs. Ceux-ci sous ce rapport peuvent être regardés comme des consommateurs de travail. Cette classification aurait sans doute l'inconvénient de réunir des choses très différentes, comme par exemple de ranger parmi les salariés un ministre d'État avec un journalier, et de mettre parmi les consommateurs le moindre maître ouvrier comme l'oisif le plus riche. Mais enfin il est certain que tous les salariés ont intérêt d'être payés cher et que tous ceux qui les emploient ont intérêt à les payer à bon marché. Il est vrai pourtant que l'entrepreneur qui a intérêt de peu payer les salariés a lui-même, le moment d'après, l'intérêt d'être beaucoup payé par le consommateur définitif, et il est vrai surtout que nous sommes tous plus ou moins consommateurs, car le plus pauvre journalier consomme des denrées qui ont été produites par d'autres salariés. Sur quoi je fais deux réflexions.

Premièrement, l'intérêt des salariés étant celui du très grand nombre, et l'intérêt des consommateurs étant celui de tous, il est assez singulier que les gouvernements modernes soient toujours prêts à sacrifier d'abord les salariés aux entrepreneurs en gênant ceux-là par des maîtrises, des jurandes et d'autres règlements, et ensuite à sacrifier les consommateurs à ces mêmes entrepreneurs en accordant à ceux-ci des privilèges et quelquefois même des monopoles.

Secondement, je remarque que bien chacun de nous ait des intérêts particuliers, nous changeons si fréquemment de rôles dans la société que souvent nous avons sous un aspect un intérêt contraire à celui que nous avons sous un autre, de manière que nous nous trouvons liés avec ceux à qui nous étions opposés le moment d'auparavant, ce qui fait heureusement que nous ne pouvons pas former des groupes constamment ennemis; mais surtout j'observe qu'au milieu de tous ces conflits momentanés, nous sommes tous et toujours réunis par les intérêts communs et immuables de propriétaires et de consommateurs, c'est-à-dire que nous avons tous et toujours intérêt, 1. que la propriété soit respectée; 2. que l'industrie se perfectionne ou, en d'autres termes, que la fabrication et le transport se fassent le mieux possible. Ces vérités sont utiles pour bien comprendre le jeu de la société et pour en bien sentir tous les avantages. C'est le désir de les mettre en évidence qui m'a fait entrer dans ces détails. Revenons à l'histoire de la distribution des richesses, dont ils nous ont écartés, quoiqu'ils n'y soient pas étrangers.

J'ai un peu hâté ci-dessus le moment où la détresse commence à se faire sentir au sein des sociétés nouvelles, en le fixant à l'instant où tout terrain a un maître et où on ne peut plus s'en procurer sans l'acheter ou le louer. Certainement à cette époque un grand moyen d'aisance est épuisé; le travail perd une occasion de s'employer d'une manière extrêmement avantageuse et la masse des subsistances cesse de s'accroître aussi rapidement, parce qu'il ne peut plus être question d'établir des cultures nouvelles, mais seulement de perfectionner les anciennes, chose toujours plus difficile et moins fructueuse qu'on ne veut le croire communément. Cependant il reste encore d'immenses ressources. Tous les arts en offrent à l'envi, surtout si la race d'hommes qui forme la nouvelle société sort d'une nation industrieuse et éclairée, et si elle a des relations avec d'autres pays civilisés; car alors il ne s'agit pas d'inventer et de découvrir, ce qui est toujours très lent, mais de profiter de ce que l'on connaît et de mettre en pratique ce que l'on sait, ce qui est fort aisé.

En effet, tant que l'agriculture a offert de si grands avantages, tous les hommes inoccupés, ou pas assez fructueusement occupés à leur gré, se sont portés de ce côté. Il n'a été question que d'extraire les productions de la terre et de les exporter. Observez que sans la facilité de l'exportation, les progrès de la culture eussent été beaucoup moins rapides. Mais avec cette circonstance elle a enlevé tous les bras. À peine des salaires excessivement forts ont-ils pu déterminer un nombre suffisant d'individus à rester attachés à la profession des autres arts les plus nécessaires. Mais pour toutes les choses qu'il n'est pas indispensable de fabriquer dans le pays même où on les consomme, il a été plus économique de les tirer même de très loin, et on n'y a pas manqué. Aussi le commerce de ces nations naissantes consiste d'abord uniquement à exporter des produits bruts et à importer des objets manufacturés.

Or, qu'arrive-t-il à l'époque dont nous parlons, quand tout le territoire est occupé? L'agriculture n'offrant plus un moyen de fortune rapide, les hommes qui s'y seraient livrés se répandent dans les autres professions : ils offrent leur travail; ils se nuisent les uns aux autres. Les salaires baissent, à la vérité; mais bien avant qu'ils soient devenus aussi faibles que dans les pays anciennement civilisés d'où l'on tire les objets manufacturés, il commence à y avoir du bénéfice à fabriquer dans le pays même la plupart de ces objets. Car c'est un grand avantage pour un manufacturier d'être à portée des consommateurs et de n'avoir à redouter pour ses marchandises, ni les frais, ni les dangers d'un long voyage, ni les inconvénients qui résultent de la lenteur ou de la difficulté des communications; et cet avantage est plus que suffisant pour compenser un [certain]* degré de cherté dans la main-d'œuvre. Il s'établit donc des fabriques de tous genres. Plusieurs d'entre elles, à l'aide de quelques circonstances favorables, après avoir fourni à la consommation intérieure, s'ouvrent même des débouchés au dehors et donnent naissances à de nouvelles branches de commerce. Tout cela occupe une nombreuse population qui vit des produits du sol, que l'on n'exporte plus alors en aussi grande quantité, parce qu'ils n'ont pas augmenté dans la même proportion. Cette nouvelle industrie est longtemps croissante comme l'a été l'industrie agricole, qui s'est développée la première; et tant qu'elle croît, elle entretient sinon la richesse, du moins l'aisance dans les dernières classes du peuple[a]. Ce n'est que quand elle devient stationnaire ou rétrograde que la misère commence, parce que, tous les emplois lucratifs étant remplis sans possibilité d'en créer de nouveaux, il y a partout plus d'offre du travail qu'il n'y a de demande. Alors il est inévitable que les moins habiles ou les moins heureux d'entre les travailleurs ne trouvent point d'ouvrage, ou ne reçoivent qu'un salaire insuffisant pour celui qu'ils font. Il faut nécessairement que beaucoup d'eux languissent et même périssent, et qu'il existe constamment un grand nombre de misérables. Tel est le triste état des vieilles nations. Nous pourrons voir bientôt par quelles causes elles y arrivent plus tôt qu'elles ne devraient et par quels moyens on pourrait y remédier jusqu'à un certain point; mais auparavant quelques explications sont encore nécessaires.

En effet, j'ose croire que le tableau que je viens de tracer de la marche des sociétés depuis leur naissance est frappant de vérité. Il n'y a là ni système fait à plaisir, ni théorie établie d'avance; c'est le simple exposé des faits. Chacun peut regarder et voir si ce n'est pas ainsi qu'ils se présentent à l'œil non prévenu. On peut même observer que j'ai peint une nation heureusement placée, jouissant de toutes sortes d'avantages et en usant bien; et cependant nous arrivons à cette pénible conclusion que son état de pleine prospérité est nécessairement transitoire. Pour se rendre raison d'un phénomène si affligeant, il n'est pas possible de s'en tenir à ces mots vagues de dégénération, de corruption, de vieillesse des nations (comme si

* *Mot omis dans les éditions de 1823 et 1826.*

a. Combien il serait à désirer, en pareil cas, que la première classe de la société fût assez éclairée pour donner à la dernière des idées complètement saines de l'ordre social, pendant ce moment heureux et nécessairement passager où elle est le plus susceptible d'instruction ! Si les États-Unis de l'Amérique septentrionale n'en profitent pas, leur tranquillité et même leur sûreté seront très exposées, quand les obstacles et les inconvénients intérieurs et extérieurs viendront à se multiplier. On appellera cela alors leur décadence et leur corruption. Ce sera l'effet tardif, mais nécessaire, de leur imprévoyance et de leur insouciance antérieures.

un être abstrait pouvait être réellement vieux ou jeune comme un individu vivant), toutes expressions métaphoriques dont on a étrangement abusé, dont on s'est souvent contenté faute de mieux, mais qui dans le vrai n'expliquent rien et qui, si elles avaient un sens précis, exprimeraient plutôt des effets que des causes. Il faut donc pénétrer plus avant. Tout événement inévitable a sa cause dans la nature. La cause de celui-ci est la fécondité de l'espèce humaine. Ainsi il faut nous occuper de la population, et ensuite nous reprendrons l'examen de la distribution de nos richesses.

CHAPITRE IX

DE LA MULTIPLICATION DES INDIVIDUS, OU DE LA POPULATION

L'amour est une passion qui trouble si violemment nos têtes qu'il n'est pas étonnant que nous nous soyons souvent mépris sur tous ses effets. J'avoue que je ne partage pas plus le zèle des moralistes pour diminuer et gêner nos plaisirs que celui des politiques pour accroître notre fécondité et accélérer notre multiplication. Tout cela me paraît également contraire à la raison. Quand il en sera temps, je pourrai développer mes opinions sur le premier point; dans ce moment il ne s'agit que du second. Commençons par établir les faits en portant nos regards sur tout ce qui nous environne.

Sous ce rapport comme sous tous les autres, nous voyons la nature uniquement occupée des espèces et nullement des individus. Sa fécondité est telle dans tous les genres que si la presque totalité des germes qu'elle produit n'avortait pas, et si la très majeure partie des êtres qui naissent ne périssait pas presque tout de suite faute d'aliments, en très peu de temps une seule espèce de plantes suffirait pour couvrir toute la terre et une seule espèce d'animaux pour la peupler tout entière. L'espèce humaine est soumise à la loi commune, quoique peut-être à un moindre degré que bien d'autres. L'homme est entraîné à la reproduction par le plus violent et le plus impérieux de ses penchants. Un homme et une femme arrivés à un âge fait, bien constitués et environnés des moyens de pourvoir abondamment à tous leurs besoins, peuvent produire et élever beaucoup plus d'enfants qu'il n'en faut pour les remplacer sur la scène du monde; et si leur carrière n'est pas abrégée par quelque accident imprévu, ils meurent entourés d'une nombreuse famille qui va toujours croissant. Aussi la race humaine, quand les circonstances lui sont favorables, se multiplie très rapidement. La preuve en est les États-Unis de l'Amérique septentrionale dont la population totale double en vingt ans, et dans quelques endroits en quinze et même en douze, sans que l'immigration y soit presque pour rien et sans que la fécondité des femmes y soit plus grande qu'ailleurs. Encore faut-il remarquer au contraire que, quelle qu'en soit la raison, les longévités sont rares dans ce pays, en sorte que la durée moyenne de la vie y serait plus courte que dans la plus grande partie de l'Europe, sans la grande quantité d'enfants que la misère fait périr en bas âge dans cette Europe. Voilà une donnée incontestable sur laquelle nous pouvons nous appuyer.

S'il en est ainsi, pourquoi donc la population est-elle stationnaire et quelquefois rétrograde dans tant de pays même très sains, même très fertiles ? Ici il faut se rappeler la distinction que nous avons déjà établie au chapitre IV entre nos moyens d'existence et nos moyens de subsistance. Ceux-ci sont les matières alimentaires dont nous nous nourrissons ; ils sont la partie la plus nécessaire de nos moyens d'existence, mais ils n'en sont qu'une partie. Il faut entendre par ces derniers tout ce qui contribue à nous défendre contre tous les dangers et toutes les souffrances de tout genre ; ainsi ils consistent dans toutes les ressources quelconques que nous fournissent nos arts et nos sciences, c'est-à-dire la masse entière de nos connaissances. Cette distinction bien comprise, nous pouvons établir en thèse générale que *la population est toujours proportionnée aux moyens d'existence* ; et ce principe unique va nous donner l'explication de tous les faits et de toutes leurs circonstances.

Chez les peuples sauvages, la population non seulement est stationnaire, mais elle est peu nombreuse parce que leurs moyens d'existence sont très faibles. Indépendamment de ce qu'ils manquent fréquemment de subsistances, ils n'ont ni les commodités suffisantes ni les attentions nécessaires pour élever leurs enfants ; aussi la plupart périssent. Ils ne savent se défendre ni contre la rigueur des saisons, ni contre l'insalubrité du climat, ni contre les épidémies qui souvent emportent les trois quarts d'une peuplade. N'ayant aucune idée saine de l'état social, les guerres sont continuelles et destructives ; les vengeances sont atroces ; les femmes, les vieillards sont souvent abandonnés. Ainsi c'est le malheur et la souffrance qui rendent inutile parmi eux la fécondité de l'espèce et qui peut-être la diminuent.

Les peuples civilisés ont toutes les ressources qui manquent aux autres. Aussi leur population devient nombreuse plus ou moins promptement. Mais on la voit s'arrêter partout, quand elle s'est accrue au point que beaucoup d'hommes ne peuvent plus se procurer par leur travail des salaires suffisants pour élever leurs enfants et se soigner eux-mêmes convenablement. Si en général elle est encore un peu progressive, quoique bien lentement, dans l'état actuel de nos vieilles sociétés, c'est parce que les arts et les sciences, et notamment la science sociale, y étant constamment cultivés plus ou moins bien, leurs progrès ajoutent toujours de temps en temps quelques petites facilités aux moyens de vivre et ouvrent quelques nouveaux débouchés au commerce et à l'industrie. Il est si vrai que les choses se passent ainsi que quand, par quelques causes naturelles ou politiques, de grandes sources de profits viennent à diminuer dans un pays, tout de suite la population devient rétrograde; et au contraire, quand elle a été diminuée brusquement par de grandes épidémies ou des guerres cruelles, sans que les connaissances aient souffert, elle reprend très promptement son niveau parce que, le travail étant plus demandé et plus payé, le pauvre a plus de moyens de conserver ses enfants et de se conserver lui-même.

Si de ces observations générales nous passons à des faits particuliers, nous en trouverons la raison avec la même facilité. Prenons pour premier exemple la Russie. Je ne prétends faire ni l'éloge ni la satire de cette nation que je ne connais pas. Mais on peut bien assurer qu'elle n'est pas plus habile que les autres nations européennes. Cependant il est prouvé que sa population croît plus rapidement que celle des autres États de l'Europe. C'est parce qu'elle a de grandes étendues de terrain qui, n'ayant point encore de maîtres, offrent de grands moyens d'existence à ceux qui s'y transplantent ou qu'on y transporte; et si cet immense avantage n'y produit pas une multiplication des hommes aussi rapide qu'aux États-Unis, c'est que son organisation sociale et son industrie sont loin d'être aussi parfaites. Les pays fertiles, toutes choses égales d'ailleurs, sont plus peuplés que les autres et réparent facilement leurs désastres parce que la terre y fournit de grands moyens, c'est-à-dire que le travail qui s'applique à la terre y est très fructueux. Aussi la Lombardie et la Belgique, tant de fois ravagées, sont toujours florissantes. Cependant la Pologne, très fertile aussi, est peu peuplée et stationnaire, parce que ses habitants étant serfs et misérables ont, au milieu de l'abondance, de très faibles moyens d'existence. Mais supposez pour un moment le petit nombre d'hommes à qui ces serfs appartiennent et qui dévorent leur substance, chassés du pays, et la terre devenue la propriété de ceux qui la cultivent, vous les verrez promptement devenir industrieux et multiplier rapidement. Deux autres pays en général assez bons, la Westphalie et même la Suisse, malgré que celle-ci ait des lois plus sages, sont assez peu peuplés faute d'industrie, tandis que Genève, Hambourg, toute la Hollande, le sont excessivement. Au contraire l'Espagne qui est une contrée délicieuse a très peu d'habitants relativement à son étendue. Cependant il a été constaté que pendant les quarante ou cinquante années qui ont précédé le commencement de la malheureuse guerre actuelle[1], sa population faisait des progrès très sensibles, parce qu'on était parvenu à débarrasser son industrie de quelques entraves et à accroître un peu ses lumières. Il est donc bien prouvé que *la population est toujours proportionnée aux moyens d'existence*.

Cette vérité a déjà été avouée par beaucoup d'écrivains politiques. Mais on voit dans leurs ouvrages qu'ils n'en ont pas senti toute l'étendue. M. Say que j'ai déjà cité et que j'aurais pu citer bien des fois est, je crois, le premier qui ait dit nettement dans son livre premier, chapitre XLVI, *que rien ne peut accroître la population que ce qui favorise la production, et que rien ne peut la diminuer, au moins d'une manière permanente, que ce qui attaque les sources de la production*; et observez que M. Say entend par production, *production d'utilité*. C'est même d'après lui que j'en ai donné cette idée. Or, *produire* dans ce sens, c'est bien ajouter à nos moyens d'existence; car tout ce qui est utile pour nous est un moyen de pourvoir à nos besoins, et même rien ne mérite le nom d'*utile* que par cette raison. Ainsi le principe de M. Say est exactement le même que celui que j'ai établi. Aussi en tire-t-il cette conclusion très juste qu'il est absurde de prétendre influer sur la population par des encouragements directs, par des lois sur les mariages, par des primes accordées aux nombreuses familles, etc., etc. Il se moque avec raison, à ce sujet, des fameuses ordonnances d'Auguste, de Louis XIV et de tant d'autres législateurs trop vantés. Ce sont en effet de très fausses mesures qui ne pouvaient augmenter en rien la population. Et il ajoute, très justement à mon avis, qu'au contraire le moindre des règlements nuisibles à l'industrie faits par ces mêmes princes pouvait et devait diminuer le nombre des hommes. Je pense absolument de même.

M. Malthus va beaucoup plus loin encore. Il est, au moins à ma connaissance, de tous les auteurs qui ont écrit sur la population, celui qui a le plus approfondi le sujet et qui en a le mieux développé toutes les conséquences. Son ouvrage singulièrement remarquable doit être regardé comme le dernier état de la science sur cet important objet; et il n'y laisse presque rien à désirer. M. Malthus ne se borne point à prouver que, bien que la population s'arrête à différents degrés dans les différents pays et suivant les différentes circonstances, elle est toujours et partout aussi grande qu'elle peut l'être eu égard aux moyens d'existence. Il montre que toujours chez les nations civilisées, elle est trop grande pour le bonheur des hommes, parce que l'homme, et surtout le pauvre qui fait partout le grand

1. Engagée par Napoléon en 1808, la guerre d'Espagne s'est révélé un choix stratégique hasardeux qui s'est conclu par l'évacuation de la péninsule ibérique par les troupes françaises en 1814.

nombre, entraîné par ce besoin si impérieux de la reproduction, multiplie toujours imprudemment et sans prévoyance, et se plonge lui-même dans une misère inévitable, en multipliant les hommes qui demandent de l'occupation et à qui on ne peut en donner. Tout ce qu'il avance est appuyé non pas seulement sur des raisonnements convaincants, mais sur des tables des morts, des naissances, des mariages, de la durée moyenne de la vie, et de la population totale, recueillies dans différents pays et discutées avec soin.

J'ajoute ce dernier point (*discutées avec soin*) comme très nécessaire. Car il faut observer premièrement que toutes ces données non seulement sont souvent inexactes, mais que, même exactes, elles demandent à être examinées attentivement et comparées les unes aux autres avec beaucoup de sagacité avant d'en tirer des conséquences, sans quoi elles conduiraient à de graves erreurs. Secondement que, quelque imparfaits que soient ces documents, ils n'existent que dans peu de pays et depuis peu de temps, en sorte qu'en économie politique comme en astronomie on doit très peu compter sur les observations anciennes ou éloignées. Même en France, les simples registres mortuaires ne méritent aucune confiance avant 1700, et aucune des autres circonstances importantes n'a été recueillie. Aussi, dans les exemples de population que j'ai cités ci-dessus, je n'ai point fait mention de ce qu'on nous raconte de certaines contrées de l'Orient et de quelques peuples anciens ou du moyen-âge. Si la Chine, si l'Espagne du temps des Romains, sont ou ont été aussi peuplées qu'on nous le dit, il faut bien qu'il y ait des raisons locales de ce fait. Mais nous n'avons aucun moyen de le connaître suffisamment pour en bien voir les causes et oser en tirer des conséquences. Il en est de même de toutes les parties de l'économie politique et domestique des anciens, fondée presque uniquement sur l'usage de l'esclavage et les profits ou les pertes de la guerre, et très peu sur le développement libre et paisible de l'industrie. C'est tout à fait un autre ordre de choses que nos sociétés modernes. Quant au prodigieux nombre d'hommes que quelques auteurs prétendent avoir existé en France, par exemple sous Charles V ou sous Charles IX, dans le quatorzième et le seizième siècles, c'est-à-dire dans des temps où l'industrie était aussi grossière et l'ordre social aussi mauvais que nous l'avons vu encore en Pologne au dix-huitième siècle, je crois que la seule réponse à faire à ces assertions est celle que j'ai opposée à la merveilleuse union qui régnait, dit-on, à Sparte, c'est que cela n'est pas vrai parce que cela est impossible.

Quoi qu'il en soit, tous ceux qui ont réfléchi sur ces matières conviennent que *la population est toujours proportionnée aux moyens d'existence*. M. Say en conclut avec raison qu'*il est absurde de croire pouvoir augmenter la population autrement qu'en augmentant ces moyens*; et

M. Malthus prouve de plus qu'*il est barbare de chercher à augmenter cette population toujours trop grande*, dont l'excès est la source de toutes les misères ; et que même sous le rapport de la puissance, les chefs des nations y perdent. Car puisqu'ils ne peuvent pas faire vivre en même temps plus d'hommes qu'ils n'en peuvent sustenter, en multipliant les naissances ils ne font que multiplier les morts prématurées et augmenter la quantité des enfants en proportion de celle des adultes, ce qui produit une population plus faible à nombre égal. *L'intérêt des hommes, sous tous les rapports, est donc de diminuer les effets de leur fécondité.*

Je n'en dirai pas davantage sur ce sujet qui n'est que trop clair par lui-même et qui pourtant a donné lieu à de si fausses opinions avant qu'il ne fût approfondi ! Laissons au temps à les détruire....

CHAPITRE X

CONSÉQUENCES ET DÉVELOPPEMENTS DES DEUX CHAPITRES PRÉCÉDENTS

Revenons toujours au point de départ. L'être animé et spécialement l'homme est doué de sensibilité et d'activité[a], de passion et d'action, c'est-à-dire de besoins et de moyens. Tant que nous nous sommes occupés de la manière dont se forment nos richesses, nous avons pu être charmés de notre puissance, de l'étendue de nos moyens. En effet, ils sont suffisants pour faire prospérer l'espèce et lui donner un très grand accroissement en nombre et en forces. Un homme et une femme ineptes et à peine formés peuvent finir par couvrir toute la terre d'une population nombreuse et industrieuse. Ce tableau est très satisfaisant; mais il change bien de couleur quand, de l'examen de la formation de nos richesses, nous passons à celui de leur distribution entre les divers individus. Là nous retrouvons partout la supériorité des besoins sur les moyens, la faiblesse de l'individu et ses souffrances inévitables. Mais ce second aspect du même objet ne doit ni nous révolter ni nous décourager. Nous sommes ainsi faits. Telle est notre nature. Il faut nous y soumettre et en tirer le meilleur parti possible, en usant habilement de tous nos moyens et en évitant les fautes qui aggraveraient nos maux.

Les deux chapitres que nous venons de lire, quoique très courts, renferment des faits importants; et joints aux explications antérieures, ils nous donnent des notions assez sûres sur nos vrais intérêts. Il ne s'agit que d'en profiter.

Nous avons vu qu'il fallait nous résoudre à laisser subsister entre nous opposition d'intérêts et inégalité de moyens, et que tout ce que nous

a. On pourrait dire auparavant, de nerfs et de muscles, car cela remonte jusque-là.

pouvions faire de mieux était de laisser à chacun le plus libre emploi de ses facultés et d'en favoriser le plus entier développement.

Nous avons vu de plus que cet emploi et ce développement de facultés, quoique profitant inégalement aux divers individus, réussissait à les amener tous au plus grand bien-être possible, tant que l'espace, la plus grande de toutes les ressources, ne leur manquait pas; et que quand tout l'espace est occupé, d'autres ressources subsidiaires suffisaient pour entretenir longtemps encore un grand état de prospérité générale.

Nous avons vu aussi qu'une fois arrivés au moment de l'encombrement et de la gêne, il était inévitable que ceux qui avaient le moins de moyens ne pussent se procurer, par l'emploi de ces moyens, que la satisfaction stricte des besoins les plus urgents.

Nous avons vu enfin que la multiplication des hommes continuant dans toutes les classes de la société, le superflu des premières était successivement rejeté dans les classes inférieures et que celui de la dernière n'ayant plus où se reporter était nécessairement détruit par la misère. C'est là ce qui cause l'état stationnaire ou même rétrograde de la population, partout où on l'observe tel, malgré la grande fécondité de l'espèce.

Ce dernier fait, la population à peu près stationnaire chez toutes les nations arrivées à un certain degré de développement, a été longtemps sans être presque remarqué, parce que ce n'est que très récemment que l'on s'occupe avec quelque succès de l'économie sociale; il a même été voilé par les commotions politiques qui y ont produit des perturbations, et déguisé par les monuments infidèles ou insuffisants de l'histoire qui ont autorisé à le méconnaître; enfin quand il a été suffisamment observé et constaté, on a eu de la peine à l'attribuer à sa véritable cause, parce que l'on n'avait pas une idée assez nette de la marche de la société et de la manière dont se forment ses richesses et sa puissance. Aujourd'hui il me semble que nous pouvons mettre tout cela hors de doute*.

Rappelons-nous que la société est partagée en deux grandes classes, celle des hommes qui, sans avoir aucune avance, travaillent moyennant un salaire, et celle des hommes qui les emploient. Cela posé, il est manifeste que les premiers, pris en masse, ne vivent journellement et annuellement que sur ce que la totalité des seconds a à leur distribuer chaque jour et chaque année. Or ceux-ci sont de deux espèces. Les uns vivent de leur revenu sans travail, ce sont les prêteurs d'argent, les loueurs de fonds de terre et de maisons, en un mot les rentiers de toutes sortes. Ces hommes-là, il est bien clair qu'à la longue ils ne peuvent donner pendant une année à tous les gens qu'ils emploient que le montant de leurs revenus, sans quoi ils

* *doute* a été substitué à *tout* dans les éditions de 1823 et 1826.

entameraient leurs fonds. Il y en a toujours un certain nombre qui en usent ainsi et qui se ruinent. Leur consommation diminue ou cesse, mais elle est remplacée par celle de ceux qui s'enrichissent, et le total est le même. Ce n'est là qu'un changement de main, dont même la quantité ordinaire peut s'évaluer à peu près dans les différents pays. Ces hommes pris en masse ne font point de profit. Ainsi la somme totale de leur revenu que se partagent les salariés est une quantité constante. Si elle fait quelques progrès insensibles, ce ne peut être que par l'amélioration lente de l'agriculture qui, faisant rendre aux terres un peu plus de production, met à même d'augmenter un peu leurs baux. Car pour la rente de leur argent prêté, elle ne varie point. Si même elle augmentait par la hausse de l'intérêt, ce serait un malheur qui, nuisant à beaucoup d'entreprises, diminuerait bien davantage les facultés de la seconde espèce de personnes qui alimentent les salariés.

Cette seconde espèce de personnes se compose de ceux qui joignent aux produits de leurs capitaux celui de leur activité personnelle, c'est-à-dire des entrepreneurs d'une industrie quelconque. On dira que ceux-là font des profits et augmentent annuellement leurs moyens. Mais premièrement cela n'est pas vrai de tous. Beaucoup au contraire font mal leurs affaires et diminuent au lieu de croître. Secondement, ceux qui prospèrent cessent de travailler au bout d'un certain temps et vont remplir les vides qu'opère journellement dans la classe de ceux qui vivent sans rien faire, la chute des prodigues qui en sortent pour avoir mal ménagé leur fortune. Troisièmement enfin, et ceci est décisif, cette classe des entrepreneurs d'industrie a des limites nécessaires qu'elle ne peut franchir. Pour former une entreprise quelconque, il ne suffit pas d'en avoir l'envie et les moyens; il faut trouver à placer ses produits d'une manière avantageuse qui dédommage et au-delà des frais qu'ils coûtent. Une fois que tous les emplois profitables sont remplis, on n'en peut plus créer de nouveaux sans que d'autres ne se détruisent, à moins qu'il ne s'ouvre quelques nouveaux débouchés. Ce second fonds de l'entretien des salariés est donc aussi, dans nos anciennes sociétés, une quantité à peu près constante comme le premier.

Les choses étant ainsi, on voit clairement pourquoi le nombre des salariés n'augmente plus quand le fonds qui peut pourvoir à leur entretien cesse de croître. C'est que tout ce qui naît au-delà du nombre suffisant s'éteint faute de moyens d'existence. Cela est très aisé à concevoir. On comprend même qu'il est impossible qu'il en soit autrement. Car chacun sait que si quatre personnes ont à partager journellement un pain à peine suffisant pour deux, les plus faibles périront, et les plus forts ne subsisteront que parce que bientôt ils hériteront de la part des autres.

Si ensuite l'on songe que quand les hommes qui vivent uniquement de leur revenu se multiplient assez pour que ce revenu ne leur suffise plus, ils rentrent dans la classe de ceux qui joignent leur travail au produit de leurs fonds, c'est-à-dire de ceux que nous avons appelés entrepreneurs d'industrie, et que quand ceux-ci à leur tour deviennent trop nombreux, beaucoup se ruinent et retombent dans la classe des salariés; on verra que cette dernière classe reçoit pour ainsi dire le trop plein de toutes les autres, et que par conséquent les limites qu'elle ne peut franchir sont celles de la population totale.

Ce seul point bien éclairci nous donne l'explication de tous les phénomènes relatifs à la population. Il nous montre pourquoi elle est rétrograde dans un pays, stationnaire dans un autre, tandis qu'elle est rapidement progressive dans un troisième; pourquoi elle s'arrête tantôt plus tôt, tantôt plus tard, suivant le degré d'intelligence et d'activité des différents peuples, et la nature de leurs gouvernements; pourquoi elle se rétablit promptement après de grandes calamités passagères, quand les moyens d'existence ne sont pas détruits; pourquoi, au contraire, sans secousses violentes, elle languit quelquefois et dépérit graduellement par des causes difficiles à apercevoir, par le seul changement d'une circonstance peu remarquable. En un mot, il nous donne la solution de toutes les questions de ce genre et de plus il nous fournit les moyens d'en tirer une infinité de conséquences importantes. Je ne suis embarrassé que par leur nombre et du choix de celles auxquelles je dois m'arrêter.

Je commencerai par remarquer avec satisfaction que l'humanité, la justice et la politique veulent également que, de tous les intérêts, celui du pauvre soit toujours le plus consulté et le plus constamment respecté; et par les pauvres j'entends les simples salariés, et surtout ceux dont le travail est le moins payé.

D'abord l'humanité; car il faut bien prendre garde que quand il s'agit du pauvre, le mot *intérêt* a un tout autre degré d'énergie que quand on parle des hommes dont les besoins sont moins urgents et quelquefois même sont imaginaires. Tous les jours nous disons que les intérêts d'un ministre sont contraires à ceux d'un autre; que tel corps a des intérêts opposés à ceux de tel autre corps; qu'il est de l'intérêt de certains entrepreneurs que les matières premières se vendent cher et de l'intérêt de quelques autres de les acheter à bon marché; et souvent nous nous passionnons pour ces motifs comme s'ils en valaient la peine. Cependant cela veut dire seulement que quelques hommes croient, et souvent à tort, un peu plus ou un peu moins de jouissances dans certaines circonstances que dans d'autres. Le pauvre, dans sa petite sphère, a aussi assurément des intérêts de ce genre; mais ils disparaissent devant de plus grands. On ne les aperçoit seulement pas. Et quand on s'occupe de lui, il s'agit presque toujours de la possibilité de son existence ou de la nécessité de sa destruction, c'est-à-dire de sa vie ou de sa mort. L'humanité ne permet pas de mettre de pareils intérêts en balance avec de simples convenances.

La justice s'y oppose également, et de plus elle nous oblige à prendre en considération le nombre des intéressés. Or comme la dernière classe de la société est partout la plus nombreuse de beaucoup, il s'ensuit que toutes les fois qu'elle se trouve en opposition avec les autres, c'est toujours ce qui lui est utile qui doit être préféré.

La politique nous amène au même résultat; car il est bien convenu qu'il est utile à une nation d'être nombreuse et puissante. Or, il vient d'être prouvé que l'extension que peut prendre la dernière classe de la société est ce qui détermine la limite de la population totale; et il ne l'est pas moins par l'expérience de tous les temps et de tous les pays, que partout où cette dernière classe est trop malheureuse il n'y a ni activité, ni industrie, ni lumières, ni véritable force nationale; on peut même dire ni tranquillité intérieure bien assurée.

Cela posé, examinons quels sont les véritables intérêts du pauvre, et nous trouverons qu'effectivement ils sont toujours conformes à la raison et à l'intérêt général. Si on les avait toujours étudiés dans cet esprit, on se serait fait des idées plus saines de l'ordre social, et on n'aurait pas éternisé la guerre tantôt sourde, tantôt déclarée qui a toujours existé entre les pauvres et les riches. Les préjugés font naître les difficultés; la raison seule les dénoue.

Nous avons déjà vu que le pauvre est aussi intéressé au maintien du droit de propriété que le citoyen le plus opulent; car le peu qu'il possède est tout pour lui et par conséquent infiniment précieux à ses yeux; et il n'est sûr de rien qu'autant que la propriété est respectée. Il a même une autre raison de le désirer; c'est que le fonds sur lequel il vit, la somme des capitaux de ceux qui l'emploient, est considérablement diminuée quand les propriétés ne sont pas assurées. Ainsi il a un intérêt direct non seulement à la conservation de ce qu'il possède, mais encore à la conservation de ce que possèdent les autres. Aussi, malgré que par les funestes effets de la misère, de la mauvaise éducation, du manque de délicatesse et du ressentiment de l'injustice, il soit peut-être vrai de dire que c'est dans la dernière classe qu'il se commet le plus de délits[a], il est pourtant vrai aussi que c'est dans celle-là que l'on a la plus haute idée du droit de propriété et que le nom de voleur est le plus odieux. Mais quand vous parlez de propriété, comprenez sous ce nom, comme le pauvre, la propriété personnelle aussi bien que la

a. Encore cela est-il très douteux, si l'on a égard à la différence du nombre des individus.

propriété mobilière et immobilière. La première est même encore plus sacrée, puisqu'elle est la source des autres. Respectez-là en lui, comme vous voulez qu'il respecte en vous celles qui en dérivent. Laissez-lui la libre disposition de ses facultés et de leur emploi, comme vous voulez qu'il vous laisse celle de vos biens-fonds et de vos capitaux. Cette règle est aussi politique que juste et que mal observée.

Après la libre disposition de son travail, le plus grand intérêt du pauvre est que ce travail soit chèrement payé. Ici j'entends de violentes réclamations. Toutes les classes supérieures de la société, et sous ce rapport j'y comprends jusqu'au moindre chef d'atelier, désirent que les prix des salaires soient très bas, afin de pouvoir se procurer plus de travail pour une même somme d'argent; et elles le désirent avec une telle fureur que, lorsqu'elles le peuvent et que les lois le leur permettent, elles emploient même la violence pour atteindre ce but; et elles préfèrent le travail des esclaves ou des serfs, parce qu'il est encore à meilleur marché. Ces hommes ne manquent pas de dire et de persuader que ce qu'ils croient leur intérêt est l'intérêt général et que le bas prix des salaires est absolument nécessaire au développement de l'industrie, à l'extension de la fabrication et du commerce, en un mot à la prospérité de l'État. Voyons ce qu'il y a de vrai dans ces assertions.

Je sais qu'il serait fâcheux que la main d'œuvre fût assez chère pour qu'il devînt économique de tirer du dehors toutes les choses transportables; car alors ceux qui les fabriquent souffriraient et s'éteindraient, et ce serait une population étrangère que les consommateurs soudoieraient et entretiendraient, au lieu d'une population nationale. Mais d'abord ce degré de cherté ne serait plus dans les intérêts du pauvre, puisqu'au lieu d'être bien payé il manquerait d'ouvrage; et de plus il est impossible, ou du moins il ne saurait durer, parce que d'une part les salariés baisseraient leurs prétentions dès qu'ils se verraient inoccupés; et que de l'autre, si les prix des journées restaient encore assez élevés pour leur donner une grande aisance, ils multiplieraient bien vite assez pour être obligés de venir s'offrir au rabais. J'ajoute que si néanmoins la main d'œuvre demeurait trop chère, ce ne serait plus à la rareté des ouvriers qu'il faudrait s'en prendre, mais à la maladresse et à la malfaçon; et alors ce serait la maladresse, l'ignorance et la paresse des hommes qu'il faudrait combattre. Ce sont effectivement là les vraies causes de la langueur de l'industrie, partout où elle se fait remarquer.

Mais où les rencontre-t-on ces causes funestes? N'est-ce pas toujours et constamment là où la dernière classe du peuple est le plus misérable? Ceci me fournit de nouvelles armes contre ceux qui croient si utile que le travail soit si mal payé. Je soutiens que leur avidité les aveugle. Voulez-vous vous en assurer? Comparez les deux extrêmes, Saint-Domingue et les États-Unis de l'Amérique septentrionale; ou plutôt, si vous voulez que les objets soient plus rapprochés, dans les États-Unis comparez ceux du nord à ceux du sud. Les premiers ne fournissent que des denrées très communes; la main d'œuvre y est à un prix que l'on peut dire excessif; pourtant ils sont pleins de vigueur et de prospérité, tandis que les autres restent dans la langueur et la stagnation, malgré qu'ils soient propres aux productions les plus précieuses et qu'ils emploient l'espèce de travailleurs la plus mal payée, les esclaves.

Ce que nous montre cet exemple particulier, nous le voyons dans tous les temps et dans tous les lieux. Partout où la dernière classe de la société est trop malheureuse, son extrême misère et son abjection qui en est la suite, est la mort de l'industrie et le principe de maux infinis, même pour ses oppresseurs. L'existence de l'esclavage chez les peuples anciens doit être regardée comme la source de leurs principales erreurs en économie, en morale et en politique, et la cause première pour laquelle ils n'ont jamais pu que flotter entre une anarchie turbulente et souvent féroce ou une tyrannie atroce. L'esclavage des noirs et des indigènes dans nos colonies qui avaient tant de moyens de prospérité est également la cause de leur langueur, de leur faiblesse et des vices grossiers de leurs habitants. L'esclavage des serfs de glèbe, partout où il a existé, a également empêché le développement de toute industrie, de toute sociabilité, de toute force politique; et de nos jours encore il a réduit la Pologne à un tel état de faiblesse qu'une nation immense n'a existé longtemps que par la jalousie de ses voisins et a fini de voir son territoire partagé aussi facilement que le patrimoine d'un particulier, dès que les prétendants ont été d'accord entre eux. Si de ces cas extrêmes, sans nous arrêter aux fureurs des Cabochiens en France, aux excès de Jean de Leyde et de ses paysans en Allemagne, nous arrivons aux malheurs causés par la populace de Hollande, excitée par la maison d'Orange; aux inquiétudes que donnent tous les jours les Lazzaronis de Naples et les Transteverins de Rome; et enfin aux embarras que cause même aujourd'hui en Angleterre l'énormité de la taxe des pauvres, et l'immensité de cette population misérable que rien ne peut retenir que les supplices; je crois que tout le monde conviendra que quand une portion considérable de la société est trop souffrante, et par suite trop abrutie, il n'y a ni repos, ni sûreté, ni liberté possibles même pour les puissants et les riches, et qu'au contraire ces premiers citoyens d'un État sont bien plus véritablement grands et heureux quand ils sont à la tête d'un peuple qui jouit d'une honnête aisance, laquelle développe en lui toutes les facultés morales et intellectuelles.

Au reste, je ne prétends pas conclure de là que le pauvre doive fixer violemment le prix qu'il peut exiger de son travail; nous avons vu que son premier intérêt est le respect de la propriété. Mais je répète que le riche ne doit pas non plus fixer ce prix d'autorité, qu'il doit lui laisser la plus libre et la plus entière disposition de ses faibles moyens; et ici la justice prononce encore en sa faveur; et j'ajoute que l'on doit se réjouir si l'emploi de ses moyens lui procure une honnête aisance, car la politique prouve que c'est le bien général.

Observons encore que s'il est juste et utile de laisser tout homme disposer de son travail, il l'est également et par les mêmes raisons, de lui laisser choisir son séjour. L'un est une conséquence de l'autre. Je ne connais rien de plus odieux que d'empêcher de sortir de son pays un homme qui y est assez mal pour désirer de le quitter malgré tous les sentiments de la nature et toutes les forces de l'habitude qui l'y retiennent. De plus cela est absurde. Car puisqu'il est bien prouvé qu'il y a toujours dans un pays autant d'hommes qu'il peut y en exister dans les circonstances données, celui qui s'en va ne fait autre chose que laisser sa place à un autre qui se serait éteint s'il fût demeuré. Vouloir qu'il reste, c'est comme si deux hommes étant enfermés dans une boîte où il n'y aurait assez d'air que pour un, on voulait qu'un des deux ou même tous deux y étouffassent, plutôt que de laisser sortir l'un ou l'autre. Loin que l'émigration soit un mal, elle n'est jamais un secours suffisant. On a toujours trop de peine à s'y déterminer. Pour qu'elle devienne un peu considérable, il faut que les vexations soient effroyables; et même alors le vide qu'elle opère est bientôt rempli comme celui qui résulte des grandes épidémies. Dans ces cas malheureux, ce sont les souffrances des hommes dont il faut s'affliger, et non pas de la diminution de leur nombre.

Quant à l'immigration, je n'en parle pas. Elle est toujours inutile et même nuisible, à moins qu'elle ne soit celle de quelques hommes qui apportent des lumières nouvelles. Mais alors ce sont leurs connaissances et non leurs personnes qui sont précieuses, et ces hommes-là ne sont jamais bien nombreux. On peut sans injustice défendre l'immigration, et c'est précisément à quoi les gouvernements n'ont presque jamais pensé. Il est vrai qu'ils se sont encore plus rarement avisés de donner beaucoup de motifs pour la désirer.

Après des salaires suffisants, ce qui importe le plus au pauvre c'est que ces salaires soient constants. En effet, ce n'est pas une augmentation momentanée ou une exagération accidentelle de ses profits qui peut améliorer son sort. L'imprévoyance est un de ses maux et peut-être le plus grand. Toujours une consommation désordonnée anéantit bientôt cet excédent extraordinaire de ressources, ou une multiplication indiscrète le partage entre trop de têtes. Quand donc cet excédent vient à cesser, il faut que ceux qui en vivaient s'éteignent ou que ceux qui en jouissaient se restreignent; et dans ce dernier cas, ce ne sont jamais les consommations les moins utiles qui cessent les premières parce qu'elles sont les plus séduisantes. Alors la misère recommence dans toute son horreur avec un plus grand degré d'intensité. Ainsi on peut dire en thèse générale que rien de ce qui est passager n'est réellement utile au pauvre. En cela encore, il a les mêmes intérêts que le corps social.

Cette vérité exclut bien des fausses combinaisons politiques, surtout si on la joint à cette autre maxime tout aussi vraie que rien de ce qui est forcé n'est durable; elle nous apprend aussi qu'il est essentiel au bonheur de la masse d'une nation que le prix des denrées de première nécessité varie le moins possible, car ce n'est pas le prix du salaire en lui-même qui est important, c'est son prix comparé à celui des choses dont on a besoin pour vivre. Si avec deux sous de paie j'ai du pain suffisamment pour ma journée, je suis mieux nourri que si je recevais dix sous et qu'il m'en fallût douze pour que ma ration fût complète. Or, nous l'avons fait voir ci-dessus chapitre IV et ailleurs, à la longue le prix des salaires les plus faibles se règle et ne peut pas manquer de se régler sur le prix des choses nécessaires à l'existence. Si le prix de ces choses nécessaires vient à diminuer subitement, les salariés profitent sans doute momentanément mais sans utilité durable pour eux, comme nous venons de le dire. Ainsi cela n'est pas désirable. Si au contraire ce prix augmente, c'est bien pis et les maux qui en résultent s'aggravent l'un l'autre. D'abord qui n'a que le nécessaire n'a rien à perdre; ainsi tous les pauvres sont dans la détresse. Mais de plus, en vertu de cette détresse, ils font des efforts extraordinaires. Ils demandent plus à être employés, ou en d'autres termes ils offrent plus de travail. D'autres personnes qui vivaient sans travail ont besoin de cette ressource. On n'en a pas davantage à leur donner. Ils se nuisent les uns aux autres par la concurrence. On en prend occasion pour les moins payer quand ils auraient besoin de l'être davantage. Aussi c'est une expérience constante que, dans les temps de disette, les salaires baissent parce que l'on a plus d'ouvriers que l'on n'en peut employer, et cela dure jusqu'à ce que l'abondance renaisse ou que les hommes se soient éteints.

Il serait donc à désirer que le prix des denrées, et surtout celui des plus importantes, pût être invariable. Quand nous en serons à parler de la législation, nous verrons que le moyen que ce prix varie le moins possible est de laisser la liberté la plus entière au commerce, parce que l'activité des spéculateurs et leur concurrence font qu'ils s'empressent de profiter de la moindre baisse pour acheter et de la moindre hausse pour revendre, et que par là ils empêchent l'une et l'autre de durer et de devenir excessives. Ce moyen est aussi le plus conforme et le seul conforme au respect dû à la propriété, car le juste et l'utile se trouvent toujours réunis. Pour le moment, bornons-nous à notre conclusion et étendons-la à d'autres objets.

Les variations subites dans certaines parties de l'industrie ou du commerce font, quoique d'une manière moins générale, le même effet que les variations dans le prix des denrées. Quand une branche d'industrie quelconque prend tout d'un coup un accroissement rapide, on y demande plus de travail qu'à l'ordinaire : il s'ensuit un bénéfice pour les travailleurs, et ils en usent comme de tous les bénéfices momentanés, c'est-à-dire mal. Mais ensuite cette industrie vient-elle à se ralentir ou à s'éteindre, la détresse arrive; il faut que chacun cherche des ressources. À la vérité, il y en a bien plus dans ce cas que dans celui d'une cherté qui est un malheur universel. Les ouvriers inoccupés ici peuvent se porter ailleurs. Mais les hommes ne sont pas des êtres abstraits et insensibles. Ces déplacements ne se font pas sans souffrances, sans déchirements, sans rompre des habitudes impérieuses. Un ouvrier n'est jamais aussi propre à l'état qu'il veut prendre qu'à celui qu'il est forcé de quitter. En outre, il y est superflu, il y produit engorgement et par suite baisse du salaire ordinaire. Ainsi tout le monde pâtit. C'est là le grand malheur des nations dominatrices du commerce et l'inconvénient du développement exagéré de l'industrie, développement qui, par cela seul qu'il est exagéré, est sujet à des vicissitudes. C'est là du moins ce qui doit nous prouver qu'il est très imprudent à un corps politique de chercher à se procurer une prospérité factice par des moyens forcés. Elle ne peut être que fragile; on en jouit sans bonheur et on ne la perd jamais sans des maux extrêmes.

On a remarqué que les nations essentiellement agricoles sont moins sujettes que les autres à souffrir de ces révolutions subites de l'industrie et du commerce; en conséquence on a beaucoup vanté la stabilité de leur prospérité, et on a eu raison jusqu'à un certain point. Mais on n'a pas assez pris garde, ce me semble, qu'elles sont plus exposées que les nations commerçantes à la plus cruelle de toutes les variations, celle du prix des grains. Cela paraît ne devoir pas être et pourtant cela est; il est même facile d'en trouver la raison. Les peuples bornés à l'agriculture sont répandus sur un vaste territoire. Ce territoire ou est totalement méditerrané, ou s'il confine à la mer par quelques côtés, il a nécessairement beaucoup de ses parties fort enfoncées dans les terres. Quand les récoltes viennent à y manquer, on ne peut y porter des secours que par terre ou en remontant des rivières, genre de navigation toujours fort dispendieux et souvent impossible. Or, comme les grains et les autres matières alimentaires sont des marchandises d'un grand encombrement, il arrive que par l'effet des frais de transport, quand elles sont rendues à l'endroit où l'on en a besoin, elles reviennent à un prix si élevé que personne n'y peut atteindre. Aussi est-il d'expérience que toutes les importations de ce genre faites dans des temps de calamités n'ont jamais servi qu'à consoler et à calmer l'imagination, mais n'ont jamais été de véritables ressources. Il faut donc absolument que le pauvre restreigne sa consommation jusqu'au point de souffrir beaucoup et que les plus dénués meurent. Il n'y a pas d'autre moyen pour que tous ne périssent pas quand la disette est très grande. C'est ainsi que dans une ville assiégée on fait sortir, si on le peut, toutes les bouches inutiles. C'est le même calcul. On prolongerait encore la défense si l'on osait se défaire de tous les défenseurs qui ne sont pas indispensables. Mais la consommation de la guerre en opère la destruction; et c'est peut-être cette cruelle mais sage combinaison qui détermine les sorties inutiles d'ailleurs que font certains gouverneurs vers la fin d'un siège, sorties bien différentes de celles qu'on fait au commencement par pure jactance.

Les hommes augmenteraient beaucoup la sûreté de leur existence, et leur possibilité d'occuper certains pays, s'ils pouvaient rendre les matières alimentaires d'un petit volume et par conséquent facilement transportables. À la vérité, ils abuseraient tout de suite de cette possibilité pour se nuire, comme les peuples pasteurs se servent de la facilité des transports que produit la célérité de leurs bêtes de somme pour devenir brigands. Car rien n'est si dangereux qu'un homme transportable. Il n'y a qu'à voir l'énorme avantage que la sobriété donne aux armées pour les invasions. C'est là la puissance de l'espèce mal employée, mais enfin c'est sa puissance; et c'est cette puissance qui, dans les cas de disette, manque aux nations agricoles et paisibles répandues sur un vaste territoire.

Les nations commerçantes, au contraire, sont ou insulaires ou répandues le long des côtes de la mer. Accessibles partout, elles peuvent recevoir des secours de tous les pays. Pour que la cherté devînt excessive chez elles, il faudrait que les récoltes eussent manqué dans toute la terre habitable. Encore n'atteindrait-elle que le taux moyen de la cherté générale, et jamais le taux extrême de la cherté locale des pays méditerranés les plus mal traités. Ces nations sont donc à l'abri du plus grand des désastres; et quant aux malheurs moins généraux résultant des révolutions qui surviennent dans quelques branches d'industrie ou du commerce, j'observe qu'elles y sont très rarement exposées si elles ont laissé à cette industrie et à ce commerce son cours naturel, et si elles n'ont pas employé des moyens violents pour lui donner une extension exagérée. J'en conclus non seulement que leur condition est meilleure, mais encore que leurs malheurs viennent de leurs fautes, tandis que ceux des autres viennent de leur position, et qu'ainsi elles ont plus de moyens d'éviter ces malheurs. Nous devions être conduits à ce résultat et nous aurions dû le prévoir d'avance.

Car puisque la société, qui n'est qu'un commerce continuel, est la cause de notre puissance et de nos ressources, il serait contradictoire que là où ce commerce est le plus perfectionné et le plus actif, nous fussions plus accessibles au malheur.

Si donc il était constant que la prospérité des nations commerçantes fût moins solide et moins durable (fait que je ne crois pas vrai, au moins chez les modernes)[a], il faudrait distinguer d'abord entre bonheur et puissance, et remarquer que, dans les calamités dont nous venons de parler, le bonheur des individus, chez les nations agricoles, est extrêmement compromis. Mais la puissance subsiste parce que la perte des hommes qui succombent par la disette est bientôt réparée par de nouvelles naissances quand elle cesse, les moyens habituels d'existence n'ayant pas été détruits; au lieu que dans une nation commerçante, quand une branche d'industrie s'anéantit, elle s'anéantit quelquefois sans retour et sans pouvoir être remplacée par une autre, en sorte que la partie de la population dont elle entraîne la ruine ne peut plus renaître; mais comme nous l'avons dit, ce dernier cas est rare quand il n'est pas provoqué par des fautes. Si, indépendamment de cela, il était constaté que la prospérité des nations commerçantes fût fragile à raison des vices intérieurs auxquels elles seraient sujettes, il ne faudrait pas s'en prendre au commerce en lui-même, mais à des causes accidentelles et principalement à la manière dont les richesses s'introduisent souvent dans ces États, laquelle favorise extrêmement leur très inégale répartition, qui est le plus grand de tous les maux et le plus généralement répandu. Examen fait, on trouverait là, comme toujours, le genre humain heureux du développement et de l'accroissement de ses moyens, mais tout prêt à en devenir malheureux par le mauvais usage qu'il en fait. La discussion de cette question dans toute son étendue trouvera sa place ailleurs.

Quoi qu'il en soit, il est donc certain que le pauvre est propriétaire comme le riche; qu'en sa qualité de propriétaire de son individu, de ses facultés et de leur produit, il a intérêt qu'on lui laisse la libre disposition de sa personne et de son travail; que ce travail lui procure des salaires suffisants et que ces salaires varient le moins possible; c'est-à-dire qu'il a intérêt que son capital soit respecté, que ce capital lui produise le revenu nécessaire à son existence, et que ce revenu soit, s'il se peut, toujours le même; et, dans tous ces points, son intérêt est conforme à l'intérêt général.

Mais le pauvre n'est pas seulement propriétaire, il est encore consommateur, car tous les hommes sont l'un et l'autre. En cette dernière

a. Les exemples des anciens ne prouvent rien, parce que leur économie politique était toute fondée sur la force. Les peuples méditerranés étaient brigands, les peuples maritimes étaient pirates, tous voulaient être conquérants. Alors c'est le hasard qui fait le destin.

qualité, il a le même intérêt que tous les consommateurs, celui d'être approvisionné le mieux et le moins chèrement possible. Il faut donc pour lui que la fabrication soit très habile, les communications faciles et les relations multipliées; car nul n'a plus besoin d'être servi à bon marché que celui qui a peu de moyens.

Que faut-il donc penser de ceux qui soutiennent que l'amélioration des méthodes et l'invention des machines qui simplifient et abrègent les procédés des arts sont un malheur pour le pauvre? Ma réponse est qu'ils n'ont aucune idée de ses véritables intérêts ni de ceux de la société; car il faut être aveugle pour ne pas voir que quand une chose qui exigeait quatre journée de travail peut être faite en une journée, chacun peut, pour la même somme, s'en procurer quatre fois davantage, ou, en n'en consommant que la même quantité, avoir les trois quarts de son argent de reste pour l'employer à se procurer d'autres jouissances, et certes cet avantage est encore plus précieux au pauvre qu'au riche. Mais, dit-on, le pauvre gagnait ces quatre journées de travail et il n'en gagnera plus qu'une. Mais, dirais-je à mon tour, vous oubliez donc que le fonds sur lequel vit la totalité des salariés est la somme des moyens de ceux qui les emploient; que cette somme est une quantité à peu près constante; qu'elle est toujours employée annuellement; que si un objet particulier en absorbe une moindre partie, le surplus qui est économisé se reporte vers d'autres destinations; qu'ainsi, tant qu'elle ne diminue pas, elle solde un nombre égal de travailleurs, et que de plus, s'il y a un moyen de faire qu'elle augmente, c'est de rendre la fabrication plus économique, parce que c'est le moyen d'ouvrir de nouveaux débouchés et de rendre possibles de nouvelles entreprises industrielles qui sont, comme nous l'avons vu, les seules sources de l'accroissement de nos richesses. Ces raisons me paraissent décisives. Si les raisons contraires étaient valables, il faudrait en conclure qu'il n'y a rien de plus heureux que de faire un travail inutile, parce que ce sont toujours autant de personnes occupés, et qu'il n'en reste pas moins à exécuter la même quantité de travail nécessaire. J'accorde ce second point. Mais premièrement ce travail inutile sera payé avec des fonds qui auraient payé du travail utile et qui ne les paieront pas, ainsi il n'y a rien de gagné de ce côté. Secondement, de ce travail infructueux il n'en reste rien et, s'il avait été fructueux, il en serait resté des choses utiles, propres à procurer des jouissances ou capables, étant exportées, d'augmenter la masse des richesses acquises. Il me semble qu'il n'y a rien à répondre à cela, une fois que l'on a vu nettement sur quel fonds vivent les salariés. Cette série de combinaisons se retrouvera lorsque nous parlerons de l'emploi de nos richesses: c'est pour cela que je l'ai développée; car il semble qu'il ne faut pas tant de raisonnements pour prouver que du travail reconnu inutile est inutile et qu'il est plus utile de faire du travail utile. Or, c'est à cette vérité niaise que se réduit l'apologie des machines et des autres améliorations.

On a fait contre la construction des chemins et des canaux, et généralement contre la facilité des communications et la multiplicité des relations commerciales, les mêmes objections que je viens de réfuter. J'y fais les mêmes réponses. On a prétendu de plus que tout cela nuisait d'une autre manière au pauvre en faisant monter le prix des denrées. Le vrai est que cela fait monter leur prix dans les temps où elles sont trop bon marché par la difficulté de les exporter; mais cela les fait baisser quand elles sont trop chères, par la difficulté d'en importer. Ainsi cela rend les prix plus constamment égaux et j'en conclus, en vertu des principes que nous avons établis, que c'est un grand bien pour le pauvre et pour la société en général.

Je conviens cependant que toutes ces innovations, avantageuses en elles-mêmes, peuvent quelquefois produire d'abord une gêne momentanée et partielle : c'est le propre de tous les changements subits. Mais comme l'utilité de ceux-ci est générale et durable, cette considération ne doit point en éloigner. Il faut seulement que la société vienne au secours de ceux qui souffrent passagèrement, et cela lui est bien aisé quand en masse elle prospère.

Il est donc vrai que, malgré l'opposition nécessaire de nos intérêts particuliers, nous sommes tous réunis par les intérêts communs de propriétaires et de consommateurs, et que par conséquent on a tort de regarder les pauvres et les riches, ou les salariés et ceux qui les emploient, comme deux classes essentiellement ennemies. Il est vrai surtout que les véritables intérêts du pauvre sont toujours les mêmes que ceux de la société prise en masse. Je ne prétends pas dire que le pauvre connaisse toujours ses véritables intérêts. Qui est-ce qui a toujours des idées justes sur ces matières, même parmi les gens éclairés ? Mais enfin, c'est beaucoup que les choses soient telles, et c'est une bonne chose à savoir. La plus grande difficulté pour le persuader est peut-être de pouvoir en bien dire les causes : il me semble que c'est ce que nous venons de faire. Tout en arrivant à ce résultat, nous avons examiné, chemin faisant, plusieurs questions qui, sans nous détourner de notre route, ont ralenti notre marche. Cependant je n'ai pas cru devoir passer à côté sans m'y arrêter, parce que dans ce genre tous les objets sont tellement liés les uns aux autres qu'il n'en est aucun qui, étant bien éclairé, ne jette un grand jour sur tous les autres.

Mais nous ne sommes pas seulement opposés d'intérêts, nous sommes encore inégaux en moyens. Cette seconde condition de notre nature mérite aussi d'être étudiée dans ses conséquences, sans quoi nous ne connaîtrions pas complètement les effets de la distribution de nos richesses entre les divers individus, et nous ne saurions qu'imparfaitement ce que nous devons penser des avantages et des inconvénients de l'accroissement de ces mêmes richesses par l'effet de la société. Établissons d'abord quelques vérités générales.

Des déclamateurs ont soutenu que l'*inégalité* en général est utile et que c'est bienfait dont nous devons remercier la Providence. Je n'ai qu'un mot à leur répondre. Entre des êtres sensibles fréquemment opposés d'intérêts, la justice est le plus grand des biens, car elle seule peut les concilier sans qu'aucun ait à se plaindre. Donc l'inégalité est un mal, non pas qu'elle soit une injustice en elle-même; mais parce qu'elle est un puissant appui pour l'injustice, toutes les fois que la justice est pour le faible.

Toute inégalité de moyens et de facultés est au fond une inégalité de pouvoir. Cependant, quand on veut entrer dans quelques détails, on peut et on doit distinguer l'inégalité de pouvoir proprement dite et l'inégalité de richesses.

La première est la plus fâcheuse: elle soumet la personne elle-même. Elle existe dans toute son horreur entre les hommes bruts et sauvages; elle y met le plus faible à la merci du plus fort. C'est elle qui est cause qu'il n'y a entre eux que le moins de relations qu'ils peuvent, car elle deviendrait insupportable. Si on ne l'y a pas toujours remarquée, c'est qu'elle n'y est guère accompagnée de l'inégalité de richesse qui est celle qui nous frappe le plus, parce que nous l'avons toujours sous nos yeux.

L'organisation sociale a pour objet de combattre l'inégalité de pouvoir, et le plus souvent elle la fait cesser ou du moins elle la diminue. Des hommes, révoltés des abus dont la société fourmille encore, ont prétendu qu'au contraire elle augmentait cette inégalité, et il faut avouer que, quand elle perd totalement de vue sa destination, elle justifie les reproches de ses amers détracteurs. Par exemple, partout où elle conserve l'esclavage proprement dit, il est certain que l'indépendance sauvage avec tous ses dangers lui est encore préférable; mais il faut convenir portant que le but de la société n'est pas cela et qu'elle tend, le plus souvent avec succès, à diminuer l'inégalité de pouvoir.

En diminuant l'inégalité de pouvoir, et par là établissant la sûreté, la société produit le développement de toutes nos facultés et accroît nos richesses, c'est-à-dire nos moyens d'existence et de jouissance. Mais plus nos facultés se développent, plus leur inégalité paraît et augmente, et elle amène bientôt l'inégalité de richesses, qui entraîne celle d'instruction, de capacité et d'influence. Voilà ce me semble, en deux mots, les avantages et les inconvénients de la société. Cette vue nous montre ce que l'on a droit d'en attendre et ce que l'on doit faire pour la perfectionner.

Puisque le but de la société est de diminuer l'inégalité de pouvoir, elle doit viser à le remplir, et puisque son inconvénient est de favoriser l'inégalité de richesses, elle doit toujours s'occuper de la diminuer, toutefois par des moyens doux et jamais violents ; car il faut toujours se souvenir que la base fondamentale de la société est le respect de la propriété et sa garantie contre toute violence.

Mais, dira-t-on, quand l'inégalité est réduite à n'être que l'inégalité de richesse, est-elle donc encore un si grand mal ? Je réponds hardiment que oui. Car d'abord entraînant avec elle l'inégalité d'instruction, de capacité et d'influence, elle tend à ramener l'inégalité de pouvoir, et par conséquent à renverser la société. Ensuite, en ne la considérant que sous le rapport économique, nous avons vu que le fonds sur lequel vivent les salariés est le revenu de tous ceux qui ont des capitaux ; et que parmi ceux-ci il n'y a que les entrepreneurs d'industrie qui augmentent leurs richesses, et par conséquent les richesses de la nation. Or, ce sont précisément les possesseurs de grandes fortunes qui sont oisifs et qui ne soldent du travail que pour leur plaisir. Ainsi plus il existe de grandes fortunes, plus la richesse nationale tend à s'altérer et la population à diminuer. L'exemple de tous les temps et de tous les pays vient à l'appui de cette théorie ; car partout où vous voyez des fortunes exagérées[a], c'est là que vous voyez la plus grande misère et la plus grande stagnation dans l'industrie.

La perfection de la société serait donc d'accroître beaucoup nos richesses en évitant leur extrême inégalité. Mais cela est beaucoup plus difficile dans certains temps et dans certaines positions que dans d'autres. Un peuple méditerrané, agricole, ayant peu de relations, vivant sur un sol peu fertile, ne pouvant augmenter ses moyens de jouissances que par les progrès lents de sa culture, et les progrès plus lents encore de ses manufactures, évitera facilement et longtemps qu'il s'établisse une grande inégalité entre ses concitoyens. Si le sol est plus riche, et surtout s'il produit dans quelques endroits des denrées très recherchées, il se fera plus aisément de grandes fortunes. S'il renferme des mines de métaux précieux, beaucoup de particuliers certainement se ruineront à les exploiter, mais quelques-uns y acquerront des richesses immenses ; ou si le gouvernement se réserve ce profit, il sera bientôt en état de procurer à ses créatures une opulence exagérée, et il est bien vraisemblable qu'il n'y manquera pas. Trop de causes concourent à produire cet effet. Enfin, si vous supposez que ce premier peuple encore pauvre devienne conquérant, s'empare d'un pays riche et s'y établisse en vainqueur, voilà tout d'un coup la plus grande

a. Pour juger de l'exagération de certaines fortunes, tenez compte des proportions ; car il peut y avoir de riches Anglais aussi riches et plus riches que les grands seigneurs russes ou polonais ; mais ils sont au milieu d'un peuple dont l'aisance générale est bien plus grande. Par conséquent, la disproportion, quoique réelle, est bien moins forte.

inégalité introduite d'abord entre la nation victorieuse et la nation subjuguée, et ensuite parmi les vainqueurs eux-mêmes. Car là où la force décide, il est bien plus difficile que les partages soient équitables. Les lots des divers individus sont aussi différents que leurs degrés d'autorité dans l'armée ou de faveur auprès du chef. Encore sont-ils exposés à de fréquentes usurpations.

La fortune des nations maritimes est en général plus rapide; cependant on y remarque les mêmes variétés. Des navigateurs peuvent être réduits à des bénéfices médiocres, au cabotage, à la pêche, au commerce avec des nations avec lesquelles il n'y ait pas de grands gains à faire. Alors il leur est aisé de rester longtemps à peu près égaux entre eux. Ils peuvent au contraire pénétrer dans des régions inconnues, avoir à profusion les denrées les plus rares, établir des relations avec des peuples sur lesquels on puisse faire des profits immenses, s'attribuer de grands monopoles, fonder de riches colonies sur lesquelles ils conservent un empire tyrannique, ou même devenir conquérants et importer dans leur patrie les produits de pays très étendus soumis par leurs armes, comme les Anglais dans l'Inde et les Espagnols dans l'Amérique méridionale. Dans chacun de ces cas il y a plus ou moins de chances, mais dans tous il y en a beaucoup pour que ces énormes richesses se distribuent très inégalement.

Beaucoup d'autres circonstances sans doute se joignent à celles-là et en modifient les effets. Les différents caractères des peuples, la nature de leurs gouvernements, le plus ou moins d'étendue de leurs lumières, et surtout de leur connaissance de l'art social, dans les moments qui décident de leur sort, font que des événements semblables ont des conséquences très différentes. Si Vasco de Gama et ses contemporains avaient eu les mêmes vues et les mêmes mœurs que Cook ou La Pérouse, nos relations avec les Indes seraient tout autres qu'elles ne sont. Il est surtout remarquable combien l'époque à laquelle un corps politique commence à se former influe sur toute la durée de son existence. Certainement des empires fondés par Clovis ou par Cortez, ou des sociétés recevant leurs premières lois de Locke ou de Franklin, doivent prendre des directions très différentes, et l'on s'en aperçoit bien dans toutes les périodes de leur histoire[a].

Ce sont ces causes si diverses, et surtout la dernière, qui produisent l'infinie variété que l'on remarque dans les destinées des nations; mais enfin le fonds est partout le même. La société, procurant à chacun la sûreté

a. Cela est si frappant qu'il n'y a personne, je pense, qui ne regrette que l'on ait découvert l'Amérique trois cents ans trop tôt, et qui ne doute même s'il serait temps encore de la découvrir. Il est vrai que ces événements-là même, bien que déplorables, ont servi à nos progrès ultérieurs. Mais c'est les acheter bien cher. Il paraît que telle est notre destinée.

de sa personne et de ses propriétés, cause le développement de nos facultés; ce développement produit l'accroissement de nos richesses; leur accroissement amène plus ou moins vite leur très inégale répartition; et cette inégale répartition, ramenant l'inégalité de pouvoir, que la société avait commencé par contenir et était destinée à détruire, produit son affaiblissement et quelquefois sa dissolution totale.

C'est sans doute ce cercle vicieux que les historiens ont voulu nous représenter par les mots de jeunesse et de vieillesse des nations, et par ce qu'ils appellent leur vertu première, leur pureté primitive; puis leur dégénération, leur corruption, leur amollissement. Mais ces expressions vagues, contre lesquelles j'ai déjà réclamé, peignent bien mal les faits et égarent souvent ceux même qui les emploient. On nous parle toujours de la vertu des nations pauvres. Certainement là où l'égalité rend l'injustice et l'oppression plus difficiles et plus rares, on est plus vertueux par le fait, puisqu'il y a moins de fautes commises; mais c'est l'égalité et non la pauvreté qui en préserve. Du reste, les passions sont les mêmes qu'ailleurs. Pourquoi nous représenter incessamment les nations commerçantes comme avides, et les peuples agricoles comme des modèles de modération? Partout les hommes tiennent à leurs intérêts et en sont occupés. Les Carthaginois n'étaient pas plus avides que les Romains; et les Romains, dans ce que l'on appelle leurs beaux temps, qui étaient chez eux les usuriers les plus cruels et au dehors les spoliateurs les plus insatiables, étaient tout aussi avides que sous les empereurs. L'état de la société seul était différent. Il en est de même du mot *dégénération*. Certainement quand une partie des hommes s'est accoutumée à se résigner à l'oppression, et l'autre à abuser de son pouvoir, on peut bien dire qu'ils sont dégénérés. Mais à la manière dont on emploie souvent cette expression, on croirait qu'ils ne naissent plus les mêmes, que leur nature est changée, que leur race est altérée, qu'ils n'ont plus ni force ni courage; tout cela est très faux. On a encore plus abusé des mots *mollesse* et *amollissement*. Montesquieu lui-même nous dit gravement que la fertilité de la terre amollit les hommes[a]. Elle les nourrit, et voilà tout. À entendre certains auteurs, on dirait qu'il arrive un jour où tous les individus d'une nation vivent dans les délices comme ces fabuleux Sybarites dont on nous a tant parlé. Cela serait fort heureux, mais cela est impossible. Quand on vous dit qu'une nation est énervée par la mollesse, comprenez qu'il y en a un centième tout au plus de gâté par l'habitude du pouvoir et la facilité des jouissances, et que le reste

a. Il en dit bien d'autres. Voyez son livre 18ᵉ des *Lois*, dans le rapport qu'elles ont avec la nature du terrain.

est abattu par l'oppression et dévoré par la misère[a]. On ne se trompe pas moins sur le sens de ces expressions, *les nations pauvres*, c'est là où le peuple est à son aise; et *les nations riches*, c'est là où il est ordinairement pauvre. Voilà pourquoi les unes sont fortes et les autres sont souvent faibles. On pourrait multiplier ces réflexions à l'infini. Mais tout se réduit à cette vérité qui n'a pas toujours été assez sentie : la multiplication de nos moyens de jouissance est une très bonne chose ; leur trop inégale répartition en est une très mauvaise, et la source de tous nos maux. Sur ce point encore, l'intérêt du pauvre est le même que celui de la société. Je crois en avoir assez dit sur la distribution de nos richesses; il est temps de parler de l'usage que nous en faisons.

a. Et ces fameux délices de Capoue ! Et toutes ces armées amollies tout à coup pour s'être trouvées dans l'abondance ! Demandez à tous les généraux si leurs soldats en valent moins après avoir eu largement de quoi vivre pendant quelque temps, à moins qu'ils ne les aient laissés devenir pillards et indisciplinés en leur donnant l'exemple, ou que les chefs, ayant fait fortune, n'aient plus d'ambition. Si c'est là ce qui est arrivé aux Carthaginois ou à d'autres, c'est là ce qu'il fallait nous dire et non pas de vaines phrases de rhéteur.

CHAPITRE XI

DE L'EMPLOI DE NOS RICHESSES, OU DE LA CONSOMMATION

Après avoir vu comment se forment nos richesses et comment elles se distribuent, nous voici arrivés au moment d'examiner comment nous nous en servons et quelles sont les conséquences des différents usages que nous en faisons. C'est là ce qui doit achever de nous dévoiler toute la marche de la société et de nous montrer quelles sont les choses réellement utiles ou nuisibles tant au public qu'aux particuliers. Si dans les deux premières parties nous avons bien connu et exposé la vérité, celle-ci se dérouillera d'elle-même, et tout y sera clair et incontestable. Si au contraire nous avons mal vu les premiers faits, si nous ne sommes pas remontés jusqu'aux premières causes, si nos recherches ont été superficielles ou égarées par l'esprit de système, nous allons rencontrer difficultés sur difficultés et il restera dans tout ce que nous dirons beaucoup de choses obscures et douteuses comme il est arrivé à beaucoup d'autres, et même des plus capables et des plus savants. C'est ce dont le lecteur jugera.

Nous ne créons rien, nous n'anéantissons rien; mais nous opérons des changements productifs ou destructifs d'utilité. Nous ne nous procurons des moyens de jouissance que pour pourvoir à nos besoins et nous ne pouvons les employer à la satisfaction de ces besoins qu'en les diminuant ou même en les détruisant. Nous ne faisons des étoffes, et avec ces étoffes des habits, que pour nous vêtir, et en les portant nous les usons. Avec des graines, de l'air, de la terre, de l'eau et des fumiers, nous produisons des matières alimentaires pour nous nourrir, et en nous en nourrissant nous les convertissons en gaz et en fumiers qui en produiront d'autres. C'est là ce que nous appelons consommer. La consommation est le but de la production ; mais elle en est le contraire. Ainsi toute production augmente notre richesse et toute consommation la diminue. Telle est la loi générale.

Cependant il y a des consommations de bien des genres. Il y en a qui ne sont qu'apparentes ; il y en a qui sont très réelles et même très destructives ; il y en a qui sont fructueuses. Elles varient suivant l'espèce de consommateurs et suivant la nature des choses consommées. Ce sont toutes ces différences qu'il faut démêler et distinguer pour bien voir les effets de la consommation générale sur la masse totale des richesses. Commençons par discuter les consommateurs ; je hasarde cette expression, parce qu'elle exprime fort bien le but que je me propose.

Il est convenu que nous sommes tous consommateurs car nous avons tous des besoins auxquels nous ne pouvons pourvoir que par une consommation quelconque ; et que de même nous sommes tous propriétaires, car nous possédons tous quelques moyens de pourvoir à nos besoins, ne fût-ce que nos forces et notre capacité individuelles. Mais nous avons vu aussi que par la manière inégale dont les richesses se distribuent à mesure qu'elles s'accumulent, beaucoup d'entre nous n'ont aucune part à ces richesses accumulées et ne possèdent en effet que leurs forces individuelles. Ceux-là n'ont d'autre trésor que leur travail de tous les jours. Ce travail leur procure des salaires ; c'est pourquoi nous les avons appelés spécialement *salariés* ; et c'est avec ces salaires qu'ils font face à leur consommation.

Mais sur quoi sont pris ces salaires ? Il est évident que c'est sur les propriétés de ceux à qui les salariés vendent leur travail, c'est-à-dire sur des fonds qui sont d'avance en leur possession et qui ne sont autre chose que les produits accumulés de travaux antérieurement exécutés. Il suit de là que la consommation que paient ces richesses est bien la consommation des salariés, en ce sens que ce sont eux qu'elle sustente, mais qu'au fond ce ne sont pas eux qui la paient, ou du moins qu'ils ne la paient qu'avec les fonds existant d'avance entre les mains de ceux qui les emploient. Ils ne font que recevoir d'une main et rendre de l'autre. Leur consommation doit donc être regardée comme faite par ceux qui les soudoient. Si même ils ne dépensent pas tout ce qu'ils reçoivent, ces épargnes, les élevant au rang de capitalistes, les mettent à même de faire ensuite des dépenses sur leurs propres fonds ; mais comme elles leur viennent des mêmes mains, elles doivent être regardées d'abord comme des dépenses des mêmes personnes. Ainsi, sous peine de faire des doubles emplois dans les calculs économiques, il faut compter absolument pour rien toute la consommation immédiate des salariés en tant que salariés et considérer non seulement tout ce qu'ils dépensent, mais même la totalité de ce qu'ils reçoivent, comme la dépense réelle et la consommation propre de ceux qui achètent leur travail. Cela est si vrai que, pour voir si cette consommation est plus ou moins destructive de la richesse acquise, ou même si elle tend à l'augmenter, comme cela arrive souvent, tout dépend de savoir quel usage font les capitalistes du travail qu'ils achètent. Ceci nous amène à examiner la consommation des capitalistes.

Nous avons dit qu'ils sont de deux espèces, les uns oisifs, les autres actifs. Les premiers ont un revenu fixe indépendamment de toute action de leur part, puisqu'ils sont supposés oisifs. Ce revenu consiste dans le loyer de leurs capitaux, soit meubles, soit argent, soit bien-fonds, qu'ils louent à ceux qui les font valoir par l'effet de leur industrie. Ce revenu n'est donc qu'un prélèvement qui se fait sur les produits de l'activité des citoyens industrieux; mais ce n'est pas là ce qui nous occupe actuellement. Ce que nous voulons voir, c'est quel est l'emploi de ce revenu. Puisque les hommes à qui il appartient sont oisifs, il est manifeste qu'ils ne dirigent aucun travail productif. Tous les travailleurs qu'ils soldent sont uniquement destinés à leur procurer des jouissances. Sans doute ces jouissances sont de différents genres. Pour les moins riches, elles se bornent à la satisfaction des besoins les plus urgents; pour les autres, elles s'étendent par degrés, suivant leurs goûts et leurs moyens, jusqu'aux recherches du luxe le plus raffiné et le plus effréné. Mais enfin les dépenses de toute cette classe d'hommes se ressemblent toutes, en ce point qu'elles n'ont pour objet que leur satisfaction personnelle et qu'elles alimentent une nombreuse population qu'elles font subsister mais dont le travail est complètement stérile. Il est vrai cependant que, parmi ces dépenses, il peut s'en trouver quelques-unes qui soient plus ou moins fructueuses, comme, par exemple, la construction d'une maison ou l'amélioration d'un fonds de terre; mais ce sont des cas particuliers qui font que les consommateurs de ce genre rentrent momentanément dans la classe de ceux qui dirigent des entreprises utiles et soudoient du travail productif. À ces légères exceptions-là près, toute la consommation de cette espèce de capitalistes est absolument en pure perte sous le rapport de la reproduction et autant de diminué sur les richesses acquises. Aussi faut-il remarquer que ces hommes-là ne peuvent dépenser que leur revenu. S'ils entament leurs fonds, rien ne les remplace et leur consommation momentanément exagérée cesse pour toujours.

La seconde classe de capitalistes qui emploie et soudoie les salariés se compose de ceux que nous avons nommés *actifs*. Elle comprend tous les entrepreneurs d'une industrie quelconque, c'est-à-dire tous les hommes qui ayant des capitaux plus ou moins forts, emploient leur talent et leur travail à les faire valoir eux-mêmes au lieu de les louer à d'autres, et qui par conséquent ne vivent ni de salaires ni de revenus, mais de profits. Ces hommes-là, non seulement font valoir leurs propres capitaux, mais encore ce sont eux qui font valoir tous ceux des capitalistes oisifs. Ils leur prennent à rente leurs terres, leurs maisons et leur argent, et ils s'en servent de manière à en tirer des profits supérieurs à cette rente[a]. Ils ont donc entre les mains presque toutes les richesses de la société. Il est de plus à remarquer que ce n'est pas seulement la rente de ces richesses qu'ils dépensent annuellement, mais bien le fonds lui-même, et quelquefois plusieurs fois dans l'année, quand la marche du commerce est assez rapide pour que cela se puisse. Car, comme en leur qualité d'hommes industrieux ils ne font aucune dépense que pour qu'elle leur rentre avec profit, plus ils en peuvent faire qui remplisse cette condition, plus leurs bénéfices sont grands. On voit donc que leur consommation est immense et que nombre de salariés qu'elle alimente est vraiment prodigieux.

Maintenant il faut distinguer deux parties dans cette énorme consommation. Toute celle que ces hommes industrieux font pour leurs propres jouissances et pour la satisfaction de leurs besoins et ceux de leur famille est définitive et perdue sans retour, comme celle des capitalistes oisifs. Au total elle est médiocre; car les hommes industrieux sont ordinairement modestes et trop souvent peu riches. Mais toute celle qu'ils font pour alimenter leur industrie et pour le service de cette industrie n'est rien moins que définitive; elle leur rentre avec profits; et il faut même, pour que cette industrie se soutienne, que ces profits soient au moins égaux, non seulement à la consommation personnelle et définitive des hommes industrieux, mais encore à la rente des terres et de l'argent qu'ils tiennent des capitalistes oisifs, laquelle rente est le seul revenu de ces oisifs et le seul fonds de leurs dépenses annuelles. Si les profits des capitalistes actifs étaient moindres que ces prélèvements nécessaires, leurs fonds seraient entamés; ils seraient obligés de diminuer leurs entreprises, ils ne pourraient plus solder la même quantité de travail, ils se dégoûteraient même de solder et de diriger ce travail infructueux. Dans le cas contraire, ils ont un accroissement de fonds au moyen duquel ils peuvent augmenter leurs affaires et leur demande de travail, si toutefois ils trouvent à l'employer utilement.

On me demandera comment ces entrepreneurs d'industrie peuvent faire de si grands profits et de qui ils peuvent les tirer. Je réponds que c'est en vendant tout ce qu'ils produisent plus cher que cela ne leur a coûté à

a. Des capitalistes oisifs louent bien quelquefois des maisons et de l'argent à d'autres oisifs. Mais ces oisifs ne leur en paient la rente que sur leurs revenus; et pour trouver la formation de ces revenus, il faut toujours remonter jusqu'à des capitalistes industrieux. Pour les terres, on les loue presque toujours à des entrepreneurs de culture; car qu'est-ce qu'en feraient des oisifs?

produire; et qu'ils le vendent, 1. à eux-mêmes pour toute la partie de leur consommation destinée à la satisfaction de leurs besoins, laquelle ils paient avec une partie de leur profits; 2. aux salariés, tant ceux qu'ils soldent que ceux que soldent les capitalistes oisifs, desquels salariés ils retirent par ce moyen la totalité de leurs salaires, à cela près des petites économies qu'ils peuvent faire; 3. aux capitalistes oisifs qui les paient avec la partie de leur revenu qu'ils n'ont pas déjà donnée aux salariés qu'ils emploient directement; en sorte que toute la rente qu'ils leur desservent actuellement leur revient par un de ces côtés ou par l'autre.

C'est là ce qui complète ce mouvement perpétuel de richesses qui, bien que mal connu, a été très bien nommé *circulation*, car il est véritablement circulaire[a] et revient toujours au point d'où il est parti. Ce point est celui où se fait la production. Les entrepreneurs d'industrie sont réellement le cœur du corps politique, et leurs capitaux en sont le sang. Avec ces capitaux, ils donnent des salaires à la plus grande partie des salariés; ils donnent leurs rentes à tous les capitalistes oisifs possesseurs soit de terres, soit d'argent, et par eux des salaires au reste des salariés; et tout cela leur revient par les dépenses de tous ces gens-là, qui leur paient ce qu'ils ont fait produire par leurs salariés immédiats plus cher qu'il ne leur en a coûté pour ces salaires et pour la rente des terres et de l'argent empruntés.

Mais, me dira-t-on, si cela est, et si les entrepreneurs d'industrie recueillent en effet chaque année plus qu'ils n'ont semé, ils devraient en très peu de temps avoir attiré à eux toute la fortune publique, et bientôt il ne devrait plus rester dans un État que des salariés sans avances et des capitalistes entrepreneurs. Cela est vrai; et les choses seraient ainsi effectivement si ces entrepreneurs ou leurs héritiers ne prenaient le parti de se reposer à mesure qu'ils se sont enrichis et n'allaient ainsi continuellement recruter la classe des capitalistes oisifs; et même malgré cette émigration fréquente, il arrive encore que, quand l'industrie a agi pendant quelque temps dans un pays, sans de trop grandes perturbations, ses capitaux se sont toujours augmentés, non seulement en raison de l'accroissement de la richesse totale mais encore dans une bien plus grande proportion. Pour s'en assurer, il n'y a qu'à voir dans toute l'Europe combien ils étaient faibles il y a trois ou quatre siècles, en comparaisons des richesses immenses de tous les hommes puissants; et combien ils sont aujourd'hui multipliés et accrus tandis que les autres sont diminuées. On pourrait ajouter que cet effet serait bien plus sensible encore sans les prélèvements immenses que tous les

a. Et pourquoi est-il circulaire et continu? C'est que la consommation détruit continuellement ce qui a été produit. Si la reproduction ne venait pas incessamment le rétablir, tout serait fini dès le premier tour.

gouvernements font chaque année sur la classe industrieuse par la voie des impôts; mais il n'est pas temps encore de nous occuper de cet objet.

Il ne doit pas être nécessaire d'observer que dans les commencements de la société, lorsque les richesses ne sont pas encore devenues très inégales, il n'existe presque point de simples salariés, et encore moins de capitalistes oisifs; chacun travaillant pour soi, et faisant des échanges avec ses voisins, est un véritable entrepreneur, ou momentanément un salarié quand par occasion il travaille pour autrui moyennant récompense. Même dans la suite, quand les diverses conditions sont devenues plus séparées par les effets de l'inégalité, le même homme peut appartenir et appartient souvent à plusieurs en même temps. Ainsi un simple salarié qui a quelques petites épargnes placées à intérêt, est sous ce rapport un capitaliste oisif, comme l'est aussi un entrepreneur qui a une partie de ses fonds réalisés en terres affermées; tandis qu'un propriétaire de pareilles terres, ou un rentier qui est fonctionnaire public, est à cet égard un salarié. Mais il n'en est pas moins vrai que ceux qui vivent de salaires, ceux qui vivent de rentes et ceux qui vivent de profits forment trois classes d'hommes essentiellement différentes; et que ce sont les derniers qui alimentent tous les autres et qui seuls augmentent la fortune publique et créent tous nos moyens de jouissance. Cela doit être, puisque le travail est la source de toute richesse et puisqu'eux seuls donnent une direction utile au travail actuel, en faisant un usage utile du travail accumulé.

On remarquera, j'espère, combien cette manière de considérer la consommation de nos richesses est concordante avec tout ce que nous avons dit à propos de leur production et de leur distribution[a], et en même temps quelle clarté elle répand sur toute la marche de la société. D'où vien[nen]t cet accord et cette lucidité? De ce que nous avons rencontré la vérité. Cela rappelle l'effet de ces miroirs où les objets se peignent nettement et dans leurs justes proportions quand on est placé dans leur vrai point de vue et où tout paraît confus et désuni quand on en est trop près ou trop loin. De même ici, dès que vous reconnaissez que nos facultés sont notre seule richesse originaire, que notre travail seul produit toutes les autres, et que tout travail bien dirigé est productif, tout s'explique avec une facilité admirable; mais quand vous voulez, comme beaucoup d'écrivains politiques, ne reconnaître comme productif que le travail de la culture, ou placer la source de la richesse dans la consommation, vous ne rencontrez plus en avançant qu'obscurité, confusion et embarras inextricables.

a. En effet, on voit bien ici pourquoi la production s'arrête quand on ne peut plus augmenter la consommation fructueuse de l'industrie, et pourquoi le nombre et l'aisance des hommes croissent et décroissent comme l'industrie, etc., etc.

J'ai déjà réfuté la première de ces deux opinions, je discuterai bientôt la seconde. Pour le moment, concluons qu'il est trois sortes de consommateurs : les salariés, les rentiers et les entrepreneurs; que la consommation des premiers est réelle et définitive, mais qu'il ne faut pas la compter parce qu'elle fait partie de la consommation de ceux qui les emploient; que celle des rentiers est définitive et destructive; et que celle des entrepreneurs est fructueuse, parce qu'elle est remplacée par une production supérieure.

Si la consommation est fort différente suivant l'espèce de consommateur, elle varie aussi suivant la nature des choses consommées. Toutes représentent bien du travail, mais sa valeur est fixée plus solidement dans les unes que dans les autres. On peut avoir pris autant de peine pour fabriquer un feu d'artifice que pour trouver et tailler un diamant, et par conséquent l'un peut avoir autant de valeur que l'autre. Mais quand j'aurai acheté, payé et employé l'un et l'autre, au bout d'une demi-heure il ne me restera rien du premier et le second pourra être encore la ressource de mes petits-enfants dans un siècle, quand même on s'en serait paré tous les jours. Il en est de même de ce qu'on appelle les produits immatériels. Une découverte est d'une utilité éternelle. Un ouvrage d'esprit, un tableau sont encore d'une utilité plus ou moins durable, tandis que celle d'un bal, d'un concert, d'un spectacle est instantanée et disparait aussitôt. On en peut dire autant des services personnels des médecins, des avocats, des soldats, des domestiques, et généralement de tout ce que l'on appelle des *employés*. Leur utilité est celle du moment du besoin.

Toutes les choses consommables, de quelque nature qu'elles soient, se placent entre ces deux extrêmes, de la plus courte et de la plus longue durée. D'après cela, il est aisé de voir que la consommation la plus ruineuse est la plus prompte, puisque c'est elle qui détruit le plus de travail dans le même temps, ou une égale quantité de travail en moins de temps; en comparaison de celle-là, celle qui est plus lente est une espèce de thésaurisation, puisqu'elle laisse à des temps à venir la jouissance d'une partie des sacrifices actuels. Cela est si clair que cela n'a pas besoin d'être prouvé; car chacun sait qu'il est plus économique d'avoir pour le même prix un habit qui dure trois ans que d'en avoir un pareil qui ne dure que trois mois. Aussi cette vérité est-elle avouée de tout le monde. Ce qu'il y a de singulier, c'est qu'elle le soit même par ceux qui regardent le luxe comme une cause de richesse; car si détruire est une si bonne chose, il semble qu'on ne saurait trop détruire et que l'on devrait être de l'avis de cet homme qui cassait tous ses meubles pour encourager l'industrie.

Au point où nous voici arrivés je ne sais plus comment aborder cette prétendue grande question du *luxe*, tant et si souvent débattue par des philosophes célèbres et des politiques renommés; ou plutôt je ne sais comment établir qu'il y ait là matière à un doute, ni comment faire paraître tant soit peu plausibles les raisons de ceux, très nombreux pourtant, qui soutiennent que le luxe est utile. Car quand les idées antérieures sont bien éclaircies, une question est résolue aussitôt que posée, et c'est ici le cas.

En effet, qui dit luxe dit consommation superflue et même exagérée; consommation, c'est destruction d'utilité; or, comment concevoir que destruction exagérée soit cause de richesse, soit production ? Cela répugne au bon sens.

On nous dit gravement que le luxe appauvrit un petit État et en enrichit un grand. Mais que peut faire l'étendue à pareille chose? Et comment comprendre que ce qui ruine cent hommes les enrichisse s'ils sont au nombre de deux cents ?

On dit encore que le luxe fait vivre une nombreuse population. Sans doute. Non seulement le luxe des riches mais encore la simple consommation de tous les oisifs qui vivent de leurs revenus entretien[nen]t un grand nombre de salariés. Mais que devient le travail de ces salariés ? Ceux qui les emploient en consomment le résultat et il n'en reste rien. Et avec quoi paient-ils ce travail ? Avec leurs revenus, c'est-à-dire avec des richesses déjà acquises dont bientôt il ne reste plus rien. Il y a donc là destruction de richesses et non pas accroissement. Mais allons plus loin. D'où viennent à ces hommes oisifs leurs revenus ? N'est-ce pas de la rente que leur paient sur leurs profits ceux qui font travailler leurs capitaux, c'est-à-dire ceux qui avec leurs fonds salarient du travail qui produit plus qu'il ne coûte, en un mot les hommes industrieux ? C'est donc toujours jusqu'à ceux-là qu'il faut remonter pour trouver la source de toute richesse. Ce sont ceux-là qui nourrissent réellement même les salariés qu'emploient les autres.

Mais, dit-on, le luxe anime la circulation. Ces paroles n'ont point de sens. On oublie donc ce que c'est que la circulation. Rappelons-le. Avec le temps, des richesses se sont accumulées en plus ou moins grande quantité, parce que le résultat des travaux antérieurs n'a pas été entièrement consommé aussitôt que produit. Des possesseurs de ces richesses, les uns se contentent d'en tirer une rente et de la manger. Ce sont ceux que nous avons appelés oisifs. Les autres plus actifs font travailler leurs propres fonds et ceux qu'ils louent. Ils les emploient à solder du travail qui les reproduit avec profit. Avec ce profit ils paient leur propre consommation et défraient celle des autres. Par ces consommations-là même, leurs fonds leur reviennent un peu accrus, et ils recommencent. Voilà ce qui constitue la circulation. On voit qu'elle n'a pas d'autres fonds que ceux des citoyens industrieux. Elle ne peut augmenter qu'autant qu'ils augmentent, ni s'accélérer, ce qui est encore augmenter, qu'autant que leurs rentrées se rapprocheraient. Car si leurs fonds leurs revenaient au bout de six mois au lieu de leur revenir au bout d'un an, ils les emploieraient deux fois dans l'année au lieu d'une, et ce serait comme s'ils en employaient le double; mais les rentiers oisifs ne peuvent rien à cela; ils ne peuvent que manger leur rente d'une manière ou d'une autre. S'ils mangent plus une année, il faut qu'ils mangent moins une autre. S'ils font autrement, ils entament leurs fonds. Ils sont obligés de les vendre, mais on ne peut les leur acheter qu'avec des capitaux appartenant aux hommes industrieux ou placés sur eux, et qui payaient là du travail qu'ils ne paieront plus, et du travail plus utile que celui qu'ont employé les prodigues. Ainsi ce n'est pas là une augmentation dans la masse totale de la dépense, ce n'est qu'un déplacement, un changement de quelques-unes de ses parties et un changement désavantageux. Ainsi, même en se ruinant, les hommes ne vivant que de revenus ne peuvent accroître la masse des salaires et de la circulation. Ils ne le pourraient que par une conduite tout opposée, en ne consommant pas toute leur rente et en en destinant une partie à des dépenses fructueuses. Mais alors ils seraient bien loin de s'abandonner à la consommation exagérée et superflue appelée *luxe*. Ils se livreraient au contraire à des spéculations utiles, ils se rangeraient dans la classe industrieuse.

Montesquieu, qui au reste entendait très mal l'économie politique[a], croit les profusions des riches très utiles, « parce que, dit-il, livre VII, chapitre IV, si les riches ne dépensent pas beaucoup, les pauvres mourront de faim ». On s'aperçoit à ce peu de mots et à beaucoup d'autres qu'il ne savait ni d'où viennent les revenus de ce qu'il appelle les riches, ni ce qu'ils deviennent. Encore une fois les revenus des riches oisifs ne sont que des rentes prélevées sur l'industrie; c'est l'industrie seule qui les fait naître. Leurs possesseurs ne peuvent rien faire pour les augmenter, ils ne font que les répandre et ils ne peuvent pas ne pas les répandre. Car s'ils ne les dépensent pas tout entiers pour leurs jouissances, à moins qu'ils ne jettent le surplus dans la rivière ou qu'ils ne l'enfouissent, ce qui est une folie rare, ils le replacent, c'est-à-dire qu'ils en forment pour l'industrie de nouveaux fonds qu'elle emploie. Ainsi, même en économisant, ils ont soldé la même quantité de travail. Toute la différence, c'est qu'ils ont soldé du travail utile au lieu de travail inutile, et que sur les profits qu'il procure ils se sont créé une nouvelle rente qui augmentera la possibilité de leur consommation à l'avenir.

a. Montesquieu était un très grand homme ; mais la science n'était pas faite de son temps ; elle est toute nouvelle.

Le luxe, la consommation exagérée et superflue, n'est donc jamais bon à rien, économiquement parlant. Il ne pourrait avoir qu'une utilité indirecte. Ce serait, en ruinant les riches, de faire sortir des mains des hommes oisifs des fonds qui, en se répandant parmi ceux qui travaillent, peuvent leur donner lieu de faire des économies et former ainsi des capitaux dans la classe industrieuse. Mais premièrement cela irait directement contre l'intention de Montesquieu qui croit le luxe avantageux, surtout dans une monarchie, et qui en même temps pense que la conservation des mêmes familles et la perpétuité de leur splendeur est essentiellement nécessaire à ce genre de gouvernement. De plus il faut bien observer avec M. Say que le goût des dépenses superflues a pour principe la vanité; qu'il ne peut exister dans la classe supérieure sans se répandre de proche en proche dans toutes les autres; qu'il y est encore plus funeste, parce que leurs moyens sont moindres et parce qu'il y absorbe des fonds dont elles faisaient un meilleur usage et qu'ainsi il ne fait partout que substituer des dépenses inutiles à des dépenses utiles, et par là tarir la source des richesses. Je crois tout cela incontestable.

Aussi nos politiques ne se contentent plus de dire vaguement que le luxe fait la prospérité de l'État, qu'il anime la circulation, qu'il fait vivre le pauvre. Ils se sont fait une théorie. Ils posent en principe général que la consommation est la cause de la production, qu'elle en est la mesure, qu'ainsi il est bon qu'elle soit très forte. Ils affirment que c'est là ce qui met une grande différence entre l'économie publique et l'économie privée. Ils n'osent pas toujours dire positivement que plus une nation dépense, plus elle s'enrichit. Mais ils se persuadent et ils soutiennent qu'il ne faut pas raisonner quand il est question de la fortune publique comme s'il s'agissait de celle d'un particulier; et ils regardent comme des esprits très étroits ceux qui croient tout simplement que dans tous les genres et dans tous les cas la bonne *économie* est toujours d'être *économe*, c'est-à-dire de faire un emploi utile de ses moyens[a]. Il y a dans tout cela un renversement d'idées qu'il est bon de faire disparaître et la clarté renaîtra.

a. Voyez M. Germain Garnier, dans son *Abrégé élémentaire des principes de l'économie politique*, à Paris, chez Agasse en 1796.

Dès la page XII de son avertissement, il dit formellement : « Les principes qui peuvent servir de guides pour l'administration d'une fortune privée, et ceux sur lesquels doit se diriger la fortune publique, non seulement diffèrent entre eux, mais se trouvent souvent *directement contraires*. »

Et page XIII : « La fortune d'un individu se grossit par l'épargne ; la fortune publique, *au contraire*, reçoit son accroissement de l'augmentation des consommations. »

Au chapitre de la circulation, page 130, il dit encore : « La production annuelle doit naturellement chercher à se régler sur la consommation annuelle. »

Certainement la consommation est la cause de la production, en ce sens que nous ne produisons que pour consommer et que si nous n'avions aucun besoin à satisfaire, nous ne nous donnerions pas la peine de rien produire ; il n'y aurait même pour nous rien d'utile ni rien de nuisible. Elle en est encore la cause, en ce sens que les gens industrieux ne produisent que parce qu'ils trouvent des consommateurs de leurs productions : c'est ce qui fait dire avec raison que la vraie manière d'encourager l'industrie est d'accroître l'étendue du marché et d'augmenter par là la possibilité du débit. Sous ce rapport, il est vrai encore de dire que la consommation est la mesure de la production ; car où le débit cesse, la production s'arrête. C'est ce qui nous a fait dire aussi qu'on ne pouvait pas multiplier les établissements d'industrie au-delà d'un certain terme, et que ce terme est celui où il cesse de donner des profits, parce qu'alors il est manifeste que ce qu'ils produisent ne vaut plus ce qu'ils consomment. Mais de tout cela il ne suit pas, pas plus pour une nation que pour un individu, que dépenser soit s'enrichir, ni qu'on puisse augmenter sa dépense à volonté, ni même que le luxe l'augmente, car il ne fait que la changer. Il faut toujours en revenir à la production ; c'est le point de départ. Pour jouir il faut produire ; voilà le premier pas. On ne produit qu'en se servant des richesses déjà acquises ; plus on en a, plus on a de moyens de produire. On les consomme en frais de production ; elles renaissent avec profit. On ne peut dépenser annuellement que ce profit annuel ; plus on en emploie en choses inutiles, moins il en reste pour les choses utiles. Si on le dépasse, le fonds est entamé ; la reproduction, et par suite la consommation à venir, seront diminuées. Elles pourront augmenter, au contraire, si on fait des économies qui forment de nouveaux capitaux. Donc, encore une fois, consommation n'est pas richesse, et il n'y a d'utile, sous le rapport économique, que celle qui se reproduit avec profit.

Jamais aucun sophisme ne pourra ébranler des vérités si constantes. Si on les a méconnues, c'est qu'on a pris l'effet pour la cause, et qui plus est, un effet fâcheux pour une cause bienfaisante. On a vu que, quand une nation devient riche, il s'établit une grande inégalité entre les fortunes, et que les possesseurs des grandes fortunes se livrent à un très grand luxe. On a cru que c'était cela qui faisait prospérer un pays et on s'est hâté de conclure que l'inégalité et le luxe étaient deux très bonnes choses. On

Aussi au chapitre des dettes publiques, page 240, il ajoute : « L'amendement et l'extension de la culture, et par suite les progrès de l'industrie et du commerce, n'ont pas *d'autre cause* que l'extension des besoins artificiels. » Et il en conclut que les dettes publiques sont une bonne chose en ce qu'elles augmentent ces besoins.

La même doctrine, jointe à l'idée que la culture seule est productive, règne dans tout son ouvrage et se retrouve dans ses *Notes sur Smith*.

aurait dû voir, au contraire, que ce sont deux inconvénients attachés à la prospérité[a]; que les richesses qui les causent sont acquises avant qu'ils existent, et que si elles continuent encore à s'accroître, c'est malgré l'existence de ces inconvénients et par l'effet des bonnes habitudes d'activité et d'économie qu'ils n'ont pu détruire totalement. Mais les intérêts personnels les plus forts contribuent à accréditer l'erreur. Les hommes puissants n'ont garde de convenir que leur existence soit un mal et que leur dépense soit aussi inutile que leur personne. Ils tâchent au contraire d'en imposer par le faste, et il ne tient pas à eux qu'on ne croie que c'est rendre un grand service à l'État que d'engloutir beaucoup de moyens d'existence et qu'il y a beaucoup de mérite à savoir dissiper de grandes richesses[b]. D'un autre côté, ceux qui tiennent à eux, à qui ils en imposent, et qui font des profits à leurs dépens, ne s'embarrassent guère si l'argent qu'ils en tirent serait mieux employé ailleurs, et si étant mieux employé il ferait vivre un plus grand nombre d'hommes; ils désirent que cette dépense dont ils vivent soit très forte et ils croient fermement que si elles diminuait ils seraient sans ressources, car ils ne voient pas ce qui la remplacerait. C'est ainsi que l'opinion générale s'égare et que ceux même qui en souffrent ne connaissent pas la cause de leurs maux. Cependant il est certain que la consommation vicieuse appelée *luxe*, et en général toute la consommation des capitalistes oisifs, bien loin d'être utile, détruit la plus grande partie des moyens de prospérité d'une nation; et cela est si vrai que, dès qu'un pays où il y a de l'industrie et des lumières est délivré de ce fléau par une raison ou par une autre, on y voit tout de suite un accroissement de richesses et de forces vraiment prodigieux.

a. Nous avons déjà vu, dans le chapitre précédent, comment l'inégalité des fortunes s'établit ou plutôt s'accroît dans la société. Quand nous traiterons de la législation, nous ferons voir de plus que l'excès de l'inégalité et du luxe est encore plus l'effet des mauvaises lois que du cours naturel des choses.

b. Il est incroyable à quel point l'amour-propre peut faire illusion et porter à s'exagérer à soi-même son importance personnelle. J'ai vu des hommes obligés par les troubles à quitter leurs châteaux croire de bonne foi que tout le village allait manquer d'ouvrage, sans s'apercevoir que c'étaient leurs fermiers et non pas eux qui donnaient la plus grande partie des salaires, et se persuader sincèrement que quand même leurs paysans se partageraient leurs biens ou les achèteraient à vil prix, ils n'en seraient que plus misérables.

Je ne prétends pas dire que ce fût bien fait ni de les chasser ni de les spolier, ni même que de tels moyens puissent jamais être la cause d'une prospérité durable. J'ai fait ma profession de foi sur la nécessité du respect pour la propriété et pour la justice en général; mais il n'en est pas moins vrai que l'absence d'un homme inutile ne change rien au cours des choses, ou tout au plus change de lieu une partie de sa petite dépense personnelle, et que la seule suppression de quelques droits féodaux produit plus de bien dans une campagne que tous les bienfaits de celui qui les percevait.

*Ce que la raison nous démontre, l'histoire nous le prouve par les faits. Quand la Hollande a-t-elle été capable d'efforts vraiment incroyables? C'est quand ses amiraux vivaient comme ses matelots; quand tous les bras de ses citoyens étaient employés à enrichir l'État ou à le défendre, et aucun à faire croître des tulipes et à payer des tableaux. Tous les événements politiques et commerciaux subséquents se sont réunis pour la faire déchoir. Elle a conservé l'esprit d'économie; elle a encore des richesses considérables dans un pays où tout autre peuple vivrait à peine. Faites d'Amsterdam la résidence d'une cour galante et magnifique, changez ses vaisseaux en habits brodés et ses magasins en salle de bals, et vous verrez si dans très peu d'années il lui restera seulement de quoi se défendre contre les irruptions de la mer.

Quand l'Angleterre, malgré ses malheurs et ses fautes, a-t-elle pris un développement prodigieux? Est-ce sous Cromwell ou sous Charles II? Je sais que les causes morales ont bien plus de puissance que les calculs économiques; mais je dis que ces causes morales n'augmentent si prodigieusement toutes les ressources que parce qu'elles dirigent tous les efforts vers des objets solides, ce qui fait que les moyens ne manquent ni à l'État ni aux particuliers pour les grandes choses, parce qu'ils ne les ont pas employés en futilités.

Pourquoi les citoyens des États-Unis de l'Amérique septentrionale voient-ils doubler tous les vingt-cinq ans leur culture, leur industrie, leur commerce, leur richesse et leur population? C'est parce qu'il n'y a presque pas un oisif parmi eux et que les riches font très peu de dépenses superflues. Ils sont dans une position très favorable, j'en conviens; la terre ne manque point à leur développement; elle s'offre d'elle-même à leurs travaux et les récompense; mais enfin s'ils travaillaient peu et dépensaient beaucoup, cette terre resterait inculte; ils s'appauvriraient, languiraient et seraient misérables, comme les Espagnols le sont malgré tous leurs avantages.

Enfin, prenons un dernier exemple bien plus frappant encore. La France, sous son ancien gouvernement, n'était certainement pas aussi misérable que les Français eux-mêmes se sont plu à le dire; mais elle n'était pas florissante. Sa population[a] et son agriculture n'étaient pas rétrogrades;

a. Je demande que l'on se ressouvienne que je ne regarde pas l'augmentation de la population comme un bien; elle n'est que trop souvent la multiplication des misérables. Je préférerais beaucoup l'augmentation de bien-être. Je ne cite ici l'accroissement du nombre des hommes que comme un symptôme et non pas comme un bonheur. L'abus de l'aisance en prouve l'existence.

* *Début d'un passage repris du livre VII du* Commentaire sur l'*Esprit des lois* de Montesquieu.

mais elles étaient stationnaires, ou si elles faisaient quelques faibles progrès, ils étaient moindres que ceux de plusieurs nations voisines et par conséquent peu proportionnés aux progrès des lumières du siècle. Elle était obérée; elle n'avait aucun crédit; elle manquait toujours de fonds pour les dépenses utiles; elle se sentait incapable de supporter les frais ordinaires de son gouvernement, et encore plus de faire aucuns grands efforts à l'extérieur. En un mot, malgré l'esprit, le nombre et l'activité de ses habitants, la richesse et l'étendue de son sol, et les bienfaits d'une très longue paix très peu troublée, elle tenait avec peine son rang parmi ses rivaux et était peu considérée et nullement redoutée au dehors.

Sa révolution est venue. Elle a souffert tous les maux imaginables; elle a été déchirée par des guerres atroces, civiles et étrangères; plusieurs de ses provinces ont été dévastées et leurs villes réduites en cendres; toutes ont été pillées par les brigands et par les fournisseurs des troupes; son commerce extérieur a été anéanti; ses flottes ont été totalement détruites, quoique souvent renouvelées; ses colonies, qu'on croyait si nécessaires à sa prospérité, ont été abimées, et, qui pis est, elle a perdu tous les hommes et tous les trésors qu'elle a prodigués pour les subjuguer; son numéraire a été presque tout exporté, tant par l'effet de l'émigration que par celui du papier-monnaie; elle a entretenu quatorze armées dans un temps de famine, et au milieu de tout cela, il est notoire que sa population et son agriculture ont augmenté considérablement en très peu d'années; et à l'époque de la création de l'Empire, sans que rien fût encore amélioré pour elle du côté de la mer et du commerce étranger, auquel on attache communément une si grande importance, sans qu'elle eût eu un seul instant de paix pour se reposer, elle supportait des taxes énormes; elles faisait des dépenses immenses en travaux publics; elle suffisait à tout sans emprunt et elle avait une puissance colossale à laquelle rien ne pouvait résister sur le continent de l'Europe et qui aurait subjuguer tout l'univers sans la marine anglaise. Qu'est-il donc arrivé dans ce pays qui ait pu produire ces inconcevables effets ? Une seule circonstance changée a suffi.

Dans l'ancien ordre des choses, la plus grande partie des travaux utiles des habitants de la France était employée chaque année à produire les richesses qui formaient les immenses revenus de la cour et de toute la classe riche de la société, et ces revenus étaient presque entièrement consommés en dépenses de luxe, c'est-à-dire à solder une masse énorme de population dont tout le travail ne produisait absolument rien que les jouissances de quelques hommes. En un moment la presque totalité de ces revenus a passé partie dans les mains du nouveau gouvernement, partie dans celle de la classe laborieuse; elle a alimenté de même tous ceux qui en tiraient leur subsistance; mais leur travail a été appliqué à des choses nécessaires ou utiles, et il a suffi pour défendre l'État au dehors et accroître ses productions au-dedans[a].

Doit-on en être surpris quand on songe qu'il y eu un temps assez long où, par l'effet même de la commotion et de la détresse générales, il y avait à peine en France un seul citoyen oisif ou occupé de travaux inutiles. Ceux qui faisaient des carrosses ont fait des affûts de canons; ceux qui faisaient des broderies et des dentelles ont fait de gros draps et de grosses toiles; ceux qui ornaient des boudoirs ont bâti des granges et défriché des terres, et même ceux qui jouissaient en paix de toutes ces inutilités ont été forcés, pour subsister, de rendre des services dont on avait besoin. Un homme qui entretenait quarante domestiques inutiles a laissé solder ces hommes-là par la classe industrieuse ou par l'État, et est devenu lui-même commis de bureau. C'est là le secret des prodigieuses ressources que se trouve toujours un corps de nation dans ces grandes crises. On met à profit alors tout ce qu'on laissait perdre de forces sans s'en apercevoir dans les temps ordinaires, et l'on est effrayé de voir combien cela était considérable.

C'est là le fonds de tout ce qu'il y a de vrai dans les déclamations de collège sur la frugalité, la sobriété, l'horreur du faste, et toutes ces vertus démocratiques des nations pauvres et agrestes que l'on nous vante si ridiculement, sans en comprendre ni la cause, ni l'effet. Ce n'est pas parce qu'elles sont pauvres et ignorantes que ces nations sont fortes, c'est parce que rien n'est perdu du peu de forces qu'elles ont, et qu'un homme qui a cent francs et qui les emploie bien a plus de moyens qu'un homme qui en a mille et les perd au jeu. Mais faites qu'il en soit de même chez une nation riche et éclairée, et vous verrez le même développement de forces que vous avez vu dans la nation française, lequel a produit des effets bien supérieurs à tout ce qu'a jamais exécuté la république romaine, car il a renversé des obstacles bien plus puissants. Que l'Allemagne, par exemple, laisse seulement pendant quelques années dans les mains de la classe laborieuse les revenus qui servent au faste de toutes ses petites cours et de ses riches abbayes, et vous verrez si elle sera une nation forte et redoutable. Au contraire, supposez que l'on rétablisse entièrement en France l'ancien cours des choses; qu'une grande masse de biens rentent dans les mains des hommes oisifs; que le gouvernement continue à enrichir des favoris et à faire de grandes dépenses de choses inutiles, vous y verrez incessamment renaître, malgré le grand accroissement de son territoire, la langueur au

a. La seule suppression des droits féodaux et des dîmes, partie au profit des cultivateurs, partie à celui de l'État, a suffi aux uns pour accroître beaucoup leur industrie, à l'autre pour asseoir une masse énorme d'impôts nouveaux; et ce n'était là qu'une faible portion des revenus de la classe consommatrice sans utilité.

milieu des ressources, la misère au milieu des richesses, la faiblesse au milieu de tous les moyens de force.

On me répétera que j'attribue à la seule distribution des richesses et à l'emploi du travail qu'elles soldent le résultat d'une foule de causes morales de la plus grande énergie. Encore une fois, je ne nie pas l'existence de ces causes; je la reconnais comme tout le monde; mais de plus j'explique leur effet. Je conviens que l'enthousiasme de la liberté intérieure et de l'indépendance extérieure, et l'indignation contre une oppression injuste et une agression plus injuste encore, ont pu seules opérer en France ces grands renversements; mais je soutiens que ces renversements n'ont fourni à ces passions tant de moyens de succès, malgré les erreurs et les horreurs auxquelles leur violence les a entraînées, que parce qu'ils ont produit un meilleur emploi de toutes les forces. *Tout le bien des sociétés humaines est dans la bonne application du travail; tout le mal dans sa déperdition*: ce qui, au reste, ne veut dire autre chose, si ce n'est que quand on s'occupe de pourvoir à ses besoins, ils sont satisfaits; et que quand on perd son temps, on souffre. On est honteux de devoir prouver une vérité si palpable; mais il faut se rappeler que l'étendue de ses conséquences est surprenante.

On pourrait faire un ouvrage tout entier sur le luxe, et il serait utile, car ce sujet n'a jamais été bien traité. On montrerait que le luxe, c'est-à-dire le goût des dépenses superflues, est, jusqu'à un certain point, l'effet nécessaire du penchant naturel à l'homme pour se procurer incessamment des jouissances nouvelles quand il en a les moyens; et de la puissance de l'habitude, qui lui rend nécessaires les aisances dont il a joui, même alors qu'il lui devient onéreux de continuer à se les procurer; que, par conséquent, le luxe est une suite inévitable de l'industrie, dont pourtant il arrête le progrès, et de la richesse, qu'il tend à détruire; et que c'est pour cela aussi que quand une nation est déchue de son ancienne grandeur, soit par l'effet lent du luxe, soit par toute autre cause, il y survit à la prospérité qui l'a fait naître, et en rend le retour impossible, à moins que quelque secousse violente et dirigée vers ce but ne produise une régénération brusque et complète. Il en est de même des particuliers.

Il faudrait faire voir, d'après ces données, que dans la situation opposée, quand une nation prend pour la première fois son rang parmi les peuples civilisés, il faut, pour que le succès de ses efforts soit complet, que les progrès de son industrie et de ses lumières soient beaucoup plus rapides que ceux de son luxe. C'est peut-être principalement à cette circonstance que l'on doit attribuer le grand essor qu'a pris la monarchie prussienne sous son second et son troisième roi [1], exemple qui doit un peu embarrasser

1. Frédéric-Guillaume Ier puis Frédéric II, dit le Grand.

ceux qui prétendent que le luxe est nécessaire à la prospérité des monarchies[a]. C'est cette même circonstance qui me paraît assurer la durée de la félicité des États-Unis; et l'on peut craindre que de ne pas jouir complètement de cet avantage ne rende difficiles et imparfaites la vraie prospérité et la vraie civilisation de la Russie.

Il faudrait dire quelles sont les espèces de luxe les plus nuisibles. On pourrait considérer la maladresse dans les fabriques comme un grand luxe, car elle entraîne une grande perte de temps et de travail. Il faudrait surtout expliquer comment la principale et la presque unique source du luxe proprement dit est dans les grandes fortunes, car à peine serait-il possible s'il n'en existait que de médiocres. L'oisiveté même, dans ce cas, ne pourrait guère avoir lieu. Or, c'est une espèce de luxe, puisque, si elle n'est pas un emploi stérile du travail, elle en est la suppression[b]. Les branches d'industrie qui peuvent produire rapidement des richesses immenses portent donc avec elles un inconvénient qui contrebalance fortement leurs avantages. Ce ne sont pas celles-là que l'on doit désirer de se voir développer les premières dans une nation naissante. De ce genre est le commerce extérieur très étendu. L'agriculture, au contraire, est bien préférable; ses produits sont lents et bornés. L'industrie proprement dite, celle des fabriques, est encore sans danger et très utile. Ses profits ne sont pas excessifs, ses succès sont difficiles à obtenir et à perpétuer; ils exigent beaucoup de connaissances et des qualités estimables, et ils ont des conséquences très heureuses pour le bien-être des consommateurs. La bonne fabrication des objets de première nécessité est surtout désirable. Ce n'est pas que les manufactures d'objets de luxe ne puissent aussi être très avantageuses à un pays; mais c'est quand leurs produits sont comme la religion de la cour de Rome, dont on dit qu'elle est pour elle une marchandise d'exportation et non pas de consommation; et il est toujours à craindre de s'enivrer de la liqueur qu'on prépare pour les autres. Toutes ces observations et beaucoup d'autres devraient être développées dans l'ouvrage dont il s'agit

a. Si le luxe est nécessaire dans un État monarchique, c'est pour la sûreté du gouvernement, mais non pas pour la prospérité du pays.

b. Les seuls oisifs que l'on devrait voir sans improbation sont ceux qui se livrent à l'étude, et surtout à l'étude de l'homme, et ce sont les seuls qu'on persécute. Il y a raison pour cela. Ils font voir combien les autres sont inutiles, et ils ne sont pas les plus forts.

À parler sérieusement, les hommes studieux sont loin d'être des oisifs. Ce sont des producteurs d'utilité, et de la plus grande des utilités, la vérité. La note est une plaisanterie, et l'on voit qu'elle a été faite dans un temps où on affectait de jeter une grande défaveur, et même, s'il était possible, un grand ridicule sur ceux qui s'occupaient de l'étude de nos facultés intellectuelles. C'est pour cela que je la laisse subsister.

[Le second paragraphe de la note est ajouté aux éditions de 1823 et 1826]

et seraient superflues ici ; elles rentrent, à beaucoup d'égards, dans les réflexions que j'ai faites ci-dessus (chapitre X) à propos de la manière dont les richesses se distribuent dans un pays à mesure qu'elles s'y accumulent. D'ailleurs mon objet n'est point de faire l'histoire du luxe ; je ne voulais que montrer ses effets sur la consommation générale et sur la circulation.

Je me bornerai à ajouter que si le luxe est un grand mal sous le rapport économique, il en est un bien plus grand encore sous le rapport moral, qui est toujours le plus important de beaucoup quand il s'agit des intérêts des hommes. Le goût des dépenses superflues, dont la principale source est la vanité, la nourrit et l'exaspère ; il rend l'esprit frivole et nuit à sa justesse ; il produit le dérèglement dans la conduite, qui engendre beaucoup de vices, de désordres, de troubles dans les familles ; il conduit aisément les femmes à la dépravation, les hommes à l'avidité, les unes et les autres au manque de délicatesse et de probité, et à l'oubli de tous les sentiments généreux et tendres ; en un mot, il énerve les âmes en rapetissant les esprits et il produit ces tristes effets non seulement sur ceux qui en jouissent, mais encore sur tous ceux qui y servent ou qui l'admirent*, ou qui l'imitent, ou qui l'envient. Tout cela se verra mieux quand nous parlerons de nos intérêts moraux : je ne pouvais que l'indiquer ici. Il ne faut point confondre les matières, quelque intimement liées qu'elles soient.

Par la même raison, l'on ne s'attend pas sans doute que je discute actuellement si, le luxe étant reconnu nuisible, on doit le combattre par les lois ou par les mœurs, ni que j'examine par quels moyens l'on peut favoriser la production et donner une direction utile à la consommation. Ce serait empiéter sur le domaine de la législation, dont peut-être je m'occuperai quelque jour ; mais dans toute cette partie-ci de mon ouvrage, je dois me borner à constater les faits.

Je crois avoir solidement établi que, puisque l'on ne peut jamais dépenser que ce que l'on a, la production est le seul fonds de la consommation ; que, par conséquent, on ne peut jamais augmenter la consommation et la circulation qu'en augmentant la production, et qu'enfin détruire n'est pas produire et dépenser n'est pas s'enrichir. Ce petit nombre de vérités bien simples va nous faire voir très clairement les effets des revenus et des dépenses des gouvernements sur la prospérité des nations.

* *Fin du passage repris du livre VII du* Commentaire sur l'*Esprit des lois* de Montesquieu.

CHAPITRE XII

DES REVENUS ET DES DÉPENSES DU GOUVERNEMENT, ET DE SES DETTES

Ce sujet est encore très vaste, quoiqu'il ne soit qu'une partie de celui que nous venons de traiter. Beaucoup d'écrivains le partageraient en trois livres, qu'ils subdiviseraient chacun en plusieurs chapitres; mais je préfère ne pas séparer ces matières, afin de ne pas faire perdre de vue leur mutuelle dépendance; et je me sens le besoin de les considérer principalement dans leur ensemble et sous un aspect général et commun. Cela ne m'empêchera pas d'entrer aussi dans les détails et de distinguer les cas particuliers qui sont réellement différents, peut-être même avec plus d'exactitude qu'on ne l'a encore fait.

Dans toute société, le gouvernement est le plus grand des consommateurs. Par cela seul il mérite un article à part dans l'histoire de la consommation, sans quoi elle serait incomplète. Mais aussi, par la même raison, on ne comprendrait jamais bien les effets économiques du gouvernement, et ceux de ses recettes et de ses dépenses, si auparavant on ne s'était pas fait une idée nette et juste de la consommation générale, de sa base et de sa marche.

Les mêmes erreurs que nous venons de combattre vont se reproduire ici. Ceux qui pensent que les travaux de l'agriculture sont les seuls productifs ne manquent pas de dire qu'en définitif tous les impôts retombent sur les propriétaires des terres; que leur revenu est la seule matière imposable; que l'impôt territorial est le seul juste et utile et qu'il ne devrait pas y en avoir d'autre; et ceux qui se persuadent que la consommation peut être une cause directe de richesse soutiennent que les prélèvements que le gouvernement fait sur la fortune des particuliers stimulent puissamment l'industrie; que ses dépenses sont très utiles en augmentant la consommation et animant la circulation, et que tout cela est très favorable à la prospérité publique. Pour voir nettement le vice de ces sophismes, il faut toujours suivre la même marche et commencer par bien établir les faits.

D'abord, il n'est pas douteux qu'un gouvernement quelconque ne soit très nécessaire à toute société politique; car il faut bien que ses membres soient jugés, administrés, protégés, défendus, garantis de toute violence; ce n'est que pour cela qu'ils se sont réunis en société. Il n'est pas douteux non plus qu'il ne faille que ce gouvernement ait des revenus, puisqu'il a des dépenses à faire. Mais ce n'est pas de cela qu'il s'agit; il s'agit de savoir quel effet ces revenus et ces dépenses produisent sur la richesse publique et la prospérité nationale.

Pour en juger, puisque le gouvernement est un grand consommateur, et le plus grand de tous, il faut, en cette qualité, l'examiner comme nous avons examiné les autres consommateurs; c'est-à-dire voir d'où lui viennent les fonds dont il dispose et quel usage il en fait.

Une première chose bien certaine, c'est que le gouvernement ne peut être rangé parmi les consommateurs de la classe industrieuse. La dépense qu'il fait ne se reproduit pas dans ses mains avec accroissement de valeur. Il ne se soutient pas par les profits qu'il fait. J'en conclus déjà que sa consommation est bien réelle et définitive; qu'il ne reste rien du travail qu'il solde et que les richesses qu'il emploie et qui étaient existantes sont consommées et détruites quand il s'en est servi. Reste à voir d'où elles lui viennent.

Puisque la personne morale appelée gouvernement ne vit pas de profits, elle vit de revenus. Ses revenus lui viennent de deux sources : il possède des biens-fonds et il lève des impôts.

Quant aux biens-fonds, il est absolument dans le même cas que les autres capitalistes que nous avons nommés *oisifs*. Il les afferme et en tire une rente, ou, si ce sont des bois, il en vend annuellement les coupes. Le soin que l'on prend des bois, et qui consiste principalement à les conserver, ne mérite pas le nom de travail industriel. Le véritable travail qui les met en valeur est celui de les exploiter, de les débiter, de les transporter. S'ils appartenaient à celui qui les exploite, il en tirerait tout le profit. Le prix des ventes annuelles qu'on lui en fait doit être regardé comme une rente prélevée sur l'industrie de cet exploiteur, rente absolument semblable à celle que l'on retire de la pêche d'une rivière que l'on afferme tous les ans à celui qui a l'industrie d'en extraire du poisson. Ainsi, les revenus provenant des biens-fonds appartenant au gouvernement sont, comme ceux de tous les autres biens ruraux, créés par les hommes industrieux qui les exploitent, et prélevés sur leurs profits.

Beaucoup de politiques n'approuvent pas que le gouvernement possède des biens-fonds. Il est bien vrai que, comme il est nécessairement un propriétaire peu soigneux, ses régisseurs ne peuvent guère manquer d'être très chers et peu fidèles. Ainsi, il fait plus maladroitement ce qu'un autre propriétaire ferait mieux. Mais il est à remarquer que cette maladresse ne diminue point ou diminue très peu la masse totale de la production de ces fonds; car la quantité de la production des biens-fonds ne dépend guère de ceux qui les régissent, mais presque uniquement de ceux qui les exploitent. Or, rien n'empêche que ces terres ne soient aussi bien cultivées et ses bois exploités avec autant d'intelligence que ceux des particuliers. Les défauts de sa régie se bornent donc à y employer un peu plus d'hommes qu'il ne faudrait et à les payer un peu trop cher. Or, ce n'est pas là un bien grand inconvénient.

Je vois, au contraire, plusieurs avantages à ce que le gouvernement ait des possessions de ce genre. Premièrement, il est des espèces de productions que lui seul peut conserver en grande quantité. Tels sont les bois de haute-futaie, dont il faut attendre le produit trop longtemps pour que le plus souvent les particuliers ne préfèrent pas, à quantité égale et même moindre, des rentrées plus fréquentes. Secondement, il peut être bon que le gouvernement possède des terres cultivées; il en sera à portée de mieux connaître les ressources et les intérêts des diverses localités; et s'il est sage et bienfaisant, il pourra même en profiter pour répandre des lumières utiles. Troisièmement, quand une grande masse de biens-fonds est dans les mains du gouvernement, il en reste moins dans le commerce. Or, comme ce genre de possession est toujours fort désiré, toutes choses égales d'ailleurs, moins il y en aura à vendre et plus elles se vendront cher, c'est-à-dire que pour une somme de cent mille francs, l'acquéreur se contentera de trouver quatre ou même trois mille francs de revenu au lieu de cinq, et cela fera baisser le taux de l'intérêt de l'argent dans tous les autres placements, ce qui est un grand bien. Quatrièmement, et cette considération est la plus importante de toutes, tout ce que le gouvernement tire annuellement de ces biens-fonds est un revenu qu'il n'enlève à personne; il lui vient de son propre bien comme à tous les autres propriétaires, et c'est autant de diminué sur ce qu'il est obligé de se procurer par des impôts. Enfin, dans un cas de nécessité, il peut, comme les particuliers, faire ressource en vendant de ses fonds, sans avoir recours aux emprunts, qui sont toujours un grand mal, comme nous le verrons bientôt.

Par toutes ces raisons, je crois très heureux que le gouvernement soit un très gros propriétaire, surtout de bois et de grosses fermes. Je n'y aurais qu'un regret, c'est que cela empêchât ces biens de tomber dans les mains de la classe industrieuse. Mais nous avons vu, à propos de l'industrie agricole, que, par la nature des choses, les propriétés de ce genre ne peuvent guère être possédées par ceux qui les exploitent, parce que cela leur enlèverait trop de fonds. Or, je les aime mieux appartenant au gouvernement qu'à tout autre capitaliste vivant de revenus.

Au reste, nos gouvernements modernes en général possèdent peu de biens-fonds. Ce n'est pas qu'ils n'aient presque tous déclaré leur domaine inaliénable; mais aussi ils l'ont presque tous vendu ou donné en très grand partie. Le véritable revenu sur lequel ils comptent, ce sont les impôts. C'est donc celui-là dont il faut nous occuper.

Par le moyen des impôts, le gouvernement enlève aux particuliers des richesses qui étaient à leur disposition pour les dépenser lui-même; ainsi ce sont toujours des sacrifices qu'il leur impose.

Si ce sacrifice porte sur les hommes qui vivent de revenus et qui les emploient tout entiers à leurs jouissances personnelles, il ne change rien à la masse totale de la production, de la consommation et de la circulation générales. Toute la différence, c'est qu'une partie des salariés que ces hommes soldaient est soldée par le gouvernement avec l'argent qu'il leur a enlevé. C'est le cas le plus favorable.

Quand l'impôt porte sur les hommes industrieux qui vivent de profits, il peut ne faire que diminuer leurs profits. Alors c'est la partie de ces profits que ces hommes employaient à leurs jouissances personnelles qui est attaquée; ce sont ces jouissances qui sont diminuées et l'impôt n'a que les mêmes effets qu'il avait dans le cas précédent; mais s'il va jusqu'à annihiler les profits des hommes industrieux, ou même jusqu'à entamer les fonds de leur industrie, alors c'est cette industrie elle-même qui est dérangée ou détruite; et par conséquent la production et par suite la consommation générales en sont diminuées. La souffrance est partout.

Enfin, lorsque l'impôt tombe sur les salariés, il est évident qu'ils commencent par souffrir. Si la perte reste tout entière sur eux, c'est une partie de leur consommation qui est supprimée et qui est remplacée par celle de ceux que le gouvernement paie avec l'argent qu'il leur enlève. S'ils trouvent le moyen de la faire retomber sur ceux qui les emploient, en haussant le prix de leurs salaires, alors il faut savoir par qui ils sont employés; et suivant qu'ils le sont par des capitalistes oisifs ou par des capitalistes industrieux, cette perte a l'un des deux effets que nous venons de décrire en parlant de ces capitalistes.

Cette explication préliminaire paraîtra, je crois, incontestable, après les éclaircissements que nous avons donnés en parlant de la consommation. Maintenant la grande difficulté est de découvrir sur qui tombe réellement la perte occasionnée par l'impôt; car tous les impôts ne produisent pas les mêmes effets, et ils sont si multipliés qu'il est impossible de les examiner chacun séparément. Je pense que le mieux est de ranger sous une même dénomination tous ceux qui sont essentiellement de même nature.

*Tous les impôts imaginables, et je crois qu'ils ont tous été imaginés, peuvent se partager en six espèces principales[a], savoir, 1. l'impôt sur le revenu des terres, tel que la taille réelle, les vingtièmes, la contribution foncière en France et le *landtax* en Angleterre; 2. celui sur les loyers des maisons; 3. celui sur les rentes dues par l'État; 4. celui sur les personnes, comme capitation et taille personnelle, contribution somptuaire et mobilière, droit de patentes, jurandes, maîtrises, etc., etc.; 5. celui sur les actes civils et sur certaines transactions sociales, comme droits de timbre et d'enregistrement, de lods et vente, de centième denier, d'amortissement et autres, auxquels il faut joindre l'impôt annuel qu'on voudrait mettre sur les rentes constituées à un particulier par un autre; car on n'a d'autre moyen de connaître ces placements, ou donations, ou transmissions, que les dépôts qui conservent les actes qui les établissent; 6. et enfin celui sur les marchandises, soit par monopole et vente exclusive ou même forcée comme autrefois le sel et le tabac en France, soit au moment de la première production, comme les droits sur les marais salants et sur les mines, et une partie de ceux sur les vins en France et sur les brasseries en Angleterre, soit au moment de la consommation, soit dans le trajet depuis le premier producteur jusqu'au consommateur définitif, comme les douanes tant intérieures qu'extérieures, les taxes sur les routes, les canaux, les ports et aux portes des villes, etc., etc.

Chacun de ces impôts a une ou plusieurs manières qui lui sont propres d'être onéreux.

Au premier coup d'œil, on voit que l'impôt sur le revenu des terres a l'inconvénient d'être très difficile à répartir avec justice et d'annuler la valeur de toutes les terres dont la location ne surpasse pas la taxe, ou la surpasse de trop peu pour déterminer à courir les risques inévitables et à faire les frais nécessaires pour mettre ces terres en état d'être cultivées.

L'impôt sur le revenu des maisons louées a le défaut de diminuer le produit des spéculations de bâtisse, et par là de dégoûter de bâtir pour louer, en sorte que chaque citoyen est obligé de se contenter d'habitations moins saines et moins commodes que celles qu'il aurait eues pour le même loyer[b].

a. C'est, suivant moi, la meilleure manière de les classer pour se bien rendre compte de leurs effets.

b. Je ne fais pas valoir contre cet impôt la prétention de quelques économistes, que le revenu des maisons ne doit pas être imposé, ou du moins ne doit l'être qu'à raison du produit net que donnerait, par la culture, le terrain que ces maisons occupent, tout le reste n'étant que l'intérêt du capital employé à bâtir, lequel, suivant eux, n'est point imposable. Cette opinion

* *Début d'un passage repris du livre XIII du* Commentaire sur l'*Esprit des lois* de Montesquieu.

L'impôt sur les rentes dues par l'État est une vraie banqueroute, si on l'établit sur des rentes déjà créées, puisque c'est une diminution de l'intérêt promis pour un capital reçu; et il est illusoire si on le place sur des rentes au moment de leur création; car il eût été plus simple d'offrir un intérêt mois fort de toute la quotité de l'impôt, et cela serait revenu au même.

L'impôt sur les personnes donne lieu à des perquisitions très désagréables pour parvenir à le graduer suivant la fortune de chacun, et ne peut jamais reposer que sur des bases très arbitraires et des connaissances très imparfaites, tant lorsqu'on prétend l'asseoir sur des richesses acquises que lorsqu'on veut le faire porter sur des moyens d'en acquérir. Dans ce dernier cas, c'est-à-dire lorsqu'il est motivé par la supposition d'une industrie quelconque, il décourage cette industrie et il oblige à la renchérir ou à l'abandonner.

L'impôt sur les actes, et en général sur les transactions sociales, gêne la circulation des biens-fonds et diminue leur valeur vénale en rendant leur translation très coûteuse, augmente les frais de justice au point que le pauvre n'ose plus défendre ses droits, fait que toutes les affaires deviennent épineuses et difficiles, occasionne des recherches inquisitoriales et des vexations de la part des agents du fisc, et oblige à faire, dans les actes, des réticences, ou même à y mettre des clauses et des évaluations illusoires, qui ouvrent la porte à beaucoup d'iniquités, et deviennent la source d'une foule de contestations et de malheurs.

À l'égard des impôts sur les marchandises, leurs inconvénients sont encore plus nombreux et plus compliqués, mais ne sont pas moins fâcheux ni moins certains.

Le monopole, ou la vente exclusivement faite par l'État, est odieux, tyrannique, contraire au droit naturel qu'a chacun d'acheter et de vendre comme il lui plaît, et nécessite une multitude de mesures violentes. C'est encore bien pis quand cette vente est forcée, c'est-à-dire quand on oblige le particulier, comme cela est arrivé quelquefois, à acheter ce dont il n'a pas besoin, sous prétexte qu'il ne peut s'en passer, et que s'il n'achète pas, c'est qu'il s'est approvisionné en contrebande.

est une conséquence de celle que le travail de la culture est le seul productif et que le revenu des terres est le seul imposable, parce qu'il y a dans le produit de la terre une portion qui est purement gratuite et entièrement due à la nature, laquelle portion, suivant ces auteurs, est le seul fonds légitime et raisonnable de l'impôt.

J'ai fait voir que tout cela est faux, ainsi je ne saurais m'en prévaloir, ni contre l'impôt dont il s'agit, ni contre tous ceux qui suivent, lesquels sont tous non seulement réprouvés dans ce système, mais déclarés illusoires, comme n'étant et ne pouvant jamais être que l'impôt sur le revenu des terres, déguisé et surchargé de frais et de pertes inutiles. Pareille théorie est insoutenable quand on sait ce que c'est que production.

L'impôt prélevé au moment de la production nécessite évidemment de la part du producteur une avance de fonds qui, étant longtemps sans lui rentrer, diminue beaucoup ses moyens de produire.

Il n'est pas moins clair que les impôts exigés, soit au moment de la consommation, soit pendant le transport depuis le producteur jusqu'au consommateur, gênent ou détruisent tous quelque branche d'industrie ou de commerce, rendent rares et coûteuses des denrées nécessaires ou utiles, troublent toutes les jouissances, dérangent le cours naturel des choses, et établissent entre les différents besoins et les moyens d'y pourvoir des proportions et des rapports qui n'existeraient pas sans ces perturbations, qui sont nécessairement variables et qui rendent incessamment précaires les spéculations et les ressources des citoyens.

Enfin, tous ces impôts sur les marchandises, quels qu'ils soient, nécessitent une infinité de précautions et de formalités gênantes; ils donnent lieu à une multitude de difficultés ruineuses; ils sont nécessairement très sujets à l'arbitraire; ils obligent à ériger en crimes des actions indifférentes en elles-mêmes et à sévir par des punitions souvent cruelles. Leur perception est très dispendieuse et elle entraîne l'existence d'une armée d'employés et d'une armée de fraudeurs, tous hommes perdus pour la société, qui y entretiennent continuellement une véritable guerre civile, avec toutes les funestes conséquences économiques et morales qui en résultent.

Quand on examine avec attention chacune de ces critiques des différents impôts, on reconnaît qu'elles sont toutes fondées. Ainsi, après avoir fait voir que tout impôt est un sacrifice, nous nous trouvons avoir montré que chaque impôt a en outre une manière qui lui est propre de nuire aux contribuables. C'est déjà beaucoup, mais cela ne nous apprend pas encore sur qui tombe précisément la perte résultant de l'impôt et qui est-ce qui la supporte réellement et définitivement. Cependant cette dernière question est la plus importante et absolument nécessaire à résoudre pour pouvoir juger des effets de l'impôt sur la prospérité nationale. Examinons-la donc avec attention sans adopter aucun système et en nous tenant scrupuleusement à l'observation des faits, comme nous avons fait jusqu'ici.

Pour l'impôt sur le revenu des terres, il est évident que c'est celui qui possède la terre au moment où l'on établit la taxe, qui la paie réellement sans pouvoir la rejeter sur personne; car elle ne lui donne pas le moyen d'augmenter ses produits, puisqu'elle n'ajoute rien ni à la demande de la denrée, ni à la fertilité de la terre, et qu'elle ne diminue en rien les frais de culture. Tout le monde convient de cette vérité; mais ce que l'on n'a pas assez remarqué, c'est que ce propriétaire doit être considéré moins comme étant privé d'une portion de son revenu annuel que comme ayant perdu la partie de son capital qui produirait cette portion de revenu au taux courant de l'intérêt actuel. La preuve en est que si une terre de cinq mille francs de revenu net vaut cent mille francs, le lendemain du jour où on l'aura chargée d'un impôt perpétuel du cinquième, on n'en trouvera, toutes choses égales d'ailleurs, que quatre-vingt mille francs, si on la met en vente, et elle ne sera de même comptée que pour quatre-vingt mille francs dans l'actif d'une succession où il se trouvera d'autres valeurs qui n'auront pas changé. En effet, quand l'Etat a déclaré qu'il prend à perpétuité le cinquième du revenu d'une terre, c'est comme s'il s'était déclaré propriétaire du cinquième du fonds; car nulle propriété ne vaut que par l'utilité qu'on en peut tirer. Cela est si vrai que quand, en conséquence du nouvel impôt, l'État ouvre un emprunt aux intérêts duquel il affecte le revenu dont il s'est emparé, l'opération est consommée. Il a réellement touché le capital qu'il s'est approprié, et il l'a mangé tout d'un coup, au lieu d'en dépenser annuellement le revenu. C'est comme quand M. Pitt s'est fait livrer tout d'un coup par les propriétaires le capital de l'impôt territorial dont ils étaient chargés. Ils se sont trouvés libérés, et lui a mangé son fonds.

Il suit de là que quand toutes les terres ont changé de main depuis l'établissement de l'impôt, il n'est plus réellement payé par personne. Les acquéreurs n'ayant acquis que ce qui restait, ils n'ont rien perdu: les héritiers n'ayant recueilli que ce qu'ils ont trouvé, le surplus est pour eux comme si leur prédécesseur l'avait dépensé ou perdu, comme effectivement il l'a perdu; et dans les successions délaissées comme mauvaises, ce sont les créanciers qui ont perdu ce capital prélevé par l'État sur le gage de leurs créances.

Il suit de là encore que quand l'État renonce à tout ou partie d'un impôt territorial anciennement établi à perpétuité, il fait purement et simplement présent aux propriétaires actuels des terres, du capital du revenu qu'il cesse de percevoir. C'est à leur égard un don absolument gratuit, auquel ils n'ont pas plus de droits que tout autre citoyen; car aucun d'eux n'avait compté sur ce capital dans les transactions par lesquelles il est devenu propriétaire.

Il n'en serait pas absolument de même si l'impôt n'avait été établi originairement que pour un nombre d'années déterminé. Alors il n'y aurait eu réellement d'enlevé au propriétaire que la portion de capital correspondant à ce nombre d'*annuités*. Aussi l'État n'aurait-il pu emprunter que cette valeur aux prêteurs à qui il aurait donné l'impôt en paiement de leur capital et de leurs intérêts, et les terres n'auraient été considérées dans les transactions que comme détériorées de cette quantité. Dans ce cas, quand l'impôt cesse, comme quand les coupons de l'emprunt qui y correspond sont épuisés, c'est de part et d'autre une dette qui s'éteint parce qu'elle est soldée. Du reste, le principe est le même que dans le cas de l'impôt et de la rente perpétuels.

Il est donc toujours vrai que, quand on met un impôt sur le revenu des terres, on enlève à l'instant à ceux qui les possèdent actuellement, une valeur égale au capital de cet impôt; et quand elles ont toutes changé de main depuis qu'il est établi, il n'est plus réellement payé par personne. Cette observation est singulière et importante.

Il en est absolument de même de l'impôt sur le revenu des maisons. Ceux qui les possèdent au moment où on l'établit supportent la perte en entier, car ils n'ont aucun moyen de s'en dédommager. Mais ceux qui les achètent ensuite ne les paient qu'en conséquence des charges dont elles sont grevées; ceux qui en héritent ne les comptent de même que pour la valeur qui leur reste; et quant à ceux qui en bâtissent postérieurement, ils font leurs calculs d'après les choses telles qu'elles sont établies. S'il ne restait plus assez de marge pour que la spéculation fût utile, ils ne la feraient pas, jusqu'à ce que, par l'effet de la rareté, les loyers fussent augmentés; comme au contraire, si elle était encore trop avantageuse, il s'y jetterait bientôt assez de fonds pour que cet emploi ne fût plus préférable à tout autre. Concluons encore que le propriétaire sur qui tombe l'impôt en perd en entier le capital, et que quand tous sont morts ou expropriés, l'impôt n'est plus payé que par des gens qui n'ont plus à s'en plaindre.

On en peut dire tout autant de l'impôt qu'un gouvernement se permet quelquefois de mettre sur les rentes qu'il doit pour des capitaux fournis antérieurement. Certainement le malheureux créancier à qui on fait cette retenue en souffre tout le dommage, ne pouvant le rejeter sur personne; mais de plus il perd le capital de la retenue ordonnée. La preuve en est que, s'il vend sa rente, il en trouve d'autant moins qu'elle est plus grevée, si d'ailleurs le taux général de l'intérêt de l'argent n'a pas varié. D'où il suit que les possesseurs subséquents de cette même rente ne paient plus rien; car ils l'ont reçue en cet état et pour la valeur qui lui reste, en vertu d'acquisitions faites librement, ou de successions acceptées volontairement.

L'effet de l'impôt sur les personnes n'est déjà plus le même. Il faut distinguer entre celui qui est censé porter sur les richesses acquises et celui qui a pour motif des moyens d'en acquérir, c'est-à-dire une industrie quelconque. Dans le premier cas, c'est bien toujours la personne imposée qui supporte la perte qui en résulte; car elle ne peut la rejeter sur aucune autre. Mais comme pour chacun la taxe cesse avec sa vie, et que tout le monde y est soumis successivement à proportion de sa fortune présumée, le premier imposé ne perd que les redevances qu'il paie, et non pas le capital, et ne libère pas ceux qui viennent après lui. Ainsi, à quelque époque que l'impôt cesse, ce n'est pas un pur gain que font ceux qui y sont soumis; c'est une charge pesant réellement sur eux qui cesse de se prolonger.

À l'égard de l'impôt personnel qui a pour motif une industrie quelconque, il est également vrai que celui qui paie le premier n'en perd pas le capital et ne libère pas ceux qui y sont soumis après lui; mais il donne lieu à des considérations d'un autre genre. L'homme qui exerce une industrie au moment où elle vient à être grevée par un nouvel impôt personnel, tel que l'établissement ou l'accroissement des droits de patentes, de maîtrises, de jurandes ou autres semblables, cet homme, dis-je, n'a que deux partis à prendre, ou de renoncer à son état, ou de payer ledit impôt et de supporter la perte qui en résulte, si malgré cela il voit qu'il y ait encore des bénéfices à faire dans sa profession. Dans le premier cas, il souffre certainement, mais il ne paie pas l'impôt : ainsi je ne m'en occuperai pas actuellement. Dans le second, c'est lui assurément qui paie l'imposition, puisque n'augmentant la demande et ne diminuant les frais, elle ne lui donne aucun moyen immédiat d'accroître ses recettes ou d'atténuer ses dépenses. Mais on ne met jamais tout d'un coup un impôt assez lourd pour que tous les hommes d'un même état soient inévitablement obligés de le quitter; car toutes les professions industrielles étant nécessaires à la société, l'extinction absolue d'une seule produirait un désordre général. Ainsi, lors de l'établissement d'un impôt de l'espèce de ceux dont nous parlons, il n'y a que les hommes qui sont déjà assez riches pour ne plus se soucier d'un bénéfice qui est diminué, ou ceux qui exerçaient leur profession avec assez peu de succès pour qu'il ne leur reste plus de profit après l'impôt payé, qui renoncent à leur état. Les autres le continuent, et ceux-là, comme nous l'avons dit, paient réellement l'impôt, au moins jusqu'à ce que, débarrassés de la concurrence de beaucoup de leurs confrères, ils puissent se prévaloir de cette circonstance pour se faire payer par les consommateurs plus cher qu'ils ne le faisaient auparavant.

Voilà pour ceux qui exerçaient la profession au moment de l'établissement de l'impôt. Quant à ceux qui l'embrassent après qu'il est établi, le cas est différent. Ils trouvent la loi faite. On peut dire qu'ils s'engagent à cette condition. L'impôt est pour eux au nombre des frais qu'exige la profession, comme l'obligation de louer tel emplacement ou d'acheter tel outil. Ils ne prennent cette profession que parce qu'ils calculent que, malgré ces frais, c'est encore le meilleur emploi qu'ils puissent faire de la portion de capitaux et d'industrie qu'ils possèdent. Ainsi ils avancent bien l'impôt, mais il ne leur enlève réellement rien. Ceux à qui il fait un tort réel, ce sont les consommateurs qui, sans cette charge, leur auraient fait, avec moins de dépense, le sort dont ils se contentent, et qui était le meilleur qu'ils fussent à portée de se procurer dans l'état actuel de la société. Il suit de là que si l'on ôte l'impôt, ces hommes font réellement un profit sur lequel ils n'ont pas compté, au moins jusqu'à ce que cet avantage leur amène de nouveaux concurrents. Ils se trouvent transportés gratuitement et fortuitement dans une classe de la société plus favorisée de la fortune que celle où ils étaient placés, tandis que pour ceux qui étaient en exercice antérieurement à l'impôt, ce n'est qu'un retour à leur premier état. On voit que l'impôt personnel basé sur l'industrie a des effets bien divers; mais son effet général est de diminuer les jouissances des consommateurs, puisque leurs fournisseurs ne leur donnent pas de marchandises pour la partie de leur argent qui passe au trésor public. Je ne puis entrer dans plus de détails; mais on ne saurait trop s'habituer à juger ces différents ricochets de l'impôt et à les suivre par la pensée dans toutes leurs modifications. Passons à l'impôt sur les papiers, les actes, les registres et autres monuments des transactions sociales.

Celui-là exige encore une distinction. La portion de cet impôt qui tourne en accroissement de frais de justice, et qui en fait partie, est certainement payé par les plaideurs sur qui les jugements font tomber ces frais; et il est difficile de dire à quelle classe de la société il est le plus nuisible. Cependant il est aisé de voir qu'il grève particulièrement le genre de propriétés qui est le plus sujet à contention. Or, comme ce sont les biens-fonds, l'établissement d'un tel impôt diminue certainement leur valeur vénale. D'où il suit que ceux qui les ont achetés depuis que l'impôt existe en sont un peu dédommagés d'avance par le moindre prix de leur acquisition, et que ceux qui les possédaient auparavant supportent la perte tout entière s'ils plaident, et supportent même une perte sans plaider et sans payer l'impôt, puisque la valeur de leur propriété en est diminuée. Par conséquent, si l'impôt cesse, ce n'est que restitution pour ces derniers, et il y a une portion de gain gratuit pour les autres : car ils se trouvent dans une meilleure position que celle sur laquelle ils avaient compté et d'après laquelle ils avaient fait leurs spéculations.

Tout cela est encore plus vrai, et est vrai sans restriction de la portion de l'impôt sur les transactions qui regardent les achats et les ventes, telles que les lods et ventes, centième denier, amortissement et autres. Cette portion de l'impôt est totalement payée par celui qui possède le bien au moment où il est ainsi grevé. Car celui qui le lui achète postérieurement ne le lui achète qu'en conséquence, et ainsi ne paie réellement rien. Tout ce que l'on peut dire, c'est que, si cet impôt sur les actes de vente de certains biens est accompagné d'autres impôts sur d'autres actes qui affectent d'autres genres de propriété, d'autres emplois de capitaux, il arrive que ces biens ne sont pas les seuls qui soient détériorés, que par conséquent la proportion est conservée, du moins en partie, et qu'ainsi une portion de la perte est prévenue par celle des autres; car le prix vénal de chaque espèce de revenu est relatif à celui de toutes les autres. Ainsi, si toutes ces pertes pouvaient se balancer exactement, la perte totale résultante de l'impôt serait exactement et très proportionnellement distribuée. C'est tout ce qu'on peut demander; car il faut bien qu'elle existe, puisque l'impôt est toujours une somme de moyens arrachée aux gouvernés pour être mises à la disposition des gouvernants.

L'impôt sur les marchandises a encore des effets plus compliqués et plus variés. Pour les bien démêler, rappelons-nous que toute marchandise, au moment où elle est livrée à celui qui doit la consommer, a un prix naturel et nécessaire. Ce prix est composé de la valeur de tout ce qui a été nécessaire à la subsistance de ceux qui ont fabriqué et voituré cette marchandise pendant le temps qu'ils y ont employé. Je dis que ce prix est naturel, parce qu'il est fondé sur la nature des choses, indépendamment de toute convention, et qu'il est nécessaire, parce que, si les gens qui font un travail quelconque n'en retirent pas leur subsistance, ils s'éteignent ou se livrent à d'autres occupations, et ce travail n'est plus exécuté. Mais ce prix naturel et nécessaire n'a presque rien de commun avec le prix vénal ou conventionnel de la marchandise, c'est-à-dire avec le prix auquel elle est fixée par l'effet d'une vente libre. Car une chose peut avoir coûté très peu de peines, ou, si elle a exigé beaucoup de peines et de soins, elle peut avoir été trouvée ou volée par celui qui la met en vente; dans les deux cas, il peut la donner à très bon marché sans y rien perdre; mais elle peut en même temps lui être si utile qu'il ne veuille s'en défaire que pour un très grand prix; et si beaucoup de gens la désirent, il en trouvera ce prix et fera un gain énorme. Au contraire, il se peut qu'une chose ait coûté au vendeur des peines infinies, que non seulement elle ne lui soit pas nécessaire, mais même qu'il ait un besoin pressant de s'en défaire, et que pourtant personne n'ait envie de l'acheter : dans ce cas, il sera obligé de la donner pour presque rien, et il fera une très grande perte. Le prix naturel est donc composé des sacrifices antérieurs faits par le vendeur; et le prix conventionnel est fixé par l'offre des acheteurs. Ce sont deux choses en soi étrangères l'une à l'autre. Seulement quand le prix conventionnel d'un travail est constamment au-dessous de son prix naturel et nécessaire, on cesse de s'y livrer. Alors le résultat de ce travail devenant plus rare, on fait plus de sacrifices pour se le procurer, s'il est toujours désiré; et ainsi, pour peu qu'il soit réellement utile, le prix conventionnel ou vénal remonte au niveau du prix que la nature a attaché à ce travail, et qui est nécessaire pour qu'il continue à être exécuté. C'est de cette manière que se forment tous les prix dans l'état de société.

Il suit de là que ceux qui ne savent faire qu'un travail dont le prix conventionnel est inférieur à la valeur naturelle, se détruisent ou se dispersent; que ceux qui exécutent un travail, ou, en d'autres termes, exercent une industrie quelconque dont le prix conventionnel est strictement égal à sa valeur naturelle, c'est-à-dire ceux dont les profits balancent à peu près les besoins urgents, végètent et subsistent misérablement; et que ceux qui possèdent un talent dont le prix conventionnel est supérieur au nécessaire absolu, jouissent, prospèrent, et par suite multiplient : car la fécondité de toute race vivante, même parmi les végétaux, est telle qu'il n'y a que le défaut d'aliments pour les germes éclos, qui arrête l'accroissement du nombre des individus. C'est là la cause de l'état rétrograde, stationnaire ou progressif de la population dans la race humaine. Les fléaux passagers, tels que les famines et les pestes, y font peu. Travail improductif ou productif à un degré insuffisant, voilà le poison qui infecte profondément les sources de la vie. Nous avons déjà fait à peu près toutes ces observations, soit dans le quatrième paragraphe de notre introduction, en parlant de la nature de nos richesses, soit dans les chapitres où nous traitons des valeurs et de la population. Il était bon de les reproduire ici.

Maintenant il est aisé de voir que l'impôt sur les marchandises affecte très diversement les prix et a différentes limites, suivant la manière dont il est levé, et suivant la nature des denrées sur lesquelles il porte. Par exemple, dans le cas du monopole ou de la vente exclusive faite par l'État, il est clair que l'impôt est payé directement, immédiatement et sans ressources par le consommateur, et qu'il a la plus grande extension dont il soit susceptible. Mais cette vente, fût-elle forcée, elle ne peut cependant, ni pour le prix, ni pour la quantité, dépasser un certain terme qui est celui de la possibilité de la payer. Elle s'arrête alors qu'il serait inutile de l'exiger, ou qu'il en coûterait plus qu'elle ne rapporterait. C'est le point où était la gabelle en France, et c'est le *maximum* de l'exaction possible.

Si la vente exclusive n'est pas forcée, elle varie suivant la nature de la marchandise. S'il s'agit d'une denrée qui ne soit pas nécessaire, à mesure que le prix monte, la consommation diminue; car il n'y a qu'une certaine somme de moyens dans toute la société, qui soit destinée à procurer un certain genre de jouissance. Il peut même arriver qu'en élevant peu le prix, le profit diminue beaucoup, parce que beaucoup de gens renoncent tout à fait à ce genre de consommation, ou même parviennent à le remplacer par un autre. Toutefois l'impôt est toujours payé effectivement par ceux qui s'obstinent à consommer.

Si, au contraire, la vente faite exclusivement par l'État, mais de gré à gré, porte sur une marchandise de première nécessité, elle équivaut à la vente forcée. Car la consommation diminue bien à mesure que le prix s'élève, c'est-à-dire qu'on souffre et qu'on meurt ; mais comme enfin elle est nécessaire, elle s'élève toujours autant que le moyen de la payer ; et elle est payée par ceux qui consomment.

Après ces moyens violents, si nous en examinons d'autres qui soient plus doux, nous leur trouverons des effets analogues, avec un moindre degré d'énergie. Le plus efficace de ceux-ci est l'impôt mis sur une marchandise au moment de la production ; car aucune partie n'en échappe, pas même celle consommée par le producteur lui-même, ni celle qui pourrait s'avarier ou se perdre en magasin avant d'être employée. Tel est l'impôt sur le sel, levé dans le marais salant ; celui sur le vin à l'instant de la récolte ou avant la première vente, et celui sur la bière dans la brasserie. On peut encore ranger dans la même classe l'impôt sur le sucre ou le café, ou telles autres denrées, exigé au moment où elles arrivent du pays qui les produit ; car ce n'est que de ce moment qu'elles existent pour le pays qui ne peut pas les produire, et qui doit les consommer.

Cet impôt levé au moment de la production, s'il est établi sur une marchandise peu nécessaire, est aussi limité que le goût que l'on a pour elle. Aussi, quand on a voulu tirer grand parti du tabac, on s'est étudié à en donner le besoin au peuple. Car si la société est instituée pour satisfaire plus aisément les besoins que nous a donnés la nature, et auxquels nous ne pouvons nous soustraire, il semble que la fiscalité soit destinée à nous créer des besoins artificiels, pour nous en refuser une partie et nous faire payer l'autre.

Lorsque ce même impôt, au moment de la production, est établi sur une denrée plus nécessaire, il est susceptible d'une plus grande extension ; cependant, si cette denrée coûte beaucoup de peines et de frais pour la produire, l'extension de l'impôt est encore arrêtée assez promptement, non plus par le manque de désir de se procurer la denrée, mais par l'impossibilité de la payer ; car il faut toujours qu'il arrive aux producteurs une assez grande portion du prix, pour qu'ils puissent ne pas périr : alors il en reste moins pour l'État.

Mais où l'impôt déploie toute sa force, c'est quand la denrée est bien nécessaire et qu'elle coûte bien peu, comme par exemple le sel. Là tout est profit pour le fisc ; aussi ses agents ont-ils toujours donné au sel une attention particulière. Les mines très riches font encore le même effet jusqu'à un certain point ; mais en général les gouvernements s'en sont attribué la propriété, ce qui épargne la peine d'imposer et équivaut au procédé de la vente exclusive. L'air et l'eau, si on avait pu s'en rendre maître, auraient encore été l'objet de prélèvements très forts et très fructueux pour le fisc ; mais la nature les a trop disséminés. Je ne doute pas qu'en Arabie des traitants ne tirassent un grand parti de l'eau, et tel que personne ne boirait sans leur permission. Quant à l'air, l'impôt sur les fenêtres fait à cet égard tout ce qui est possible.

Le vin n'est point ainsi un présent gratuit de la nature. Il coûte beaucoup de peines, de soins et de frais; et malgré le besoin et le vif désir que l'on a de s'en procurer, on aurait peine à croire qu'il pût supporter les énormes charges dont il est grevé actuellement en France au moment de sa production, si l'on ne faisait pas attention qu'une partie de ce fardeau tombe directement sur la terre plantée en vignes, et opère seulement une grande diminution dans le prix du bail qu'on en donnerait. Par là, il a l'effet de l'impôt foncier, qui est, comme nous l'avons vu, d'enlever au propriétaire du sol une partie de son capital, sans influer sur le prix de la denrée, ni entamer les profits du producteur. Ainsi le capitaliste est appauvri, mais rien n'est dérangé dans l'économie de la société; et ce capitaliste est obligé d'endurer cette perte toutes les fois que sa terre lui rendrait encore moins en la changeant de culture.

Le blé pourrait être, comme le vin, l'objet d'un impôt très lourd, levé au moment de la production, indépendamment même de la dîme qu'ils supportent l'un et l'autre presque partout. Une partie de l'impôt tomberait de même en diminution de la rente de la terre, sans toucher au salaire de la production, et sans par conséquent accroître le prix de la denrée. Si en général on s'est abstenu de cet impôt, je suis persuadé que ce n'est pas par un respect superstitieux pour la nourriture principale du pauvre, laquelle on a chargée d'ailleurs de bien d'autres manières qui en renchérissent le prix, mais parce que l'on a été arrêté par la difficulté de surveiller l'entrée de toutes les granges : difficulté qui est en effet plus grande encore que de celle de pénétrer dans toutes les caves. Du reste, il y a similitude complète.

Observons en finissant cet article, qu'un impôt ainsi levé, au moment de la production, sur une denrée d'un usage indispensable pour tout le monde, équivaut à une véritable capitation; mais de toutes les capitations, c'est la plus cruelle pour le pauvre. Car ce sont les pauvres qui consomment en plus grande quantité les denrées de première nécessité, parce que pour eux elles ne sont suppléées par rien, et elles font la presque totalité de leur dépense, parce qu'ils ne peuvent guère pourvoir qu'à leurs besoins les plus pressants. Ainsi une pareille capitation se trouve répartie en proportion de la misère et non pas de la richesse, en raison directe du besoin et inverse des moyens. D'après cela, on peut apprécier les impôts de ce genre. Mais ils sont très productifs, car c'est toujours le pauvre qui fait le grand nombre, et par ce grand nombre les grandes sommes; ils affectent peu ceux dont les cris peuvent se faire entendre, et cela détermine en leur faveur. On ne peut se dissimuler que ce sont les deux seules causes de la préférence qu'on leur donne.

À l'égard des impôts qu'on lève sur les différentes marchandises, soit au moment de la consommation, soit dans leurs différentes stations, comme sur les chemins, dans les marchés, dans les ports, aux portes des villes, dans les boutiques, etc., etc., leurs effets sont déjà indiqués par ceux que nous venons de voir résulter de la vente exclusive et de la taxe au moment de la production. Ceux-ci sont du même genre; seulement ils sont ordinairement moins généraux et moins absolus, parce qu'ils sont plus variés et qu'il est rare qu'ils embrassent une aussi grande étendue de pays. En effet, la plupart de ces taxes sont des mesures locales. Un péage n'affecte que les denrées qui passent sur le chemin ou le canal sur lequel il est établi. Les entrées des villes n'influent directement que sur les consommations qui se font dans leur intérieur (je suppose que le *transit* est exempt de droits). Un impôt levé dans un marché ou dans une boutique n'atteint pas ce qui se vend dans la campagne ou dans les foires extraordinaires. Ainsi, ils dérangent les prix et les industries plus irrégulièrement, mais toujours ils les dérangent dans les points où ils portent. Car dès qu'une marchandise est chargée, il faut toujours que le sort du producteur ou celui du consommateur soit détérioré.

C'est ici que se retrouvent, relativement aux produits et aux effets de l'impôt, les conséquences des deux importantes conditions propres à toute marchandise : l'une d'être de première nécessité, ou seulement d'agrément et de luxe; l'autre, que son prix conventionnel et vénal soit supérieur à son prix naturel et nécessaire, ou lui soit seulement égal; pour inférieur, nous savons que cela n'est pas possible à la longue.

Si la marchandise imposée est de première nécessité, on ne peut s'en passer; elle sera toujours achetée, tant qu'on en aura le moyen; et si son prix conventionnel n'est qu'égal à son prix naturel, le producteur ne peut rien céder. Ainsi toute la perte tombera sur le consommateur. D'où l'on doit conclure, si la vente et le produit de l'impôt diminuent, que c'est le consommateur qui souffre et s'éteint.

Il faut remarquer que dans nos vieilles sociétés, occupant un territoire circonscrit dès longtemps, et ne pouvant conquérir que des terrains déjà occupés, c'est le cas de toutes les marchandises de première nécessité. Car, par l'effet du long combat des intérêts contraires du producteur et du consommateur, chacun est casé dans l'ordre social suivant son degré de capacité. Ceux qui ont quelque talent assez désiré pour qu'ils puissent le faire payer au-delà du nécessaire, se livrent à ces industries préférées; il n'y a que ceux qui ne peuvent y réussir qui se vouent aux productions indispensables, parce qu'elles sont toujours demandées; mais aussi elles ne sont payées qu'autant qu'il est strictement nécessaire, parce qu'il y a toujours des gens inférieurs à d'autres, qui n'ont autre chose à faire qu'à s'y adonner. Il faut même que cela soit ainsi. Car ces denrées de première nécessité sont les besoins urgents de tous, et surtout des plus pauvres de toutes les autres classes qui les consomment sans les produire, étant occupés à d'autres productions. Ainsi ces pauvres ne peuvent subsister qu'à proportion que ces denrées sont faciles à se procurer. Donc, plus une profession est indispensable, plus il est inévitable que ceux qui s'y adonnent, faute d'autre capacité, soient réduits au strict nécessaire. Le seul moyen direct d'améliorer le sort de ces hommes, les derniers en rang dans la société par leur défaut de talent, serait de leur persuader de moins multiplier et de leur laisser toujours la liberté d'aller exercer leur faible talent ailleurs, où il serait plus fructueux. C'est pour cela que l'expatriation doit toujours être permise. Il est encore quelques autres mesures politiques qui pourraient concourir indirectement à défendre l'extrême faiblesse comme l'extrême misère ; nous en parlerons ailleurs. Au reste, ces hommes, que nous plaignons avec justice, souffrent encore moins qu'ils ne feraient dans l'état sauvage. La preuve en est qu'ils végètent en plus grand nombre ; car l'homme ne s'éteint que par l'excès de la souffrance.

Nous avons déjà dit tout cela ailleurs, à mesure que l'occasion s'en est présentée. Mais il fallait bien le répéter ici à propos de l'impôt. Car l'histoire des revenus et des dépenses du gouvernement est l'abrégé de l'histoire de la production et de la consommation de la société tout entière, puisque sous ce rapport le gouvernement n'est autre chose qu'un très grand rentier à qui l'autorité tient lieu de capitaux. Sans trop forcer la similitude entre la circulation des richesses et celle du sang, on pourrait dire que la circulation opérée par le gouvernement dans la société ressemble tout à fait à la circulation pulmonaire dans l'individu : elle est extraite de la masse totale et revient s'y fondre après s'être exécutée séparément, mais d'une manière absolument semblable.

Si la marchandise imposée n'est pas de première nécessité, et si pourtant son prix conventionnel n'est qu'égal à son prix nécessaire, c'est une preuve que le consommateur tient bien faiblement à cette jouissance. Alors l'impôt survenant, le producteur n'a autre chose à faire qu'à renoncer à son industrie et tâcher de trouver son salaire dans quelque autre profession dans laquelle il va accroître la misère par sa concurrence, et dans laquelle encore il a du désavantage, parce que ce n'était pas la sienne. Ainsi il s'éteint, au moins en très grande partie. Pour le consommateur, il ne perd rien qu'une jouissance à laquelle il était peu attaché apparemment, parce qu'il la remplace facilement par une autre qui donne lieu à d'autres salaires. Mais le produit de l'impôt devient nul.

Si au contraire la marchandise peu nécessaire, qui vient à être frappée par un impôt, a un prix conventionnel très supérieur à son prix nécessaire, et c'est le cas de toutes les choses de luxe, il y a de la marge pour le fisc sans réduire personne précisément à la misère. La même somme totale se dépense pour cette jouissance, à moins que le goût qui la fait rechercher ne diminue, et c'est le producteur qui est obligé de céder presque en entier ce que l'impôt emporte de cette somme totale; mais comme il gagnait plus que le nécessaire, il n'est pas encore au-dessous. Cependant il y a à dire que cela n'est vrai qu'en général; car dans ce métier, supposé généralement avantageux, il y a des individus qui, faute d'habileté ou de bonheur, n'y trouvent qu'un nécessaire exigu; et ceux-là, l'impôt survenant, sont obligés de renoncer à leur état, ce qui est toujours une grande souffrance.

C'est ainsi que l'on peut se représenter avec assez de justesse les effets directs des divers impôts partiels et locaux qu'on lève sur les marchandises dans leur trajet du producteur au consommateur. Mais outre ces effets directs, ces impôts en ont d'indirects, étrangers aux premiers, ou qui s'y mêlent et les compliquent. Ainsi un impôt onéreux sur une denrée importante, levé à l'entrée d'une ville, d'une part diminue les loyers de ses maisons en rendant son habitation moins désirable; et de l'autre, diminue le loyer des terres qui produisent la denrée imposée, en en rendant le débit moins considérable ou moins avantageux. Voilà donc des capitalistes oisifs, quand même ils seraient absents et ne consommeraient rien, atteints dans leurs capitaux comme par un impôt foncier, tandis qu'on ne croit toucher que le consommateur ou le producteur. Cela est si vrai que ces propriétaires, si on le leur proposait, feraient des sacrifices pour rembourser une partie des fonds de l'impôt, ou fournir directement une partie de son produit annuel. Cela s'est vu mille fois.

Il y a plus. Dans nos considérations économiques, nous ne regardons souvent comme véritables consommateurs d'une denrée que ceux qui effectivement la consomment pour leur satisfaction personnelle. Cependant il s'en faut bien qu'ils soient les seuls acheteurs de cette denrée. Souvent la plupart de ceux qui se la procurent, ne la recherchent que comme matière première d'autres productions, et comme moyen dans leur industrie. Alors l'effet de l'impôt qui frappe cette denrée rejaillit sur toutes ces productions et toutes ces industries. C'est ce qui arrive surtout aux denrées d'une utilité très générale ou d'une nécessité indispensable. Elles font partie des frais de tous les producteurs mais à des degrés différents.

Enfin, il faut encore observer que les impôts dont nous parlons ne chargent jamais uniquement une seule marchandise. On les met en même temps sur beaucoup d'espèces de denrées, c'est-à-dire sur beaucoup d'espèces de productions et de consommations. Sur chacune, suivant sa nature, ils font quelqu'un des effets que nous venons d'expliquer, de manière que tous ces différents effets se heurtent, se balancent et se résistent réciproquement. Car les frais nouveaux dont est grevée une industrie font qu'on est moins prompt à s'y livrer de préférence à une autre qui vient d'éprouver un tort du même genre. Le fardeau qui pèse sur un genre de consommation fait qu'on ne peut pas la faire servir de remplacement à celle à laquelle on voudrait renoncer. D'où il suit que, s'il était possible de prévoir assez complètement tous ses ricochets pour équilibrer parfaitement tous les poids, en sorte qu'en les plaçant tous à la fois ils fissent partout une pression égale, nulle proportion ne serait changée par eux. Ils ne feraient tous ensemble que l'effet général inhérent à tout impôt, savoir que le producteur ait moins d'argent pour son travail et le consommateur moins de jouissances pour son argent. On doit regarder les impôts comme bons, quand à ce mal inévitable il ne se joint pas des maux particuliers qui soient trop fâcheux*.

Je ne suivrai pas plus loin cet examen des différentes espèces d'impôts. Je crois en avoir assez dit pour mettre à même de les juger et surtout pour montrer, autant que cela est possible, sur qui tombe réellement la perte qu'ils occasionnent.

En effet, l'on voit premièrement que l'impôt sur les rentes dues par l'État et celui sur le revenu des terres, non seulement sont payés annuellement par ceux sur qui ils tombent, sans qu'ils puissent en rien rejeter sur d'autres, mais que le capital même en est perdu par eux, en sorte qu'après eux, personne ne paie réellement rien; secondement, qu'il en est de même de l'impôt sur le loyer des maisons, mais que de plus il gêne les spéculations de bâtisse et diminue les aisances des locataires; troisièmement, que l'impôt personnel ayant pour motif des richesses acquises, ne fait de même aucun tort qu'à ceux de qui on l'exige, mais qu'ils ne libèrent pas ceux qui le paieront après eux; quatrièmement, que la perte résultante de l'impôt sur les instruments des transactions sociales est bien réellement supportée par ceux à qui on le demande chaque fois que l'occasion de le payer se présente, mais que son existence seule nuit à d'autres, en détériorant le prix de plusieurs choses et gênant plusieurs industries; cinquièmement, que l'impôt personnel qui a pour motif une industrie quelconque, et tous les impôts sur les marchandises, grèvent d'abord ceux à qui on les demande, mais qu'en outre ils dérangent tous les prix et toutes les industries, et que par l'effet de ces nombreux ricochets, ils finissent par tomber sur tous les consommateurs, sans qu'on puisse déterminer précisément dans quelle proportion.

* *Fin du passage repris du livre XIII du* Commentaire sur l'*Esprit des lois* de Montesquieu.

Je sais que ces résultats séparés, distingués, modifiés, paraîtront moins satisfaisants qu'une décision bien tranchante qui, traitant la série des intérêts des hommes comme une file de boules d'ivoire, affirmerait que, quel que soit celui qui soit touché, il n'y a que le dernier qui soit mis en jeu. Mais j'ai dû représenter les choses comme je les vois et non pas comme on peut les imaginer. Si l'extrême simplicité plait à l'esprit en le soulageant, si même c'est pour cela qu'il crée des abstractions, le bon esprit ne doit point oublier que cette simplicité extrême ne se trouve que là et que, même en mécanique, dès qu'il s'agit de corps réels, il faut avoir égard à beaucoup de considérations qui n'ont pas lieu tant qu'on ne raisonne que sur des lignes et des points mathématiques. Néanmoins, pressé par le désir d'arriver à un principe positif, on me demandera peut-être, comme on me l'a déjà demandé en pareil cas, quelle est ma conclusion et quel est l'impôt que je préfère. Ayant exposé les faits, je pourrais laisser le lecteur tirer les conséquences; mais je vais dire mon opinion en la motivant et toutefois en prévenant d'avance qu'elle ne sera jamais absolue, mais toujours relative; car un impôt n'est jamais bon quand il est exagéré, ni même quand il n'est pas en proportion avec tous les autres.

D'abord, je rappelle que la consommation des hommes industrieux, celle que j'ai appelée la consommation productive, étant la seule qui reproduise ce qu'elle détruit, et étant par là la seule source des richesses, c'est celle-là qu'on doit surtout tâcher de ne pas déranger

Partant de cette vérité, l'impôt sur les rentes dues par l'État me semblerait le meilleur de tous; mais il n'est pas possible d'y songer puisque nous avons vu que c'est une vraie banqueroute. Ce n'est pas que je croie utile de ménager le crédit public. Je pense au contraire qu'il est très fâcheux que le gouvernement ait du crédit et puisse emprunter; j'en dirai les raisons quand nous parlerons de ses dettes. La considération morale seule me détermine invinciblement. La société tout entière n'étant fondée que sur des conventions, il n'est pas possible qu'il ne soit pas pernicieux de donner l'exemple de la violation de la foi jurée. Aucun calcul pécuniaire ne peut balancer un pareil inconvénient; les conséquences en sont immenses et funestes. La véritable manière de taxer les rentiers est de bien administrer. Cela fait qu'ils ne trouvent qu'un faible intérêt de leur argent.

Après cet impôt auquel on ne peut pas penser, les meilleurs, suivant moi, sont ceux qui lui ressemblent le plus, c'est-à-dire l'impôt sur le revenu des terres et celui sur le loyer des maisons, auxquels on peut joindre l'impôt personnel, ayant pour cause les richesses acquises. On voit que si je préfère l'impôt sur le revenu des terres, ce n'est pas par les mêmes raisons que les anciens économistes. C'est au contraire parce que je regarde les propriétaires de terres comme très étrangers à la reproduction. D'ailleurs je considère ces trois impôts-ci, qui portent principalement sur les riches, comme une compensation des impôts sur les marchandises, qui nécessairement grèvent principalement le pauvre. Je n'ai pas besoin de dire qu'il ne faut pas que l'impôt foncier soit tel, que beaucoup de terres soient négligées.

L'impôt sur les actes et les transactions sociales, malgré ses inconvénients, me paraît admissible aussi, pourvu qu'il ne soit pas exagéré. S'étendant sur beaucoup de choses, il porte sur beaucoup de points, ce qui est toujours un avantage; et il ne pèse pas immédiatement sur les premiers besoins du pauvre, ce qui est encore un grand bien.

Quant aux impôts sur les marchandises, auxquels il faut joindre l'impôt personnel, ayant pour motif l'industrie présumée, je commence par rejeter absolument toute vente exclusive, et encore plus toute vente forcée, ainsi que toute disposition tendant à gêner la liberté du travail et à blesser la propriété individuelle, c'est-à-dire l'entière disposition des facultés personnelles. Ces excès écartés, je ne vois rien qui empêche d'avoir recours aux impôts sur les marchandises. D'abord tous ceux sur les marchandises purement de luxe sont excellents et n'ont que des avantages sans inconvénients. Ils diminuent les effets de l'excessive inégalité des fortunes, en rendant plus chères les jouissances extrêmement recherchées. Ce sont les seules lois somptuaires[1] qu'on puisse approuver. Mais ces impôts sont ceux contre lesquels se soulèvent le plus tous les hommes puissants; d'ailleurs ils sont toujours d'un très faible produit, car dans tous les genres c'est le grand nombre, quoique trop méprisé, qui fait la force. Il faut donc en revenir aux impôts sur les marchandises plus utiles et même sur celles de première nécessité, car enfin il faut bien des revenus publics. Ceux-là, comme nous l'avons dit, pèsent principalement sur le pauvre; mais comme nous l'avons dit aussi, ils sont balancés par ceux qui portent uniquement sur les propriétaires de biens-fonds, et ils les justifient. D'ailleurs, placés aux portes des villes, ils contribuent à disséminer la population sur toute l'étendue du territoire; levés aux frontières, ils peuvent être utiles à quelques combinaisons diplomatiques, tant que la saine politique ne les dirigera pas entièrement. Je ne crois donc pas devoir blâmer ces impositions. Je me borne à recommander qu'elles ne soient jamais assez lourdes pour écraser un genre d'industrie, et qu'elles soient très variées afin qu'elles pèsent sur toutes. C'est les ménager toutes que de les charger de

1. Tombées en désuétude au XVIIIe siècle, les lois somptuaires avaient pour objet de régler les comportements, tant pour des raisons d'ordre moral (en invitant à la frugalité et au refus du luxe) et économique (afin de limiter les dépenses improductives) que dans le but de rendre visibles les hiérarchies sociales.

manière qu'elles soutiennent chacune leur part du fardeau commun; car il ne faut pas oublier qu'il ne peut jamais être question ici que de faire le moins de mal possible, et que quand on a bien distribué le mal nécessaire, on atteint le *maximum* de la perfection du genre.

La cherté de la perception et la nécessité des punitions sont encore deux maux accessoires de l'impôt, auxquels les uns sont, il est vrai, plus sujets que les autres, mais sur lesquels je n'ai rien à dire, si ce n'est que ni l'un ni l'autre ne sont portés à l'extrême quand les impôts ne sont pas excessifs, et qu'ils ne sont pas appuyés de formes tyranniques. Ainsi je ne les regarde que comme des considérations secondaires.

Voilà ce que je pense sur les impôts. Mais veut-on une conclusion plus précise? La voici: les impôts les meilleurs, suivant moi, sont 1° les plus modérés, parce qu'ils obligent à moins de sacrifices et nécessitent moins de violences; 2° les plus variés, parce qu'ils se font équilibre les uns les autres; 3° les plus anciens, parce qu'ils ont pénétré dans tous les prix, et que tout s'est arrangé en conséquence.

Encore une fois, je crains que l'on ne soit pas satisfait de cette décision. Elle n'est pas assez tranchante pour être brillante. Mais à la modération près (à laquelle on manque souvent par nécessité), elle est assez conforme à ce qui se fait partout; et si elle était juste, comme je le crois, elle serait un nouvel exemple d'un phénomène intellectuel fort ordinaire, mais qui n'a pas toujours été assez remarqué; c'est que dans les matières un peu difficiles, la pratique est provisoirement assez raisonnable longtemps avant que la théorie le soit, et quand le sujet est réellement approfondi, on reconnaît que le bon sens public, je dirais presque l'instinct général, s'est moins écarté du droit chemin que les premières spéculations scientifiques. La raison en est simple. Dans la pratique, on est tout près des faits, ils se présentent à tous moments, ils vous guident, ils vous retiennent, ils vous ramènent continuellement à ce qui est, à la vérité; au lieu que dans les combinaisons spéculatives, qui consistent toutes en déductions, il suffit d'une première supposition fausse pour arriver très conséquemment aux plus graves erreurs, sans que rien vous en avertisse. C'est là ce qui motive l'attachement aveugle que l'on a généralement pour tout ce qui est en usage et l'extrême méfiance qu'inspire toute vérité neuve qui est trop contraire. Cette disposition est sans doute exagérée, mais elle est fondée en raisons. Quoi qu'il en soit, nous avons assez parlé des revenus du gouvernement, occupons-nous de ses dépenses.

Nous aurons peu de choses à dire sur ce sujet. Nous avons vu que le gouvernement est dans tout pays un très grand consommateur, et un consommateur du genre de ceux qui vivent de revenus et non de profits; que c'est un très grand rentier, à qui l'autorité tient lieu de capitaux. Par conséquent, tout ce que nous avons dit de cette espèce de consommateurs lui est applicable. Sa dépense ne se reproduit pas dans ses mains avec accroissement de valeur comme celle des hommes industrieux. Sa consommation est réelle et définitive. Il ne reste rien du travail qu'il solde. Les richesses qu'il emploie, et qui étaient existantes avant de passer dans ses mains, sont consommées et détruites quand il s'en est servi. En effet, en quoi consiste la très majeure partie de sa dépense ? À payer des soldats, des matelots, des juges, des administrateurs de toute espèce, et à faire tous les frais qu'exigent ces différents services. Tout cela est très utile sans doute, et même nécessaire en totalité, si l'on y apporte toute l'économie désirable ; mais rien de tout cela n'est productif. La dépense que le gouvernement pourrait faire pour enrichir les favoris du pouvoir est tout aussi stérile et n'a pas l'excuse de la nécessité, ni même celle de l'utilité. Aussi est-elle encore désagréable au public, qu'elle blesse au lieu de le servir. Il en est tout autrement des fonds qui sont employés en travaux publics d'une utilité générale, tels que des ponts, des ports, des chemins des canaux, des établissements et des monuments utiles. Ces dépenses sont toujours vues de bon œil quand elles ne sont pas excessives. Elles contribuent en effet très puissamment à la prospérité publique. Cependant elles ne peuvent pas être regardées comme directement productives dans les mains du gouvernement, puisqu'elles ne lui rentrent pas avec profit et qu'elles ne lui créent pas un revenu qui représente l'intérêt des fonds qu'elles ont absorbés ; ou si cela arrive, on doit en conclure que des particuliers auraient pu faire les mêmes choses aux mêmes conditions, si on leur avait laissé la disposition des sommes qu'on leur a enlevées pour en faire cet usage ; et il est même vraisemblable qu'ils les auraient employées avec plus d'intelligence et d'économie. Enfin, on peut dire toutes les mêmes choses de ce que le gouvernement dépense en divers encouragements pour les sciences et les arts. Ces sommes sont toujours assez petites et leur utilité est le plus souvent très contestable, car il est bien sûr qu'en général le plus puissant encouragement qu'on puisse donner à l'industrie de tout genre est de la laisser agir et de ne s'en pas mêler. L'esprit humain irait bien vite, si seulement il n'était pas gêné ; et il serait amené par la force des choses à faire toujours ce qu'il y a de plus essentiel dans chaque occurrence. Le porter artificiellement d'un côté plutôt que de l'autre, c'est ordinairement le faire dévier plutôt que le conduire. Néanmoins accordons encore l'utilité constante de ce genre de dépenses, peu considérables sous le rapport de l'argent ; il n'en est pas moins vrai que comme toutes les précédentes, elles sont de vraies dépenses qui ne rentrent pas.

De tout cela, je conclus que la totalité des dépenses publiques doit être rangée dans la classe des dépenses justement nommées *stériles et improductives*; et que par conséquent tout ce qu'on paie à l'État, soit à titre d'impôt, soit même à titre d'emprunt, est un résultat de travaux productifs antérieurement faits, qui doit être regardé comme entièrement consommé et anéanti le jour où il entre dans le trésor national. Encore une fois, cela ne veut pas dire que ce sacrifice ne soit pas nécessaire et même indispensable. Sans doute il faut que chaque citoyen, sur le produit de son travail actuel, ou sur le revenu de ses capitaux, qui sont le produit d'un travail plus ancien, prélève ce qui est nécessaire à l'État, comme il faut qu'il entretienne sa maison pour y loger en sûreté. Mais il faut qu'il sache que c'est un sacrifice qu'il fait; que ce qu'il donne est incessamment perdu pour la richesse publique comme pour la sienne propre; qu'en un mot, c'est une dépense et non pas un placement. Enfin, il faut que personne ne soit assez aveuglé pour croire que des frais quelconques sont une cause directe d'augmentation de fortune; et que chacun sache bien que, pour les sociétés politiques comme pour les sociétés commerciales, une régie dispendieuse est ruineuse et que la meilleure est la plus économique. Au reste, c'est là une de ces vérités que le bon sens du peuple a aperçue longtemps avant qu'elle fût claire pour les grands politiques.

Si de l'examen des dépenses ordinaires du gouvernement, nous passons à celui de ses dépenses extraordinaires, et des dettes qui en sont la suite, les mêmes principes vont nous guider. C'est encore là un sujet sur lequel le bon sens a de beaucoup devancé les lumières des prétendus adeptes. Les gens simples savent de tout temps qu'on s'appauvrit en mangeant plus que son revenu et que dans aucun cas il n'est bon d'être endetté; et des gens d'esprit croyaient et écrivaient encore il n'y a pas longtemps que les emprunts du gouvernement sont une cause de prospérité et que la dette publique est une nouvelle richesse créée au sein de la société. Cependant, puisque nous nous sommes convaincus, 1. que les dépenses ordinaires du gouvernement n'ajoutent rien à la masse totale de la circulation et ne font qu'en changer le cours d'une manière le plus souvent désavantageuse; 2. qu'elles sont d'une nature telle qu'elles n'ajoutent rien non plus à la masse des richesses antérieurement produites, sur lesquelles elles sont prélevées, nous devons en conclure que les dépenses extraordinaires de ce même gouvernement, étant de même nature que ses dépenses ordinaires, elles sont également incapables de produire ni l'un ni l'autre de ces bons effets. Quant à la ridicule idée qu'en créant des contrats de rente sur l'État, on crée réellement une nouvelle valeur, elle ne mérite pas de réfutation sérieuse. Car si ceux qui reçoivent ces titres possèdent une certaine somme de plus, il est évident que l'État qui les donne a une pareille somme de moins, sans quoi il faudrait dire que toutes les fois que je souscris une obligation de mille francs, j'augmente la masse totale des richesses de mille francs, ce qui est absurde. Ainsi il est bien certain que dans aucun cas on ne peut se réjouir de l'accroissement de la consommation du gouvernement et de la grandeur des dépenses publiques.

Mais enfin quand ces dépenses sont très considérables, doit-on se féliciter de pouvoir y faire face plutôt par des emprunts que par des impôts ? Ou, en d'autres termes, est-il heureux pour les gouvernés que le gouvernement fasse usage de son crédit ou même qu'il ait du crédit? C'est la dernière question qui me reste à traiter avant de finir ce chapitre. Je sais qu'elle est résolue pour bien des hommes d'État, et même pour beaucoup d'écrivains spéculatifs, qui pensent fermement que le crédit public fait la force et la sûreté de l'État ; qu'il est une grande cause de prospérité dans les temps ordinaires, et la seule ressource efficace dans les nécessités urgentes, et qu'ainsi c'est le vrai palladium de la société. Cependant, je crois avoir de bonnes raisons pour combattre leur opinion. Je ne les tirerai point des funestes effets des emprunts sur l'organisation sociale, de l'énorme pouvoir qu'ils procurent aux gouvernants, de la facilité qu'ils leur donnent pour faire tout ce qu'ils veulent, pour attirer tout à eux, pour enrichir leurs créatures, pour se dispenser d'assembler et de consulter les citoyens, ce qui opère rapidement le renversement de toute constitution. Ces choses-là ne sont point actuellement de mon sujet. Je ne considère en ce moment dans les emprunts que leurs effets purement économiques ; et c'est uniquement sous ce point de vue que je vais discuter leurs avantages et leurs inconvénients.

La première chose que l'on dit en faveur des emprunts, c'est que les fonds qu'on se procure par ce moyen ne sont arrachés violemment à personne. Je crois que c'est là se faire illusion. En effet, il est bien vrai que quand le gouvernement emprunte, il ne force personne à lui prêter ; car il ne faut pas regarder les emprunts forcés comme des emprunts, mais comme des contributions. Quand donc les prêteurs portent leur argent au trésor public, c'est librement et volontairement ; mais aussi l'opération n'est pas finie là. Ces capitalistes ont prêté et non pas donné, et ils entendent bien ne perdre ni capital, ni intérêts. Par conséquent ils forcent le gouvernement à lever un jour ou l'autre une somme égale à celle qu'ils lui fournissent et aux intérêts qu'ils en exigent. Ainsi, par leur obligeance, ils ne font que grever, malgré eux, non seulement les citoyens actuellement existants, mais encore les générations futures. Cela est si vrai que l'espèce de soulagement que leur service produit pour le moment présent n'a lieu que parce qu'il reporte une partie du fardeau sur les temps à venir.

Cette circonstance donne lieu, suivant moi, à une grande question que je suis étonné de n'avoir vue discutée nulle part. Un gouvernement quelconque, soit monarchique, soit polyarchique, en un mot des hommes existants, ont-ils le droit de grever ainsi des hommes qui n'existent pas encore et de les obliger à payer un jour leurs dépenses actuelles ? Ce n'est pas seulement ici le cas des testaments contre lesquels on dit avec raison que nul homme n'a droit à être obéi après sa mort ; car enfin la société qui, pour l'avantage général, ôte tant de différents pouvoirs à chacun de ses membres, peut bien leur concéder celui-là s'il lui est utile, et le leur garantir ; et les héritiers naturels des testateurs sont toujours maîtres d'accepter ou de refuser leurs successions, qui au fond ne leur appartiennent qu'en vertu des lois qui les leur adjugent, et avec les conditions qu'ils y mettent. Mais quand il s'agit d'intérêts publics, il en va tout autrement. Une génération ne reçoit point d'une autre, comme un héritage, le droit de vivre en société et d'y vivre sous les lois qui lui plaisent. La première n'est point en droit de dire à la seconde : si vous voulez me succéder, voilà comme il faut que vous existiez et que vous vous arrangiez ; car d'un tel droit il suivrait qu'une loi une fois faite ne peut jamais être changée. Ainsi le pouvoir législatif actuel (quel qu'il soit), qui est toujours censé l'organe de la volonté générale actuelle, ne peut ni obliger, ni gêner le pouvoir législatif futur, qui sera l'organe de la volonté générale d'un temps à venir. C'est sur ce principe très raisonnable qu'il est reconnu en Angleterre qu'un parlement ne peut jamais voter des impôts que jusqu'à l'arrivée d'un autre, ou même jusqu'à une nouvelle session du même parlement. Je sais bien qu'appliquer rigoureusement ce principe aux dettes d'un pays où il n'est pas admis, et où des engagements antérieurs ont été pris de bonne foi, ce serait manquer à la foi publique ; et j'ai suffisamment manifesté ci-dessus ma persuasion profonde qu'un tel acte ne peut jamais être ni *juste*, ni *utile*, deux termes absolument équivalents pour moi comme *raison* et *vertu*. Mais il n'en est pas moins vrai, pour revenir à l'exemple de l'Angleterre, qu'il est contradictoire, et par conséquent absurde, qu'un parlement croie ne pouvoir voter des impôts que pour un an, et croie pouvoir voter un emprunt à rentes perpétuelles, ou à longs remboursements ; car c'est voter la nécessité d'impôts suffisants pour payer ces rentes et ces remboursements, en déclarant qu'on n'a pas le droit d'en répondre. Je trouve bien plus sensé et plus loyal le principe autrefois admis en Espagne, que les engagements d'un roi ne lient pas son successeur. Au moins ceux qui contractent avec lui savent le risque qu'ils courent et n'ont point à se plaindre de ce qui leur arrive. Nous verrons bientôt que ce principe, mis en pratique, est aussi bienfaisant qu'il est raisonnable.

Pour le moment, je me borne à soutenir que puisqu'en définitive le capital et les intérêts d'un emprunt ne peuvent jamais être payés que par un impôt, les fonds que le gouvernement se procure par cette voie finissent toujours par être arrachés violemment aux individus, et qui pis est à des individus qui n'y sont point obligés, puisqu'ils ne s'y sont point engagés ni par eux-mêmes, ni par leurs représentants légitimes ou légaux. J'appelle *légaux* ceux que la loi existante autorise et dont les actes sont valables quand même cette loi ne serait pas juste.

Le second avantage que l'on trouve aux emprunts, c'est que les sommes qu'ils fournissent ne sont point enlevées à la consommation productive, puisque ce ne sont pas des entrepreneurs d'industrie qui placent leurs fonds sur l'État, mais seulement des capitalistes oisifs, vivant de leurs revenus, qui se créent cette espèce de rente au lieu de s'en créer une autre. Je réponds que ce second avantage n'est pas moins illusoire que le premier. Car quoiqu'il soit vrai que ceux qui prêtent au gouvernement ne sont pas en général des hommes qui auraient joint leur industrie personnelle à leurs capitaux, pour les faire valoir plus utilement dans des emplois productifs, cependant il arrive qu'il y a beaucoup de ces prêteurs que la facilité de se procurer une existence suffisante, sans risques ni fatigues, a seule dégoûtés du travail et jetés dans l'oisiveté. D'ailleurs, même en admettant que tous fussent également demeurés oisifs quand l'État n'aurait point emprunté, il est certain que s'ils ne lui avaient pas prêté leur argent, ils l'auraient prêté aux hommes industrieux. Dès lors ces hommes industrieux auraient eu plus de capitaux à faire travailler, et par l'effet de la concurrence des prêteurs, ils les auraient eus moyennant un moindre intérêt; or, ce sont là deux grands biens dont les emprunts publics les privent. Enfin, on ne peut nier qu'à moins de faire banqueroute, quand on a emprunté une somme, il faut finir par la rendre; et pour la rendre, il faut la lever sur les citoyens. Ainsi, tôt ou tard, elle affecte l'industrie autant et de la même manière que si on l'avait exigée d'abord. De plus, il faut y ajouter tous les intérêts que l'État en a payés jusqu'au moment du remboursement; et il est aisé de voir qu'en peu d'années ces intérêts ont doublé le capital, et par conséquent doublé le mal.

Mais aujourd'hui en Europe, on est tellement habitué à l'existence d'une dette publique que lorsque qu'on a trouvé le moyen d'emprunter une somme à rentes perpétuelles et d'assurer le paiement des intérêts, on imagine s'être libéré et ne plus rien devoir; et l'on ne voit pas, ou l'on ne veut pas voir, que ces intérêts, absorbant une partie du revenu public, qui est déjà insuffisant puisqu'on a été obligé d'emprunter, ils sont cause que ce même revenu suffit encore moins aux dépenses subséquentes; que bientôt il faut emprunter encore pour faire face à ce nouveau déficit et se grever de nouveaux intérêts, et qu'ainsi, en assez peu de temps, il se trouve qu'une portion considérable de toutes les richesses annuellement produites est employée non pas au service de l'État, mais à entretenir une foule de rentiers inutiles: et pour comble de maux, quels sont ces rentiers? Des hommes non seulement oisifs comme tous les rentiers, mais encore complètement indifférents aux succès ou aux malheurs de la classe industrieuse, à laquelle ils n'ont rien prêté, n'ayant absolument d'autre intérêt que la permanence du gouvernement emprunteur, quel qu'il soit et quelque chose qu'il fasse ; et en même temps n'ayant d'autre désir que de le voir dans l'embarras, afin qu'il soit obligé de les ménager et de les mieux payer ; par conséquent, ennemis nés des véritables intérêts de la société, ou au moins leur étant absolument étrangers. Je ne prétends pas dire que tous les rentiers de l'État soient de mauvais citoyens ; mais je dis que leur position est calculée pour les rendre tels. J'ajoute que les rentes viagères tendent de plus à rompre les liens de famille et que la grande abondance des effets publics ne peut manquer de produire une foule de joueurs effrénés. La vérité de ce que j'avance se montre d'une manière bien odieuse et bien funeste dans toutes les grandes villes sans commerce et surtout dans toutes les capitales où cette classe d'hommes est très nombreuse et très puissante, et a beaucoup de moyens de faire prévaloir ses passions et de pervertir l'opinion générale.

On a donc autant de tort de croire que les emprunts du gouvernement ne sont pas nuisibles à l'industrie nationale, que de se persuader que les fonds qu'ils produisent ne sont enlevés à aucun individu malgré lui. Au reste, ce ne sont pas là les véritables raisons qui font attacher tant d'importance à la possibilité d'emprunter. Le grand avantage des emprunts, aux yeux de leurs partisans, est qu'ils fournissent en un moment des sommes énormes que l'on ne pourrait se procurer qu'avec beaucoup de lenteur par le moyen des impôts même les plus accablants. Or, ce prétendu avantage, je n'hésite pas à déclarer que je le regarde comme le plus grand de tous les maux. Ce n'est autre chose qu'un moyen de faire faire aux hommes des efforts excessifs qui les épuisent et qui tarissent en eux les sources de la vie. Montesquieu l'a bien senti. Après avoir peint très énergiquement l'état de détresse et d'anxiété auquel l'exagération des dépense publiques avait réduit déjà de son temps les peuples de l'Europe qui auraient dû être les plus florissants par leur industrie, il ajoute : *Et, ce qui prévient tous les remèdes à venir, on ne compte plus sur les revenus, mais on fait la guerre avec son capital. Il n'est pas inouï*[a] *de voir des États hypothéquer leurs fonds pendant la paix même, et employer, pour se ruiner, des moyens qu'ils appellent extraordinaires, et qui le sont si fort, que le fils de famille le plus dérangé les imagine à peine.*[b]

On ne manquera pas de dire que c'est là abuser de son crédit et non pas s'en servir, et que l'abus qu'on peut en faire n'empêche pas qu'il ne soit

a. Il aurait dû dire : Il est *fréquent.*

b. *Esprit des lois*, livre XIII, chapitre 17.

bon d'en avoir. Je réponds d'abord que l'abus est inséparable de l'usage, et l'expérience le prouve. Il y a à peine deux cents ans que les progrès de la civilisation, de l'industrie, du commerce, ceux de l'ordre social, et peut-être aussi l'accroissement du numéraire, ont donné aux gouvernements la facilité de faire des emprunts; et, dans ce court espace de temps, ces dangereux expédients les ont tous conduits à des banqueroutes totales ou partielles, quelquefois répétées, ou à la ressource aussi honteuse et plus funeste du papier-monnaie, ou à rester accablés sous le poids d'un fardeau qui devient chaque jour plus insupportable.

Mais je vais plus loin. Je soutiens que le mal n'est pas dans l'abus, mais dans l'usage même des emprunts, c'est-à-dire que l'abus et l'usage sont une seule et même chose, et que chaque fois qu'un gouvernement emprunte, il fait un pas vers sa ruine. La raison en est simple. Un emprunt peut être une bonne opération pour un homme industrieux dont la consommation se reproduit avec profit. Au moyen des sommes qu'il a empruntées, il augmente cette consommation productive, et avec elle ses profits. Mais un gouvernement, qui est un consommateur du genre de ceux dont les dépenses sont stériles et destructives, ce qu'il emprunte il le mange, c'est autant de perdu à jamais, et il reste grevé d'une dette qui est autant de retranché sur ses moyens à venir. Cela ne peut être autrement. Dans plusieurs pays on a commencé par être longtemps sans sentir les mauvais effets de ces opérations, parce que les progrès de l'industrie et des arts étant très grands à cette époque, ils se sont trouvés plus rapides que ceux de la dette, et les moyens du gouvernement ne laissaient pas d'augmenter. Bien des gens même en ont conclu qu'une dette publique était une source de prospérité, tandis que cela prouvait seulement que les particuliers faisaient plus de bien que le gouvernement ne faisait de mal; mais ce mal n'en était pas moins réel, et actuellement personne n'est tenté de la nier.

À ces raisons pressantes on répond par la seule excuse qui reste quand on n'en a plus, la *nécessité*. Mais j'insiste et je prétends que dans le cas dont il s'agit, la nécessité même n'est point une excuse; car c'est le remède lui-même qui crée l'obligation où l'on est d'y avoir recours. Je m'explique: quand une nation est une fois engagée dans une situation périlleuse, il n'est pas douteux qu'il y a nécessité pour elle de faire les plus grands efforts pour s'en tirer. Mais un corps politique ne se trouve pas naturellement placé dans une telle position. Toujours quelque cause antérieure l'y a jeté. Ou il a excessivement mal mené ses affaires intérieures, et par là il a encouragé quelques voisins inquiets à l'attaquer pour profiter de sa faiblesse; ou, s'il a bien conduit ses propres affaires, il a cherché à s'en prévaloir pour se mêler mal à propos de celles des autres; il a abusé de sa prospérité pour troubler celle d'autrui, pour faire de trop grandes entreprises, pour élever des prétentions exagérées, ou seulement pour prendre une attitude menaçante qui provoque des mesures hostiles et produit la haine. Ce sont là en effet les fautes qui amènent ordinairement la nécessité de faire des efforts excessifs et d'avoir recours aux emprunts; et s'il est vrai que c'est par la folle confiance qu'a inspirée cette pernicieuse ressource qu'on a été entraîné dans ces fautes, on doit convenir que le crédit, que l'on regarde comme un remède à tous ces maux, en est la vraie cause. Or, l'histoire nous apprend que c'est effectivement depuis que les gouvernements ont eu ce que l'on appelle du crédit, c'est-à-dire la possibilité d'employer en un instant les fonds de plusieurs années, qu'ils n'ont plus mis de bornes ni à leurs prodigalités, ni à leur ambition, ni à leurs projets, qu'ils ont augmenté leurs armées, qu'ils ont multiplié leurs intrigues, et qu'ils ont adopté cette politique tracassière avec laquelle on ne peut ni éviter la guerre, ni jouir de la paix. Ce sont donc là les effets de ce crédit public que l'on regarde comme un si grand bien. Mais du moins est-il utile dans les dangers pressants? Non. Il n'y a de danger pressant pour une nation que l'invasion subite de son territoire. Dans ce cas extrême, ce n'est pas l'argent qui sauve, c'est le concours des forces, c'est la réunion des volontés. Les réquisitions donnent les choses, les levées en masse fournissent les hommes, les emprunts n'y serviraient de rien. Ce à quoi sert le crédit, c'est à soutenir des guerres lointaines, c'est-à-dire à les prolonger, encore il manque quand elles deviennent désastreuses, c'est-à-dire au moment du besoin. Alors on fait la paix. On l'aurait faite plus tôt si l'on n'avait pas eu de crédit, ou plutôt l'on n'eût pas fait la guerre; et quand cette paix tardive et forcée est signée, on s'aperçoit que, de toutes les pertes que l'on a faites, la plus regrettable, après les hommes inutilement sacrifiés, est celle des sommes qu'on aurait conservées si l'on n'avait pas eu la malheureuse facilité de les emprunter. Le vainqueur lui-même n'est jamais dédommagé par ses succès des sacrifices qu'ils lui ont coûtés et des dettes dont il reste grevé. De tout cela je conclus tout de nouveau que ce que l'on appelle le *crédit public* est le poison qui tue, même assez rapidement, les gouvernements modernes.

Je ne conseillerai pas cependant de faire une loi qui défende aux gouvernants de jamais emprunter et aux gouvernés de jamais leur prêter. Une telle loi serait absurde et inutile; absurde, car elle serait fondée, comme le mal qu'elle voudrait détruire, sur ce faux principe que le pouvoir législatif actuel peut enchaîner le pouvoir législatif à venir; inutile, car la première chose que feraient ceux qui dans la suite voudraient emprunter, ce serait d'abolir la loi qui le leur défend, et ils en auraient le droit. Je voudrais donc que l'on s'y prît tout différemment; je voudrais qu'au contraire on reconnût et on proclamât ce principe d'une éternelle vérité, que *tout ce que les législateurs quelconques décrètent, leurs successeurs peuvent toujours le modifier, le changer, l'annuler*; et que l'on déclarât solennellement qu'à l'avenir ce principe salutaire sera appliqué, comme il doit l'être, aux engagements que le gouvernement pourrait prendre avec les prêteurs. Par là le mal serait coupé dans sa racine, car les capitalistes n'ayant plus de garantie ne prêteraient plus; bien des malheurs seraient prévenus; et ce serait une nouvelle preuve que les maux de l'humanité viennent toujours de quelque erreur et que la vérité les guérit. C'est par ce vœu que je terminerai ce que j'avais à dire des revenus et des dépenses du gouvernement et que je finirai cette première partie du *Traité de la volonté*. Seulement avant de passer à la seconde je vais encore présenter au lecteur quelques réflexions sur tout ce que nous avons vu jusqu'à présent.

CHAPITRE XIII

CONCLUSION

Me voici arrivé à un endroit remarquable du chemin que je me proposais de parcourir. Je demande la permission de m'y arrêter un moment. Je répéterai au lecteur que ce qu'il vient de lire n'est pas simplement* un traité d'économie politique. C'est la première partie d'un traité de la volonté qui doit en avoir deux autres et qui n'est lui-même que la suite d'un traité de l'entendement. Tout ici doit donc être coordonné avec ce qui précède et ce qui suivra. Ainsi on ne doit pas être étonné que je ne sois pas entré dans les détails de l'économie politique, mais on devrait l'être que je ne fusse pas remonté jusqu'à l'origine de nos besoins et de nos moyens, que je ne me fusse pas occupé de faire voir comment ces besoins et ces moyens naissent de notre faculté de vouloir et que j'eusse négligé d'indiquer les relations de nos besoins physiques avec nos besoins moraux.

C'est pour ne pas mériter ces reproches que j'ai commencé par une introduction très générale qui n'appartient pas plus à l'économie qu'à la morale ou à la législation, mais dans laquelle j'ai tâché de bien expliquer quelles sont les idées dont nous sommes redevables à notre faculté de vouloir et sans lesquelles ces trois sciences n'existeraient pas pour nous. On me dira que cette introduction est trop métaphysique. Je répondrai qu'elle ne pouvait pas être autrement et que c'est précisément parce qu'elle est très métaphysique qu'il n'y a point de mauvaise métaphysique dans le reste de l'ouvrage. Car il n'y a rien de tel pour se préserver des sophismes et des illusions que de commencer par bien éclaircir les idées principales. Nous n'avons pas tardé à en avoir la preuve.

* Dans les éditions de 1823 et 1826, *simplement* a été substitué à *proprement*, qui figurait dans celles de 1815 et 1818.

En effet, après avoir bien observé la manière dont nous connaissons nos besoins, notre faiblesse originaire, et notre penchant à sympathiser, nous n'avons plus eu aucun doute sur la nature de la société. Nous avons vu clairement qu'elle est notre état naturel et nécessaire, qu'elle est fondée sur la personnalité et la propriété, qu'elle consiste dans des conventions, que ces conventions sont toutes des échanges, que l'essence de l'échange est d'être utile aux deux parties contractantes, et que les avantages généraux des échanges qui constituent l'état social sont de produire le concours des forces, l'accroissement et la conservation des lumières, et la division du travail.

Après avoir examiné de même nos moyens de pourvoir à nos besoins, nous avons vu que nos forces individuelles sont notre seule richesse primitive; que l'emploi de ces forces, notre travail, a une valeur nécessaire qui est la seule cause de toutes les autres valeurs; que toute notre industrie consiste à fabriquer et à transporter, et que l'effet de cette industrie est toujours et uniquement d'ajouter un degré d'utilité aux choses sur lesquelles elle s'exerce et de nous fournir des objets de consommation et des moyens d'existence.

Remontant toujours à l'observation de nos facultés, puisque la personnalité et la propriété sont nécessaires, il est évident que l'inégalité est inévitable. Mais elle est un mal. Nous avons vu quelles sont les causes de son accroissement exagéré et quels en sont les funestes effets. Ceux-ci nous ont expliqué d'une manière très précise ce que l'on dit ordinairement d'une manière très vague des différents états par lesquels passe successivement le même peuple.

Puisque nous avons tous des moyens, nous sommes tous propriétaires; puisque nous avons tous des besoins, nous sommes tous consommateurs. Ces deux grands intérêts nous réunissent toujours. Mais nous sommes naturellement inégaux; d'où il arrive avec le temps que quelques-uns ont des avances et que beaucoup d'autres n'en ont pas. Ces derniers ne peuvent vivre que sur les fonds des premiers. De là, deux grandes classes d'hommes, les salariés et les salariants, opposés d'intérêts en ce que les uns vendant leur travail voudraient le vendre cher et les autres l'achetant voudraient l'acheter à bon marché.

Parmi ceux qui achètent le travail, les uns (ce sont les riches oisifs) ne l'emploient qu'à leur satisfaction personnelle; sa valeur est détruite. Les autres (ce sont les entrepreneurs d'industrie) l'emploient d'une manière utile qui reproduit ce qu'il coûte; ce sont ceux-là seuls qui entretiennent et accroissent les richesses déjà acquises; ce sont même eux seuls qui fournissent aux autres capitalistes le revenu qu'ils mangent, puisque ne faisant rien ils ne peuvent tirer d'autre parti de leurs capitaux soit mobiliers, soit immobiliers, que de les louer aux hommes industrieux, moyennant une rente que ceux-ci prélèvent sur leurs bénéfices. Plus l'industrie de ces derniers se perfectionne, plus nos moyens d'existence augmentent.

Enfin, nous avons remarqué que la fécondité de l'espèce humaine est telle, que le nombre des hommes est toujours proportionné à la quantité de leurs moyens d'existence; et que partout où ce nombre n'augmente pas continuellement et rapidement, c'est que beaucoup d'individus périssent tous les jours faute de moyens de vivre.

Telles sont les vérités principales qui suivent si immédiatement de l'observation de nos facultés qu'il n'est pas possible de les contester. Elles nous conduisent à des conséquences qui ne sont pas moins certaines.

Après avoir bien vu ce que c'est que la société, il est impossible de ne pas rejeter l'idée de s'en passer absolument, ou de la fonder sur un renoncement entier à soi-même et sur une égalité chimérique.

Après avoir bien démêlé les effets de notre industrie, il est impossible de ne pas voir qu'il n'y a rien de plus mystérieux dans l'industrie agricole que dans toute autre. Mais on y découvre les inconvénients qui lui sont propres et qui sont cause des différentes formes qu'elle prend suivant les temps et suivant les lieux.

Quand on a reconnu la cause nécessaire de toutes les valeurs, il faut bien en conclure qu'il est absurde de soutenir que l'argent n'est qu'un signe et odieux de prétendre lui donner une valeur arbitraire ou le remplacer forcément par une valeur imaginaire, et que tout établissement qui tend vers ce but est dangereux et pernicieux.

Quand on a vu comment s'opère la formation de nos richesses et leur rénovation continuelle que nous nommons *circulation*, on ne peut méconnaître que la consommation en elle-même n'est jamais utile et que la consommation exagérée appelée *luxe* est toujours nuisible; et l'on ne peut s'empêcher de trouver ridicule l'importance que l'on a voulu donner aux hommes qui n'ont d'autre mérite que d'être consommateurs, comme si c'était là un talent bien rare.

Des vues justes sur la consommation donnent nécessairement des idées justes sur le plus grand des consommateurs, *le gouvernement*, sur les effets de ses dépenses, de ses dettes et des différents impôts qui composent ses revenus, et nous conduisent à démêler sûrement les différents rejets de ses impôts et à n'évaluer le plus ou moins de mal qu'ils font que suivant les différentes classes d'hommes sur lesquels ils tombent.

Toutes ces conséquences sont rigoureuses. Elles n'en seront pas moins contestées. Il fallait donc y arriver méthodiquement. Mais celles surtout qui éprouveront les plus grandes oppositions, ce sont celles qui nous conduisent à déterminer les degrés d'importance des différentes classes de la société. Comment persuader à ces grands propriétaires ruraux tant vantés, qu'ils ne sont que des prêteurs d'argent onéreux à l'agriculture et étrangers à tous ses intérêts? Comment faire convenir ces riches oisifs si respectés, qu'ils ne sont absolument bons à rien et que leur existence est un mal en ce qu'elle diminue le nombre de travailleurs utiles? Comment faire avouer à tous ceux qui paient du travail, que la cherté de la main d'œuvre est une chose désirable et qu'en général tous les vrais intérêts du pauvre sont exactement les mêmes que les vrais intérêts de la société tout entière? Ce n'est pas seulement leur intérêt bien ou mal entendu qui s'oppose à ces vérités; ce sont leurs passions, et parmi ces passions, la plus violente et la plus antisociale de toutes, *la vanité*. Dès lors, plus de démonstration ou du moins plus de conviction possible! Car les passions savent tout obscurcir et tout embrouiller; et c'est avec autant de raison que de finesse que Hobbes a dit que si les hommes avaient eu un vif désir de ne pas croire que deux et deux font quatre, ils seraient parvenus à rendre cette vérité douteuse. On en pourrait donner des preuves.

Dans beaucoup d'occasions il est donc plus difficile encore de faire goûter la vérité que de la découvrir. Cette observation nous fait trouver un nouveau rapport entre le sujet que nous venons de traiter et celui qui va nous occuper, entre l'étude de nos actions et celle de nos sentiments. Nous avions aperçu et dit qu'il faut bien connaître les conséquences de nos actions pour bien apprécier le mérite ou le démérite des sentiments qui nous portent à telle action ou à telle autre; et actuellement nous voyons qu'il faut analyser nos sentiments eux-mêmes, les soumettre à un examen rigoureux, reconnaître ceux qui, étant fondés sur des jugements sains, nous dirigent toujours bien, et ceux qui, prenant leur source dans des illusions et naissant des travers de notre esprit, ne peuvent que nous égarer et forment en nous une fausse et aveugle conscience qui nous éloigne toujours plus du chemin de la raison, le seul qui conduise au bonheur. C'est ce dont nous allons nous occuper; et si nous nous trouvons avoir bien exposé les résultats des actions des hommes et les effets de leurs passions, il semble qu'il nous sera facile de leur indiquer les règles qu'ils devraient se prescrire. Ce serait là le véritable *esprit des lois* et la meilleure conclusion d'un *Traité de la volonté*.

EXTRAIT RAISONNÉ SERVANT DE TABLE ANALYTIQUE

INTRODUCTION

I
LA FACULTÉ DE VOULOIR EST UN MODE ET UNE CONSÉQUENCE DE LA FACULTÉ DE SENTIR

Nous venons de terminer l'examen de nos moyens de connaître ; il faut les employer à l'étude de notre faculté de vouloir, pour achever l'histoire de nos facultés intellectuelles.

La faculté de vouloir fait naître en nous les idées de *besoins* et de *moyens*, de *richesse* et de *dénuement*, de *droits* et de *devoirs*, de *justice* et d'*injustice*, lesquelles viennent de l'idée de *propriété*, laquelle elle-même dérive de l'idée de *personnalité*.

Il faut donc premièrement examiner cette dernière, et auparavant expliquer nettement ce que c'est que la faculté de vouloir.

La faculté de vouloir est celle de trouver une chose quelconque préférable à une autre.

Elle est un mode et une conséquence de la faculté de sentir.

II
DE LA FACULTÉ DE VOULOIR NAISSENT LES IDÉES DE *PERSONNALITÉ* ET DE *PROPRIÉTÉ*

Le *moi* de chacun de nous est pour lui sa propre sensibilité.

Ainsi, la seule sensibilité donne, jusqu'à un certain point, l'idée de *personnalité*.

Mais le mode de sensibilité appelé *volonté*, ou faculté de vouloir, peut seul rendre complète cette idée de personnalité, et ce n'est qu'alors qu'elle peut engendrer celle de *propriété* telle que nous l'avons.

L'idée de propriété naît donc uniquement de la faculté de vouloir, et de plus elle en naît nécessairement; car on ne peut avoir l'idée de son *moi* sans avoir celle de la propriété de toutes les facultés de ce *moi* et de leurs effets.

Si cela n'était pas ainsi, s'il n'y avait pas parmi nous de propriété naturelle et nécessaire, il n'y en aurait jamais eu de conventionnelle et artificielle.

Cette vérité est la base de toute économie et de toute morale, qui ne sont, dans leur principe, qu'une seule et même science.

III
DE LA FACULTÉ DE VOULOIR NAISSENT TOUS NOS *BESOINS* ET TOUS NOS *MOYENS*

Les mêmes actes intellectuels émanés de notre faculté de vouloir, qui nous font acquérir l'idée distincte et complète de notre *moi* et la propriété exclusive de tous ses modes, sont aussi ceux qui nous rendent susceptibles de *besoins* et qui sont la source de nos *moyens* de pourvoir à ces besoins.

Car, 1° tout désir est un besoin, et tout besoin n'est jamais que le besoin de satisfaire un désir. Le désir est toujours en lui-même une souffrance.

2°. Quand notre système sensitif réagit sur notre système musculaire, ces désirs ont la propriété de diriger nos actions et de produire ainsi tous nos moyens.

Le travail, l'emploi de nos forces, est notre seul trésor et notre seule puissance.

Ainsi, c'est la faculté de vouloir qui nous rend propriétaires de *besoins* et de *moyens*, de *passion* et d'*action*, de *souffrance* et de *puissance*.

De là naissent les idées de *richesse* et de *dénuement*.

IV
DE LA FACULTÉ DE VOULOIR NAISSENT AUSSI LES IDÉES DE *RICHESSE* ET DE *DÉNUEMENT*

Tout ce qui sert médiatement ou immédiatement à la satisfaction de nos besoins est pour nous un *bien*, c'est-à-dire une chose dont la possession est un bien.

Être riche, c'est posséder ces biens, être pauvre, c'est en être dénué.

Ils naissent tous de l'emploi de nos facultés; ils en sont l'effet et la représentation.

Ces biens ont tous deux valeurs parmi nous. L'une est celle des sacrifices qu'ils coûtent à celui qui les produit, l'autre celle des avantages qu'ils procurent à celui qui les acquiert.

Le travail dont ils émanent a donc ces deux valeurs.

Oui, le travail a ces deux valeurs. L'une est la somme des objets nécessaires à la satisfaction des besoins qui naissent inévitablement dans l'être animé pendant que son travail s'opère ; l'autre est la masse d'utilité résultante de ce travail.

Cette dernière valeur est éventuelle et variable.

La première est naturelle et nécessaire ; elle n'est cependant pas d'une fixité absolue, et c'est ce qui rend très délicats tous les calculs économiques et moraux.

On ne peut guère employer dans ces matières que des considérations tirées de la théorie des limites.

V

DE LA FACULTÉ DE VOULOIR NAISSENT ENCORE LES IDÉES DE *LIBERTÉ* ET DE *CONTRAINTE*

La *liberté* est la puissance d'exercer notre *volonté*.

Elle est le premier de nos biens ; elle les renferme tous, comme la *contrainte* comprend tous nos maux, puisqu'elle est la privation du pouvoir de satisfaire nos besoins et d'accomplir nos désirs.

Toute contrainte est souffrance, toute liberté est jouissance.

La valeur totale de la liberté d'un être animé est égale à celle de toutes ses facultés réunies.

Elle est absolument infinie pour lui et sans équivalent possible, puisque sa perte entière emporte l'impossibilité de la possession d'aucun bien.

Notre devoir unique est d'augmenter notre liberté et sa valeur.

Le but de la société n'est jamais que de remplir ce devoir.

VI

ENFIN, DE LA FACULTÉ DE VOULOIR NAISSENT LES IDÉES DE *DROITS* ET DE *DEVOIRS*

Les droits naissent des besoins et les devoirs des moyens.

La faiblesse dans tous les genres est la source de tous les droits, et la puissance la source de tous les devoirs, ou, si l'on veut, du devoir général de la bien employer, lequel comprend tous les autres.

Ces idées de droits et de devoirs ne sont point aussi essentiellement corrélatives qu'on le dit communément. Celle des droits est antérieure et absolue.

L'être animé, de par les lois de sa nature, a toujours le droit de satisfaire ses besoins, et il n'a de devoirs que suivant les circonstances.

Un être sentant et voulant, mais incapable d'action, auraient tous les droits et point de devoirs.

Cet être supposé capable d'action et isolé de tout autre être sensible a encore la même plénitude des droits et le devoir unique de bien diriger ses actions, de bien employer ses moyens pour la plus grande satisfaction de ses besoins.

Placez ce même être en contact avec d'autres êtres qui lui dévoilent leur sensibilité trop imparfaitement pour qu'il puisse faire avec eux des conventions, il a toujours les mêmes droits, et ces devoirs, ou plutôt son devoir unique, n'est changé qu'en ce qu'il faut qu'il agisse sur la volonté de ces êtres, et qu'il a le besoin de compatir plus ou moins avec elle. Telles sont nos relations avec les animaux.

Supposez ce même être sensible en relation avec des êtres avec qui il puisse correspondre complètement et faire des conventions; il a toujours les mêmes droits illimités en eux-mêmes et le même devoir unique.

Ces droits ne sont bornés, ce devoir n'est modifié par les conventions qui s'établissent que parce que ces conventions sont autant de moyens d'exercer ces droits, de remplir ce devoir, plus et mieux qu'auparavant.

La possibilité de s'expliquer et non l'agriculture, la grammaire et non Cérès, est la première législatrice.

C'est à l'établissement de conventions que commencent le *juste* et l'*injuste* proprement dits.

VII
Conclusion

Les considérations générales qu'on vient de lire commencent à répandre quelque lumière sur le sujet qui nous occupe; mais elles ne sont pas suffisantes. Il faut voir plus en détail quels sont les nombreux résultats de nos actions, quels sont les sentiments divers qui naissent de nos premiers désirs, et quelle est la manière de diriger le mieux possible ces actions et ces sentiments. C'est ici que se retrouve la division que j'ai annoncée.

Je vais commencer par parler de nos actions.

PREMIÈRE PARTIE

DE NOS ACTIONS, OU ÉCONOMIE

CHAPITRE PREMIER
DE LA SOCIÉTÉ

Dans l'introduction d'un *Traité de la volonté*, nous avons dû indiquer la génération de quelques idées générales qui sont des conséquences nécessaires de cette faculté.

Nous avons même dû examiner sommairement,

1. Ce que sont des êtres inanimés, c'est-à-dire *ne sentant ni ne voulant*.

2. Ce que seraient des êtres *sentant* avec indifférence, *sans volonté*.

3. Ce que sont des êtres *sentant et voulant*, mais isolés.

4. Enfin ce que sont des êtres *sentant et voulant* comme nous, mais mis *en contact avec leurs semblables*.

Ce sont ces derniers dont nous devons actuellement nous occuper uniquement; car l'homme ne peut subsister qu'*en société*.

Le besoin de la reproduction et le penchant à la sympathie l'amènent nécessairement à cet état, et son jugement lui en fait sentir les avantages.

Je vais donc parler de la *société*.

Je ne la considérerai que sous le rapport *économique*, parce qu'il n'est question ici que de nos *actions* et pas encore de nos *sentiments*.

Sous ce rapport, la société ne consiste que dans une suite continuelle d'*échanges*, et l'échange est une transaction telle que les deux contractants y gagnent toujours tous deux. (Cet aperçu jettera par la suite un grand jour sur la nature et les effets du commerce).

On ne peut jeter les yeux sur un pays civilisé sans voir avec étonnement tout ce que cette suite continuelle de petits avantages inaperçus, mais sans cesse répétés, ajoute à la puissance primitive de l'homme.

C'est que cette suite d'échanges qui constitue la société a trois propriétés remarquables; elle produit *concours de forces*, *accroissement et conservation des lumières, et division du travail*.

L'utilité de ces trois effets va toujours en augmentant. Elle sera mieux sentie quand nous aurons vu comment se forment nos richesses.

CHAPITRE II
DE LA FORMATION DE NOS RICHESSES OU DE LA PRODUCTION D'UTILITÉ

Avant tout, que devons-nous entendre par le mot *production ?*

Nous ne créons jamais rien; nous n'opérons que des changements de *forme* et de *lieu.*

Produire, c'est donner aux choses une *utilité* qu'elles n'avaient pas.

Tout travail d'où résulte une utilité est *productif.*

Ceux relatifs à l'agriculture n'ont à cet égard rien de particulier.

Une ferme est une vraie manufacture.

Un champ est un véritable outil, ou, si l'on veut, un amas de matières premières.

Toute la classe laborieuse est *productive*.

La vraie classe *stérile*, ce sont les oisifs.

Les manufacturiers fabriquent, les commerçants transportent : voilà toute notre industrie; elle consiste à produire de l'*utilité*.

CHAPITRE III
DE LA MESURE DE L'UTILITÉ, OU DES VALEURS

Ce qui est utile pour nous, c'est tout ce qui contribue à augmenter nos jouissances ou à diminuer nos souffrances.

Nous sommes souvent de très injustes appréciateurs de la véritable utilité des choses.

Mais la mesure de l'utilité qu'à tort ou à raison nous attribuons à une chose est la quantité des sacrifices que nous sommes disposés à faire pour nous en procurer la possession.

C'est ce qu'on appelle le prix de cette chose; c'est sa vraie valeur sous le rapport de la richesse.

Le moyen de s'enrichir est donc de se livrer au travail qui se paie le plus chèrement, quelle que soit sa nature. Cela est vrai d'une nation comme d'un individu.

Observez toutefois que la valeur conventionnelle, le prix vénal des choses, étant déterminé par le balancement de la résistance des vendeurs et des acheteurs, une chose, sans être moins désirée, devient moins chère quand elle est plus facilement produite.

C'est là le grand avantage du progrès des arts; il fait que nous sommes approvisionnés à meilleur marché, parce que nous le sommes avec moins de peine.

CHAPITRE IV
DU CHANGEMENT DE FORME, OU DE L'INDUSTRIE FABRICANTE, Y COMPRIS L'AGRICULTURE

Dans toute industrie quelconque, il y a trois choses : théorie, application et exécution.

De là, trois espèces de travailleurs : le savant, l'entrepreneur et l'ouvrier.

Tous sont obligés de dépenser plus ou moins avant de recevoir, surtout l'entrepreneur.

Ces avances sont fournies par des économies antérieurement faites. C'est ce qu'on appelle des *capitaux*.

Le savant et l'ouvrier sont salariés régulièrement par l'entrepreneur; mais lui n'a de bénéfices qu'à proportion du succès de sa fabrication.

Il est indispensable que les travaux les plus nécessaires soient les plus mal payés.

Cela est vrai surtout de ceux relatifs à l'industrie agricole.

Elle a de plus l'inconvénient que l'entrepreneur de culture ne peut pas se dédommager de la modicité de ses bénéfices par la grande étendue de ses affaires.

Aussi cette profession n'a-t-elle aucun attrait pour les gens riches.

Les propriétaires de terre qui ne cultivent pas sont étrangers à l'industrie agricole. Ce sont de simples prêteurs de fonds.

Ils les disposent suivant les convenances de ceux qu'ils peuvent trouver pour les faire valoir.

Quatre sortes d'entrepreneurs, deux avec plus ou moins de moyens, les *gros fermiers* et les *petits fermiers*, et deux presque sans moyens, les *métayers* et les *manouvriers*.

Cela fit quatre espèces de cultures essentiellement différentes.

La division en grande et petit culture est insuffisante et sujette à équivoques.

L'agriculture est donc le premiers des arts sous le rapport de la nécessité, mais non pas sous le rapport de la richesse.

C'est que nos moyens de subsistance et d'existence sont deux choses très différentes que l'on a tort de confondre.

CHAPITRE V
DU CHANGEMENT DE LIEU, OU DE L'INDUSTRIE COMMERÇANTE

L'homme isolé fabriquerait; mais il ne pourrait commercer.

Car commerce et société sont une seule et même chose.

Lui seul anime l'industrie.

Il unit entre eux d'abord les hommes d'un même canton, puis les différents cantons d'un même pays, puis enfin les différentes nations entre elles.

Le plus grand avantage du commerce extérieur, le seul qui mérite attention, est de donner un plus grand développement au commerce intérieur.

Les commerçants proprement dits rendent le commerce plus facile; mais il existe avant eux et sans eux.

Ils donnent une nouvelle valeur aux choses en les changeant de lieu, comme les fabricants en les changeant de forme.

C'est sur cet accroissement de valeur qu'ils trouvent leurs bénéfices.

L'industrie commerçante présente les mêmes phénomènes que l'industrie fabricante. Il y a de même théorie, application, exécution; savants, entrepreneurs et ouvriers. Ces travailleurs sont payés de même; ils ont des fonctions et des intérêts analogues, etc., etc.

CHAPITRE VI
DE LA MONNAIE

Le commerce peut exister et existe jusqu'à un certain point sans monnaie.

Les valeurs de toutes les choses qui en ont une se servent de mesure réciproquement.

Les métaux précieux, qui sont une de ces choses, deviennent bientôt leur mesure commune, parce qu'ils ont beaucoup d'avantages pour cela.

Cependant, ils ne sont pas encore *monnaie*; c'est l'empreinte du souverain qui donne cette qualité à ce morceau de métal, en constatant son *poids* et son *titre*.

La monnaie d'argent est la seule vraie mesure commune.

La proportion de l'or à l'argent varie suivant les temps et suivant les lieux.

La monnaie de cuivre est une fausse monnaie, bonne seulement pour de petits appoints.

Il eût été à désirer que les monnaies n'eussent jamais porté d'autre nom que celui de leur poids et qu'on ne se fût jamais servi de ces dénominations arbitraires qu'on appelle monnaie de compte, comme livres, sous, deniers, etc., etc.

Mais quand ces dénominations sont admises et employées dans les actes, diminuer la quantité de métal à laquelle elles répondent, en altérant les monnaies réelles, c'est *voler*.

Et c'est un vol qui nuit même à celui qui le fait.

Un vol plus grand, et plus funeste encore, est de faire *monnaie* du papier.

Il est plus grand, parce que dans cette monnaie il ne reste absolument plus aucune valeur réelle.

Il est plus funeste, parce que ce papier se détériorant graduellement pendant tout le temps qu'il dure, il fait l'effet que ferait une infinité d'altérations successives de la monnaie.

Toutes ces iniquités sont fondées sur la fausse idée que l'argent n'est qu'un *signe*, tandis qu'il est *valeur*, et le véritable *équivalent* de ce qu'il paie.

L'argent étant une valeur comme toute autre chose utile, on doit pouvoir le louer tout aussi librement que toute autre chose.

Le *change* proprement dit est un simple troc d'une monnaie contre une autre.

La *banque*, le service propre du banquier, consiste à vous faire trouver dans une autre ville l'argent que vous lui remettez dans celle où il est.

Les banquiers rendent encore d'autres services, tels que ceux d'escompter, de prêter, etc., etc.

Tous ces banquiers, changeurs, prêteurs, escompteurs, etc., etc., ont une grande tendance à se former en grandes compagnies sous prétexte de faire le service à meilleur marché, mais dans le fait afin de le faire payer plus chèrement.

Toutes les compagnies privilégiées, après avoir émis beaucoup de billets, finissent par se faire autoriser à ne les pas payer à vue, et ainsi elles amènent forcément un *papier-monnaie*.

CHAPITRE VII
RÉFLEXIONS SUR CE QUI PRÉCÈDE

Jusqu'ici je crois avoir suivi la meilleure marche pour l'objet que je me propose.

Ceci n'étant point seulement un traité d'économie politique*, mais un traité de la volonté, faisant suite à un traité de l'entendement, on ne doit pas y trouver beaucoup de détails, mais un sévère enchaînement des propositions principales.

Ce que nous avons vu détruit déjà beaucoup d'erreurs importantes.

Nous avons une idée nette de la *formation* de nos richesses.

Il nous reste à parler de leur *distribution* entre les membres de la société, et de leur *consommation*.

CHAPITRE VIII
DE LA DISTRIBUTION DE NOS RICHESSES ENTRE LES INDIVIDUS

Il faut actuellement considérer l'homme sous le rapport des intérêts des individus.

L'espèce est forte et puissante, l'individu est essentiellement *misérable*.

La propriété et l'inégalité sont des conditions invincibles de notre nature.

Le travail, même le moins habile, est une propriété considérable, tant que toutes les terres ne sont pas occupées.

C'est à tort que quelques écrivains ont prétendus qu'il y avait des *non propriétaires*.

Divisés par bien des intérêts particuliers, nous sommes tous réunis par ceux de *propriétaires* et de *consommateurs*.

Après l'agriculture, les autres arts se développent.

La misère commence quand ils ne peuvent plus suffire à la demande de travail, qui augmente.

L'état de grande aisance est nécessairement transitoire. La fécondité de l'espèce humaine en est la cause.

* *Variante des éditions de 1815 et 1818* : Ceci n'étant point un traité exprès d'économie politique, …

CHAPITRE IX
DE LA MULTIPLICATION DES INDIVIDUS, OU DE LA POPULATION

L'homme multiplie rapidement partout où il a largement des moyens d'existence.

La population ne devient jamais rétrograde ou seulement stationnaire que parce que ces moyens manquent.

Chez les sauvages, elle s'arrête de bonne heure, parce qu'ils ont peu de ces moyens.

Les peuples civilisés en ont davantage; ils deviennent plus nombreux à proportion qu'ils en ont plus ou moins et qu'ils en usent mieux; mais leur population s'arrête aussi.

Donc il existe toujours autant d'hommes qu'il peut en exister.

Donc encore il est absurde de croire pouvoir les multiplier autrement qu'en multipliant les moyens d'existence.

Donc enfin il est barbare de le vouloir, puisqu'ils atteignent toujours la limite de la possibilité, et qu'au-delà ils ne font que s'étouffer les uns les autres.

CHAPITRE X
CONSÉQUENCES ET DÉVELOPPEMENTS DES DEUX CHAPITRES PRÉCÉDENTS

Rappelons-nous, 1. que nous sommes tous opposés d'intérêts et inégaux en moyens;

2. que cependant tous sommes tous réunis par les intérêts communs de *propriétaires* et de *consommateurs*;

3. que, par conséquent, il n'y a pas dans la société de classes constamment ennemies les unes des autres.

La société se partage en deux grandes classes, les *salariés* et *ceux qui les emploient*.

Cette seconde classe renferme deux espèces d'hommes;

savoir les *oisifs*, qui vivent de leur revenu : leurs moyens n'augmentent pas;

et les *actifs*, qui joignent leur industrie aux avances qu'ils peuvent avoir; arrivés à un certain point, leurs moyens n'augmentent guère.

Le fonds sur lequel vivent les salariés devient donc avec le temps une quantité à peu près constante.

De plus, la classe des salariés reçoit le trop plein de toutes les autres.

Ainsi l'extension qu'elle peut atteindre détermine celle de la population totale et en explique toutes les variations.

Il suit de là que tout ce qui est réellement utile au pauvre est toujours réellement utile à la société tout entière.

Comme *propriétaire*, le pauvre a intérêt premièrement que la propriété soit respectée. La conservation même de celles qui ne lui appartiennent pas, mais qui le soudoient, est importante pour lui. Il juste et utile aussi de le laisser maître de son travail et de son séjour.

Secondement, que les salaires soient suffisants. Il importe aussi à la société que le pauvre ne soit pas trop malheureux.

Troisièmement, que les salaires soient constants. Les variations dans les différentes branches de l'industrie sont un malheur. Celles dans les prix des grains sont un malheur plus grand encore. Les peuples agricoles sont très exposés à ce dernier. Les peuples commerçants ne sont guère exposés à l'autre que par leur faute

Comme *consommateur*, le pauvre a intérêt que la fabrication soit économique, les communications faciles et les relations commerciales nombreuses. La simplification des procédés des arts, le perfectionnement des méthodes, lui font du bien et point de mal. En cela, son intérêt est encore celui de la société tout entière.

Après l'opposition de nos intérêts, examinons l'inégalité de nos moyens.

Toute inégalité est un mal; car c'est un moyen d'injustice.

Distinguons l'inégalité de pouvoir et l'inégalité de richesse.

L'inégalité de pouvoir est la plus fâcheuse : c'est celle qui existe entre les sauvages.

La société diminue l'inégalité de pouvoir; mais elle augmente celle de richesse qui, portée à l'extrême, ramène celle de pouvoir.

Cet inconvénient est plus ou moins difficile à éviter, suivant les diverses circonstances. De là la différence des destinées des nations.

C'est ce cercle vicieux qui explique l'enchaînement de beaucoup d'événements dont on a toujours parlé d'une manière bien vague et bien inexacte.

CHAPITRE XI
DE L'EMPLOI DE NOS RICHESSES, OU DE LA CONSOMMATION

Après avoir expliqué comment se forment nos richesses et comment elles se distribuent, il est aisé de voir comment nous nous en servons.

La consommation est toujours le contraire de la production.

Cependant elle varie selon l'espèce des consommateurs et la nature des choses consommées. Considérons d'abord les consommateurs.

La consommation des salariés doit être regardée comme faite par les capitalistes qui les soudoient.

Ces capitalistes sont ou des oisifs qui vivent de revenus, ou des hommes actifs qui vivent de profits.

Les premiers ne soldent que du travail stérile. Leur consommation est toute en pure perte. Aussi ne peuvent-ils dépenser annuellement que leurs revenus.

Les autres dépensent chaque année tous leurs fonds et tous ceux qu'ils louent aux capitalistes oisifs, et quelquefois ils les dépensent plusieurs fois dans l'année.

Leur consommation est de deux espèces.

Celle qu'ils font pour la satisfaction de leurs besoins personnels est définitive et stérile comme celle des hommes oisifs.

Celle qu'ils font en leur qualité d'hommes industrieux leur rentre avec profits.

C'est avec ces profits qu'ils paient leur dépense personnelle et les rentes des capitalistes oisifs.

Ainsi ils se trouvent avoir payé et les salariés qu'ils emploient directement, et les rentiers, et les hommes que ces rentiers salarient, et tout cela leur revient par les achats que tous ces gens-là font de leurs productions.

C'est là ce qui constitue la circulation, dont le seul fonds est la consommation productive.

Eu égard à la nature des choses consommées, la consommation la plus lente est la plus économique, la plus prompte est la plus destructive.

On voit que le luxe (c'est-à-dire la consommation superflue) ne peut ni accélérer la circulation, ni en accroître le fonds.

Il ne fait que substituer des dépenses inutiles à des dépenses fructueuses.

Il est, comme l'inégalité, un inconvénient attaché à l'accroissement des richesses, mais il ne saurait en être la cause.

L'histoire montre bien ce qui arrive partout où on supprime les dépenses inutiles.

Toutes les théories contraires à ceci se réduisent toujours à cette proposition insoutenable que *détruire, c'est produire*.

CHAPITRE XII
DES REVENUS ET DES DÉPENSES DU GOUVERNEMENT, ET DE SES DETTES

L'histoire de la consommation du gouvernement n'est qu'une partie de l'histoire de la consommation générale.

Le gouvernement est un très grand consommateur, ne vivant pas de profits, mais de revenus.

Il est bon que le gouvernement possède des biens-fonds. Indépendamment d'autres raisons, c'est autant de moins qu'il demande en impôts.

L'impôt est toujours un sacrifice que le gouvernement demande aux particuliers.

Tant qu'il n'altère que les jouissances personnelles de chacun, il ne fait que changer de main les dépenses.

Quand il entame la consommation productive, il diminue la richesse publique.

La difficulté est de bien voir quand les impôts produisent l'un ou l'autre de ces deux effets.

Pour en bien juger, il faut les partager en six classes.

On fait voir d'abord que les impôts de chacune de ces six classes ont des manières de nuire qui leur sont propres.

On montre ensuite à qui précisément nuit chacun d'eux.

Demande-t-on une conclusion ? La voici : Les impôts les meilleurs sont 1. les plus modérés, parce qu'ils obligent à moins de sacrifices et qu'ils nécessitent moins de violences ; 2. les plus variés, parce qu'ils se font équilibre les uns aux autres ; 3. les plus anciens, parce qu'ils ont pénétré dans tous les prix et que tout s'est arrangé en conséquence.

Quant aux dépenses du gouvernement, elles sont nécessaires ; mais elles sont stériles. Il est à désirer qu'elles soient les plus petites possible.

Il est encore plus à désirer que le gouvernement ne fasse pas de dettes.

Il est très malheureux qu'il ait la possibilité d'en faire.

Cette possibilité, que l'on appelle le *crédit public*, conduit promptement tous les gouvernements qui en usent à leur ruine, n'a aucun des avantages qu'on lui attribue, et repose sur un faux principe.

Il est à désirer qu'on reconnaisse universellement que les actes d'un pouvoir législatif quelconque ne peuvent jamais lier ses successeurs et que l'on déclare solennellement que ce principe s'étend aux engagements qu'il prendrait avec des prêteurs.

CHAPITRE XIII
CONCLUSION

Ceci n'est point seulement* un traité d'économie politique; mais la première partie d'un traité de la volonté, qui sera suivi de deux autres parties et qui est précédée d'une introduction commune à toutes trois.

Ainsi on n'a pas dû entrer dans beaucoup de détails, mais on a dû remonter soigneusement jusqu'aux principes puisés dans l'observation de nos facultés et indiquer, autant que possible, les relations de nos besoins physiques avec nos besoins moraux.

C'est ce que l'on a tâché de faire. Il en résulte des vérités incontestables.

Elles seront contestées pourtant, moins encore par l'intérêt que par les passions.

Nouvelle liaison entre l'économie et la morale. Nouvelle raison pour bien analyser nos divers sentiments et chercher avec soin s'ils sont fondés sur des opinions justes ou fausses.

Occupons-nous donc actuellement de nos sentiments.

* *Variante des éditions de 1815 et 1818* : proprement.

DEUXIÈME PARTIE

DE NOS SENTIMENTS ET DE NOS PASSIONS, OU MORALE

CHAPITRE PREMIER

IDÉES PRÉLIMINAIRES

Cette cinquième partie des *Éléments d'idéologie* est la seconde partie du *Traité de la volonté*, les trois premières constituant le *Traité de l'entendement*. Dans celle-ci il doit être question de ce que j'appelle *la morale*. Cependant le lecteur ne doit pas s'attendre à y trouver ce que l'on entend communément par un traité de morale, et même s'il le désire, je désire fort, moi, qu'il donne la préférence à une autre lecture. Je ne prétends point donner des règles de conduite. Je n'aspire point à poser des principes, à établir des maximes. Tant d'honneur ne m'appartient pas. Je veux simplement faire l'histoire de nos affections, sentiments ou passions, et montrer leurs conséquences. Que chacun ensuite se fasse des lois pour lui-même et même en fasse pour les autres, s'il s'en croit capable.

On a vu dans le volume précédent que de la sensibilité accompagnée de mémoire et suivie de jugements plus ou moins distincts, naissaient en nous des attractions ou des répulsions, des propensions ou des aversions, et que c'est dans ces affections, depuis les plus soudaines jusqu'aux plus réfléchies, que consiste la faculté de *vouloir*; car *vouloir* n'est jamais que préférer une chose à une autre, avec ou sans raison.

Nous avons vu de plus que c'est cette faculté de *vouloir*, que j'appellerais volontiers la faculté de *préférer*, qui seule nous rend susceptibles de bonheur ou de malheur; car si toutes nos manières d'être, toutes nos impressions, quoique diverses, nous étaient indifférentes, nous serions également inaccessibles à la jouissance et à la souffrance; au lieu que, dès que nous avons des sentiments de préférence, nous avons *besoin* qu'ils soient satisfaits, sous peine d'être malheureux par eux. Cette faculté de vouloir ou de préférer est donc la source de tous nos *besoins*, ou plutôt tous nos *besoins* divers ne sont jamais que celui de la satisfaire[a].

Enfin nous avons remarqué encore, que dans le nombre des actes de notre volonté, dans le nombre de nos désirs, est souvent celui de mouvoir quelques-uns de nos membres, d'employer quelques-uns de nos organes, de faire usage de quelques-unes de nos facultés corporelles ou intellectuelles, et que dans beaucoup d'occasions ce désir est suivi d'effet. Or, c'est dans cette action volontaire de nos organes quelconques que consistent tous les moyens que nous pouvons avoir de nous procurer ce qui nous est nécessaire, d'éviter ce qui nous est nuisible, en un mot de pourvoir à tous nos besoins. Ainsi la faculté de vouloir est aussi bien la source de tous nos *moyens* que celle de tous nos besoins.

Je dis que la volonté ou le désir de mouvoir un de nos membres, de faire agir un de nos organes, d'employer une de nos facultés, est souvent suivi d'effet, et je l'affirme, parce que l'expérience le prouve à tout moment. Mais je ne prétends pas dire pour cela que cette volonté ou ce désir soit la cause de cet effet, car rien ne le prouve. Il est même impossible de concevoir comment cela pourrait être. En effet, pour causer, pour produire certainement un résultat quelconque, il ne suffit pas de le désirer, il faut connaître les moyens d'y arriver. Si je veux que mon feu brûle, il faut que je sache comment je dois l'arranger et le souffler. Pour que mon verre soit plein, il faut que je sache comment m'y prendre pour y faire arriver l'eau qui est dans ma carafe. Mais ici, point du tout. Je veux prendre la plume, ma main la prend sans que je sache seulement si j'ai des muscles pour faire agir mes doigts et des nerfs pour mettre en action ces muscles. Je veux parler, je parle sans avoir la moindre idée de la manière dont se produisent les sons en moi. Je veux me rappeler une impression passée, et à force de le vouloir, je parviens souvent à m'en procurer le souvenir; et vraisemblablement nous ne saurons jamais ni comment cette impression a pu être perçue, ni comment elle peut renaître. Or, il est impossible de comprendre comment le simple sentiment que j'éprouve de vouloir une chose pourrait produire en moi une longue suite de mouvements dont je n'ai pas même la conscience, dont j'ignore le mode, l'enchaînement, le but immédiat et jusqu'à l'existence, et cependant tous destinés à produire en résultat l'effet que je désire. Cela est également incompréhensible, soit que l'on suppose que ce sentiment de vouloir est une affection d'un être existant en nous, appelé *âme*, qui ensuite réagit sur notre corps, soit que l'on regarde ce sentiment comme le résultat naturel de mouvements antérieurs opérés dans

a. Voyez l'introduction au *Traité de la volonté*.

nos organes; et un effet analogue est, s'il se peut, encore plus inconcevable dans les animaux moins bien organisés que nous, dans ceux qui sont tout à fait défectueux et informes, et surtout dans ces êtres qui ne sont que des espèces de gelées vivantes ou de mucilages animalisés, et dans lesquels cependant on reconnaît manifestement des mouvements volontaires.

Il me paraît bien plus raisonnable de dire, quand un être vivant a une perception quelconque provenant de ses sens externes ou de l'intérieur de son corps, ou même née immédiatement dans le centre cérébral s'il en a un, qu'il s'opère dans ses membres, dans ses nerfs, dans l'organe encéphalique lui-même, certains mouvements tels qu'ils en provoquent d'autres qui font revivre d'autres perceptions. Les uns et les autres réunis ou combinés en occasionnent encore d'autres qui sont ceux qui produisent des jugements, des désirs; enfin ces derniers sont de nature à faire naître ceux qui agitent nos membres et emploient leur action, tout en étant modifiés à chaque instant par la multitude de ceux que d'autres causes et d'autres circonstances occasionnent en nous dans le même temps : en sorte que les affections qu'éprouve l'être sensible à l'occasion des impressions qu'il reçoit, ses souvenirs, ses jugements, ses désirs, en un mot tous les phénomènes intellectuels qui se passent en lui, sont de simples circonstances et dépendances des mouvements qui s'exécutent aussi en lui, mais n'influent point sur ses mouvements; et ces phénomènes intellectuels ne sont qu'une série de faits ou d'apparences, correspondante et pour ainsi dire parallèle à la série des actes mécaniques, physiques, physiologiques qui ont lieu réellement et qui, depuis le mouvement qu'excite le stimulus qui met en jeu la sensibilité jusqu'à celui par lequel l'animal réagit sur les êtres qui l'entourent, s'enchaînent nécessairement tantôt suivant, tantôt malgré la volonté de l'être animé, mais toujours indépendamment de cette volonté.

Je crois que c'est ainsi que l'on doit entendre l'harmonie préétablie de Leibniz; et j'avoue que dans ce sens elle me paraît une très belle vue et extrêmement plausible. Je sais bien que ce n'est pas du tout là expliquer la naissance de nos sentiments et celle de nos actions qui les suivent ou les accompagnent; mais c'est se préserver d'une explication manifestement mauvaise; c'est éviter de croire qu'une affection que nous éprouvons et qui n'est au fait qu'une circonstance d'un phénomène physiologique qui se passe en nous puisse, par une sorte de vertu magique, nous donner le singulier pouvoir de produire une foule de mouvements internes dont nous ne nous doutons pas et dont nous ne parviendrons peut-être jamais à comprendre seulement la possibilité. C'est enfin reconnaître notre ignorance et écarter une idée fausse qui y substitue l'erreur. Or, la saine philosophie ne consiste pas à résoudre les questions qui sont insolubles dans l'état actuel de nos connaissances, mais à connaître le vice des solutions dont nous nous contentons mal à propos et qui nous éloignent de trouver les véritables.

Dans l'occasion présente, la manière de voir dont il s'agit me paraît nous mettre sur la voie de concevoir un peu mieux un grand nombre de faits de l'histoire des animaux, qui autrement paraissent tout à fait miraculeux. Je prends pour exemple les abeilles, et je n'irai pas chercher leur histoire dans ces auteurs qui se livrent à leur imagination et ne se proposent que d'ébranler celle des autres. Je citerai un ouvrage accrédité, savant, méthodique, n'ayant d'autre objet que d'instruire, par conséquent froid comme doit être tout ouvrage didactique, en un mot le *Traité élémentaire d'histoire naturelle* de M. Constant-Duméril[a]. Je demande la permission d'en rapporter ici quelques paragraphes dans leur entier, afin qu'on en juge mieux.

> Les abeilles qui donnent le miel sont bien connues *(dit-il)*. Ces insectes vivent en société, quelquefois au nombre de plus de vingt-cinq mille dans une cavité qu'ils se sont choisie, ou dans laquelle on les a introduits et qu'on nomme *ruche*. Il n'y a parmi ces individus, à l'instant où ils forment leur établissement, qu'une seule femelle; tous les autres n'ont point de sexe, et sont appelés *neutres-mulets*, ou *ouvrières*. On nomme cette réunion un *essaim* ou un *jeton*.
>
> Ordinairement le lendemain du jour où ces insectes ont pris possession de leur demeure, on voit un grand nombre de neutres sortir dès le grand matin et revenir à la ruche les deux pattes de derrière couvertes d'une matière grasse, nommée *propolis*, que d'autres individus viennent leur enlever pour aller l'appliquer sur toutes les fentes et les issues, de manière à n'en laisser qu'une seule par laquelle toute communication au dehors doit se faire.
>
> Pendant qu'une partie des neutres est employée à cette opération, d'autres commencent à construire un édifice intérieur destiné à recevoir les œufs que la femelle doit pondre et les magasins de vivres nécessaires au besoin de tous. Les matériaux de cette bâtisse sont tirés des végétaux, et principalement, à ce qu'on croit, de la poussière des fleurs. L'insecte l'avale sous la forme d'une substance sèche, sans consistance, et la vomit changée de nature; car c'est alors une matière grasse, ductile et flexible, que nous nommons *cire*.
>
> La manœuvre qu'emploie l'abeille est simple. Elle se roule dans une fleur; la poussière s'attache à ses poils, et comme ses pattes de derrière sont garnies d'une sorte de brosse ou de carde, elle la ramasse et la pétrit en deux boules qu'elle fait entrer de suite dans deux petites corbeilles ou creux pratiqués sur le premier article de ses tarses postérieurs. Ainsi chargée de butin, elle s'envole vers la ruche.

a. Voyez tome II, page 59. *[André-Marie-Constant Duméril a publié son* Traité *en 1804]*

À peine arrivée vers la demeure commune, ses camarades la déchargent et mangent même sur ses pattes la matière recueillie avec tant de peine ; mais ce n'est qu'une sorte d'emprunt qui tourne au profit de tous. Après un certain temps, cette matière est dégorgée pour construire le grand édifice, composé d'une infinité de petites loges nommées alvéoles ou cellules, dont l'ensemble s'appelle gâteaux ou rayons.

C'est par le sommet de la ruche que commence ordinairement l'édifice. Les abeilles se rangent par files parallèles pour dégorger des lames de cire à une distance de trois centimètres à peu près. Ces lames sont verticales, et c'est sur elles que sont adossées les alvéoles de l'un et de l'autre côtés. Il y a trois sortes de cellules : des petites en très grand nombre, des moyennes à peu près au nombre de neuf cents, et de très grandes d'une forme toute particulière, dont il n'y a ordinairement que deux ou trois.

Toutes sont destinées à recevoir d'abord les œufs que doit pondre la femelle qui ne travaille point, et par suite les provisions d'hiver ou le miel. Les petites et les moyennes sont des tuyaux à six faces parfaitement égales qui font toutes parties au dehors des six cellules voisines. Les grandes alvéoles sont tout à fait différentes, et ressemblent au calice d'un gland de chêne.

Le miel, cette matière sucrée, on pourrait même dire ce sucre liquide, qu'on trouve dans les alvéoles des abeilles, a été recueilli par les neutres. Ces insectes ramassent et boivent dans les fleurs les liquides sucrés qui y suintent; mais ils les dégorgent dans l'intérieur de la ruche, privés de leur odeur, de leur viscosité et propres à être conservés. C'est alors du miel. Ils les déposent dans une alvéole vide qui est une sorte de petit vase imperméable, et ils en ferment hermétiquement l'ouverture avec une lame de cire qu'ils ne brisent que dans la disette.

La femelle dépose dans chaque cellule un œuf qui produit, deux ou trois jours après, une petite larve blanche et sans pattes, à laquelle des neutres s'empressent de présenter une liqueur qu'ils dégorgent près de sa bouche. Cette larve a acquis tout son développement au bout de cinq à six jours. Alors elle se file une coque pour se métamorphoser, et ses nourrices closent sa cellule avec un petit couvercle de cire très mince.

Au bout de trois ou quatre jours, le berceau s'ouvre brisé par l'abeille, qui en sort tout humide. Ses ailes se développent et se sèchent. Elle mange un peu de miel que ses camarades viennent dégorger sur sa langue, et bientôt elle va comme eux recueillir la cire et le miel, et participer aux travaux communs.

Les œufs qui doivent produire des mâles sont déposés dans les cellules de moyenne proportion et se développent un peu plus lentement. On appelle ces mâles des *frelons* ou *faux-bourdons* ; ils sont plus velus, sans aiguillons ; leur tête est plus grosse que celle des neutres : ils vont bien sur les fleurs avaler le sucre qui en découle, mais ils n'ont pas les organes propres à le recueillir; ils ne rapportent rien à la ruche. On croit qu'ils s'accouplent en volant. À la fin de l'automne tous ces mâles sont tués par les neutres, quand ils ont fécondé les femelles, et on les trouve morts auprès de la ruche.

Nous avons déjà vu que les œufs qui doivent donner des femelles sont placés dans une cellule plus grande, arrondie, isolée, et dont les parois pèsent près de cent cinquante fois autant que celle d'une alvéole d'ouvrière. Ordinairement il n'y en a que deux ou trois dans chaque ruche. Les neutres en prennent un soin particulier, et ils nourrissent les larves qui en proviennent avec une liqueur qui paraît plus succulente et en plus grande quantité. Aussitôt qu'une femelle est née, elle se hâte d'aller détruire les nymphes de son sexe. Si deux femelles éclosent en même temps, elles se livrent un combat opiniâtre qui ne finit que par la mort ou l'expulsion de l'une d'elles. Cette femelle, que l'on nomme aussi improprement *reine*, est, avant sa fécondation, de la grosseur des mâles; mais sa tête n'est pas arrondie; elle est armée d'un aiguillon; ses pattes de derrière ne sont pas garnies de brosses. Elle ne sort de la ruche que le temps de l'accouplement, et ordinairement elle n'est guère plus d'une heure absente.

Les abeilles neutres sont, à ce qu'il paraît, des femelles privées des organes de la génération, ou chez lesquelles ces parties ne sont pas développées par défaut de nourriture dans l'état de larve. Elles ont le sentiment de l'amour maternel; et c'est pour satisfaire à ce besoin qu'elles s'attachent à la femelle fécondée; elles la suivent partout où elle va, et ne paraissent avoir d'autre volonté que la sienne. Elles se chargent de tous les détails domestiques, et ne semblent exister que pour donner leurs soins aux petits qu'elle produit. C'est un exemple très singulier dans l'économie de la nature.

Tout cela est surprenant sans doute; mais bien d'autres faits de l'histoire naturelle le sont tout autant. Maintenant réfléchissons sur ce récit d'un auteur estimé, et qui d'ailleurs a tous les caractères de la sincérité et de l'exactitude. Veut-on regarder toutes les actions racontées ici comme les effets des actes intellectuels des animaux qui les exécutent? Voici où l'on est conduit. Les abeilles ouvrières construisent des cellules de trois espèces différentes, en nombre suffisant, et dans des proportions convenables, pour des animaux qui ne sont pas encore nés. Donc elles ont non seulement le jugement et la volonté, mais le *talent de la divination*; et elles l'ont avec une certitude si parfaite que jamais elles ne s'y trompent. Elles font ces cellules avec la plus grande régularité, et de la forme la plus favorable pour que toutes se touchent sans se gêner et exigent le moins d'espace et le moins de matériaux possible pour leur construction. Donc elles connaissent plusieurs principes géométriques de la théorie des surfaces et même des solides, et elles les connaissent toutes également bien, car jamais une seule ne s'y méprend, ni n'est obligée de refaire son ouvrage. Elles ne sont pas moins habiles en chimie pour composer la cire, puisqu'elles en ramassent les éléments sous forme de poussière en se roulant sur les fleurs, en se brossant et en laissant manger cette récolte sur leurs pattes par leurs camarades, qui la revomissent sous forme de cire; elles font à peu près de même pour le miel. C'est assurément plus que des hommes ne pourraient faire. Leurs vertus ne sont pas moins miraculeuses que leurs talents, puisqu'elles vivent en société nombreuse et très rapprochée dans un ordre constant que rien ne trouble, sans force apparente qui le maintienne, et puisqu'elles ne travaillent que pour l'utilité commune, et se dévouent avec une générosité sans exemple au service de la mère et des enfants. En même temps, quelle force de prévoyance et quelle violence de passion dans cette femelle qui, à peine née, va détruire toutes ses semblables! Assurément aucun ambitieux n'en a fait autant dans son enfance. Comme aussi quelle barbarie et quel concert de vues ne suppose pas cette conspiration périodique qui finit chaque année par le massacre complet de tous les mâles, et qui ne manque jamais son effet, pendant que, d'un autre côté, l'imprévoyance des victimes est telle, qu'il ne s'en échappe jamais une seule, sans doute parce qu'elles n'ont pas le moindre soupçon de la haine dont elles sont l'objet! Si tout cela est l'effet de combinaisons intellectuelles et de volontés conçues d'après des motifs calculés et réfléchis, il faut convenir que ces faibles animaux ont une bien autre capacité que les hommes de l'esprit le plus exercé.

Nous serons conduits à la même conclusion en considérant les ruses du fourmilier pour attraper sa proie; les soins du crapaud qui sert d'accoucheur à sa femelle; les oiseaux qui construisent des nids, sans en avoir jamais vus, pour des enfants qu'ils n'ont pas encore, et qui les construisent aussi bien la première fois que la dernière, et toujours de la même manière, qui est différente dans chaque espèce; le jugement sûr et soudain des petits perdreaux, des petits canards qui, ayant encore sur le dos la coque de l'œuf dont ils sortent, courent les uns aux grains, les autres à l'eau, sans jamais se tromper; et enfin en observant tous les miracles de ce que l'on appelle *instinct*, sans trop savoir ce que l'on veut dire.

Avouons-le, cette conclusion est absurde parce qu'elle est contraire à toute analogie, qui est le guide le plus sûr de nos jugements dans toutes les choses qui ne sont pas démontrées. Il me paraît donc bien plus naturel, c'est-à-dire plus conforme à la bonne marche de notre esprit, de penser que tous ces actes sont des conséquences nécessaires de l'organisation de ces animaux, des séries de mouvements inconnus résultant de cette organisation comme tous ceux qui constituent leur existence et leur vie, en un mot de considérer ces animaux comme des machines montées pour produire ces effets, comme pour absorber l'air par la respiration et les aliments par la digestion. Ces effets sont très singuliers sans doute, mais en vérité pas plus merveilleux que tous ceux dont se compose la vie, la production, la reproduction, la conservation et le destruction des êtres organisés, végétaux ou animaux, et même, on peut le dire, que tous les phénomènes de l'univers : car tout est presque également incompréhensible dans ce monde, pour nous du moins qui en sommes une si faible partie.

Observez, je vous prie, qu'il ne suit point du tout de cette manière de voir que nous devions regarder les animaux comme des automates insensibles. Je pense que Descartes a eu grand tort de le croire, et plus grand tort de l'affirmer, et je crois que ce n'était pas l'opinion de Leibniz[a]. La sensibilité, je l'ai dit ailleurs, ne nous est connue par expérience que dans notre propre individu. Nous l'attribuons avec une grande vraisemblance à nos semblables, parce que nous les voyons faire toutes les mêmes choses que nous font faire à nous-mêmes le plaisir ou la peine, le désir ou la crainte ; et nous ne pouvons pas douter qu'elle n'existe en eux, lorsque nous sommes parvenus à communiquer avec eux par la parole et qu'ils nous assurent qu'ils sont affectés des mêmes sentiments que nous. Nous reconnaissons ces mêmes sentiments dans tous les animaux dont l'organisation se rapproche assez de la nôtre pour qu'ils nous en donnent des signes non équivoques. Quand nous les voyons gémir, palpiter, entrer en convulsions lorsqu'ils sont blessés, ou sauter ou chanter quand leurs besoins sont satisfaits, nous ne pouvons pas douter qu'ils ne jouissent et ne souffrent. Par analogie nous attribuons aussi ces passions à tous ceux dont l'organisation est moins parfaite, tant que nous en voyons en eux les moindres symptômes ; et même nous sommes conduits à soupçonner que cette sensibilité pourrait encore exister à un certain point, à notre insu, dans tous les êtres qui n'ont aucun moyen de nous la manifester, en sorte qu'il se pourrait qu'elle fût, sans que nous nous en doutions, une propriété universellement répandue dans toute la nature et un effet caché toujours uni aux effets que nous voyons. Ces conclusions plus ou moins sûres sont toutes légitimes et plausibles. Mais il ne suit pas de là que cette sensibilité et

a. Je demande la permission de noter ici que si, dans cette occasion, je donne entièrement la préférence à l'opinion de Leibniz sur celle de Descartes, je n'en suis pas moins persuadé que l'ensemble de la philosophie de celui-ci est infiniment préférable à celle de son illustre rival, en ce que le Français a toujours eu pour principe (quoiqu'il n'y ait pas toujours été fidèle) d'employer l'observation et l'expérience, et de s'en tenir strictement à ce qu'elles nous apprennent, au lieu que l'autre a plus donné à l'imagination et aux conjectures ; et si je fais cette remarque, ce n'est pas par la ridicule vanité de hasarder mon opinion sur deux aussi grands hommes, mais parce que je crois que cette différence est fort importante à observer pour le progrès des sciences et qu'il me paraît qu'elle a eu la plus grande influence sur la direction qu'ont prise les études et la méthode de conduire son esprit dans les deux nations dont ces philosophes sont les chefs et les premiers maîtres.

les passions qui en dérivent soient la cause des effets auxquels elle est unie. Comme on le disait avec raison dans l'école, *cum hoc*, ou *post hoc, ergo propter hoc*, est un raisonnement hasardé et souvent faux. Dans l'occasion dont il s'agit, il nous mène inévitablement, comme nous venons de le voir, à des conséquences que nous ne saurions admettre et qui répugnent au plus simple bon sens. J'en reviens donc à dire que dans les animaux la sensibilité, le sentiment, la passion et les volontés qui en sont les conséquences accompagnent les mouvements inconnus qui se passent en eux dans le même temps et ceux qui en dérivent et s'ensuivent, mais que ces affections ne sont pas les causes réelles de ces derniers mouvements, quoiqu'ils paraissent si bien en dépendre.

Je crois qu'il en est absolument de même en nous. Je sens que, même en convenant du premier point, on aura beaucoup de peine à m'accorder le second et que l'on me fera bien des objections. Examinons les principales. On me dira d'abord que nous avons la conscience intime que notre volonté est la cause efficiente de toutes les actions que nous appelons volontaires, puisqu'il nous suffit de vouloir pour exécuter tous ces actes. Je réponds que ce n'est pas là une preuve : qu'une infinité de mouvements à nous inconnus, et nommément tous ceux nécessaires à l'action de la vie, s'exécutent continuellement dans notre intérieur sans que l'acte de vouloir ait lieu, et que pourtant tous ces mouvements se suivent, s'enchaînent, se produisent *nécessairement* les uns les autres suivant les lois constantes de notre organisation; qu'ainsi il peut en être de même de ceux qui produisent le *sentiment de vouloir*, et en sont pour ainsi dire accompagnés; qu'ils peuvent très bien produire aussi *nécessairement*, en vertu des lois de la physiologie animale, les mouvements *voulus* qui les suivent, sans que cet acte de *vouloir* en soit la cause et quoiqu'il ne soit là qu'une circonstance indifférente à l'effet produit, qui ne nous y paraît essentielle que parce qu'elle le précède ou du moins l'accompagne toujours; que par conséquent la prétendue conviction intime que l'on m'oppose peut fort bien n'être qu'une illusion et ne prouve rien. Je persiste donc à croire que notre *sentiment de vouloir* n'est pas plus cause en nous que dans les animaux des mouvements *voulus*, parce qu'il me paraît impossible, je le répète, que le sentiment vague de désirer un résultat soit la cause effective d'une infinité de moyens d'arriver à ce résultat, qui sont tous inconnus à l'être qui le désire.

On me dira aussi que nous avons une *âme*, que le sentiment de vouloir est un acte de cette âme, et que c'est par l'action de cette âme sur notre corps que les mouvements de ce corps s'exécutent conformément à l'acte de vouloir. – Réponse. – Je ne prétends ni nier ni affirmer en ce moment que nous ayons une âme, ni que cette âme soit immortelle, ce qui n'est pas une conséquence nécessaire de son existence, ni qu'elle soit immatérielle, ce qui n'est pas non plus une conséquence nécessaire de son immortalité. Mais premièrement, si nous avons une âme, il me paraît très probable que les animaux en ont une aussi, bien que d'une nature inférieure; car je n'aperçois de différence entre eux et nous que du plus au moins; et par suite, si l'on croit devoir supposer une âme à tous les êtres qui manifestent le phénomène du sentiment, il doit paraître convenable d'en supposer une aussi à tous ceux qui peuvent avoir aussi du sentiment sans moyen de nous le manifester, ce qui serait en donner une plus ou moins active à tous les êtres existants. Alors cela reviendrait à imaginer une multitude infinie d'âmes dans tous les corps quelconques à mesure qu'ils naissent ou se forment, supposition que je ne veux pas discuter et qui n'est pas sans embarras; ou une âme universelle répandue dans toute la nature, qui serait cause de tout ce qui s'y opère, et cela reviendrait au même que de dire comme moi que tout ce qui s'y opère s'exécute par les lois constantes de cette même nature, qui nous sont inconnues. Car alors l'âme universelle de cette nature serait uniquement une force inconnue existant en elle, à laquelle on aurait donné ce nom comme faisaient les anciens.

J'ajoute que, l'existence en nous d'un être appelé *âme* étant une chose qu'on ne peut pas prouver, elle n'est et ne saurait jamais être qu'une supposition plus ou moins gratuite destinée à expliquer ce que nous ne connaissons pas. Or, en bonne philosophie, c'est-à-dire en bonne logique, il faut savoir convenir de son ignorance et ne jamais user de suppositions pour la déguiser. De plus, cette supposition-ci n'explique rien. Car si nous ne savons pas comment des mouvements internes opérés dans notre corps produisent en nous le phénomène du *sentiment de vouloir* et comment ils nécessitent en même temps d'autres mouvements qui ont l'air d'être les effets de ce sentiment, nous concevons encore moins ce que peut être une *âme*, comment elle peut *sentir* et *vouloir*, et comment elle peut ensuite agir sur notre corps et le faire mouvoir suivant sa *volonté*; et plus on supposera la nature de cette âme et ses propriétés éloignées de la nature et des propriétés de ce corps, plus son action sur lui deviendra incompréhensible et même inconcevable, voire tout à fait impossible suivant les lumières de la raison. C'est donc là, comme on le dit encore dans l'école, expliquer *obscurum per obscurius*; et c'est pour moi une nouvelle raison de m'en tenir à mon opinion.

On insistera et on me dira encore que mon opinion est dégradante pour l'humanité, qu'elle nous assimile aux animaux et même aux corps bruts, qu'elle nous met sous le joug d'une invincible nécessité; que par là elle nous ôte tout le mérite et le démérite de nos actions, et qu'ainsi elle est souverainement immorale. – Voici mes réponses, et je demande qu'on les pèse avec attention.

Premièrement, je ne sais ce que c'est que *dégrader l'humanité*. Cela me paraît un mot vide de sens. Le genre humain est ce qu'il est; tout ce que nous en dirons n'y changera rien. Il n'a point ce me semble de spectateurs autres que lui-même aux yeux desquels il lui soit important de briller. Il ne s'agit ici ni de nous humilier, ni de nous glorifier, mais de savoir ce que nous sommes; et ce qui peut nous faire le plus d'honneur et de profit, c'est de nous bien connaître et de trouver la vérité.

Quant au reproche d'*immoralité*, j'observe d'abord qu'on a beaucoup abusé de ce reproche et qu'on l'a toujours d'autant plus prodigué que l'ignorance a été plus forte. Il a été un temps, et un temps très long, où l'on croyait qu'il était immoral de nier le mouvement du soleil autour de la terre, les possessions du démon, les sortilèges, la divination, le pouvoir des paroles, etc., etc. Cela paraissait attaquer directement l'autorité des livres réputés sacrés, l'opinion de l'existence et du pouvoir des esprits, celles des punitions dans une vie à venir et l'espoir de ses récompenses. En conséquence on proscrivait les téméraires qui osaient avancer de telles propositions, et depuis il a été reconnu que ces vérités n'étaient nullement incompatibles non seulement avec la saine morale philosophique, mais même avec la morale religieuse, et spécialement avec la morale chrétienne. Cela me fait penser qu'avec le temps il en sera de même de celle dont il s'agit.

Je vais plus loin. Je soutiens qu'en bonne philosophie, c'est-à-dire encore une fois en bonne logique, ce reproche d'immoralité ne fait rien à l'affaire. Ceci paraîtra bien outrecuidant, même effronté; et je ne doute pas que beaucoup de docteurs avec lesquels je ne voudrais pourtant changer de morale, ni théorique, ni pratique, ne se signent et ne reculent d'effroi en lisant ces mots. Ils déchireraient même leurs vêtements, comme le dit plaisamment Voltaire, s'ils pouvaient me faire condamner à les bien payer. Cependant de quoi s'agit-il dans toutes nos recherches? De trouver des vérités sans doute, et uniquement de trouver des vérités. Si donc il était possible qu'une assertion constatée vraie fût réellement immorale, ou qu'une assertion immorale fût vraie, je le dis hardiment, il faudrait encore l'admettre sans balancer. Car enfin la vérité est la vérité, et c'est ce que nous cherchons, et nous ne pouvons jamais chercher autre chose. Mais rassurons-nous : cette opposition entre la raison et la vertu, entre le vrai et le bien, ne peut jamais exister. Ce sont des choses indissolubles et inséparables. Ce n'est donc pas par les conséquences mais par les motifs qui la fondent qu'il faut attaquer une opinion, ou du moins il faudrait être complètement sûr que ces conséquences sont irréprochables. Cherchons donc directement le vrai, et si nous le trouvons, soyons sûrs d'arriver au bien. On s'alarme, ou l'on feint trop souvent de s'alarmer sur des conséquences la plupart du temps fausses et mal déduites. Je vais prouver que c'est ce qui arrive dans le cas présent.

D'abord l'opinion dont il s'agit actuellement ne fait rien du tout à la question de la liberté ou de la nécessité de nos actions et de nos sentiments. Cette invincible nécessité dont la vanité des sophistes se trouve si ridiculement humiliée, et au joug de laquelle ils tentent, sans moyens comme sans motifs, d'échapper à force de subtilités, se représente toujours dans toutes les hypothèses et nous accable par son évidence comme par sa force. En effet, quand même nos actions dites volontaires seraient véritablement l'effet du sentiment de vouloir, au lieu d'être, comme je le prétends, l'effet direct de mouvements antérieurs opérés en nous, qui y ont fait naître ce sentiment, elles n'en seraient pas moins réellement nécessaires. Car nous avons vu dans le discours préliminaire de ce *Traité de la volonté* que la volonté ne saurait naître qu'en vertu de motifs antérieurs qui la déterminent nécessairement et qui ne dépendent pas d'elle. Ainsi la volonté elle-même naissant nécessairement, tout ce qui s'ensuivrait, tout ce qui serait déclaré en être l'effet immédiat, serait dans le même cas; et on n'y gagnerait rien en faveur de cette prétendue liberté que les casuistes s'efforcent de défendre sans la comprendre et dont l'amour les a obligés dans toutes les subtilités et les obscurités relatives à la grâce efficace ou non efficace. On voit donc que, dans toutes les hypothèses, tout ce qui est est nécessaire; et cela encore est nécessaire, car autrement il faudrait admettre des effets sans cause.

Au reste, que l'on ne s'effraie point de cette nécessité contre laquelle on se révolterait en vain; il n'est pas vrai qu'elle conduise à l'immoralité, ni qu'elle détruise le mérite ou le démérite de nos actions et de nos sentiments. Nous l'avons déjà dit dans le discours préliminaire ci-dessus cité, et nous le verrons encore mieux par la suite, le mérite et le démérite de nos sentiments et de nos actions ne dépendent point de leurs causes mais de leurs effets. Il faut les juger par ces effets qui sont très sensibles et très importants, et non par ces causes qui sont très obscures et très indifférentes. Nécessaire ou non nécessaire, tout ce qui tend au bien de l'humanité est louable et vertueux, tout ce qui tend au mal est vicieux et répréhensible. Voilà la vraie et la seule pierre de touche de toute moralité. Nous entrerons ailleurs dans les développements de cette idée; et j'ose prédire que tous montrerons combien elle est juste et féconde.

Pour le moment je me borne à conclure que dans les hommes comme dans les autres êtres animés, le sentiment de vouloir n'est ni ne peut être la cause efficiente des actions qui ont l'air de s'ensuivre; que nous ne le croyons que parce que ce sentiment les précède toujours; mais que les vraies causes de ces actions sont les mouvements intérieurs et inconnus qui ont fait naître ce sentiment de vouloir. Et je soutiens cette opinion sans crainte, parce que je la crois une vérité et que je crois avoir prouvé qu'elle ne nous humilie pas, qu'elle ne détruit pas le mérite et le démérite de nos actions et que par conséquent elle n'est immorale sous aucun rapport.

Au reste, si je me suis attaché à établir cette opinion, c'est, encore une fois, parce que je la crois une vérité et que je crois qu'il n'est jamais inutile de se faire une idée juste des choses; car d'ailleurs celle-ci est loin d'être d'une application immédiate. La preuve en est que, quelque parti qu'on prenne dans cette question, il n'influera en rien sur tout ce qu'il nous reste à dire. C'est ce qui fait que je ne me suis pas livré à cette discussion dans le discours préliminaire qui est à la tête de la première partie de ce *Traité de la volonté* et qui appartient à tout l'ensemble, quoiqu'il semble qu'elle fût là plus à sa place. Mais j'ai craint que cette idée, à laquelle on n'est pas accoutumé, ne répandît de l'obscurité et de l'embarras sur le commencement de mon ouvrage et qu'on ne me contestât pour ainsi dire le droit de parler de nos actions comme des conséquences de notre volonté, après avoir déclaré que le sentiment de vouloir n'en est pas la vraie cause. J'ai préféré, pour conserver le langage ordinaire, de paraître regarder ce sentiment comme la cause réelle des actions qui les suivent; et je l'ai pu sans inconvénient, puisqu'il est lui-même l'effet et l'accompagnement constant des mouvements intérieurs qui causent ces actions dites volontaires. Mais ici où il est question spécialement de nos sentiments, il fallait bien éclaircir une question curieuse relative à celui de vouloir. Toutefois je n'en continuerai pas moins à parler toujours de notre *volonté* comme si elle était la vraie cause de nos actions dites *volontaires*. Puisqu'elle accompagne toujours les causes réelles, elle peut en être regardée comme l'expression abrégée, et cela est plus commode dans le discours. C'est peut-être même cette commodité qui a contribué à nous accoutumer à la mettre à la place de ces causes réelles plus difficiles à dénommer, comme c'est cette même facilité de locution qui nous a amenés à personnifier trop souvent toutes les idées abstraites et à en faire des êtres réels; car la manière d'exprimer nos pensées réagit singulièrement sur la manière de les composer.

Revenons donc où nous en étions avant cette dissertation. Nous disions que la faculté de vouloir est la source de tous nos sentiments, dans lesquels consistent tous nos *besoins*, et de toutes nos actions volontaires, dans lesquelles consistent tous nos *moyens* de pourvoir à ces besoins. Et nous pouvons toujours le dire, pourvu que nous n'oublions pas l'explication que nous venons de donner. Dans le volume précédent, nous avons examiné ces moyens et ce qui résulte des différentes manières de les employer. Notre objet dans celui-ci doit être d'étudier nos divers sentiments, de les analyser et de voir quelles en sont les diverses conséquences. Ce sont là, je pense, les vraies bases de la morale, c'est-à-dire de la connaissance de nos vrais et solides intérêts. Mais pour les établir sur des fondements inébranlables, il convient de creuser encore plus profondément en nous-mêmes et de jeter au moins un coup d'œil sur les mystères de notre organisation. Car toute philosophie ayant pour objet la connaissance de l'homme doit s'appuyer sur les faits constants que nous devons à l'étude de la physiologie. C'est l'oubli de cette sage maxime qui a produit toutes les subtilités et les obscurités qui déshonorent ce que l'on appelle la métaphysique, en la livrant aux théologiens, c'est-à-dire à des gens qui connaissent la nature de Dieu et celle des esprits, mais point celle de l'homme. Écoutons donc les physiologistes.

En examinant nos individus et le jeu de leurs organes sans prévention et sans projet (chose rare parmi les savants et même parmi les philosophes), ils reconnaissent en nous deux modes d'existence très distincts, et que, pour les mieux observer, ils examinent séparément, malgré leur connexion intime et leurs nombreuses réactions l'un sur l'autre. Ils appellent le premier la vie *organique* ou *intérieure*, parce qu'elle se concentre dans l'intérieur de nos organes, et le second la vie *animale*, parce qu'elle nous distingue des végétaux qui en sont presque totalement privés, ou la vie *extérieure*, parce qu'elle nous met en relation avec tout ce qui nous entoure. De ces deux vies ou modes d'existence partiels se compose la vie totale de l'animal et nommément celle de l'animal appelé homme. Ces dénominations sont plus ou moins heureuses, mais elles s'expliquent très bien et sans équivoque. C'est là l'essentiel.

La vie organique ou intérieure se compose des fonctions dites de *conservation*, c'est-à-dire de celles qui servent directement à la conservation de l'individu, comme la respiration, la circulation, la digestion, les sécrétions et les excrétions. La vie animale ou extérieure au contraire consiste dans les fonctions dites de *relation*, savoir l'emploi de nos divers sens et l'exercice de la faculté de se mouvoir, de celle de parler et de celle de se reproduire, fonctions qui effectivement nous mettent en rapport non seulement avec nos semblables et tous les êtres qui nous entourent, mais même avec les diverses parties de nous-mêmes en nous apprenant à les connaître séparément et distinctement[a]. Comme, avant tout, pour que l'être vivant subsiste, il faut qu'il se nourrisse et ne se décompose pas, il est clair que la vie organique ou intérieure et de conservation est la première et la

a. Voyez, dans *l'Idéologie proprement dite*, comment nous apprenons à connaître notre corps et les autres corps.

plus indispensable, et que l'autre n'en est qu'une conséquence. Elle paraît même exister seule ou presque seule dans les végétaux et dans les animaux très imparfaits. Cependant, dans les animaux mieux organisés, la vie animale, extérieure et de relation, est nécessaire au soutien et à la continuité de la vie organique par ses nombreuses réactions sur les organes particulièrement consacrés à celle-ci; souvent aussi elle la trouble par les mêmes causes; mais enfin elle n'est que secondaire et additionnelle. C'est là le cas de l'axiome *Primo vivere*.

L'inspection des parties et de nombreuses expériences paraissent prouver que, dans l'homme et les animaux qui lui ressemblent, le nerf grand sympathique, qui s'étend le long de la colonne vertébrale et qui est moins un nerf ordinaire qu'une espèce de cerveau particulier, est le foyer principal de la vie de conservation; et que le cerveau proprement dit est le centre commun de la vie de relation et en même temps l'organe spécial dans lequel s'opère ce que nous appelons la pensée, c'est-à-dire l'élaboration et la combinaison de nos diverses sensations. Du moins est-il certain que les lésions du grand sympathique font cesser immédiatement les fonctions de conservation, et que celles du cerveau détruisent particulièrement le sentiment et le mouvement en laissant souvent subsister la vie organique. Néanmoins ce partage ne doit pas être regardé comme absolu. La preuve en est que dans beaucoup d'animaux qui n'ont pas de cerveau[a] nous voyons des traces plus ou moins marquées de la vie de relation. Ainsi il faut bien que chez eux au moins le grand sympathique supplée à l'organe qui leur manque.

L'expérience nous apprend encore que les fonctions des organes animés par ce grand sympathique et les rameaux nerveux qui en émanent sont en général indépendantes de notre volonté, tandis que celles des organes soumis à l'action du cerveau et des nerfs auxquels il donne naissance dépendent ou du moins paraissent dépendre de ce sentiment de vouloir qui les précède ordinairement. Cela doit être, car il est naturel que le sentiment de vouloir naisse principalement dans l'organe où se fait spécialement la combinaison de nos diverses affections, puisque ce sentiment consiste à préférer les unes aux autres et que la préférence ne peut être que le résultat de la comparaison. Cependant ceci encore n'est point absolu, car nous voyons que beaucoup de mouvements, d'opérations, sont tantôt volontaires et tantôt involontaires; et cela s'explique d'abord parce que plusieurs organes reçoivent en même temps des nerfs des deux centres

a. Leur existence est encore une preuve que le nerf grand sympathique est l'organe le plus essentiel.

principaux, et que ces nerfs se croisent, se joignent et se confondent même dans beaucoup de points, et d'ailleurs parce que le grand sympathique peut bien, dans certains cas, être lui-même la source d'une volonté plus ou moins obscure, plus ou moins expresse, puisque nous le voyons faire les fonctions du cerveau dans les animaux qui n'en ont point, comme nous l'avons déjà remarqué. Cette dernière observation est importante en ce qu'elle pourrait nous aider à comprendre comment il nous arrive souvent d'être portés vers certaines déterminations par une volonté réfléchie, tandis que nous sommes en même temps entraînés en sens contraire par un penchant instinctif. On peut croire que la première est née dans le cerveau pendant que l'autre émane du grand sympathique. C'est peut-être là à quoi se réduisent les deux âmes différentes que quelques philosophes nous ont libéralement accordées pour expliquer ce phénomène. Quoi qu'il en soit, ce n'est pas de cela qu'il s'agit actuellement.

Je ne suis entré dans ces détails sur notre organisation que pour bien faire comprendre ce que les physiologistes entendent par la vie de conservation et la vie de relation et les fonctions dont elles se composent, et pour bien faire sentir que par conséquent, en vertu des lois de notre nature, il doit exister en nous des sentiments et par suite des besoins et des intérêts analogues à ces deux modes de notre existence et dérivant de ces deux ordres de fonctions[a].

En effet, nous avons vu dans le discours préliminaire de ce *Traité de la volonté* que cette faculté produit en nous inévitablement les idées de personnalité et de propriété. Cela est certain. Dès que nous avons appris à connaître notre individu et tout ce qui lui appartient et à le distinguer de tout ce qui n'est pas lui, comme il nous est manifeste que nous ne pouvons jouir et souffrir que par nos organes, comme notre *moi* est tout pour nous, il nous est impossible de ne pas tout rapporter à lui et de ne pas le préférer constamment à tout ce qui lui est étranger. C'est là une conséquence nécessaire de la vie de conservation, c'est-à-dire de la base fondamentale de notre existence. En vain voudrait-on obscurcir cette vérité et faire des phrases prétendues morales pour nous prouver que cela n'est pas, ou même que cela ne doit pas être : elles ne feraient jamais taire la voix qui crie du fond de nos cœurs. Elles ne nous persuaderaient jamais l'abnégation de nous-mêmes. Elles pourraient seulement embrouiller nos idées. En voulant donner une base fausse à la morale, elles nous feraient méconnaître la véritable, ou

a. Je suis bien étonné de ne pas trouver cette vue nettement exprimée dans les ouvrages d'Adam Smith ni d'aucun autre moraliste. C'est qu'ils ont négligé la physiologie, notre plus sûr, notre seul bon guide.

peut-être ne feraient-elles que nous apprendre à parler d'une façon et à penser d'une autre, mal trop ordinaire et trop juste conséquence de la manière dont nous sommes endoctrinés.

Voilà donc que, par cela seul que nous existons et par le seul fait de notre vie de conservation, nous avons nécessairement une foule d'intérêts qui nous sont propres et particuliers; et comme il en est de même de nos semblables, il est impossible que ces divers intérêts particuliers ne se croisent pas et ne soient pas fréquemment en opposition. Ainsi nous voilà inévitablement établis dans un état souvent hostile les uns à l'égard des autres. C'est ainsi que nous a constitués notre nature qui, si elle a eu une intention en nous faisant ce que nous sommes, ne s'est guère embarrassée du bonheur des individus. La preuve en est que tous les êtres sensibles qui existent ne peuvent subsister que par la destruction les uns des autres. Ils sont tous condamnés non seulement à périr, mais à souffrir, ce qui est bien pis.

Cependant, il ne faut pas calomnier cette nature, quoiqu'assurément elle soit pour nous bien moins mère que marâtre. Elle a apporté au moins pour l'espèce humaine de grands adoucissements à ces maux. Nous avons vu dans le traité précédent que, même pour la satisfaction de nos besoins de conservation, l'assistance de nos semblables nous est extrêmement utile et même rigoureusement nécessaire; que nos moyens augmentent indéfiniment quand nous les réunissons; qu'isolés nous sommes faibles, pauvres, malheureux, manquant de tout; que par le fait de la société, nous devenons intelligents, riches, puissants. Voilà déjà un grand attrait que la nature nous a donné les uns pour les autres et qui contrebalance fortement l'opposition de nos intérêts individuels. Mais elle fait plus que de nous lier par ces considérations tirées de nos besoins de conservation et qui auraient pu être insuffisants pour nous réunir. Elle nous a donné de véritables besoins de relation, elle les a même rendus très impérieux. C'est ce qui fait sans doute que l'homme vit partout en troupeaux appelés sociétés.

L'homme, quoi qu'on en dise, n'est point un animal essentiellement malfaisant. Le désir du mal, quoiqu'assurément très commun, n'est en lui qu'une exception, un trouble passager. Le fond de son être, son état habituel est la bonté, car la nature lui a donné le *besoin de sympathiser*.

J'appelle besoin de sympathiser ou sympathie ce penchant qui nous porte à nous associer aux sentiments de nos semblables et même à ceux de toute la nature animée, qui fait que le spectacle de la douleur est une peine pour nous et celui de la joie un plaisir, qui fait que lorsque nous sommes malheureux nous avons besoin d'être plaints et que quand nous sommes heureux notre satisfaction n'est complète que lorsqu'elle est partagée, qui fait enfin que le sentiment d'aimer nous est agréable à éprouver et à inspirer et que le sentiment de haïr ou d'être haï est pénible et triste.

Ce besoin de sympathiser, cette bonté native, existe certainement dans la nature humaine : on ne saurait en douter. Je crois même qu'elle doit être l'apanage de toute la nature animée. Du moins est-il vrai qu'il est rare que les animaux les plus féroces dévorent leurs semblables et même qu'ils nuisent aux autres espèces autrement que pressés par le besoin de se conserver. Quand cela paraît arriver, nous ignorons leurs motifs et il serait téméraire d'affirmer qu'ils y sont poussés par le plaisir de nuire et de faire souffrir, ce qui seul constituerait la méchanceté fondamentale et radicale, si l'on peut s'exprimer ainsi. Pour moi, plus j'y pense, plus il me semble que si le penchant à l'antipathie ou même l'indifférence complète était une condition primitive de la nature des êtres sensibles, leur existence serait impossible et ne pourrait se prolonger. Au reste, je n'écris point la morale des fouines ou des araignées, mais la mienne et celle de mes semblables. Or chez nous, je le répète, le sentiment de *sympathie* dérive aussi nécessairement de notre vie de *relation* que le sentiment de *personnalité* dérive de notre vie de *conservation.*

C'est cet attrait puissant qui nous rapproche encore de nos semblables dans les moments où la personnalité nous en éloigne. C'est lui qui adoucit ce qu'elle a de dur et de repoussant. Ce n'est pas que l'intérêt personnel soit un mal en lui-même : au contraire, nous avons vu que, bien entendu, il tend à nous réunir en société et à nous faire vivre avec les autres hommes, puisque ce n'est que par cette voie que nous pouvons accroître nos moyens et les rendre supérieurs à nos besoins. Mais il n'en est pas moins vrai que, comme l'intérêt personnel de chacun est souvent en opposition avec celui des autres, il est la cause première de toutes nos passions haineuses qui sont si pénibles à éprouver et qui produisent tant de maux, tandis que le penchant à la sympathie est la source immédiate de toutes nos passions bienveillantes qui sont si douces à ressentir et auxquelles nous sommes redevables de tant de biens, ou plutôt ces passions bienveillantes ne nous sont agréables à ressentir que parce que nous sommes faits de telle façon que nous aimons à sympathiser.

Par ce petit nombre d'observations, il me semble qu'un traité de morale est déjà bien avancé, ou que du moins ses principes sont bien éclaircis. Car s'il est manifeste que nous ne pouvons pas détruire en nous le sentiment de l'intérêt personnel puisqu'il est une condition nécessaire de notre existence et qu'au contraire nous devons le satisfaire le plus possible, il est évident aussi que par intérêt même nous devons éviter qu'il ne nous entraîne à des conséquences fâcheuses et ne nous livre à des affections douloureuses. Or le seul moyen que nous en ayons est de le soumettre à la voix de la justice et de la raison quand elles exigent de lui des sacrifices. C'est là selon moi tout l'art d'être heureux.

Avant de pousser plus loin ces réflexions, il convient, je pense, d'examiner successivement nos diverses passions et de voir quelles en sont les suites. Commençons par les passions bienveillantes et avant les autres par la plus délicieuse de toutes, celle qui, suivant l'expression poétique de milord Rochester, ferait croire à la bonté de la providence dans un pays d'athées, l'amour[a].

a. Milord Rochester aurait dû dire cela de la *sympathie* en général, dont l'amour n'est qu'une partie, mais la plus précieuse comme nous allons le voir.

CHAPITRE II

DE L'AMOUR

L'amour était un dieu dans les temps héroïques
On en fait un démon chez nos vils fanatiques.
Voltaire [1]

N'en faisons ni un dieu ni un diable. L'un appartient à la raison naissante, l'autre à la raison égarée. Ne voyons dans l'amour que ce qu'il est, la plus précieuse de nos affections; et évitons en en parlant toute licence, toute fadeur, toute humeur pédantesque, tout enthousiasme [2]. Le besoin de la reproduction, au moins dans l'espèce humaine, est le plus violent de tous quand il se fait sentir dans toute sa force. Il fait taire, dans certains moments, même celui de la conservation. La raison en est simple. Les organes destinés à le satisfaire sont si éminemment sensibles et ont des rapports si nombreux avec tous les autres, et notamment avec l'organe cérébral, que leur action absorbe toute la puissance sensitive de l'individu. Aussi leur plus ou moins d'énergie a la plus grande influence sur le caractère et sur le tempérament, et leurs lésions portent le trouble dans toute l'économie animale et jusque dans les fonctions intellectuelles.

D'ailleurs tous nos autres besoins peuvent se faire sentir dans les différents états de notre être, en santé comme en maladie; ils nous causent

1. Destutt de Tracy reprend ici, en les déformant quelque peu, les vers de Voltaire dans l'*Épitre à Melle Clairon* (1765) :
L'amour, ce don du ciel, digne de son auteur
Des malheureux humains est le consolateur.
Lui-même il fut un dieu dans les siècles antiques
On en fait un démon chez nos vils fanatiques.

2. En récusant l'enthousiasme, Destutt de Tracy marque la distance qui le sépare de Mme de Staël.

même le plus souvent un sentiment de détresse ou de défaillance qui atteste l'insuffisance ou même la prostration de nos forces. Celui de la reproduction au contraire ne nous saisit que quand toutes nos facultés ont le développement le plus heureux et dans les instants de notre plus grande vigueur. Il nous en donne la conscience; il l'exalte encore. C'est pour cela que ceux chez qui il est le plus fréquent et le plus dominant sont en général prompts et déterminés, et c'est sans doute aussi, pour le dire en passant, la raison secrète, et peut-être inaperçue par elles, pour laquelle les femmes aiment tant les hommes audacieux et braves[a]. Nous ne devons donc pas être surpris de toute l'énergie d'un tel besoin, et qu'il soit plutôt une fureur qu'un désir. Cependant ce désir si véhément n'est point encore l'amour; il n'en est qu'une partie, et pour ainsi dire la base.

L'amour n'est pas seulement un besoin physique. C'est une passion, un sentiment, un attachement d'individu à individu. Même dans les êtres dont le moral est le moins développé, et jusque dans beaucoup d'animaux, il vit de préférence, il n'est pas toujours déterminé par la seule beauté : le plaisir d'aimer et d'être aimé y a autant et plus de part que celui de jouir[b]. La preuve en est que la jouissance forcée est très imparfaite; elle est même physiquement pénible; et la jouissance trop partagée ou trop facile est sans saveur, parce qu'elle ne prouve pas le sentiment. Le consentement est donc un de ses charmes, la *sympathie* est un de ses plus grands plaisirs. Chacun sait que cela est d'autant plus vrai que les idées sont plus multipliées et plus étendues, et les sentiments plus délicats et plus fins. Qu'est-ce donc que l'amour dans l'homme ayant atteint tout son développement? C'est l'amitié embellie par le plaisir; c'est la perfection de l'amitié. C'est le sentiment par excellence auquel concourt toute notre organisation, qui emploie toutes nos facultés, qui satisfait nos désirs, qui réunit tous nos plaisirs; c'est le chef-d'œuvre de notre être.

C'est pour cela même qu'on en a fait un dieu ou un démon, et qu'on en a presque toujours mal raisonné. On parle difficilement de sang-froid d'une

a. Il en est de même des femelles de beaucoup d'animaux. Il est visible que ce n'est pas uniquement par force que les poules et les biches se soumettent au vainqueur. Elles font plus; elles se promènent, elles se parent pour aimer les combattants. C'est tout comme dans nos romans et nos poèmes :

Amour tu perdis Troie ! ! !

dit La Fontaine, à propos d'un coq. Il a raison, et il a bien souvent cette raison fine, profonde et gracieuse.

b. Médor l'emporte sur Roland, sa force et même sa gloire. Autre homme admirable que l'Arioste ! !

si grande puissance. Quand* on la sent, on n'y réfléchit guère; quand on y réfléchit, on ne la sent presque plus, souvent même on n'y pense qu'avec amertume. La partie physique surtout nous tourne la tête, nous trouble la raison. On a fait de la jouissance quelque chose de *sacré*, comme de l'épilepsie avec laquelle elle a plus d'un rapport physiologique déjà connu, et avec laquelle on lui en trouvera peut-être toujours davantage à mesure que les mystères de notre organisation, et particulièrement le jeu secret de notre système nerveux, nous seront plus dévoilés. Car chez nous l'extrême mal et l'extrême bien se touchent par bien des points : tous deux détruiraient bientôt notre existence, s'ils étaient durables, et tous deux saisissent fortement notre imagination et sont encore agrandis par elle.

L'amour est le sujet sur lequel elle s'est le plus exercée et sur lequel elle a le plus divagué, à proportion surtout que l'ignorance a été plus grande. On a fait de la virginité le plus précieux de tous les trésors; on a cru qu'il y avait quelque chose de divin, de sacré, dans une vierge. La difficulté de constater cet état si révéré a encore ajouté à son prix. Le reconnaître est devenu une science profonde, mystérieuse surtout, et tenant à toutes les sciences occultes, c'est-à-dire imaginaires[a]. Si l'on avait cru *inspirée* une jeune fille se refusant aux plaisirs de l'amour, on a cru *ensorcelé* l'homme ne pouvant en jouir. L'une fut l'action de dieu, l'autre celle du diable, quoique toutes deux reviennent au même. La médecine, qui est déjà bien ridicule dans les temps d'ignorance, la magie qui n'est qu'une médecine plus relevée, et la théologie qui est la magie transcendante, s'occupèrent de l'état de ce dernier et furent très respectées, quoiqu'ayant peu d'efficacité pour le guérir. Par suite des mêmes idées, c'est-à-dire du même délire, on fit plus universellement encore de la chasteté des femmes leur première et presque leur unique vertu, quoique beaucoup d'autres soient plus importantes au bien de la société et au bonheur des individus; et tous ces préjugés ont régné également sur les deux sexes, peut-être même avec plus d'empire sur celui qui en souffrait davantage, moins parce qu'en général il est le plus faible, le plus mobile et le moins éclairé, que parce que l'amour est presque son unique affaire et son seul intérêt. Ce n'est pas, je crois, que ses désirs soient aussi véhéments. En général, il ne provoque pas, il ne fait que consentir, et il ne s'épuise pas de même dans la jouissance. Mais c'est qu'à défaut de force, plaire est son seul moyen d'agir. C'est le sentiment dont il a

a. Je ne crois pas qu'il y ait une plus sotte expression que celle de *science occulte !* C'est comme si on disait un *jour nocturne*.

* *Dans les éditions en langue française de 1815, 1818 et 1826, le chapitre* II *s'arrête ici, suivi de la* Note finale *figurant en annexe I. La suite du chapitre est retranscrite du manuscrit conservé aux Archives d'Argentine (voir la* Note sur la présente édition, *p. 38-39).

le plus de besoin. Aussi a-t-il en général plus de délicatesse et de dévouement, tant il est vrai que notre intérêt est la source de tout, même de notre générosité.

Nos lois tant civiles que religieuses et nos mœurs, c'est-à-dire nos habitudes, sont la conséquence de nos opinions. Il était donc impossible que celles relatives à l'union de l'homme et de la femme ne fussent pas presque partout absurdes jusqu'au ridicule ou à l'atrocité. C'est ce qui est arrivé.

De là est venu que le fanatisme sombre et farouche de tant de religions a fait du célibat le plus inutile et le plus odieux, par ses conséquences, un état de perfection ! De là le supplice abominable des vestales pour la faute la plus indifférente ! De là le sacrifice horrible des veuves de l'Indostan pour un devoir imaginaire, lequel est moins l'effet d'une loi civile que d'une imposture religieuse pour hériter de ses victimes ! De là tant de dieux nés d'une vierge ! De là tant d'idées ridicules qui font croire qu'une femme est impure, quand sa santé est ce qu'elle doit être, ou quand elle a obéi au vœu de la nature en mettant au monde un enfant ! Qu'un homme ne peut approcher des choses sacrées, quand il a joui des plaisirs les plus légitimes ! D'où suivent ces ridicules cérémonies appelées purifications[a]. De là ces règlements presque universels dans toutes les nations qui font que le mariage, seul entre toutes les conventions humaines et qui devrait être la plus libre de toutes comme la plus gaie, est un esclavage sacré, un acte triste et religieux et chez nous un *sacrement*, le signe visible, dit-on, d'une chose invisible, définition de toutes la plus insignifiante et la plus incompréhensible, dont on se contente par un respect stupide ! De là ces punitions atroces et dégoûtantes dans les temps barbares pour la femme adultère et pour son complice, qui font frémir la pudeur comme l'humanité ! De là cet éloignement généralement répandu, et cette aversion de nos prêtres qui va jusqu'à la rage contre le *divorce*, le seul moyen doux et honnête de dénouer un engagement innocemment, mais témérairement contracté. Nous y reviendrons. Voilà pour la partie des lois.

Quant aux mœurs, qui souvent ne suivent les lois que de loin quand celles-ci s'écartent trop du vœu de la nature, ou qui y suppléent quand elles se taisent, elles sont également égarées par la même cause. Les sauvages du nord de l'Amérique me paraissent sur ce point les plus raisonnables des hommes, sans doute parce que leur imagination est la moins active. Ils laissent en général la plus grande liberté aux jeunes filles, et leur jalousie

a. C'est une drôle de maxime qu'une lessive efface un crime. Ici, il n'y a point de crime. Cette belle maxime reviendra quand nous parlerons du repentir et par suite de l'expiation des fautes.

pour leurs femmes, est, ce me semble, très modérée. Ils n'ont avec elles que le tort de les maltraiter et d'en exiger des travaux trop pénibles. Mais ceci est un tort d'une autre espèce. C'est l'abus de la force, toujours très commun chez les hommes grossiers qui ne connaissent presque pas d'autre droit.

Les Orientaux, au contraire, dont l'imagination est ardente, déréglée, mystique, (toutes les religions sont nées dans l'Orient, et il y en [n]aît encore de temps en temps) sont vraiment délirants sur l'article des femmes. Leur jalousie est et a toujours été furieuse. Là, la moindre entreprise qui seulement l'inquiète est un crime capital, le moindre soupçon, une cause légitime d'assassinat. Là, les filles sont enfermées. On ne peut pas seulement voir celle qu'on épouse. On l'achète de ses parents sans la connaître et sans que son consentement y soit pour rien. La tyrannie domestique est à son comble, comme la tyrannie politique, et elles se soutiennent réciproquement. Aussi il n'y a ni patrie, ni famille. L'État est une grande geôle que surveille un tyran, chaque maison est une prison de femmes où languit un homme inutile; de là vient la nécessité de la barbarie de l'esclavage domestique et de celle de la castration. Au reste, il est plus raisonnable de faire des eunuques pour le harem d'un sultan que pour la chapelle d'un pape! ! Telles sont les monstrueuses conséquences de la plus sotte de toutes les vanités portée à l'excès.

Chez les anciens Grecs, sortis de l'Orient avec un esprit ingénieux, mais peu profond, tout ce système d'idées prit un autre tour. Ils ne s'élevèrent pas jusqu'à réduire le mérite de la chasteté des femmes à sa juste valeur. Ils conservèrent pour le mariage un respect superstitieux, il resta pour eux un lien sacré; il entra dans leur système religieux. Si leurs femmes ne furent pas précisément enfermées, elles vécurent très retirées; leur vertu fut très respectable sans doute, même trop, mais elles furent négligées, car leur société devint triste. Les hommes n'y trouvant pas d'agrément, et ayant besoin d'attachement, eurent recours à la subtilité. Ils exaltèrent, ils divinisèrent le charme de l'amitié. Leurs philosophes sont pleins d'exagération sur ce sujet; et en même [temps] ils proclamèrent que les femmes ne sont pas capables de ce sentiment, qu'ils peignaient comme surnaturel. Cependant ils sentaient bien qu'embelli par le plaisir, il est encore plus touchant. Cela les conduisit à faire l'éloge de l'amour antiphysique et à s'y livrer. Car quand on est hors de la nature, on est tout près d'être en opposition avec elle. Cependant elle est bien puissante. On sentit ce que cet instinct égaré a de répugnant: on voulut en dégager l'amitié, cette passion si révérée et réputée si noble et si pure, mais sans lui faire rien perdre de son énergie, qu'on s'était exagérée. On imagina l'amour dit platonique. On en fit ce qu'on appelle l'union pure des âmes dégagée de toute matière, une espèce d'eudémonie, une véritable autopsie[1], et on se retrouva dans le pays des chimères. C'est ainsi que les Grecs méconnurent ou plutôt ignorèrent l'amour.

De tous les sentiments qu'ils éprouvèrent, le plus approchant de celui-là est celui que leur inspirèrent quelquefois certaines courtisanes. C'étaient des femmes belles, douées d'un esprit cultivé, d'un caractère aimable, de sentiments dignes d'attachement, que l'on prenait par choix, avec lesquelles on vivait sans contrainte, et que l'on pouvait quitter sans gêne. Il ne faut pas s'étonner du grand rôle qu'elles ont joué, ni même de la considération qu'elles se sont souvent acquise, puisqu'elles avaient toutes les qualités faites pour attacher les hommes les plus recommandables. Cependant il faut en convenir, ce n'est pas encore véritablement l'amour. D'abord il est rare qu'une courtisane ne soit point avilie par l'intérêt; elle est décidée à se donner avant de savoir à qui, avant même d'y être portée par son cœur. C'est un domestique qui cherche condition, qui souvent la prend au hasard pressé par les circonstances, et la quitte ou la garde par calcul. D'ailleurs en supposant tout à souhait, il manque toujours à ce genre d'engagement une condition essentielle au bonheur, c'est l'intérêt de famille. Car c'est ce sentiment puisé aussi dans notre nature qui fortifie et perpétue tous les autres, qui forme une union plus intime, qui dans le bel âge rend la passion plus touchante en lui donnant de nouveaux sujets de l'exercer et de se développer, qui la remplace par les plus douces habitudes quand elle n'est plus de saison, qui améliore ceux qu'il anime, qui les rattache à l'ensemble de la société, qui fait de la vieillesse destinée à être si triste le soir d'un beau jour pendant lequel on se prépare sans douleur à s'endormir sans regret, en se voyant renaître. Il fait plus encore; quand un malheur trop commun sépare par une mort prématurée deux êtres qui s'aiment, il fait trouver à celui qui survit de grandes consolations dans les objets de leur affection commune. Ainsi ce n'est que dans un ménage bien arrangé que se trouvent réunis tous les biens de l'amour. D'ailleurs, nous qui écrivons pour tous les hommes et non pas seulement pour la classe privilégiée, nous ne devons pas oublier que la ressource imparfaite des courtisanes n'est pas à l'usage du peuple. Elle suppose de la richesse et de l'esprit cultivé, sans quoi elle n'est que crapule et désordre et produit la misère. Ainsi voilà encore une nation et une nation très aimable qui n'a pas bien connu l'amour.

Je ne parlerai pas des Romains, toujours sombres, farouches et superstitieux. Ils passèrent du plus grossier rigorisme à la plus extrême

1. Cette notion, qui trouve son origine dans la philosophie mystique, désigne l'état contemplatif précédant la vision en Dieu.

licence, sans changer leurs lois toujours trop austères. Ce n'est pas [chez eux] que nous pouvons trouver le bonheur dont la recherche est notre objet.

Nos ancêtres, plus qu'à demi barbares, ont été régis par les lois romaines encore mal connues et par des coutumes souvent absurdes et toujours sans principes et sans ensemble. Les prêtres devenus tout puissants y ont ajouté le droit nommé *canonique* composé de leurs décisions, qui bientôt l'a emporté sur les deux autres droits, le droit *romain* et le droit *coutumier*. De plus, sachant presque seuls lire et écrire, ils se sont emparés de tous les tribunaux. Par ces deux moyens, ils ont ramené à eux presque toutes les causes, et la plupart des actions jugées répréhensibles ont été appréciées non comme délits mais comme péchés. Il n'a plus été question des intérêts de la société qu'on ne connaissait pas, mais de ceux du ciel qu'on prétendait connaître. Ainsi l'on se doute bien que tout ce qui tient au commerce de l'homme et de la femme, qui remue si puissamment de telles imaginations, a été plus que jamais réputé sacré et a reçu une importance prodigieuse, favorable d'ailleurs à l'empire des prêtres. Aussi la presque totalité des hommes, joignant à cet égarement des mœurs grossières et des passions brutales, a croupi à la fois dans la superstition et dans la crapule, sa seule compagne ordinaire.

Ceux, en petit nombre, qui avaient besoin de sentiments plus délicats n'ont pas secoué le joug, mais ils l'ont soulevé. Habitués aux idées mystiques, ils se sont accommodés de l'amour platonique et l'ont encore exagéré. L'honneur féminin était une chose divine; les femmes sont devenues des déesses; il leur fallut un culte: on ne devait pas oser approcher de la dame de ses pensées, pas même la nommer, à peine s'en faire connaître. En être le martyr, lui soumettre son existence sans espoir de retour, était le premier des devoirs; donner sa vie pour elle, même à son insu, le moindre des sacrifices. Les plus grandes actions, les plus grands services, la plus longue patience étaient trop payés par un de ses rubans. Enfin toutes les folies de la galanterie chevaleresque et de la fadeur pastorale, un mélange de gloire, de religion et de désirs, voilà l'idée qu'on s'était faite de l'amour et qui ne pouvait naître que dans les entraves d'une mauvaise législation. Quand le bonheur n'est nulle part, on le cherche dans ses rêves. C'est peut-être bien la cause de ce qu'on appelle l'imagination des Orientaux.

Depuis que les lumières ont commencé à renaître et que la société est devenue plus nombreuse, plus douce, plus facile, on s'est beaucoup familiarisé avec les femmes et les deux sexes y ont gagné. Elles ne sont plus déifiées que par quelques jeunes gens qui ne les connaissent point encore, mais elles sont moins tyrannisées. Nous continuons cependant à attacher trop d'importance à l'avantage de leur plaire en général, et de tourner la tête à quelques-unes; et il en est resté en français et peut-être dans quelques autres langues, ce mot ridicule de *conquête*, pour exprimer de petits succès qui souvent n'ont rien de commun avec l'amour et sont toujours très étrangers à la gloire. D'un autre côté, les lois ne sont point encore justes envers elles, elles ne les protègent pas assez, elles les condamnent trop souvent à des malheurs non mérités. Néanmoins on peut dire qu'elles ne sont plus ni souveraines, ni esclaves, mais à peu près ce qu'elles doivent être : d'aimables compagnes et des amies tendres. Ainsi il y a plus de bonheur et de vraie vertu : l'un et l'autre croissent toujours avec l'égalité et la liberté.

Néanmoins, il ne faut pas se le dissimuler, l'amour est encore presque nécessairement étranger au mariage. La raison en est simple. Le mariage est un acte important dans la vie sous beaucoup de rapports; il fixe nos destinées à beaucoup d'égards; il se lie à tous nos intérêts. Il faut donc y prendre en considération la fortune, les projets d'établissement et d'avancement, les convenances. Il est très difficile de suivre uniquement les mouvements de son cœur, et cela est vrai même des dernières classes de la société, quoiqu'elles aient dans ce genre [moins de contraintes] que les autres[a]. C'est encore bien pis si le choix est gêné et le joug aggravé par le fait des lois, des mœurs ou des opinions, comme il arrive presque partout.

Nos comédies sont à cet égard une image très fausse de la société. On n'y songe qu'à l'amour, et on n'y parle que de mariage. Mais les spectateurs ne s'y méprennent pas; et la plupart des moyens que les amants y emploient pour réussir leur paraîtraient fort ridicules, s'ils ne comprenaient fort bien qu'il ne s'agit que d'intrigues, souvent même très légères. Le *Misanthrope* est peut-être de tous les personnages comiques celui qui désire le plus sincèrement le mariage, aussi ne se fait-il pas; et si Célimène était une femme sensible au lieu d'être une coquette, la pièce finirait plus vraisemblablement par un arrangement que par une noce. Les autres amants ne cherchent assurément pas à l'épouser en cherchant à lui plaire. Dans *L'Ecole des femmes* au contraire, le mariage a lieu, mais c'est parce qu'il est arrangé d'avance par les pères. Les niaiseries de Georgette n'y servent pas plus que les bêtises d'Arnolphe n'y nuisent, et on ne peut guère appeler amour la fantaisie qu'un étourdi [éprouve] pour une idiote en la voyant par la fenêtre. Le mariage semble dans nos comédies le seul moyen de sortir d'affaire ; c'est comme le suicide dans les tragédies. Celui-ci est de rigueur dans ces dernières. Nous l'exigeons même des femmes. Nous trouvons les amants de nos comédies indécents s'ils s'aiment autrement

a. Cet avantage contribue puissamment à rétablir leur morale, que la misère et la grossièreté dégradent, comme la position contraire est une des grandes causes qui rendent les hommes trop éminents et surtout les souverains étrangers aux sentiments vertueux et tendres.

que pour s'épouser, et très insipides si dans le mariage ils considèrent autre chose que l'amour, et les amants des tragédies méprisables à moins qu'ils ne se tuent, quand ils sont malheureux. Cependant nous savons bien que ce n'est pas ainsi que les choses se passent ordinairement. Ces mœurs théâtrales ont le grand inconvénient de monter les imaginations; les jeunes gens qui ressentent les passions se croiraient au dessous de tout s'ils n'étaient pas au delà de la raison; et les gens plus âgés qui les jugent se croient obligés d'égaler au moins la sévérité des auteurs dramatiques. Il entre de l'hypocrisie dans ces exagérations.

Soyons donc vrais, c'est la première condition pour être bons. D'une part, il n'est pas nécessaire pour que l'amour soit intéressant, touchant et bienfaisant qu'il soit une fureur. Il suffit qu'il soit un sentiment tendre et généreux. D'autre part, il n'est que trop certain qu'il est rarement assez fort pour déterminer seul au mariage[a]. Aussi il faut convenir encore que la plupart de nos liaisons formées par l'amour ne sont pas des mariages. Elles ont bien plutôt pour objet de nous y soustraire ou de nous en consoler.

C'est un malheur sans doute, car ces liaisons tourmentées par les lois, exposées à mille traverses contraires ou du moins opposées souvent à beaucoup de devoirs et d'intérêts chers, donnent rarement un bonheur paisible et jamais un bonheur complet. Il en est pourtant qu'un heureux concours de circonstance et une grande perfection dans la conduite soustraient à tant de tourments et qui ont un cours tranquille. Alors elles sont d'autant plus délicieuses qu'ayant eu plus d'obstacles à surmonter, on a eu plus d'occasion[s] de s'assurer réciproquement d'un dévouement inébranlable. Celles-là sont peut-être les plus tendres de tous les attachements, et s'il est permis de se servir d'une comparaison bien commune, on peut les regarder comme des lots à une loterie désavantageuse, qui sont bons précisément parce qu'il y a une foule de perdants, au sort desquels on s'est exposé. C'est assurément une chance qu'on ne doit pas s'empresser de courir.

Ces liaisons d'ailleurs sont exposées au blâme. On les regarde comme illicites et elles le sont réellement. Ceux qui n'ont pas de peine à se défendre d'attachements bien vifs parce qu'ils sont incapables de les inspirer ou de les éprouver, ne manquent pas de sévérité pour condamner les torts auxquels ils peuvent conduire. Cependant ce n'est pas le plus grand nombre. Nous avons tous au fond du cœur un grand penchant à nous intéresser aux affections tendres. Les lois qui les condamnent nous semblent bien sévères, l'autorité qui s'y oppose nous paraît dure et les

a. C'est ce qui a fait dire au grand Bacon qu'il joue un plus grand rôle au théâtre que dans le monde : *Plus scenae quam vitae prodest.*

intérêts particuliers qui les contrarient nous sont toujours odieux. Cette disposition est bien sensible à la lecture des romans et à la représentation des pièces de théâtre. C'est elle qui est cause du plaisir que nous y prenons; elle se retrouve dans la société, et elle est une preuve de la bonté de notre nature et du charme que nous trouvons aux passions bienveillantes.

Dire que l'amour est sujet à l'inconstance, c'est faire une observation bien triviale. Mais ce qu'il faut remarquer, c'est que cela est d'autant moins vrai que le plaisir des sens y domine moins et que le sentiment y a plus de part. Aussi quand un attachement, même désapprouvé d'abord, est justifié par la constance et, pour ainsi dire, consacré par le temps, il nous devient respectable, et nous avons raison, car il est prouvé que ce n'est qu'une amitié extrêmement tendre; c'est ce que j'appelle l'amour, et un tel sentiment ne peut guère exister qu'entre deux personnes très estimables.

Je ne conçois pas comment Mr de Buffon a pu ne voir que de la vanité dans le moral de l'amour et a pu prononcer qu'il n'y a *que le physique de cette passion qui soit bon..., que le moral n'en vaut rien*, et regretter pour nous à cet égard le sort des animaux [a]. Je trouve que c'est méconnaître absolument le cœur humain et même la nature animale. Beaucoup d'espèces sont accessibles au sentiment de préférence, à la jalousie, en un mot à beaucoup de ces affections morales que Mr de Buffon regarde comme si funestes. Dans l'espèce humaine au moins il n'y a certainement rien de plus opposé aux sentiments tendres que la vanité par laquelle ils sont presque toujours persécutés. Je ne comprends pas davantage comment des philosophes qui ont vanté l'amitié jusqu'à l'excès, ont cru devoir professer mépris pour l'amour comme pour une passion brutale, tandis qu'il n'est que l'amitié rendue plus vive par la différence des sexes. Il y a de l'affectation dans tout cela; je dirais volontiers comme le Clytandre des *Femmes savantes*:

Le ciel m'a dénié cette philosophie
Et mon âme et mon corps marchent de compagnie.

Je crois beaucoup plus près de la vérité sur ce point le commun des hommes bons, qui suivent tout simplement leur nature morale, sans prétendre mépriser aucune partie, et il me paraîtrait bien plus réellement philosophique de reconnaître et démontrer que nous devons tout ce que nous avons de bonheur et de puissance et jusqu'à notre existence et celle de la société au penchant de la *reproduction* uni au penchant de la *sympathie.*

a. *Discours sur les animaux*, qui au reste n'est pas son meilleur ouvrage. Il venait d'être harcelé par les théologiens.

En convenant avec moi que l'amour est un penchant louable, qu'il est en nous le premier germe de toutes les passions bienveillantes, qu'il développe notre sensibilité morale et que par conséquent il s'allie à toutes nos vertus et les favorise, on trouvera sans doute que l'intérêt qu'il m'inspire m'a porté à en parler trop avantageusement, même alors qu'il est illégitime, que j'ai traité trop légèrement ce qu'on appelle la pureté des mœurs et même la foi conjugale, et qu'enfin puisque j'avoue que l'amour n'est un sentiment digne d'estime qu'autant qu'il est une amitié tendre, il faut réduire à la simple amitié toute liaison entre homme et femme, hors du mariage.

À cela je réponds d'abord que je n'ai posé aucun principe, que sans dogmatiser, je n'ai fait que raconter. Je crois avoir été l'interprète exact de la nature en disant que *l'amour* est le résultat du besoin de *reproduction* joint à celui de la *sympathie.*

J'ai été l'historien fidèle de nos erreurs, en montrant toutes les folles idées que cette passion a fait naître dans les têtes des hommes de tous les temps et de tous les pays, toutes les lois absurdes ou barbares dont elle a été l'objet et toutes les chaînes dont on l'a si mal à propos surchargée, erreurs dont la source première est l'importance exagérée attachée à la virginité et à la chasteté ; et certainement dire ces vérités n'est pas faire l'apologie de la débauche ni du libertinage. Je n'ai pas été moins véridique en affirmant qu'au fond de nos cœurs nous nous intéressons à l'amour quand il se montre constant et délicat, et que naturellement nous nous irritons contre les obstacles qu'on lui oppose. C'est encore là un simple énoncé de faits dont les preuves sont sous les yeux de tout le monde. J'ai été si loin d'en rien conclure en faveur des liaisons illicites, même les plus excusables, que j'ai dit formellement qu'elles ne pouvaient que très rarement conduire, après bien des traverses, à un bonheur un peu paisible, et jamais à un bonheur complet et j'en ai expliqué les raisons. Or je crois que c'est le meilleur de tous les moyens pour en éloigner, et un beaucoup plus puissant que toutes les déclamations. De plus, je demande que l'on observe que c'est le seul moyen qu'on puisse employer dans un ouvrage comme celui-ci. Car je ne fais ni un catéchisme, ni un sermon, ni même un code. Je ne fais qu'examiner successivement toutes nos passions, pour voir quelles sont celles qui peuvent nous rendre heureux ou malheureux ; et en pareil cas, dire qu'une passion ne peut conduire au bonheur, c'est bien la réprouver autant que possible et d'une manière très efficace. Car assurément le bonheur est le but de tous nos désirs. Mais enfin je ne puis faire un forfait de ce qui n'est qu'une faute. D'ailleurs l'expérience prouve que ces exagérations trop employées ne servent à rien pour l'objet qu'on se propose, et elles sont nuisibles sous beaucoup d'autres rapports.

Quan[t] au projet de réduire à la simple amitié toute liaison intime entre homme et femme hors du mariage, je ne balance pas à déclarer franchement que c'est une idée fausse et impossible à réaliser, parce qu'elle est contre nature. Il est très possible sans doute qu'un homme ne soit que l'ami d'une femme digne d'être aimée, quoique tous deux dans l'âge de plaire, si elle a dans le cœur un sentiment plus tendre et surtout si lui-même est dans une position semblable, car alors ils ne sont l'un pour l'autre que d'un intérêt secondaire; mais s'ils n'ont aucune passion prédominante, s'il s'établit entre eux une amitié intime et telle qu'ils suivent réciproquement leur premier intérêt, il est impossible qu'ils ne s'inspirent pas des désirs, quand même ils n'auraient pas les avantages extérieurs les plus capables de les faire naître. C'est dans la nature, et c'est ce qui a fait observer généralement que souvent des femmes, même laides, sont plus aimées et plus constamment que les plus belles, parce que la beauté inspire d'abord des désirs qui ne sont pas toujours suivis de l'amitié[a], au lieu que l'amitié une fois établie fait naître insensiblement et nécessairement des désirs si des désagréments insurmontables ne s'y opposent pas; et alors l'amour est parfait. Or, quand ces désirs se font sentir, ils causent une telle anxiété, un tel malaise, tant qu'ils ne sont pas satisfaits, ils mettent une telle gêne dans le commerce entre l'homme et la femme, qu'il faut nécessairement qu'ils leur obéissent, ou que leur amitié se rompe. J'en appelle sur ce point à tous les philosophes qui ont parlé de l'amitié. Comment! Ils veulent, et avec raison, que deux amis soient inséparables, qu'ils ne fassent qu'un, qu'ils se dévouent l'un pour l'autre, qu'ils n'aient rien à se refuser, sans quoi ils les déclarent indignes du nom d'amis; ils excusent même les fautes auxquelles l'excès de ce sentiment respectable peut les entraîner dans les relations sociales et dans les crises politiques; et ils voudraient que deux amis de sexe différent se refusassent réciproquement la satisfaction de désirs qui les tourmentent et qui sont conformes au vœu le plus impérieux de la nature et qu'ils peuvent d'un seul mot changer en plaisirs; que pouvant être au comble du bonheur, ils se désespérassent de propos délibéré; et ils concevraient que leur union pût n'en être pas altérée!! Cela peut se trouver dans un mauvais roman, comme ils sont presque tous, mais jamais dans l'histoire. Encore une fois cela est impossible.

a. C'est ce qui fait qu'une jeune personne qui entre dans le monde sans expérience et avec des avantages extérieurs trop remarquables est rarement heureuse et est plus souvent entraînée dans le désordre qu'elle n'est fixée par le sentiment. C'est ce qui fait aussi que les femmes n'ont guère de vrais amis que quand elles ont passé l'âge d'avoir des amants.

Ceci m'amène à parler de la foi conjugale.

Je la respecte sans doute; toute promesse faite doit être exécutée. Tout engagement pris doit être rempli. Mais celui-ci n'est-il pas d'une nature particulière? En quoi précisément consiste-t-il? Est-il bien vrai qu'il renferme réellement la promesse de s'aimer et de s'aimer toujours? Je n'en crois rien, mais c'est ce qu'il faut examiner. N'oublions pas que le mariage est presque inévitablement étranger à l'amour, et qu'il y entre nécessairement, et doit y entrer, beaucoup de considérations d'un autre genre. Cela étant, je le demande, est-il un seul homme de bon sens qui, quand il reçoit à l'autel ou devant un magistrat le consentement d'une femme qu'il épouse par beaucoup de motifs différents, ou d'une jeune novice qu'il connaît à peine et surtout qui ne se connaît pas elle-même, est-il, dis-je, un seul homme qui dans ce cas croie sincèrement qu'il vient recevoir le serment d'être aimé toujours? Est-il un seul des assistants qui ait un moment cette idée? Si quelqu'un conçoit l'espérance que cela arrive, n'est-elle pas uniquement fondée sur la connaissance des qualités des conjoints, des soins et des procédés dont ils sont capables et non sur les mots qui viennent d'être prononcés? A la comédie où les vrais sentiments se montrent plus naïvement, est-il une seule personne qui ne rie de la balourdise du notaire qui explique gravement à la jeune Indienne[1] que, par le contrat qu'il vient de rédiger, son mari est obligé de l'aimer toujours, et de la simplicité de la jeune personne qui demande tout de suite ce papier, afin, dit-elle, de lui montrer sa promesse s'il était tenté de l'oublier? Je vais plus loin. Est-il possible de faire une telle promesse? Sommes-nous libres d'aimer ou de ne pas aimer? Nos sentiments dépendent-ils de nous? Personne assurément ne variera sur les réponses à faire à ces questions. Cette promesse se réduit donc à celle de ne préférer personne [d'] autre pendant la durée de son engagement. C'est tout ce qu'on peut exiger en droit rigoureux, et c'est encore beaucoup dans la pratique, surtout si celui ou celle à qui on s'engage ne le mérite pas. Car alors est-il bien certain que c'est le plus estimable des deux qui est victime et qui est digne de tout l'intérêt du public et des particuliers.

Je crois donc être à l'abri du reproche de trop de facilité, autant qu'on puisse l'être quand on n'a pas recours à l'hypocrisie pour s'en garantir. Je demande surtout que l'on remarque que je n'ai point été chercher des excuses dans l'imprudence de la jeunesse, les erreurs des sens, la violence des passions. Ce n'est point le désordre que je prends sous ma protection. J'ai simplement analysé nos sensations, et je les ai jugées sévèrement, mais avec équité, et si j'ai trouvé dans nos lois et nos institutions plus d'erreurs

1. Référence à la pièce de Chamfort, *La Jeune Indienne* (1764).

que dans nos cœurs, je m'en réjouis; car les premières sont notre ouvrage que nous pouvons changer, au lieu que nos sentiments sont celui de la nature qui est immuable.

En effet, il n'est douteux pour personne que l'amour ne soit un sentiment délicieux, et que quand il se trouve dans le mariage, il n'en fasse l'état le plus heureux et n'y devienne la source de beaucoup de biens et de beaucoup de vertus. Aussi l'y a-t-on toujours souhaité et de tout temps l'on se plaint que l'amour et l'hymen sont deux frères trop désunis. Mais peut-être n'a-t-on jamais assez remarqué que c'est parce que celui-ci embrasse nécessairement beaucoup d'autres intérêts que celui de nos sentiments. Si on y avait fait une attention suffisante, ce serait à son service et non pas à celui de l'amour que l'on aurait mis Mercure. Le dieu des marchands devrait être à la disposition de l'hymen qui n'est que trop souvent qu'un marché. Quoiqu'il en soit, si dans leurs discours la nature est toujours du parti de l'amour, l'hymen a été constamment le protégé de tous les législateurs et de tous les moralistes. Parlons sans figure : tous ont voulu que le lien du mariage soit respecté et que les devoirs qu'il impose soient exactement remplis; et ils ont eu raison. On doit leur savoir gré de leurs motifs, car si l'on en excepte quelques théologiens farouches, qui font consister la vertu dans la mortification, l'abnégation de soi-même, le renoncement à tout bonheur dans ce monde, tous ont désiré véritablement notre plus grand bien-être et se sont proposé par leurs préceptes de rendre la société sûre, douce et tranquille. Mais ont-ils bien pris le meilleur chemin pour arriver à leur but? Je ne le crois pas et leur peu de succès dont eux-mêmes se plaignent me paraît prouver que j'ai raison.

Il est deux manières de porter les hommes à remplir un devoir. L'une est d'en exagérer l'importance, d'accumuler les menaces et les punitions contre ceux qui y manquent, l'autre est de mettre tous ses soins à rendre facile, et s'il se peut agréable, la pratique de ce même devoir. La première, quoique dure et sévère peut réussir jusqu'à un certain point, tant qu'il ne s'agit que d'[empêcher]* des actions, mais on sent qu'elle est tout à fait impuissante quand il faut, comme ici, inspirer des sentiments. Elle peut à toute force produire l'ordre, mais jamais le bien-être; l'obéissance, mais non pas le bonheur; elle peut bien me faire renoncer à ce que j'aime, mais non me faire aimer ce qu'on me prescrit. Cependant c'est celle que les précepteurs des nations ont presque toujours préférée, et elle atteste, à mon avis, leur incapacité. Car il est bien aise de prescrire, de défendre, de punir; mais le grand art est de faire vouloir, et c'est celui que je voudrais qu'on employât, du moins quelquefois.

* *Le manuscrit porte par erreur* : employer.

D'ailleurs cette marche sévère a un grand inconvénient. Quand il s'agit d'un devoir à remplir, les hommes sont nécessairement partagés en deux classes, ceux à qui ce devoir est imposé, et ceux en faveur de qui il est exigé. La loi parle à tous. Les premiers sont peu disposés à lui obéir, mais les autres se laissent facilement persuader pour elle. Ils s'exagèrent les droits qu'elle leur reconnaît et se dispensent de mériter ce qu'elle déclare leur être dû. Les exemples ne manquent pas pour confirmer ce que j'avance : il suffit d'y penser un moment pour les trouver. Ainsi la loi crée des malheureux et des oppresseurs. Dans l'occasion présente elle fait pis encore. Par la sévérité, elle enflamme les imaginations et exalte les passions au lieu de les calmer. En exagérant l'importance des devoirs, en les déclarant sacrés, elle intéresse la vanité d'une part à les faire observer, de l'autre à les faire enfreindre. Elle fait attacher un prix infini à en obtenir le sacrifice, et souvent une sorte de générosité à l'accorder. Ainsi elle-même provoque la résistance et surtout de la part des âmes élevées et énergiques. C'est en rendant les femmes malheureuses qu'on leur crée des consolateurs, et qu'on les dispose à en chercher, sans compter que le ménage est déjà insupportable, quand la contrainte seule les empêche de s'en procurer. Les mœurs de toutes les nations offrent encore des preuves de ces vérités.

Je reviens donc à ma thèse. Je voudrais qu'on s'occupât de faire vouloir aux hommes ce qu'on leur ordonne et, qu'au lieu de serrer outre mesure le lien conjugal, on empêchât qu'il ne blesse. Il en est trois moyens principaux. Le premier est l'extrême liberté des jeunes hommes et des jeunes filles non encore engagés; le second est d'offrir des ressources à ceux qui se sont engagés témérairement; le troisième est d'adopter toutes les mesures propres à faire qu'il entre dans les projets de mariage le moins possible de motifs étrangers à l'amour. Je commence par le dernier qui favorise les deux autres.

Je me rappelle qu'autrefois j'ai publié un petit ouvrage[1] écrit avec une négligence qui pourrait le faire soupçonner de précipitation, mais que pourtant j'avais longuement médité. Il s'agissait de savoir quels sont les moyens de rendre une nation réellement vertueuse, en d'autres termes de lui donner une morale fondée sur des bases réellement solides. J'observai d'abord que l'enseignement direct, les leçons, les sermons, les catéchismes, les traités dogmatiques sont d'une très faible utilité. Tout cela n'apprend guère que ce que tout le monde sait, et d'ailleurs, quoiqu'il soit

1. *Quels sont les moyens de fonder la morale d'un peuple?* Publié en l'an 6 (1798), d'abord dans trois livraisons du *Mercure français* (10, 29 et 30 ventôse) puis sous forme de brochure, ce texte a été réédité 21 ans plus tard à la suite du *Commentaire sur l'*Esprit des lois *de Montesquieu*, dans l'édition Desoer de 1819. Voir *Œuvres complètes, I*, p. 123-148.

vrai dans un certain sens que *Tout vice est issu d'ânerie*[1], il est pourtant vrai aussi qu'il est rare de mal faire que faute de savoir. Je trouvais ensuite que la bonne administration de la justice et la prompte punition des délits avai[en]t une bien plus grande et bien plus heureuse efficacité. Mais surtout je faisais voir que le plus puissant de tous les moyens pour porter les hommes au bien était de leur ôter autant que possible des occasions et des motifs de s'en écarter et que, sous ce rapport, il n'y a pas une mesure administrative puis une combinaison politique qui par des conséquences fort éloignées n'influe[en]t puissamment sur la moralité d'un peuple. Je citais, entre autres exemples, différentes opérations de finance qui, en ouvrant la porte à des gains illicites ou seulement exagérés et à de nombreuses malversations, ne pouvaient manquer de porter la corruption dans toutes les parties de l'Etat, malgré les menaces des casuistes et même celles des lois. En me résumant, je finissais par cette maxime : *Quand il est question d'agir sur des êtres animés, rien de ce qu'on veut opérer directement ne réussit. Rendez les circonstances favorables et ce que vous désirerez arrive sans que vous ayez l'air de vous en mêler.*

Je suis toujours plus persuadé de ces vérités et elles sont tout à fait applicables au cas dont il s'agit maintenant. Ainsi sans prêcher inutilement le désintéressement dans les projets de mariage, faites qu'il y ait peu d'occasions ou peu de motifs pour y mêler des calculs d'intérêt : vous verrez que beaucoup de personnes s'uniront en ne consultant que leur cœur. Partout où la distribution des castes est très prononcée, où le crédit auprès des gens puissants est un grand moyen de succès, où les fortunes sont très inégales, où elles peuvent être accrues exagérément par des testaments ou par des gains subits, où par suite le goût du luxe devient un besoin et la vanité une passion dominante, où enfin la puissance paternelle est excessive, vous verrez beaucoup de mariages déterminés par ces motifs et par conséquent destinés à être malheureux ou du moins fort tristes et fréquemment troublés par les sentiments qu'inspire la nature qui ne perd jamais ses droits.

Les pays où règnent ce qu'on appelle des mœurs simples, qu'il ne faut pas confondre avec des mœurs austères, vous offriront un aspect tout contraire. Peu de richesse, l'aisance universelle, point de cour à faire à personne, peu de voies ouvertes à l'ambition et à la cupidité, une bonne éducation, des idées saines, le bon goût de la société généralement répandu, font que les jeunes gens ont beaucoup de latitude dans leur choix, qu'ils ont

1. Référence à l'*Épître à Clément Marot* de Jean-Baptiste Rousseau :
Du vieux Zénon l'antique confrérie
Disait tout vice est issu d'ânerie.

peu de raisons pour en faire de mauvais, et que le mérite personnel est très prisé. Peut-on douter qu'il ne soit plus commun, plus recherché, et plus souvent la cause d'attachements vrais et d'unions heureuses.

Avant d'aller plus loin, je dois répondre à une objection qui n'en vaut cependant la peine que parce qu'elle est aussi fréquemment répétée : bien des gens disent *que les mariages d'inclination sont souvent malheureux.*

D'abord, [si] cela est vrai, comme il faut l'avouer, cela est encore plus vrai des mariages d'intérêt. Ainsi cela prouve seulement une triste vérité, c'est que parmi nous le bonheur est très rare. Ce n'est pas faire l'éloge de nos institutions.

Ensuite il y a une grande raison pour que, dans l'ordre des choses dont je me plains, les mariages dits d'inclination ne soient pas toujours heureux. Quand dans une société tout est arrangé de manière qu'il y ait beaucoup de motifs pour se marier par intérêt, par ambition ou par vanité, et quand l'usage en est devenu général, il faut une grande force de caractère, ou un grand fonds d'étourderie, ou une passion violente, souvent irréfléchie, pour résister à la fois à la force de ces motifs et à celle de l'exemple et pour n'écouter que son inclination. Or comme de ces trois causes, il n'y a que la première qui puisse donner assez de fermeté et de constance pour ne pas céder aux nombreuses occasions que l'on a de regretter les avantages auxquels on a renoncé, il n'est pas étonnant qu'une pareille détermination soit souvent suivie du repentir. Il n'en serait pas de même dans un ordre des choses où tout porterait à suivre tout simplement l'impulsion de la nature.

C'est ainsi qu'autrefois on traitait de libertins tous ceux qui méprisaient la superstition, et l'on avait souvent raison. Car quand la crédulité est universelle, c'est souvent le dévergondage des idées, plus que la force du raisonnement qui fait qu'on en secoue le joug. Il faut de l'audace et même de la témérité pour s'en affranchir. Mais aujourd'hui que ces matières ont été discutées et éclaircies maintes et maintes fois, et qu'il est bien aisé de s'en instruire, il serait ridicule d'appeler libertins les incrédules. Car on voit une foule de gens d'un caractère calme et même d'un esprit fort ordinaire qui sont au dessus des opinions populaires. Il est donc vrai qu'il est à désirer qu'il soit facile de suivre son inclination en se mariant.

Cependant, et ceci est mon second point, cet avantage demeurerait inutile si les jeunes gens et les jeunes filles n'avaient pas le moyen de se connaître et de se choisir, je devrais dire de s'éprouver réciproquement. Partout où les filles à marier n'ont pas la plus grande liberté, il ne peut y avoir des ménages supportables que rarement, et des ménages désirables que par le plus grand des hasards. Le comble de l'absurdité est de les renfermer et de les hébéter, comme dans les pays où il y a des harems et des couvents. Comment ! Par tout pays, avant de s'unir à quelqu'un pour un intérêt médiocre, pour un commerce, pour un voyage, pour une affaire même passagère, ou pour les faibles rapports de maître et de domestique, on désire connaître sa moralité, sa capacité, jusqu'à son humeur, et dans les trois quarts de la terre on n'est pas effrayé et révolté d'un ordre des choses tel que de toutes les associations, la plus intime et la plus continue, celle d'où dépend le sort de la vie et où il s'agit non pas seulement de s'estimer mais de s'aimer, soit nécessairement contractée sans la moindre connaissance de ce qu'on fait ! Et de tous ces habiles donneurs de préceptes et de lois qu'on révère, aucun ne s'est avisé de voir que c'est pour cela qu'ils sont si mal obéis !! Et que c'est cela peut-être que l'on devrait changer !! Ils n'y ont pas trouvé d'autre remède que de multiplier les prescriptions et les menaces !! Et on ne les a pas proclamés ineptes et indignes de leurs fonctions !! En vérité, cela est trop stupide et suffirait seul pour démentir la fameuse définition qui fait de l'homme un *animal raisonnable*, quand tant d'autres choses ne prouveraient pas combien elle est ridicule.

Vraiment je vois bien d'où vient tant de démence. Les prêtres veulent dominer. Les autorités politiques veulent accoutumer à la soumission en tout genre. Les [pères]* veulent être obéis, et faire de leurs enfants des instruments de leur cupidité, de leur vanité ou de leur ambition, en faisant par leur moyen des marchés avantageux. Les mères veulent cacher les défauts de leur marchandise qu'elles n'ont pas su rendre désirable pour un homme raisonnable[a], et savent bien qu'à la manière dont elles ont élevé leurs filles, elles ne peuvent compter que sur des verrous et non pas sur leur raison. Les filles sont tout à fait idiotes et font ce qu'on veut, ou ne voient le mariage que comme l'instant de leur affranchissement et de la possibilité de faire d'autres choix à leur fantaisie. Les jeunes gens subissent le joug ne pouvant faire autrement et font leur compte de s'y soustraire le plus possible. Joignez à tout cela l'habitude et ainsi va le monde. Mais en vérité ce ne sont point là des motifs que puisse accueillir un moraliste, un ami de l'humanité, un homme qui aime le bien, un homme de bon sens.

Les filles à marier, je le répète, doivent jouir de la plus entière liberté ; c'est le seul moyen de préparer leur établissement convenablement. Quand elles sont sorties de l'enfance, quand leur raison est développée (il est vrai qu'il faut s'occuper de la former), elles sont propriétaire de leur personne, elles doivent en disposer. Celles surtout qui ont de bonnes qualités, et ce sont celles-là qui méritent faveur, ont le plus grand intérêt à se faire connaître, à connaître ceux qui peuvent les rechercher, principalement à se

* *Le manuscrit porte par erreur* : prêtres.

a. Je me sers exprès d'expressions basses pour caractériser des sentiments abjects.

connaître elles-mêmes. Elles doivent acquérir de l'expérience avant l'expérience décisive. Tout cela ne peut point se faire dans des réunions rares, passagères et gênées, mais seulement au moyens de relations habituelles. Ce sont donc elles et elles uniquement avec les jeunes gens qui s'occupent d'elles, qui doivent composer la société générale de ce qu'on appelle le monde. Les hommes mariés ont leur femme, leur famille, leurs affaires, leurs études s'ils en sont capables, quelques amis s'ils en sont dignes, des devoirs à remplir s'ils ont un état : ils sont occupés. Les femmes, avec leur ménage, leurs enfants, une société intime, leur mari si elles l'aiment, ont bien de quoi remplir leur temps, et ne pouvoir même pas se répandre au dehors sans contrariété.*

Partout où vous voyez les uns et les autres faire la foule, soyez sûrs qu'ils sont conduits par l'esprit d'intrigue ou de libertinage et chassés de chez eux par le chagrin. Les jeunes gens des deux sexes au contraire ont besoin de se rencontrer pour se connaître et se choisir. Ils ont à faire dans le monde comme les négociants à la bourse, et l'on doit s'apercevoir que leurs affaires avancent et se mûrissent à mesure qu'ils commencent à se retirer du fracas. Je n'ai jamais vu un homme ou une femme occupés de sentiments tendres (même hors du mariage qui donne tant d'occupation) qui ne désirassent la vie retirée.

C'est la nature que je prends pour guide dans mes spéculations. Il est si vrai que le bon ordre que je viens de décrire est suivant son vœu qu'il s'établit de lui-même quand des passions factices ne s'y opposent pas trop puissamment. On le trouve dans plusieurs cantons de la Suisse; on en voit des traces dans quelques villes de province et dans les conditions moyennes, et il se montrera toujours partout où l'autorité des prêtres, des rois et des pères ne se fera pas trop sentir. Ces expressions paraîtront séditieuses, mais je répondrai par l'exorde connu d'un fameux missionnaire qui, montant en chaire, et voyant pour la première fois son auditoire composé de gens considérables par leur rang, leur naissance et leur fortune s'arrête et s'écrie : *Malheureux, qu'ai-je fait ? Jusqu'à ce jour mes menaces et mes reproches ont affligé le pauvre à qui je devais des consolations!*

* *L'édition italienne et sa traduction en français comportent ici une note de bas de page ainsi traduite par G. Chinard* : Ce que je dis ici aurait paru ridicule à Paris quand j'étais jeune, c'est-à-dire il y a quarante ans : mais on aurait pu l'imprimer, sauf que l'auteur aurait été sifflé par ceux qui s'appellent le beau monde. Aujourd'hui (1813) beaucoup de motifs auraient empêché de le laisser imprimer, mais une fois imprimé, personne ne le regarderait comme une chose extravagante. De là, je conclus que le public a gagné, tandis que le gouvernement a perdu. La société s'est rapprochée de ses institutions et l'autorité s'en est éloignée. L'une est plus durable que l'autre. [*C'est grâce à cette note que l'on sait que* De l'amour *a été rédigé en 1813*].

C'est contre les Grands et les puissances de ce monde que je devais tonner. Ce sont eux que je devais effrayer sur l'abus des moyens dont ils disposent, et sur le malheur que produisent leurs fautes, etc. Il avait raison cette fois, et dussé-je déplaire, c'est à ceux qui peuvent et non pas à ceux qui souffrent que j'imputerai nos maux. Je conviens que cela me mettra en opposition avec la plupart des prêcheurs les plus vénérés, mais la raison et la justice le veulent, et mon âge m'en donne le droit. Je suis père et grand-père et je suis heureux en famille. Ainsi je ne me suis pas mal tiré de l'ordre des choses au milieu duquel j'ai vécu. Mais j'en ai senti toutes les influences, et c'est d'après mon expérience que j'en réclame un meilleur.

Je sais que celui que je désire est impossible dans une ville qui est la résidence d'une cour. Je sais qu'il est incompatible avec l'empire de la superstition. Je sais en un mot qu'il est contraire à beaucoup de préjugés et de passions, et je m'en afflige. Mais je sais aussi qu'il est excellent et conforme à la nature et à la raison, et cela me suffit pour le recommander : les avantages sont innombrables.

Premièrement il y a convenance. C'est dans le jeune âge empressé de connaître et de vivre que siègent le mouvement et l'agitation. On a besoin de voir les hommes et les choses puisqu'on a à se créer des attachements et des intérêts. Plus tard on doit avoir trouvé l'un et l'autre. Est-il rien de si pitoyable que de voir des hommes et des femmes dont le sort est fixé, ou qui sont même au bout de leur carrière, courir le monde en désœuvrés, comme s'ils avaient à y chercher leur place ? Qu'attendent-ils donc pour s'en retirer ? Est-ce le tombeau ? C'est, dit-on, l'intérêt de leurs enfants qui les y attire. J'entends [qu'] ils veulent en leur faveur remplacer par l'intrigue le mérite qu'ils n'ont pas su leur donner. Mais pourquoi est-ce de préférence ce genre de soin qu'ils aiment à se donner pour eux ? Pourquoi ces parents si actifs et si tendres ont-ils commencé par négliger leur éducation ? Pourquoi les rendent-ils si souvent malheureux à la maison ? Pourquoi les y gouvernent-ils si despotiquement ? Pourquoi retardent-ils tant leurs jouissances ou altèrent-ils leur fortune pour continuer à se montrer avec éclat ? Pourquoi veulent-ils faire leurs affaires, qu'ils feraient eux-mêmes plus à leur goût ? Pourquoi enfin veulent-ils leur faire un bonheur à leur manière, plutôt qu'à celle des intéressés ? Sans doute les parents doivent protéger, instruire, diriger, secourir. Mais est-ce bien là ce que font ceux qui sont si répandus, et pourquoi le monde est un besoin ? Avouons-le, nous qui sommes vieux. C'est l'envie de dominer, c'est l'ennui, c'est la sécheresse de nos cœurs et le vide de nos esprits qui nous poussent ainsi hors de notre sphère. Le pis de tout est de donner à ses torts de beaux dehors.

Secondement, le changement que je demande dans la société n'est rien moins que la régénération complète. Par cela seul qu'elle sera composée de jeunes gens, elle deviendra tout de suite plus simple et plus morale. Le luxe en sera banni. On peut s'en fier sur ce point à l'économie des parents qui ne feront pas pour produire leurs enfants dans le monde les folles dépenses qu'ils font pour y briller eux-mêmes. La vanité cessera d'y régner, car elle n'est pas la passion favorite du premier âge qui a tant de moyens de plaire, et tant de besoins d'aimer. L'art et l'artifice y seront moins en usage, et la sincérité plus commune; les sentiments affectueux, les passions bienveillantes y établiront leur empire, et vous en verrez naître un caractère national tout nouveau.

Troisièmement, quand même on trouverait d'abord dans cet ordre des choses beaucoup de vices de l'ancien, son existence amènerait nécessairement l'amélioration successive des générations à venir; et c'est là son plus heureux effet, car le bien ne s'opère que graduellement. Certainement une jeune personne qui sait dès l'enfance que son établissement dépendra d'elle, que ses qualités personnelles, brillantes ou solides, y influeront plus que sa naissance, son crédit ou même ses richesses, que maîtresse de son sort elle n'aura à s'en prendre qu'à elle-même de son bon ou de son mauvais destin, certainement, dis-je, cette jeune personne aura plus d'activité, d'émulation, de réflexion, et prendra de très bonne heure une autre tournure d'esprit qu'une autre pensionnaire élevée dans l'idée que dans ce monde le mérite n'est rien en comparaison de l'intérêt et de la vanité, qu'on ne la recherchera pas pour elle-même mais pour sa dot, qu'on la prendra sans la connaître, qu'on la donnera sans la montrer, et qu'elle n'a rien à faire pour elle-même jusqu'au jour de son mariage, sauf à s'en dédommager le lendemain. Je vais plus loin. Les parents de la première, quand on les supposerait privés de toute moralité et de toute sensibilité doivent, par intérêt seul, chercher à former sa raison. Ne pouvant pas user uniquement d'autorité, ils doivent recourir à la persuasion. Sachant qu'elle sera maîtresse d'elle-même, qu'elle verra par ses yeux, et non par les leurs, ils ne se borneront pas à lui faire acquérir quelques talents frivoles, ils tâcheront de lui donner du discernement, de la mettre en garde contre la séduction, de lui faire connaître tout ce qu'ils auraient voulu lui laisser ignorer dans un autre ordre des choses. Ils lui donneront sans doute beaucoup de leurs préjugés, mais enfin ils les lui inspireront, et ne les commanderont pas. En les recevant, elle sera à même de les juger, et la timidité de son âge et de son sexe la rendra ordinairement prudente, peut-être même défiante.

Les jeunes hommes de leur côté seront l'objet de soins analogues à ceux-là. Que leur dit-on communément? Quand on veut leur donner ce qu'on appelle de bonnes mœurs, on leur inspire un respect profond et stupide pour les femmes en général et une haute idée de leur sévérité; on tâche de confondre dans leur tête la moindre erreur du cœur ou des sens avec l'excès du désordre et de leur persuader que l'un et l'autre sont exclusivement le partage de quelques malheureuses des dernières classes de la société, privées de toute considération et de toute vertu, mais que toutes les femmes qu'ils voient sont autant de Pénélope ; que, quant au mariage, c'est une affaire qui n'a rien de commun avec l'amour, et sur laquelle on les éclairera quand il sera temps. Par provision, on les éloigne de toute jeune fille, puis on fait de grandes dissertations sur le sentiment et la religion ; on leur donne des romans et des sermons et une grande haine pour la philosophie. Il en arrive que dès qu'une courtisane joue un peu le sentiment avec eux, ils la croient une rare exception à la règle générale ; que dès qu'une femme mariée leur fait la moindre agacerie, ils sont persuadés qu'il n'y a que la plus violente passion qui puisse l'emporter jusque là. Ainsi après avoir été plus ou moins attrapés par deux ou trois aventurières ou vieilles coquettes, on les marie à un enfant qu'ils croient vierge ; et par conséquent la perfection de son sexe. En un mot, on en fait des sots qu'une lente expérience éclaire trop tard, et il en advient ce qu'il plaît au hasard.

Quant à ceux que l'on destine à être désagréables, des hommes à bonne fortune et à faire leur chemin par leur talent de plaire (et, entendons nous, par le talent de plaire aux femmes mariées, car ils n'en doivent pas rencontrer d'autres), on leur parle plus légèrement des femmes, de leur vertu, de leurs engagements et de ceux qu'on peut prendre avec elles ; on tâche de leur faire paraître le sentiment très ridicule. On les arme contre toute espèce de sensibilité, et on en fait des hommes dépravés sous tous les rapports, entièrement voués à l'égoïsme le plus dur, qui disposent en effet de beaucoup de femmes, et qui finissent, quand ils le veulent, par trouver un bon parti qu'on ne manque pas de leur livrer s'ils ont su acquérir un certain crédit.*

Ces deux leçons moins opposées qu'elles ne le paraissent trouvent à peu près également d'approbateurs dans le monde et il est impossible qu'elles ne produisent pas leur effet ; car un jeune homme lancé dans la société, où il ne rencontre que des femmes mariées, doit nécessairement être dupe ou séducteur, à moins qu'après quelques erreurs, des circonstances singulières et un caractère rare ne le mettent à portée d'éprouver ou d'inspirer une de ces grandes passions qui font le destin de la vie, et qui le plus souvent l'abrègent ou l'empoisonnent.

* *L'édition italienne et sa traduction en français comportent ici une note de bas de page ainsi traduite par G. Chinard* : Je ferai observer en temps voulu que ces hommes, en dépit de mauvaises dispositions originelles et de leurs mauvaises habitudes, sont souvent les meilleurs maris ou du moins les moins mauvais. Tant il est vrai que c'est une chose des plus utiles que d'acquérir de l'expérience avant de s'établir, et même que l'expérience est nécessaire pour vraiment s'établir et surtout pour s'établir avec une autre personne.

Si au contraire ce jeune [homme] agréable à son entrée dans le monde trouvait la société composée de jeunes filles bien élevées et libres, aimant le plaisir sans doute, mais réfléchies, mais occupées de leur établissement, et par conséquent très assidues à l'observer pour savoir ce qu'on peut attendre de lui, et très alertes à découvrir ses mauvaises qualités et à démêler ses artifices pour s'en préserver, il s'apercevrait bientôt, quand même il n'aurait pas été averti d'avance, que la réputation de libertinage ou de perfidie n'est pas faite pour réussir dans un pareil cercle. Il pourrait bien encore tourner la tête à quelque petite fille, mais cela le rendrait suspect au lieu de le mettre à la mode, et s'il avait pour elle de mauvais procédés qui la perdissent, s'il manquait à la foi promise, s'il faisait trophée de sa faiblesse, il deviendrait bientôt l'ennemi commun et serait éconduit. Car ce ne sont pas là de jeunes femmes galantes cherchant les aventures, toujours prêtes à rire des malheurs de leurs rivales, qui au fait ne sont que des ridicules comptant sur leur existence, leurs charmes et leur adresse pour éviter des avanies pareilles, et d'ailleurs ne se ménageant guère, parce qu'elles ont un manteau qui couvre leurs faiblesses et l'exemple qui les autorise. Ici l'intérêt personnel rend la société sévère et c'est vraiment la république des femmes. Ainsi ce jeune homme serait obligé de changer de batteries et de tâcher d'acquérir des qualités estimables pour avoir du succès. Quant à celui qui aurait été élevé dans une ignorance complète des choses de ce monde, il serait sans doute très ridicule d'abord, et pourrait commencer par être attrapé par quelque intrigante; mais s'il s'en garantissait dans les premiers moments, il se formerait promptement, il verrait et jugerait par lui-même, et sa raison prendrait dans un tel atmosphère tout le développement dont elle serait susceptible. Au reste peu de débutants auraient besoin de ses leçons tardives, parce que les parents prévoyant les effets d'une expérience inévitable s'arrangeraient en conséquence et changeraient leur système d'éducation.

Je me crois donc en droit de conclure que le changement dont il s'agit produirait non seulement la réforme de la société actuelle, mais l'amélioration des générations à venir. Il aurait encore un autre effet très heureux, c'est de faire qu'on se marie plus tard. Dans le volume précédent [1] nous avons traité ce sujet sous le rapport de l'économie politique. Nous avons vu qu'il naît toujours dans un pays toujours plus d'hommes qu'il n'en faut, que la quantité de ceux qui y existent est toujours proportionnée à la quantité des moyens de subsistance et d'existence, que quand ces moyens augmentent, la population augmente tout de suite en proportion; que même la fécondité de l'espèce est si grande que quand les moyens

1. *Économie*, chapitre IX.

d'existence peuvent s'accroître indéfiniment, la population double tous les vingt ans, encore que le pays soit peu salubre et que les longévités y soient rares; qu'ainsi partout où elle est rétrogradée, ou seulement stationnaire, c'est que les hommes s'étouffent et s'affament les uns les autres, que beaucoup souffrent et languissent, et que ceux qui manquent absolument s'éteignent. Nous en avons conclu qu'à ne considérer que la puissance d'une nation, il était tout à fait inutile de s'occuper de multiplier le nombre des mariages et des naissances, parce que ce n'est qu'accroître celui des morts, et qu'il en résulte une population plus débile et un plus grand nombre d'enfants, relativement à celui des adultes, mais qu'à considérer le bonheur des individus (ce qui est bien préférable), il est au contraire fort à souhaiter qu'il n'en naisse qu'autant qu'il en peut vivre commodément et qu'ils ne soient pas réduits à périr de misère pour laisser la place à d'autres. Ici nous devons considérer la question sous un autre point de vue.

Le mariage, même quand il n'est pas indissoluble, est l'acte le plus important de la vie. C'est la détermination qui exige le plus de réflexion et d'expérience pour la prendre avec quelque connaissance de ses effets et de ses conséquences. Non seulement il est plus difficile de disposer convenablement de sa personne que de son bien, mais même il est tout à fait impossible de savoir si l'on pourra passer toute sa vie avec quelqu'un avant que le caractère et les sentiments de cette personne soient formés et qu'ils aient eu le temps et les occasions de se manifester : il faut être également formé soi-même pour en juger, et pour avoir quelque assurance qu'on ne variera pas dans ses opinions et ses affections, et plus encore pour être capable d'élever ses enfants convenablement.

Il serait donc à désirer pour les deux contractants et pour leur postérité future qu'il fût défendu de prendre l'engagement d'unir son sort à celui d'un autre au moins jusqu'à l'âge que les lois les plus sages auraient fixé pour la majorité. Cependant cela ne se peut pas parce que, même dans nos climats tempérés, le corps est nécessairement formé avant l'esprit, puisque celui-ci ne peut s'éclairer que quand nos organes sont développés. Or, on ne saurait refuser à une fille devenue mère de devenir épouse, ni à celui qui peut être père le droit d'être mari, surtout dans nos mœurs où une fille mère est si cruellement dégradée. Il faut donc les déclarer l'un et l'autre nubiles, à peu près dès qu'ils sont en état d'engendrer, et bien qu'ils soient encore enfants à tous autres égards. Pour remédier à cet inconvénient, on a imaginé de mettre ces enfants sous la sauvegarde de leurs parents, de les astreindre à ne pouvoir se marier sans leur consentement avant leur majorité, et même de les obliger envers eux, longtemps encore passé cet âge, à des formalités gênantes appelées chez nous *sommations respectueuses*, dont le but est d'ébranler leur résolution la mieux éprouvée, et enfin d'en retarder l'effet.

Les précautions plus ou moins bien vues sont utiles quelquefois. Mais il faut convenir qu'en général la sagesse des pères ne répond guère à la confiance du législateur; nous en avons vu bien des preuves, et ce qui est plus singulier, cette autorité paternelle destinée à empêcher les mariages prématurés et irréfléchis, est précisément ce qui en multiplie le nombre indéfiniment. Car d'une part, on enferme les filles, ce qui leur donne une envie démesurée d'être mariées et met les garçons dans l'impossibilité de les connaître; et de l'autre, la plupart des parents craignant qu'avec le temps leurs fils ne s'attachent à leur liberté, ou du moins ne veuillent plus se marier qu'à leur goût, se hâtent de les engager avant qu'ils puissent avoir à eux un avis bien prononcé. C'est-à-dire que s'ils n'extorquent pas précisément leur consentement, on peut dire qu'ils le surprennent, et ainsi ils s'assurent que la troisième génération encore se repentira de leur imprudence, de leurs passions et de leurs vices.

Rien de tout cela n'arriverait, si la société était ce qu'elle doit être. Les jeunes filles plus libres et plus éclairées seraient certainement moins promptes à se décider. Les jeunes gens à portée de les voir voudraient du moins les observer et ordinairement ne se décideraient à en épouser une qu'après avoir eu occasion de s'y attacher fortement; tous étant plus heureux seraient moins pressés de changer d'état. Beaucoup peut-être n'en changeraient pas, et enfin ceux et celles qui s'y décideraient seraient moins sujets au repentir.

Qu'il me soit permis de remarquer à ce sujet que si les erreurs se prêtent un mutuel appui, les vérités s'enchaînent plus étroitement encore. Quoique le célibat ait été regardé comme un état de perfection, on a fait un devoir religieux dans certains cas de faire des enfants, et en même temps on a crié par d'autres motifs que cela était très utile à l'État. Cependant il se trouve, malgré les préjugés reçus, qu'il est également de la saine politique et de la saine morale de retarder l'époque des mariages, c'est-à-dire que cela est également l'intérêt de la société et celui des individus, et que ce seul fait est intimement lié à l'accroissement de la liberté et de l'égalité civile, politique et domestique, et à toutes les parties de l'amélioration des mœurs et de l'ordre social.

Je suis donc excusable de m'être étendu si longuement sur ce sujet et je n'ai pas tort de mettre tant d'intérêt à l'affranchissement des jeunes gens et surtout des jeunes filles, et à leur existence dans la société. Cependant pour qu'il en résulte tous les biens qu'on doit en attendre, il faudrait encore une condition : ce serait d'attacher beaucoup moins d'importance qu'on ne fait aux faiblesses des jeunes personnes qui n'ont point encore subi le joug du mariage. Je sens qu'ici je vais faire jeter les hauts cris, révolter tous les préjugés, et me faire accuser de prêcher le libertinage. Mais la même chose m'arriverait si j'osais dire en Turquie qu'une femme peut montrer le bout de son nez sans être déclarée infâme, et à la Chine qu'il n'est pas absolument nécessaire [de lui comprimer] les deux pieds. Ainsi cela ne doit pas m'arrêter; ce que je dis est vrai, c'est là l'essentiel.

Il est assez singulier qu'une des difficultés du sujet soit de ne pouvoir en parler. On prononce sans scandale le nom de tous les crimes et l'on ne peut désigner que par des circonlocutions une action naturelle, souvent indifférente, à moins que ce ne soit dans de gros livres qui aient l'air scientifique. Le *Dictionnaire de Trévoux*, fait par les Jésuites, dit positivement que le mot *fornication* est un terme de théologie dont on ne se sert que dans des matières graves et saintes. Soit, refusons nous donc toutes les libertés qui ne sont permises qu'aux théologiens et ne nous réservons que celle d'être raisonnables, à laquelle ils ne peuvent pas prétendre, du moins exclusivement.

Quand on n'est pas théologien et quand on ne veut pas confondre toutes les idées du bien et du mal et anéantir toutes les bases de la morale, il faut toujours en revenir aux principes que nous avons établi[s] ci-dessus chapitre Ier : *Tout ce qui tend au bien de l'humanité est louable et vertueux; tout ce qui tend au mal est vicieux et répréhensible* à quoi on peut ajouter *tout ce qui ne nuit à personne est indifférent*. Or certainement quand une jeune fille accorde des faveurs à un jeune homme libre comme elle, elle ne fait tort à qui que ce soit, elle ne manque à aucun engagement puisqu'elle n'en a point pris. Si par cette action elle se fait tort à elle même, c'est une faute comme toutes les fautes de conduite dont on est puni par les conséquences qui en résultent, mais dont personne n'a le droit de se plaindre, et que personne n'a le droit de punir ni d'empêcher puisque personne n'est lésé. Tout ce que l'on peut faire, c'est de prendre une opinion plus ou moins défavorable du sujet qui a failli, suivant la connaissance que l'on a des motifs qui l'y ont déterminé. Ainsi, si cette jeune fille a été entraînée uniquement par ses sens, on peut en inférer qu'elle est de caractère à ne pas résister beaucoup à d'autres tentations de divers genres. Encore cette conséquence est peut-être sévère et pourrait plus justement être déduite de bien des actions différentes auxquelles on n'attache pas communément la même importance. Si elle s'est livrée par l'appât du gain, c'est une âme vile; ajoutez : comme bien d'autres (comme un flatteur, par exemple) à qui l'amour de l'argent fait faire encore pis sans être pendu pour cela. Si elle a succombé sous le poids de la misère urgente, c'est une malheureuse plus à plaindre qu'à blâmer. Si elle a été séduite par son cœur et par son entière confiance dans l'objet aimé, c'est une âme tendre et généreuse et peut-être un très beau caractère; car ceux-là acquièrent lentement la prudence. Toutes ces conclusions doivent varier suivant l'âge et les circonstances, et les moindres détails seraient nécessaires pour être assuré de leur justesse. Pourquoi donc par le seul fait qu'une malheureuse fille a succombé sans que ni nous ni elle-même souvent sachions comment, la trouvons-nous sans examen si coupable? Pourquoi des barbares l'ont-ils souvent livrée aux bourreaux? Pourquoi la punissent-ils dans son enfant, créature innocente qu'ils flétrissent dans son berceau? Pourquoi nous qui nous croyons si sensés et presque philosophes la couvrons-nous tout de suite d'opprobres et d'infamie, et lui fermons-nous par là tout retour à une existence honnête? Assurément, on n'en peut donner une seule raison tirée des idées d'équité et de justice.

Malheureusement, j'en vois de très fortes dérivant de l'esprit de politique et d'intérêt, et cela suffit bien pour accréditer un préjugé funeste. La superstition qui est, comme le dit Saint-Lambert, la crainte des puissances invisibles est une maladie mentale, naturelle aux hommes faibles et ignorants, à laquelle ils sont exposés principalement quand ils sont fortement émus et troublés. Les prêtres, qui règnent par elle, ont saisi ce moyen de tirer parti du plus violent de nos penchants pour nous asservir. Ils ont fait, comme nous l'avons déjà dit, du besoin de se reproduire quelque chose de sacré, de divin. Ils ont assujetti tout ce qui y a rapport à mille formalités religieuses. Ils ont fait des pêchés, c'est-à-dire des attentats contre la divinité, de toutes les manières de le satisfaire sans leur intervention, et il leur a été facile de persuader que des faiblesses qui offensaient Dieu directement étaient honteuses et devaient être méprisées et punies par les hommes. Les autorités politiques qui, quoiqu'on en dise, ont partout fait cause commune avec les autorités religieuses, malgré leurs discours passagers toujours plus apparents que réels, ont partagé et propagé cette fausse opinion. Les pères et mères, en étant imbus, l'ont encore fortifiée, croyant la crainte du déshonneur très propre à effrayer leurs filles et la regardant comme un frein salutaire capable de les empêcher de se livrer à leurs passions, et même d'écouter leurs sentiments, et d'oser jamais disposer d'elles-mêmes sans leur aveu.

Tout cela peut être bien vu pour dominer et contraindre, mais qu'en arrive-t-il? Ce qui arrive toujours quand on se met en opposition avec la nature et la justice. On lutte contre deux puissances invisibles; on se constitue dans un état violent, on crée mille maux particuliers, on se prive de beaucoup d'avantages et si c'est le bien qu'on se propose, on n'atteint pas son but; en effet, le déshonneur attaché aux fautes des jeunes filles est précisément ce qui, sans les empêcher, les rend funestes. C'est lui qui jette les malheureuses dans le désespoir, au point d'en porter un grand nombre au suicide ou à l'infanticide, malgré la plus violente résistance de la nature, et qui condamne les autres à passer leur vie dans le désordre, faute d'autres ressources, ou à l'abominable expédient d'épouser *malgré lui* leur séducteur, ce que l'on ose regarder comme un bonheur pour elles. C'est ce déshonneur qui augmente encore le désir des parents d'enfermer leurs filles, s'ils le peuvent, ou du moins de les tenir sous la plus exacte surveillance, et de s'en débarrasser le plus tôt possible [par] crainte d'accident. C'est lui enfin qui, quand elles seraient maîtresses d'elles-mêmes, les empêcherait de faire presque aucun usage de leur liberté et de donner le moindre essor à leurs pensées et à leurs sentiments, de peur qu'un événement imprévu, une faiblesse momentanée, ou seulement le soupçon d'une faute ne les perde[nt] à jamais.

Otez ce préjugé barbare autant qu'absurde : tout rentre à l'instant dans l'ordre naturel. L'inconduite, sans éprouver un châtiment cruel qui n'est dû qu'au crime, est punie comme elle doit l'être par les conséquences qui s'ensuivent. Certainement une jeune fille qui se sera fait à la réputation d'être trop facile, perdra toujours de son prix. S'il est connu qu'elle a cédé à un homme sans l'attacher assez pour qu'il daigne unir son sort au sien, elle sera moins recherchée par ceux qui auraient pu songer à elle. Cela est dans la nature. Cela est juste. Si de plus elle a le malheur d'en avoir un enfant, il lui reste en outre une charge considérable, sans personne qui l'aide à la supporter. Mais enfin elle pourra élever honnêtement cet enfant avec les moyens qui lui appartiennent. Ni lui ni elle ne seront dégradés. Elle pourra continuer à se montrer, à manifester son caractère, à faire connaître ses bonnes qualités si elle en a, à prouver par sa conduite que sa faute est l'effet de l'inexpérience et non de la corruption, et que tout le blâme doit en retomber sur son séducteur ; et il en arrivera le plus souvent qu'elle trouvera un honnête homme qui s'attachera à elle et qu'elle en récompensera en le rendant heureux. Car il n'est pas rare qu'une jeune fille légère devienne une excellente femme.

Je dois même à ce sujet faire une observation que j'ai déjà indiquée précédemment : personne n'ignore que le caractère et le sentiment des hommes ne se développent et ne se forment qu'à mesure que les occasions se présentent ; qu'on n'apprend à juger que par la comparaison, qu'il faut un peu d'expérience pour être capable de faire un bon choix et de s'y tenir, que le premier ou les premiers attachements d'un jeune homme sont souvent ridicules et toujours passagers, et que ces sortes d'essais sont si nécessaires que lorsqu'ils ne se font pas en temps utile, c'est-à-dire avant d'avoir contracté un engagement sérieux, ils ont presque toujours lieu plus tard, quand ils sont de vrais désordres et ne peuvent plus produire que du mal. Tout cela est si connu que vous entendez tous les jours les personnes les moins indulgentes pour ce genre de tort et les plus sages dire : *le jeune homme n'est pas assez mûr pour se marier. Il faut que jeunesse se passe, et il vaut mieux que ce soit avant qu'après son établissement.* Elles ont raison. Cela est vrai, et vrai surtout de ceux qui ont plus de moyens et d'énergie et qui par conséquent donnent le plus d'espérances de devenir des hommes intéressants; vrai au point que, comme nous l'avons déjà remarqué, ceux qui ont joué le mauvais rôle d'hommes à bonne fortune sont le plus souvent, malgré les dispositions premières les plus défavorables, de meilleurs maris que de jeunes idiots qu'on se presse d'enchaîner avant qu'ils aient pris leur essor. Tant l'expérience est chose nécessaire, on ne saurait trop le redire.

Toutes ces réflexions sont applicables aux femmes comme aux hommes, car elles ne sont pas d'une autre nature que nous. Je conviens que, même indépendamment de tout préjugé, elles ne peuvent pas faire les mêmes expériences que les hommes ni les pousser aussi loin, ni les continuer aussi longtemps. Leur constitution s'y oppose, et c'est un de leurs malheurs. Leurs plus brillants avantages sont fragiles et passagers. Le moindre accident les altère, le temps les détruit rapidement. Elles n'ont pour ainsi dire qu'un moment à être dans toute leur valeur; ainsi il faut qu'elles se ménagent et qu'elles tâchent de se fixer. C'est, je crois, ce qui en général les empêche d'atteindre à un grand développement de leurs facultés morales et intellectuelles, car en elles la timidité est la prudence. Mais ce sont là autant de raisons que des êtres si faibles et si sensibles soient entourés de toute votre indulgence, et au contraire, vous transformez en crimes leurs moindres fautes qui ne leur sont déjà que trop funestes, et vous les rendez irrémédiables. Cela est barbare et absurde; c'est les étouffer dans leur germe. C'est en faire ce que vous voyez : des automates ou des êtres très dissimulés, profondément révoltés d'une cruelle injustice, et qui n'attendent pour s'en venger que le moment où les mêmes fautes feront plus de tort aux autres qu'à elles; une fille dissimulée sera toujours une femme infidèle, et souvent une femme haineuse et perfide, ce qui est bien pis.

Il est vrai qu'en dédommagement de leur faiblesse, les femmes ont reçu de la nature, ou plutôt de la nécessité, une sagacité précoce, un grand talent d'observation, un tact délicat qui leur fait pressentir promptement les objets de leurs affections, si vous les mettez à portée de les rencontrer, en sorte qu'elles acquièrent de l'expérience plus vite que les hommes, ou si vous voulez, que de moins d'expérience elles tirent plus de résultats. Je l'avoue. Mais enfin, avec la plus grande pénétration, on ne saurait le nier, il leur est impossible à elles-mêmes de connaître leur propre cœur avant qu'il n'ait parlé, et de savoir ce que c'est qu'aimer avant de l'avoir éprouvé. Si vous en doutez, vous les avez bien peu observées. J'ai connu, moi, quelques-unes de ces jeunes filles, encore trop rares parmi nous, que l'on laisse maîtresses de leur sort, mais qui, dans la simplicité de leur innocence, ne savent que faire de cette liberté. Quoiqu'elles eussent un âge raisonnable, de l'esprit naturel, et même quelques lumières acquises, j'étais alternativement tenté de pleurer et de rire des motifs qui les faisaient pencher pour un choix ou pour un autre; et il m'était manifeste que je ne pouvais pas même leur donner une idée des choses qui devaient leur faire le plus d'impression, quand leur âme aurait pris l'essor. Bien des gens en concluront qu'il faut que les parents marient leurs enfants; et moi j'en conclus qu'il faut que les enfants acquièrent de l'expérience avant de se marier et que tout ce qui la leur rend impossible est dangereux et funeste.

J'ajouterai que si vous supprimez le préjugé fatal que je combats, une expérience suffisante n'a pour les femmes mêmes que des avantages et point d'inconvénients. Car, premièrement, bien que leur beauté soit chose passagère, elle n'est pourtant pas l'affaire d'un moment, et il est connu qu'elle n'a tous ses charmes que quand elle est animée par le sentiment. La crapule et la vieillesse seule[s] font grand cas de l'ignorance, parce qu'elles sentent que toutes les comparaisons leur seraient défavorables. Mais quiconque peut ne pas les craindre, aime à être préféré, et n'attache aucun prix à cueillir la première fleur. La preuve en est que ce ne sont pas les novices qui inspirent les grandes passions, comme ce ne sont pas elles qui les ressentent. De plus, la beauté n'est pas pour les femmes le plus précieux de leurs avantages; c'est celui qui les expose, nous en avons déjà fait la remarque, mais ce n'est pas celui qui les protège et leur assure une heureuse destinée. Leur beauté inspire des désirs nécessairement passagers, mais ce sont leurs qualités morales qui fixent auprès d'elles et les font réellement aimer. Or ces qualités morales ne se développent qu'avec un peu de temps, et ce n'est qu'alors aussi qu'elles sont capables de connaître, d'apprécier un sentiment véritable et de le payer elles-mêmes d'un juste retour. Aussi dussent leurs charmes avoir déjà perdu de leur premier éclat, ce qui, je le répète, est rarement vrai, elles gagneraient beaucoup à ne pas précipiter le moment d'un engagement sérieux et à donner auparavant quelque essor à leur esprit et à leur cœur. Mais encore une fois, il est impossible, tant que le préjugé barbare qui rend funestes leurs moindres fautes, régnera dans toute sa force, je devrais dire dans toute sa fureur. Il suffit seul pour leur faire refuser toute liberté avant le mariage, et pour les empêcher de faire aucun usage de celle qu'on pourrait leur laisser. C'est ce qui m'a obligé de m'y arrêter si longtemps. Revenons.

Nous avons dit qu'il était trois moyens principaux de faire que le lien conjugal fût moins pénible à supporter. Le premier serait d'arranger les choses de manière que les jeunes gens n'eussent presque pas de motifs pour ne pas suivre les sentiments de leur cœur. Le second qu'ils eussent la plus grande liberté pour faire un choix et aucune raison de le précipiter. Ces deux moyens dont nous venons de nous occuper, ont pour objet de préparer des unions heureuses. Le troisième, dont il nous reste à parler, est destiné à remédier à celles qui sont devenues insupportables.

Si l'on ne savait pas que nos sages législateurs ont eu le plus grand désir de rendre le lien conjugal très respectable, on croirait qu'ils n'ont eu d'autre projet que de le rendre haïssable. Ils n'ont en effet rien négligé pour y réussir. Non contents d'avoir tout arrangé de manière que la plupart des mariages se fissent sans le consentement réel des conjoints, ou que, lorsque leur volonté y concourt, ils aient peu de moyens de s'éclairer et beaucoup de motifs de se mal décider, ils ont encore « sagement » statué que des choix si [im]prudemment faits seraient irrévocables.

Quand un homme d'un âge mur, après les plus libres informations et les plus longues délibérations, pour un intérêt modique a conclu un marché trop désavantageux, il est résilié pour lésion d'outre moitié et tout le monde convient que c'est bien fait. Mais quand une enfant a été trompée ou séduite, ou livrée ou vendue, et que son malheur a été signé et solennisé, sa personne est aliénée sans retour et pour toute sa vie, du moins chez les catholiques. La raison qu'ils en donnent est que le mariage est un sacrement, qu'un sacrement est le signe sensible d'une chose invisible et que le signe sensible d'une chose invisible est indélébile. C'est puissamment raisonner.

Il est vrai qu'ils ont trouvé un expédient pour suppléer à la dissolution du mariage. C'est ce qu'ils appellent la séparation de corps qui est prononcée par les tribunaux. Il est bien entendu que ce sont toujours les femmes qui la demandent, car les maris infidèles ou négligents se séparent de fait, sans avoir besoin de jugements, ou si, soit par méchanceté, soit par intérêt, ils en désirent un, ils savent bien se rendre assez tyranniques pour obliger leurs femmes à le demander. Mais pour l'obtenir, ce jugement, surtout lorsque le mari s'y refuse, il faut qu'une malheureuse femme trouve au moins dans les premiers moments de l'appui et une retraite dans sa famille, qu'elle se résolve à un grand éclat, qu'elle se soumette à de longues et scandaleuses plaidoiries, enfin qu'elle prouve juridiquement qu'elle a été battue, ce qui n'est pas aisé à prouver car d'ordinaire on ne prend pas de témoins pour pareilles scènes, et ce qui d'ailleurs est un motif de détermination assez mal imaginé, car on peut se détester cruellement sans en venir à ces excès, et au contraire, surtout parmi les jeunes gens grossiers, on peut y tomber sans se détester. Quand enfin la pauvre femme a passé toutes les épreuves, si elle perd son procès, elle retombe à discrétion entre les mains d'un tyran irrité et vainqueur, et si elle le gagne, tout ce qu'elle a obtenu, c'est un peu de repos à condition de rester dans l'isolement, sans pouvoir contracter un autre engagement, ni jamais jouir du bonheur de vivre en famille, trop heureuse encore si le mari dont on la sépare ne conserve pas sur sa conduite un droit de surveillance et d'inquisition dont il puisse se servir pour la tourmenter, ou n'obtient pas qu'on l'oblige à se retirer dans une espèce de prison appelée couvent.

Les réformés ne sont guère plus raisonnables. Ils admettent à la vérité le divorce, c'est-à-dire la séparation entière et complète avec possibilité de part et d'autre de contracter de nouveaux engagements. Mais sur quels motifs se fondent-ils et par combien de formalités absurdes et odieuses, indécentes ou humiliantes, ne faut-il pas passer pour y parvenir? En Angleterre, il faut qu'une femme prouve légalement par témoins qu'elle a été surprise en adultère, et souvent c'est d'accord avec son mari; et quelquefois c'est l'amant qui veut l'épouser, ou même, comme je l'ai vu, celui qui déjà ne s'en soucie plus qui a la complaisance de figurer dans cette belle cérémonie. Ailleurs, c'est aux ministres de la religion que sont soumises ces édifiantes discussions. Au reste, pourquoi n'avoir pas aussi bien recours en pareil cas au jugement d'un tribunal de prêtres qu'à la décision d'une assemblée de matrones, prononcée d'après un congrès dûment essayé sous leurs yeux? Tout cela fait frémir le sens commun.

Dans d'autres législations, c'est-à-dire dans d'autres religions (car ce sont toujours les opinions religieuses qui règlent ces grands intérêts), la répudiation est admise sans frein pour les hommes comme sans réciprocité de la part des femmes; elle est comme la polygamie, un effet et une cause de leur esclavage.

La seule manière raisonnable suivant moi de séparer des époux qui ne peuvent plus vivre ensemble, c'est le divorce pur, simple et réciproque, prononcé par le magistrat d'après le consentement mutuel des parties, ou sur la demande de l'une d'elles, sans en exiger d'autre obligation que l'incompatibilité d'humeur, en usant toutefois préalablement de tous les moyens prudents et honnêtes pour espérer une réconciliation; et si elle est impossible, en prescrivant des délais suffisants pour être assuré que la résolution prise n'est pas l'effet de la passion du moment et ne sera pas sujette au repentir.

Cette sage institution a trois grands avantages: d'abord, quand elle est établie par les lois et qu'elle a passé dans les mœurs, elle rend presque impossibles les mariages d'intérêts. Car, sachant bien avant de les contracter qu'ils ne sont pas indissolubles, on ne les regarde pas comme assez sûrs pour en faire un objet de spéculation. Secondement, par quelque motif que l'on se soit uni, on sent qu'on n'est point irrémédiablement enchaîné l'un à l'autre; le sentiment, s'il existe, conserve toute la fraîcheur et le prix que lui donne la liberté. Si l'on n'agit que par des procédés et par des motifs de prudence, on y est incessamment amené par la même cause. Ainsi l'exigence et la tyrannie ne peuvent pas s'établir et l'union subsiste même par l'effet du moyen qui pourrait la terminer. Troisièmement enfin, ce moyen est le seul qui puisse mettre un terme aux chagrins et aux tourments vraiment insupportables de deux êtres enchaînés l'un à l'autre contre leur gré, soit qu'ils n'y aient jamais été décidés par leur pleine et libre volonté, soit qu'ils aient commencé par s'en applaudir et qu'ils aient fini par s'en repentir. Or, quiconque aura un moment pensé à l'instabilité des choses humaines, aux variations de nos goûts, de nos caractères et de nos manières suivant les âges, les circonstances et les événements, ne mettra pas en doute qu'il puisse s'opérer même dans les êtres les plus estimables des changements malheureux dont il ne faut pas les rendre victimes à perpétuité; et en même temps quiconque aura réfléchi sur la puissance de nos habitudes et sur le peu de penchant que la plupart des hommes ont à prendre un parti décisif, à moins d'une extrême nécessité, ne craindra pas que ce remède salutaire, mais pénible, soit employé légèrement ni fréquemment.

C'est ainsi que le divorce a été établi en France par la loi du mois de septembre 1791 [1] et cependant elle a été assez généralement blâmée, du moins par ce qu'on appelle à tort ou à raison la bonne compagnie. On s'est élevé contre cette loi, comme si réellement elle ordonnait le divorce au lieu de le permettre, et seulement dans les cas extrêmes et désespérés. On l'a attaquée par toutes sortes de mauvaises raisons. J'ai vu, par exemple, ses adversaires triompher de la grande quantité de divorces qui a eu lieu dans les premiers moments; comme si c'était une porte ouverte à l'instabilité des familles et qu'il dût s'ensuivre que l'on ne s'épouserait plus que pour un moment et pour se quitter au moindre caprice, tandis que l'on aurait dû au contraire sentir avec honte que ces divorces si multipliés étaient le résultat des détestables usages antérieurs et prouvaient la multitude des unions mal assorties qui en étaient l'effet. J'ai vu encore les mêmes personnes remarquer avec complaisance que, dans le nombre de ceux qui avaient usé les premiers du bénéfice de la loi, il y en avait beaucoup dont l'exemple n'est pas fait pour faire autorité. Cela encore devait être; car ce ne sont jamais les êtres les plus circonspects et les plus réfléchis qui se

1. C'est le 20 septembre 1792 (et non 1791 comme il est porté par erreur dans le manuscrit ainsi que dans la traduction italienne et celle de G. Chinard) que l'Assemblée législative a, au cours de sa dernière séance, à la veille de l'instauration de la République, voté les lois sur l'état-civil et le divorce. Celui-ci peut être prononcé pour cause de condamnation à une peine infamante, d'injure grave, de dérèglement des mœurs ou encore d'émigration, mais aussi par consentement mutuel ou pour incompatibilité d'humeur. Le propos de Destutt de Tracy s'inscrit clairement dans la perspective de cette loi qui, sous l'Empire, a été vidée de sa substance dans le code civil.

déterminent les premiers à faire parler d'eux et à prendre une mesure nouvelle quelconque, surtout quand elle est repoussée par l'opinion générale; en effet dans pareil cas, il faut être deux ou trois [fois] plus sûr de son fait que dans tout autre.

Au reste, on ne doit pas être surpris de ces mauvaises critiques du divorce, car elles n'étaient et ne sont pas toutes bien sincères. Elles sont souvent faites par des gens à qui le divorce déplaît, sans qu'ils l'avouent précisément, par ce qu'il a de bon. Les fauteurs du despotisme de tous les genres y voient très bien une institution propre à porter l'esprit de liberté dans nos mœurs et d'énergie dans nos caractères; des pères ambitieux et des mères intrigantes y voient l'écueil contre lequel vont se briser leurs combinaisons intéressées; des maris farouches voient leur victime prête à leur échapper; des femmes impérieuses se sentent prêtes à être obligées à plus de douceur, et celles qui sont galantes trouvent cette ressource fort inutile et ne sont pas fâchées de se donner un air de sévérité en décidant qu'elle est immorale. J'en ai connu même à qui elle causait un chagrin d'un autre genre : c'était de les désenchanter sur les sentiments qu'elles éprouvaient, ou croyaient éprouver. Car il ne laisse pas d'y avoir de ces liaisons de galanterie où l'on croit de bonne foi s'aimer beaucoup et où l'on aime à se dire réciproquement et à se persuader à soi-même que l'on ferait tout au monde pour s'unir, et lorsque tout à coup l'obstacle qui s'y opposait cesse d'être invincible, on est tout étonné de s'apercevoir que l'on ne se soucie pas même assez l'un de l'autre pour surmonter le faible reste d'opposition que présente encore l'opinion de quelques personnes, dont au fond on fait peu de cas. C'est là un triste réveil. C'est ce qui faisait dire à une femme aussi remarquable par sa profonde sensibilité que par ses lumières, et douée d'un caractère assez noble pour être toujours sincère [1], que si dans le monde les hommes se refusaient les bassesses inutiles et les femmes les amants dont elles ne soucient guère, la société serait prodigieusement réformée; aussi pensait-elle (et je crois de même) que l'établissement du divorce avait produit beaucoup de réconciliations et n'avait causé aucune rupture qui ne fût préparée d'avance.

Mais c'est assez parler de l'amour et de ses conséquences; peut-être même j'en ai déjà trop dit, car le sort de ceux qui traitent des sujets si délicats et sur lesquels les opinions sont si variées parce qu'ils ont fait naître plus de sentiments vifs que de réflexions profondes, est de persuader

1. Dans sa *Notice sur M. de Tracy*, publiée en 1847, la belle-fille du philosophe, Sarah Newton Destutt de Tracy, identifie cette « femme remarquable » comme la comtesse de Tessé. Tante de l'épouse de La Fayette, elle fut jusqu'à sa mort en 1814 une amie et confidente du « héros des deux mondes », dont elle partageait les idées voltairiennes et libérales.

peu de personnes, d'en choquer beaucoup et de ne plaire complètement à aucune. Cependant, comme ce n'est point le frivole espoir d'un vain succès d'amour propre qui me fait écrire mais le sincère désir d'être utile, si je le puis, je ne pouvais pas traiter légèrement une pareille matière. En effet, le besoin de la reproduction est l'attrait qui rapproche les deux sexes, et joint à celui de la sympathie, il est le lien qui les tient unis. C'est le plus important de tous nos penchants. C'est celui qui perpétue l'espèce et fonde la société. Elle n'est point composée d'individus isolés. Un homme ou une femme pris séparément ne font point un tout complet; ils n'en sont que des fractions. C'est le ménage qui est le véritable élément de la société, à peu près comme nous avons vu dans la *Grammaire* que ce sont que ce sont les propositions* qui sont les vrais éléments du discours et que les mots pris séparément n'ont aucune valeur par eux-mêmes. C'est donc de l'état du ménage que dépend essentiellement le sort de la race humaine et on ne saurait trop s'affliger que tout concoure si puissamment à le vicier dans son principe. On ne trouvera jamais rien dans tout le cours d'un traité de morale ou de législation qui soit digne d'une aussi grande attention. Passons cependant à d'autres objets.

* *Le manuscrit porte par erreur* : prépositions.

EXTRAIT RAISONNÉ
SERVANT DE TABLE ANALYTIQUE

CHAPITRE PREMIER
IDÉES PRÉLIMINAIRES

Cette cinquième partie des *Éléments d'idéologie*, la seconde du *Traité de la volonté*, doit traiter de la *morale*, c'est-à-dire de l'histoire de nos affections, sentiments ou passions.

Je veux montrer leur nature, leurs effets, leurs conséquences. D'autres leur prescriront des règles.

Nous avons dit, dans le volume précédent, que la faculté de *vouloir* était la faculté de *préférer* une chose à une autre et que cette faculté était la source de tous nos *désirs*, qui sont nos *besoins*, et de toutes nos actions volontaires, qui sont nos *moyens* de pourvoir à ces besoins. Puis nous avons examiné ces actions.

Ces actions paraissent effectivement les effets de nos volontés, puisqu'elles s'ensuivent constamment. Cependant il n'est pas prouvé que ces volontés en soient les causes efficientes.

Il est, au contraire, très difficile de concevoir comment le désir vague de faire un mouvement presque toujours très compliqué pourrait être la cause réelle de ce mouvement, tandis que nous ne savons ni comment il s'opère, ni par quels moyens de détails il a lieu.

Cela est également incompréhensible, soit que nous ayons une âme, soit que nous n'en ayons pas.

Cela serait encore plus incompréhensible dans les animaux les plus imparfaits. Si l'on voulait que leur volonté fût la cause réelle de beaucoup de choses qu'ils exécutent, il faudrait leur accorder des facultés intellectuelles très supérieures aux nôtres. J'en cite plusieurs exemples.

Il me paraît plus raisonnable de croire qu'ils sont des machines montées pour produire certains effets, ce qui n'empêche pas de leur accorder la *sensibilité* et la *volonté*, puisqu'ils les manifestent.

Il me paraît vraisemblable de croire que chez eux et chez nous il s'opère certains mouvements intérieurs que l'individu ignore, qui produisent en lui les phénomènes de sentir et vouloir et qui produisent en même temps les mouvements extérieurs qui paraissent suivre de la volonté, en sorte que ces divers mouvements se suivent et s'enchaînent nécessairement, comme tous ceux qui servent à la nutrition de l'être vivant auxquels sa volonté n'a point de part.

C'est, je pense, ainsi que l'on doit entendre l'harmonie préétablie de Leibniz, et dans ce sens elle me paraît une très belle idée.

Cette opinion ne rend point nos actions dites volontaires plus *nécessaires* que dans tout autre système, puisque la volonté ne pouvant naître sans motifs naît elle-même *nécessairement.*

Cette nécessité universelle qui est démontrée, et contre laquelle on se révolte sans moyens comme sans motifs, ne conduit point à l'immoralité et n'ôte rien au *mérite* et au *démérite* de nos actions et de nos sentiments.

Il faut les juger par leurs effets et non par leurs causes. Tout ce qui tend au bien est louable et vertueux; tout ce qui tend au mal est vicieux et répréhensible : voilà la base de toute moralité.

Au reste, la question que nous venons de traiter est plus curieuse qu'immédiatement utile. Quelque parti que l'on prenne, on peut toujours parler de nos *volontés* comme des causes de nos *actions volontaires*, puisque ces actions les suivent toujours quand rien ne s'y oppose. C'est ce qui fait que je n'ai pas placé cette discussion dans le discours préliminaire du *Traité de la volonté.* Je ne voulais pas commencer par une idée qui pouvait paraître bizarre.

Revenons à la morale, c'est-à-dire à l'étude de nos véritables et solides intérêts.

La philosophie doit toujours s'appuyer sur la physiologie.

Les physiologistes reconnaissent dans l'homme la vie *organique* ou *intérieure* et la vie *animale* ou *extérieure*.

La première se compose des fonctions de *conservation* et la seconde consiste dans les fonctions de *relation.* C'est la première qui est la plus indispensable et qui existe même dans les végétaux.

Le nerf grand sympathique est le foyer principal de la vie intérieure et le cerveau est le centre commun de la vie de relation et l'organe spécial de la pensée.

En général, les fonctions des organes animés par le grand sympathique sont indépendantes de notre volonté et celles émanées du cerveau sont volontaires; mais souvent l'action de ces deux principes se mêle et même, dans certains cas, le grand sympathique supplée au cerveau.

Nous avons des sentiments et des besoins relatifs à ces deux ordres de fonctions.

Le sentiment de *personnalité* naît nécessairement de la vie de *conservation*.

Le besoin de *sympathiser* ne dérive pas moins nécessairement de la vie de *relation*. Il paraît même général dans toute la nature animée.

L'un nous met souvent en opposition avec nos semblables ; l'autre nous en rapproche toujours.

Celui-ci est la source de toutes nos passions bienveillantes; l'autre la cause première de toutes nos passions haineuses.

Nous ne pouvons nous défaire ni de l'un ni de l'autre. Il faut donc les concilier. C'est l'effet de la justice, c'est-à-dire de la raison.

Examinons nos diverses passions. Commençons par les passions bienveillantes, et d'abord par la plus précieuse de toutes, l'*amour*.

CHAPITRE II *
DE L'AMOUR

L'amour est le besoin de la reproduction joint à celui de la sympathie. C'est la plus violente de nos affections; elle met en mouvement toutes les puissances de notre être et enflamme notre imagination.

C'est pour cela qu'on en a toujours mal raisonné. On a fait quelque chose de sacré, de divin, de la virginité et de la chasteté; et partout les prêtres ont eu l'empire de ce qui a rapport au commerce de l'homme et de la femme.

De là tant de lois barbares ou ridicules sur ce sujet.

Les mœurs n'ont pas été plus raisonnables.

La jalousie des Orientaux est et a toujours été furieuse. Cette tyrannie domestique a favorisé la tyrannie politique. Elles ont anéanti l'esprit de famille et l'esprit de patrie.

Les anciens Grecs, ne trouvant point l'amour dans leur ménage, ont imaginé l'amour socratique puis l'amour platonique, et souvent ont eu recours aux courtisanes.

Les Romains ont toujours été farouches, et dans les excès.

La presque totalité de nos barbares ancêtres a croupi dans la superstition et la crapule; quelques-uns, plus délicats, ont inventé les folies de la chevalerie et les fadeurs de la bergerie.

* *Cette partie de l'*Extrait raisonnée *est retranscrite à partir du manuscrit conservée aux Archives d'Argentine.*

Chez nous, les femmes sont plus ce qu'elles doivent être; ainsi il pourrait y avoir plus de bonheur.

Mais il ne faut pas se le dissimuler: malgré ce qu'en disent nos comédies, le mariage est par sa nature fort étranger à l'amour, parce qu'il tient à beaucoup d'autres intérêts.

Aussi la plupart de nos liaisons formées par l'amour ne sont pas des mariages.

C'est un malheur, car ces sortes de liaisons donnent rarement un bonheur paisible et jamais un bonheur complet.

Cependant, même en les blâmant, on s'y intéresse, surtout quand elles sont épurées par le temps.

On a raison, et c'est une preuve de la bonté de notre naturel et de notre heureux penchant aux passions bienveillantes.

Les bonnes gens sont plus près de la vérité sur ce point que bien des philosophes.

J'ajoute que de réduire à la simple amitié une liaison intime entre un homme et une femme, tous deux dans l'âge de plaire, est impraticable.

Et encore, que la promesse qu'on se fait en se mariant ne peut être celle de s'aimer, car cela ne dépend pas de nous, mais seulement celle de ne s'attacher à personne [d'] autre pendant la durée de l'engagement.

Néanmoins, on ne doit pas m'accuser d'être trop favorable aux liaisons illégitimes, car d'abord j'ai déclaré qu'elles ne conduisaient point au bonheur et que c'était dans le mariage qu'il fallait tâcher de porter l'amour; et d'ailleurs je n'ai point dogmatisé, je n'ai fait que raconter. Ce n'est pas ma faute si j'ai trouvé plus d'erreurs dans nos lois et nos opinions que dans nos cœurs.

Je dis donc avec tout le monde qu'il faut tâcher de réconcilier l'amour avec le mariage, mais je ne crois pas que jusqu'à présent on en ait pris les moyens.

La manière la plus sûre de faire remplir un devoir est de le rendre facile. Je proclame inepte toute législation qui ne sait d'autre moyen d'arriver à son but que de menacer et de punir.

Il y a trois moyens de faire aimer le lien conjugal.

Le premier est d'adopter toutes les mesures législatives propres à faire qu'il entre dans les projets de mariage le moins possible de motifs étrangers à l'amour.

Le second est de laisser une extrême liberté aux jeunes hommes et aux jeunes filles non encore engagés. Ce sont eux, et eux seuls, qui doivent composer ce qu'on appelle le monde. C'est le vœu de la nature; cela est convenable; cela est utile; cela produirait l'amélioration de la société et celle des générations à venir; et cela retarderait l'âge des mariages, ce qui est encore un très grand bien.

Mais pour que cet heureux changement s'opère, et pour qu'il produise tous ces biens, il faut absolument renoncer au préjugé barbare qui attache [le] déshonneur aux faiblesses des jeunes filles.

D'abord il est injuste, car les fautes de ce genre sont en elles-mêmes innocentes.

Secondement, il est absurde, car lui seul les rend funestes.

Troisièmement, il est nuisible, car tant qu'il subsiste les jeunes filles ne sauraient être libres, ni faire usage utile de leur liberté.

Le troisième moyen de faire aimer ce lien conjugal est d'offrir des ressources à ceux qui se sont engagés témérairement.

La séparation de corps est insuffisante.

Le divorce chez les réformés est assujetti à des formalités odieuses et absurdes.

Dans d'autres religions, la répudiation, sans réciprocité de la part des femmes, est un acte de tyrannie, comme la polygamie.

La seule manière raisonnable de dissoudre le mariage est le divorce par consentement mutuel, ou sur la simple obligation d'incompatibilité d'humeur.

Cette sage institution n'a point d'inconvénients et a de très grands avantages : 1. d'empêcher le plus souvent de faire des mariages un objet de spéculation; 2. de faire que les deux époux se ménagent réciproquement davantage, sachant qu'ils ne sont point inséparables; 3. enfin de mettre un terme à leur malheur, s'il est insupportable.

Aussi n'a-t-elle [été] repoussée en général que par une haine aveugle des nouveautés, et n'a-t-elle été critiquée le plus souvent que par ceux à qui elle déplaisait à cause des biens mêmes qu'elle produit.

C'est le bien de la reproduction qui rapproche les deux sexes. C'est celui de la sympathie qui les retient unis. C'est de ménages et non point d'individus que se compose la société. C'est donc de l'état de ménage que dépend le sort de la race humaine. Aucun point de morale ou de législation n'approche de l'importance de celui-ci.

ANNEXE I

NOTE FINALE *

Je soumets aujourd'hui au public le commencement de ce cinquième volume, parce que je n'ai plus l'espérance de l'achever. Après ces préliminaires, je comptais passer en revue les différentes passions bienveillantes qui naissent de notre heureux *besoin de sympathiser* et les funestes passions haineuses qui dérivent de l'opposition de nos intérêts individuels, opposition qui est une conséquence fâcheuse, mais nécessaire, de notre *besoin de conservation*.

Après avoir ainsi, dans la quatrième partie, développé les effets de l'emploi de nos *moyens* et dans la cinquième, la nature et les conséquences de nos divers *besoins*, j'aurais cru avoir rempli, autant que j'en étais capable, le plan que je m'étais tracé dans le chapitre IX de ma 3e partie[1]. J'aurais laissé aux philosophes et aux législateurs à tirer des conséquences de ces données et à proposer les lois politiques, civiles, morales et pénales les plus propres à développer nos talents et nos vertus, à étouffer et à comprimer nos mauvais penchants et à assurer notre bonheur. Seulement j'aurais peut-être osé faire connaître par quelques morceaux détachés mes opinions sur trois points importants, savoir, les idées religieuses, l'organisation de la société et l'instruction de la jeunesse, et c'est ce qui aurait tenu lieu de la troisième partie du *Traité de la volonté*, la sixième des *Éléments d'idéologie*. Mais rien de tout cela ne m'est plus permis, et ce morceau sera mon dernier écrit.

* *Cette* Note finale *conclut les éditions de 1815, 1818 et 1826 du* Traité de la volonté et de ses effets. *Elle est placée après le début du quatrième paragraphe du chapitre II : voir p. 277.*

1. La *Logique*, troisième partie de la première section des *Éléments d'idéologie*.

ANNEXE II

AVERTISSEMENT AU *TRAITÉ D'ÉCONOMIE POLITIQUE* (1823)

Le traité qu'on va lire forme la quatrième partie de mes *Éléments d'idéologie*[a]; et peut-être tire-t-il quelque avantage d'être ainsi placé. Car après avoir vu comment se forment toutes nos connaissances et toutes nos idées, et comment de ces idées naissent tous nos besoins et tous les moyens que nous avons d'y pourvoir, le lecteur se trouve naturellement très bien disposé à examiner quelle est la meilleure manière d'employer toutes nos facultés physiques et intellectuelles à la satisfaction de nos divers besoins. Or, c'est là l'objet d'un traité spécial d'économie politique.

Cependant, comme beaucoup de personnes désirent étudier directement cette utile science et ne se soucient pas de remonter plus haut et de se livrer à des recherches qu'ils croient de la métaphysique, et qui ne sont que de la vraie logique[b], je crois leur être agréable en leur présentant cet ouvrage séparé de ses antécédents. J'ai seulement eu la précaution d'y laisser une introduction dans laquelle j'explique comment, de notre faculté d'avoir des volontés et des sentiments, naissent en nous les idées de propriété, de richesse, de liberté, de droits et de devoirs, et quelques autres. J'espère qu'elle ne paraîtra ni inutile, ni trop longue.

J'ajouterai qu'il m'a semblé que le public avait accueilli avec indulgence quelques articles relatifs à l'économie politique qui se trouvent dans différents endroits de mon *Commentaire sur l'*Esprit des lois; et cependant ces morceaux ne sont que les matériaux dont je me suis servi pour

a. Les trois premières composent le *Traité de l'entendement*, et celle-ci est la première du *Traité de la volonté*.

b. C'est ainsi qu'en a jugé M. Don Juan Justo Garcia, député aux Cortès d'Espagne, qui m'a fait l'honneur de me traduire et qui a intitulé son ouvrage : *Éléments de vraie logique*.

composer le premier traité. J'espère donc qu'on sera bien aise de trouver ici ces mêmes idées mieux enchaînées, plus développées, et présentées dans un ordre méthodique et didactique. Je désire ne m'être pas trompé.

J'ose croire encore qu'on ne trouvera pas superflu l'extrait raisonné que je place à la fin de ce traité. La principale utilité de ce petit travail est sans doute d'avertir l'auteur lui-même de ne sauter aucun intermédiaire et de ne se permettre ni écarts ni désordre dans sa composition. Mais il me semble que le lecteur attentif n'est pas fâché d'y retrouver la chaîne des idées plus resserrée et devenue pour ainsi dire plus rigoureuse par la concision même de la rédaction.

ANNEXE III

PASSAGES DU *COMMENTAIRE SUR L'*ESPRIT DES LOIS *DE MONTESQUIEU* REPRIS (AVEC PARFOIS DE LÉGÈRES MODIFICATIONS) DANS LA PREMIÈRE PARTIE (*DE NOS ACTIONS OU ÉCONOMIE*) DU *TRAITÉ DE LA VOLONTÉ ET DE SES EFFETS*

	Commentaire	***Économie***
« Prenons pour exemple la France, parce que c'est une contrée très vaste et très connue… … Tout cela est uniquement dû au meilleur emploi des avantages de chaque localité et des facultés de chaque individu »	Livres XX-XXI	Chapitre V p. 122-123
« Cette courte explication de la nature de la monnaie… … mais seulement pour leur valeur réelle, qui est cinq ou six fois moindre »	Livre XXII	Chapitre VI p. 129-130
« Ce que la raison nos démontre… … mais encore sur tous ceux qui y servent ou qui l'admirent »	Livre VII	Chapitre XI p. 195-200
« Tous les impôts imaginables… … des maux particuliers qui soient trop fâcheux »	Livre XIII	Chapitre XII p. 205-219

TABLE DES MATIÈRES

ÉLÉMENTS D'IDÉOLOGIE

DEUXIÈME SECTION

TRAITÉ DE LA VOLONTÉ ET DE SES EFFETS

PREMIÈRE PARTIE
DE NOS ACTIONS, OU ÉCONOMIE

DEUXIÈME PARTIE
DE NOS SENTIMENTS ET DE NOS PASSIONS, OU MORALE

Achevé d'imprimer par Corlet Numérique - 14110 Condé-sur-Noireau
N° d'Imprimeur : 117654 - Dépôt légal : avril 2015 - *Imprimé en France*